Übungsbuch Mikroökonomie für Dummies
Schummelseite

Allokationsverlust Verlust an Wohlfahrt durch eine Abweichung vom Marktgleichgewicht auf einem vollkommenen Konkurrenzmarkt. Mögliche Ursachen: monopolistische Strukturen, Marktunvollkommenheiten, Externalitäten, Staatseingriffe. Umgekehrt sind bei Marktversagen Allokationsgewinne durch staatliche Regulierung denkbar.

Amoroso-Robinson-Relation stellt einen Zusammenhang zwischen Grenzumsatz U', Preis p und direkter Preiselastizität ε der Nachfrage her: $U' = p(1 + 1/\varepsilon)$.

Angebotsfunktion Die kurzfristige Angebotsfunktion eines Konkurrenzunternehmens ist der aufsteigende Ast der Grenzkostenfunktion beginnend im Betriebsminimum (Preis-Grenzkosten-Regel). // Marktangebot: Aufsummiertes Angebot aller Unternehmen im betrachteten Markt. // Das langfristige Marktangebot lässt Marktein- und -austritte von Unternehmen zu. Unter idealen Bedingungen verläuft die langfristige Marktangebotsfunktion vollkommen elastisch auf Höhe des Betriebsoptimums.

Betriebsminimum Minimum der Kurve der durchschnittlichen variablen Kosten. Schnittpunkt der Grenzkostenkurve mit der Kurve der durchschnittlichen variablen Kosten.

Betriebsoptimum Minimum der Kurve der durchschnittlichen Kosten (Stückkosten). Schnittpunkt der Grenzkostenkurve mit der Durchschnittskostenkurve.

Budgetrestriktion, -gerade Die Ausgaben eines Haushalts können sein Einkommen nicht übersteigen ($E \geq p_x x + p_y y$). Auf der Budgetgerade gibt ein Haushalt sein Einkommen für die beiden Güter aus. Die Steigung der Budgetgerade entspricht dem Preisverhältnis der Güter.

Cournotscher Punkt s. Gewinnmaximierungsregel

Direkte Preiselastizität der Nachfrage gibt an, um wie viel Prozent sich die Nachfragemenge eines Gutes ändert, wenn dessen Preis um ein Prozent steigt. Sie ist regelmäßig negativ (Gesetz der Nachfrage). Wichtigster Bestimmungsgrund: Je leichter sich ein Gut durch ein anderes substituieren lässt, um so höher fällt der absolute Wert der direkten Preiselastizität der Nachfrage aus.

Direkte Preiselastizität des Angebots gibt an, um wie viel Prozent sich die Angebotsmenge eines Gutes ändert, wenn dessen Preis um ein Prozent steigt. Sie ist regelmäßig positiv (Gesetz des Angebots). Wichtiger Bestimmungsgrund: Die Angebotselastizität fällt umso höher aus, je mehr Zeit den Anbietern zur Verfügung steht, auf die Preisänderung reagieren zu können.

Durchschnittskosten, Stückkosten sind die Kosten, die pro Stück anfallen (= Gesamtkosten durch Produktionsmenge).

Elastizität Eine Elastizität y bezüglich x gibt Auskunft, um wie viel Prozent sich y ändert, wenn x um ein Prozent steigt. Elastizitäten sind das Verhältnis zweier relativer Änderungen. Sie sind dimensionslos. Berechnungsformel: $\varepsilon_{y,x} = \dfrac{dy}{dx} \dfrac{x}{y}$.

Übungsbuch Mikroökonomie für Dummies

Schummelseite

Einkommenseffekt Auswirkung einer Änderung des Einkommens auf die Nachfrage nach einem Gut, für superiore (normale) Güter positiv, für inferiore Güter negativ.

Einkommenselastizität der Nachfrage gibt an, um wie viel Prozent sich die Nachfrage nach einem Gut ändert, wenn das Einkommen um ein Prozent steigt. Sie ist negativ für inferiore Güter, positiv für normale oder superiore Güter und liegt für relativ inferiore Güter zwischen null und eins. Luxusgüter besitzen eine Einkommenselastizität größer eins.

Einkommens-Konsum-Kurve, Einkommensexpansionspfad Verbindungslinie der Haushaltsoptima für alternative Einkommen. Dient zur Gewinnung der Einkommens-Nachfragefunktion.

Einkommensnachfragefunktion, Engel-Kurve zeigt die nutzenmaximierende Nachfrage eines (oder aller) Haushalte nach einem Gut in Abhängigkeit von der Höhe des Einkommens. Die Elastizität dieser Funktion ist die Einkommenselastizität der Nachfrage.

Erstes Gossensches Gesetz s. Gesetz vom abnehmenden Grenznutzen

Expansionspfad verbindet die Minimalkostenkombinationen einer Unternehmung bei unterschiedlichen Kosten; dient zur Gewinnung der langfristigen Kostenfunktion.

Externalität, Externer Effekt liegt vor, wenn Produktions- oder Konsumentscheidungen Auswirkungen auf Unbeteiligte haben. Externe Effekte verursachen Abweichungen der privaten von den volkswirtschaftlichen Kosten und Nutzen. Die Marktergebnisse können durch staatliche Regulierung verbessert werden.

Frist, kurze/lange In der kurzen Frist ist mindestens ein Produktionsfaktor fix. In der langen Frist sind alle Produktionsfaktoren variabel. Langfristig gibt es keine fixen Kosten.

Gesetz der Nachfrage Regelmäßigkeit, dass die Nachfragemenge nach einem Gut sinkt, wenn dessen Preis steigt. Zeigt sich im fallenden Verlauf der Nachfragefunktion im Marktdiagramm. Ausnahmen können (bei Gültigkeit der üblichen Annahmen) nur bei inferioren Gütern auftreten; s. Giffen-Gut.

Gesetz des Angebots Regelmäßigkeit, dass die Angebotsmenge eines Gutes steigt, wenn dessen Preis steigt. Zeigt sich im ansteigenden Verlauf der Angebotsfunktion im Marktdiagramm.

Gesetz vom abnehmenden Ertragszuwachs (abnehmenden Grenzprodukt) besagt, dass die Grenzproduktivität eines Faktors abnimmt, wenn sein Einsatz erhöht wird. Die zweite partielle Ableitung der Produktionsfunktion nach dem Faktor ist negativ. Abnehmende Ertragszuwächse spiegeln sich in steigenden Grenzkosten wider.

Gesetz vom abnehmenden Grenznutzen Ceteris paribus nimmt der Grenznutzen mit der zur Verfügung stehenden Menge eines Gutes ab (= Erstes Gossensches Gesetz; zweite Ableitung der Nutzenfunktion ist negativ). Lässt sich heranziehen zur Begründung des Gesetzes der Nachfrage (fallend verlaufende Nachfragefunktion).

Übungsbuch Mikroökonomie für Dummies

Schummelseite

Gesetz von der abnehmenden Grenzrate der Substitution s. Grenzrate der Substitution

Gewinn ist gleich Umsatz minus Kosten.

Gewinnmaximierungsregel Ein Unternehmen maximiert seinen Gewinn, wenn es die Produktionsmenge wählt, bei der Grenzumsatz und Grenzkosten gleich sind (notwendige Bedingung; Grenzumsatz-Grenzkosten-Regel; »Gesetz des erwerbswirtschaftlichen Angebots«). Im Monopolfall heißt die zugehörige Preis-Mengen-Kombination auf der Preis-Absatz-Funktion Cournotscher Punkt. // Bei vollkommener Konkurrenz stimmt der Grenzumsatz mit dem Marktpreis überein. Daher gilt für Preisnehmer die »Preis-Grenzkosten-Regel«. // Hinreichende Bedingung: Der Anstieg der Grenzumsatzfunktion muss kleiner sein als der Anstieg der Grenzkostenfunktion ($U'' < C''$). Spezialfall: Bei vollkommener Konkurrenz müssen die Grenzkosten ansteigen ($C'' > 0$). Das ist der Fall, wenn das Gesetz vom abnehmenden Ertragszuwachs gilt oder sinkende Skalenerträge vorliegen.

Giffen-Gut ist ein inferiores Gut, das bei steigendem Preis vermehrt nachgefragt wird (Ausnahme vom Gesetz der Nachfrage); der Einkommenseffekt übersteigt bei einem Giffen-Gut den Substitutionseffekt.

Gleichgewicht s. Marktgleichgewicht

Grenzkosten Zunahme der Kosten durch die Produktion einer weiteren Gütereinheit; Steigung (erste Ableitung) der Kostenfunktion.

Grenznutzen Zunahme des Nutzens durch den Konsum einer weiteren Gütereinheit; erste (partielle) Ableitung der Nutzenfunktion nach dem Gut.

Grenzprodukt, Grenzertrag, Grenzproduktivität eines Faktors ist der Anstieg der Produktionsmenge, die durch den Einsatz einer zusätzlichen Faktoreinheit bewirkt wird; erste (partielle) Ableitung der Produktionsfunktion nach dem Faktor; s. a. »Gesetz vom abnehmenden Ertragszuwachs«.

Grenzrate der Substitution beantwortet die Frage, welche Menge eines Gutes Y ein Haushalt für eine zusätzliche Einheit eines anderen Gutes X aufzugeben bereit ist (= Steigung der Indifferenzkurve = negatives, umgekehrtes Verhältnis der Grenznutzen der beiden Güter). // Gesetz von der abnehmenden Grenzrate der Substitution: Bei konstantem Nutzen (auf einer Indifferenzkurve) sinkt die Menge des Gutes Y, die der Haushalt für eine Einheit des Gutes X aufzugeben bereit ist, mit der Menge an Gut X, die ihm zur Verfügung steht. Die Indifferenzkurven verlaufen konvex.

Grenzrate der technischen Substitution gibt an, wie viele Einheiten eines Produktionsfaktors bei konstanter Produktionsmenge eingespart werden können, wenn der Einsatz eines anderen Faktors um eine Einheit erhöht wird. Die Grenzrate der technischen Substitution entspricht der Steigung der Isoquante und dem negativen umgekehrten Verhältnis der Grenzproduktivitäten der beiden betrachteten Faktoren.

Übungsbuch Mikroökonomie für Dummies

Schummelseite

Grenzumsatz Anstieg des Umsatzes durch den Absatz einer weiteren Gütereinheit; erste Ableitung Umsatzfunktion eines Unternehmens nach der Menge: Für die Preis-Absatz-Funktion $p = a - bx$ lautet die Grenzumsatzfunktion $U' = a - 2bx$. Der Grenzumsatz eines Unternehmens auf dem vollkommenen Konkurrenzmarkt stimmt mit dem Marktpreis (in diesem Fall $= a$) überein, weil sein Absatz zu gering ist, den Marktpreis zu beeinflussen (»Preisnehmer«).

Grenzumsatz-Grenzkosten-Regel s. Gewinnmaximierungsregel

Grundbedarfsgut Gut mit einer Einkommenselastizität kleiner als eins. Bei steigendem Einkommen nimmt der Anteil am Einkommen, der für ein Grundbedarfsgut ausgegeben wird, ab (für Nahrungsmittel bekannt als »Engelsches Gesetz«).

Haushaltsoptimum, -gleichgewicht Tangentialpunkt von Indifferenzkurve und Budgetrestriktion. Die Präferenzaxiome stellen sicher, dass ein Haushaltsoptimum existiert und eindeutig ist. // Im Haushaltsoptimum oder -gleichgewicht entspricht das Verhältnis der Preise zweier Güter dem Verhältnis ihrer Grenznutzen (»Zweites Gossensches Gesetz«).

Hicks-Zerlegung Aufspaltung der Auswirkung einer Preisänderung auf die Nachfragemenge nach einem Gut in einen Substitutions- und einen Einkommenseffekt. Die Aufspaltung wird erreicht, indem die Auswirkung der Preisänderung unter der Annahme eines konstanten Nutzens des Haushalts ermittelt wird.

Indifferenzkurve, Isonutzenkurve Kurve im Güterdiagramm, die Güterbündel zeigt, zwischen denen ein Haushalt unentschieden ist (die einen gleich hohen Nutzen stiften). Eigenschaften (leiten sich aus Präferenzaxiomen ab): verlaufen fallend, unendlich viele, höhere werden bevorzugt, schneiden sich nicht, konvexe Gestalt.

Inferiores Gut Gut, das bei steigendem Einkommen vermindert nachgefragt wird. // Ein relativ inferiores Gut wird bei steigendem Einkommen vermehrt nachgefragt, allerdings nimmt dabei der Anteil am Einkommen, der für das Gut ausgegeben wird, ab.

Isokostengerade beschreibt im Faktordiagramm die Kombinationen von Faktormengen, die zu gleich hohen Kosten führen.

Isoquante zeigt im Faktordiagramm den Ort aller effizienten Kombinationen von Faktoreinsatzmengen, die den gleichen Output erzeugen.

Komplementärgüter Güter, die gewohnheitsmäßig oder technisch in einem Verwendungszusammenhang stehen. Sie besitzen eine negative Kreuzpreiselastizität. Indifferenzkurven für perfekte Komplementärgüter weisen einen rechten Winkel auf (Grenzfall).

Konsumentenrente Zahlungsbereitschaft für ein Gut abzüglich Preis; entspricht im Marktdiagramm der Fläche unter der Nachfragefunktion und oberhalb des Marktpreises.

Übungsbuch Mikroökonomie für Dummies

Schummelseite

Kosten, fixe/variable Fixe Kosten fallen unabhängig von der Produktionsmenge an, variable Kosten schwanken mit der Produktionsmenge.

Kostenfunktion zeigt die Kosten, die für die Erzeugung alternativer Produktionsmengen mindestens anfallen.

Kreuznachfragefunktion zeigt die nutzenmaximierende Nachfrage eines (oder aller) Haushalte nach einem Gut in Abhängigkeit von der Höhe des Preises eines anderen Gutes. Die Elastizität dieser Funktion ist die Kreuzpreiselastizität der Nachfrage. Die Funktion zeigt fallenden (steigenden) Verlauf für Komplementärgüter (Substitute).

Kreuzpreiselastizität der Nachfrage, indirekte Preiselastizität gibt an, um wie viel Prozent sich die Nachfrage nach einem Gut ändert, wenn der Preis eines anderen Gutes um ein Prozent steigt. Die Kreuzpreiselastizität ist positiv für Substitute, negativ für Komplementärgüter und null für voneinander unabhängige Güter.

Luxusgut Gut, das bei steigendem Einkommen so stark vermehrt nachgefragt wird, dass der Anteil am Einkommen, der für das Gut ausgegeben wird, zunimmt. Luxusgüter besitzen eine Einkommenselastizität größer eins.

Marktgleichgewicht Schnittpunkt von Angebots- und Nachfragefunktion. Die zum Gleichgewichtspreis von den Unternehmen geplante Produktionsmenge stimmt mit der von den Haushalten geplanten Nachfragemenge überein. Die Pläne der Wirtschaftssubjekte gehen miteinander auf. Unter idealen Bedingungen kommt es zum Ausgleich von Grenznutzen und Grenzkosten, die Wohlfahrt ist maximal. Das Marktgleichgewicht ist pareto-optimal.

Marktversagen liegt vor, wenn der Markt die Wohlfahrt nicht maximiert. In diesem Fall können die Marktergebnisse durch Staatseingriffe verbessert werden (Verbesserungen nach dem Pareto-Kriterium; Allokationsgewinne). Ursachen können Marktunvollkommenheiten, Externalitäten, fehlende Eigentumsrechte oder monopolistische Strukturen sein.

Minimalkostenkombination Tangentialpunkt von Isoquante und Isokostengerade; das Verhältnis der Preise zweier Produktionsfaktoren stimmt in der Minimalkostenkombination mit dem Verhältnis ihrer Grenzproduktivitäten überein.

Mengenanpasser (Preisnehmer) Ein Wirtschaftssubjekt, das nur Entscheidungen hinsichtlich der Menge treffen kann, die es konsumiert oder produziert, weil es mangels Marktmacht nicht als Preissetzer auftreten kann (Marktergebnisse nicht beeinflussen kann).

Nachfragefunktion Haushalt: Eine allgemeine Nachfragefunktion für ein Gut zeigt die für einen Haushalt nutzenmaximierende Menge des Gutes in Abhängigkeit vom Preis des Gutes, vom Einkommen des Haushalts und den Preisen anderer Güter. // Die Nachfragefunktion im engeren Sinne zeigt die für einen Haushalt nutzenmaximierende Menge des Gutes in

Übungsbuch Mikroökonomie für Dummies

Schummelseite

Abhängigkeit von seinem eigenen Preis. Sie zeigt üblicherweise fallenden Verlauf (Gesetz der Nachfrage). Sie wird hergeleitet über die Preis-Grenznutzen-Regel (kardinale Nutzentheorie) oder die Preis-Konsum-Kurve (ordinale Nutzentheorie). // Marktnachfrage: Aufsummierte Nachfrage aller Haushalte.

Nutzenfunktion Die Nutzenfunktion eines Haushalts weist Güterbündeln einen Nutzenwert derart zu, dass von zwei Güterbündeln jenes den höheren Wert erhält, das der Haushalt präferiert. Güterbündel, zwischen denen der Haushalt indifferent ist, weist die Funktion den gleichen Nutzenwert zu (liegen auf einer Indifferenzkurve).

Pareto-Kriterium Eine Situation gilt nach dem Pareto-Kriterium als verbessert, wenn mindestens eine Person bessergestellt wird, ohne dass sich eine andere Person verschlechtert. Das Kriterium eignet sich nicht zur Beurteilung von Änderungen, bei denen sich zugleich mindestens eine Person verbessert und mindestens eine verschlechtert; das Kriterium vermeidet interpersonelle Nutzenvergleiche (im Unterschied zur »Wohlfahrt«, bei der Gewinne und Verluste unterschiedlicher Personen gegeneinander aufgerechnet werden).

Pareto-Optimum Eine Situation ist pareto-optimal, wenn keine Verbesserung nach dem Pareto-Kriterium möglich ist.

Präferenzen, Präferenzaxiome Vorlieben eines Haushalts; grundlegende Annahmen (Axiome): Nichtsättigung (mehr ist besser), Vollständigkeit (Vergleich von Güterbündeln immer möglich), Transitivität (Entscheidungen des Haushalts sind widerspruchsfrei), Konvexität (Ausgewogenheit; abnehmende Grenzrate der Substitution).

Preis-Absatz-Funktion zeigt an, welche Menge eines Gutes ein Unternehmen in Abhängigkeit vom verlangten Preis absetzen kann. Im Monopolfall ist die Preis-Absatz-Funktion die inverse Marktnachfragefunktion; s. a. Grenzumsatz und Amoroso-Robinson-Relation.

Preis-Grenzkosten-Regel s. Gewinnmaximierungsregel

Preis-Grenznutzen-Regel Ein Haushalt konsumiert ein Gut in der Menge, dass sein Grenznutzen mit seinem Preis übereinstimmt (kardinale Nutzentheorie). Die Regel liefert die Nachfragefunktion nach dem Gut. Das Gesetz vom abnehmenden Grenznutzen stellt den fallenden Verlauf der Nachfragefunktion sicher.

Preis-Konsum-Kurve Verbindungslinie aller Haushaltsoptima, die sich für alternative Preise eines Gutes ergeben. Dient zur Gewinnung der Nachfrage- und Kreuznachfragefunktion.

Produktionselastizität, partielle gibt an, um wieviel Prozent die Produktionsmenge eines Gutes ansteigt, wenn der Einsatz eines einzelnen Produktionsfaktors um ein Prozent erhöht wird.

Produktionsfunktion beschreibt den (technisch effizienten) Zusammenhang zwischen Faktoreinsatz (Input) und Produktionsergebnis (Output). Substitutionale: Der verminderte

Übungsbuch Mikroökonomie für Dummies

Schummelseite

Einsatz eines Faktors kann durch den vermehrten Einsatz eines anderen ausgeglichen werden. Limitationale: Die Faktoren stehen zueinander in einem festen Einsatzverhältnis.

Produzentenrente entspricht bei langfristiger Betrachtung den Gewinnen der Unternehmen. Im Angebots-Nachfragediagramm kann sie als Fläche abgelesen werden, die nach oben durch die Höhe des Marktpreises und nach unten durch die Angebotsfunktion begrenzt wird.

Skalenelastizität gibt an, um wieviel Prozent die Produktionsmenge eines Gutes ansteigt, wenn der Einsatz sämtlicher Produktionsfaktoren um ein Prozent ansteigt (Faktorintensitäten bleiben konstant). Die Skalenelastizität ist die Elastizität der Niveauproduktionsfunktion. Ist die Skalenelastizität kleiner/gleich/größer eins, spricht man von abnehmenden/konstanten/steigenden Skalenerträgen.

Skalenertrag Bei abnehmenden/steigenden Skalenerträgen steigen/sinken die Durchschnittskosten mit der Betriebsgröße (Produktionsmenge). Bei konstanten Skalenerträgen sind die Durchschnittskosten unabhängig von der Betriebsgröße. Steigende Skalenerträge sind ursächlich für das natürliche Monopol (»Gesetz der Massenproduktion«).

Slutsky-Zerlegung Aufspaltung der Auswirkung einer Preisänderung auf die Nachfragemenge nach einem Gut in einen Substitutions- und einen Einkommenseffekt. Die Aufspaltung wird erreicht, indem die Auswirkung der Preisänderung unter der Annahme eines konstanten realen Einkommens des Haushalts ermittelt wird.

Steuer Eine Mengensteuer verschiebt die Angebotsfunktion (Nachfragefunktion) um den Steuersatz parallel nach oben (unten), wenn sie von den Anbietern (Nachfragern) erhoben wird. // Eine Wertsteuer dreht die Angebotsfunktion (Nachfragefunktion) gegen den Uhrzeigersinn um ihren Schnittpunkt mit der Mengenachse um den Steuersatz nach oben (unten).

Steuerinzidenz Verteilung der Steuerlast auf Anbieter und Nachfrager; abhängig von Angebots- und Nachfrageelastizität, wobei die Marktseite mit der absolut geringeren direkten Preiselastizität den größeren Anteil der Last trägt, unabhängig davon, auf welcher Marktseite die Steuer erhoben wird.

Substitute Güter, die sich gegeneinander austauschen lassen. Substitute besitzen eine positive Kreuzpreiselastizität der Nachfrage. Für perfekte Substitute (Grenzfall) sind Indifferenzkurven Geraden.

Substitutionseffekt Durch eine Preisänderung ausgelöste Wirkung auf die nachgefragte Menge eines Gutes, wenn das reale Einkommen des Haushalts konstant gehalten wird. Der Substitutionseffekt ist (im Unterschied zum Einkommenseffekt) immer negativ (= der Preisänderung entgegengerichtet).

Subventionen wirken wie negative Steuern.

Übungsbuch Mikroökonomie für Dummies

Schummelseite

Superiores Gut Gut, das bei steigendem Einkommen vermehrt nachgefragt wird. Superiore (oder normale) Güter besitzen eine positive Einkommenselastizität der Nachfrage.

Umsatz, Erlös ist gleich Preis mal Menge; s. a. Grenzumsatz.

Vollkommener Markt gekennzeichnet durch idealtypische Bedingungen: keine sachlichen, zeitlichen, räumlichen oder persönlichen Präferenzen (homogene Güter) sowie Markttransparenz. Auf dem vollkommenen Markt gilt Jevons Gesetz vom einheitlichen Preis.

Wertgrenzprodukt eines Produktionsfaktors ist die Zunahme des Umsatzes durch den Einsatz einer weiteren Faktoreinheit bzw. das mit dem Güterpreis bewertete (physische) Grenzprodukt des Faktors.

Wertgrenzproduktregel (Notwendige) Bedingung für den gewinnmaximierenden Einsatz eines Produktionsfaktors: Ein Unternehmen setzt einen Faktor in der Menge ein, bei der sein Wertgrenzprodukt mit dem Faktorpreis übereinstimmt.

Wohlfahrt Summe aus Konsumenten- und Produzentenrente.

Wohlfahrtsverlust s. Allokationsverlust

Zahlungsbereitschaft Maximaler Preis, den ein Konsument für ein Gut auszugeben bereit ist (auch Reservations- oder Vorbehaltspreis). Die aufsummierte Zahlungsbereitschaft der Nachfrager für eine gegebene Menge entspricht im Marktdiagramm der Fläche unter der Nachfragefunktion.

Zweites Gossensches Gesetz s. Haushaltsoptimum

Übungsbuch Mikroökonomie für Dummies

Wilhelm Lorenz

Übungsbuch Mikroökonomie für dummies

Fachkorrektur von Detlef Beeker

WILEY-VCH Verlag GmbH & Co. KGaA

Übungsbuch Mikroökonomie für Dummies

Bibliografische Information der Deutschen Nationalbibliothek

Die Deutsche Nationalbibliothek verzeichnet diese Publikation in der Deutschen Nationalbibliografie; detaillierte bibliografische Daten sind im Internet über http://dnb.d-nb.de abrufbar.

1. Auflage 2017

© 2017 WILEY-VCH Verlag GmbH & Co. KGaA, Weinheim

Wiley, the Wiley logo, Für Dummies, the Dummies Man logo, and related trademarks and trade dress are trademarks or registered trademarks of John Wiley & Sons, Inc. and/or its affiliates, in the United States and other countries. Used by permission.

Wiley, die Bezeichnung »Für Dummies«, das Dummies-Mann-Logo und darauf bezogene Gestaltungen sind Marken oder eingetragene Marken von John Wiley & Sons, Inc., USA, Deutschland und in anderen Ländern.

Das vorliegende Werk wurde sorgfältig erarbeitet. Dennoch übernehmen Autoren und Verlag für die Richtigkeit von Angaben, Hinweisen und Ratschlägen sowie eventuelle Druckfehler keine Haftung.

Printed in Germany
Gedruckt auf säurefreiem Papier

Coverfoto ©iStock.com/martinwimmer
Korrektur Frauke Wilkens, München
Satz SPi Global, Chennai, India
Druck und Bindung

Print ISBN: 978-3-527-71205-2
ePub ISBN: 978-3-527-80143-5
mobi ISBN: 978-3-527-80142-8

10 9 8 7 6 5 4 3 2 1

Auf einen Blick

Über den Autor		**20**
Einleitung		**21**
Teil I: Die Grundlagen		**29**
Kapitel 1:	Mikroökonomik – die Grundlagen	31
Kapitel 2:	Das Standardmodell – vollkommene Konkurrenz	43
Kapitel 3:	Die Konstruktion des Marktdiagramms	51
Kapitel 4:	Arbeiten mit dem Marktdiagramm	65
Kapitel 5:	Keine Angst vor Elastizitäten	85
Teil II: Die Entscheidungen der Haushalte		**107**
Kapitel 6:	Klassische Nutzenmaximierung	109
Kapitel 7:	Das Haushaltsgleichgewicht	121
Kapitel 8:	Nachfragefunktionen	143
Kapitel 9:	Das Arbeitsangebot der Haushalte	157
Teil III: Die Entscheidungen der Unternehmen		**171**
Kapitel 10:	Die technische Seite der Unternehmung	173
Kapitel 11:	Die Kosten der Produktion	189
Kapitel 12:	Gewinnmaximierung auf Konkurrenzmärkten	213
Teil IV: Die Preisbildung		**233**
Kapitel 13:	Arbeiten mit dem Marktdiagramm II	235
Kapitel 14:	Was bei der Preisbildung schiefgehen kann	261
Kapitel 15:	Preisbildung im Monopol	283
Kapitel 16:	Fortgeschrittene Probleme der Preisbildung	313
Teil V: Der Top-Ten-Teil		**349**
Kapitel 17:	Zehn hilfreiche Mathetipps	351
Stichwortverzeichnis		**369**

Inhaltsverzeichnis

Über den Autor **20**
Einleitung **21**
    Über dieses Buch 21
    Was Sie nicht lesen müssen 22
    Konventionen in diesem Buch 23
    Törichte Annahmen über den Leser 23
    Wie dieses Buch aufgebaut ist 24
        Teil I: Die Grundlagen 25
        Teil II: Die Entscheidungen der Haushalte 25
        Teil III: Die Entscheidungen der Unternehmen 25
        Teil IV: Die Preisbildung 25
        Teil V: Der Top-Ten-Teil 26
    Zur Art der Aufgaben 26
    Symbole, die in diesem Buch verwendet werden 27
    Wie es weitergeht 27

TEIL I
DIE GRUNDLAGEN **29**

Kapitel 1
Mikroökonomik – die Grundlagen **31**
    Worum es in der Mikroökonomie geht 31
    Allokationsmechanismen 32
    Mikro und Makro – »klein und groß« 33
    Modelle in der Mikroökonomie 34
    Aufgaben 35
    Lösungen 37

Kapitel 2
Das Standardmodell – vollkommene Konkurrenz **43**
    Der »vollkommene« Markt 43
        Das Gesetz vom einheitlichen Preis 43
        Vollkommener Markt: Weitere Begriffe, die Sie kennen sollten ... 44
    Die wichtigsten Marktformen 45
        Marktformen: Weitere Begriffe, die Sie kennen sollten 45
    Aufgaben 46
    Lösungen 47

Kapitel 3
Die Konstruktion des Marktdiagramms **51**
    Bestandteile und Voraussetzungen 51
        Eine eigentümliche Besonderheit 52
        Bestandteile 53

Determinanten der Nachfrage 53
Determinanten des Angebots 55
Markante Punkte im Marktdiagramm 55
Aufgaben 56
Lösungen 59

Kapitel 4
Arbeiten mit dem Marktdiagramm 65

Gleichgewicht und Ungleichgewicht 65
    Eigenschaften des Marktgleichgewichts 65
    »Exogene Schocks«: Änderungen des Gleichgewichts 67
        Beispiele für exogene Schocks 67
        Regulierung 68
Aufgaben 68
Lösungen 73

Kapitel 5
Keine Angst vor Elastizitäten 85

Grundsätzliches über Elastizitäten 85
    Berechnungsvorschrift 85
    Dimension 86
    Interpretation 86
    Besondere Werte und Bereiche 86
    Wissenswertes 87
Die wichtigsten Elastizitäten 87
    Die direkte Preiselastizität der Nachfrage 87
    Einkommenselastizität der Nachfrage 88
    Kreuzpreiselastizität der Nachfrage 89
    Preiselastizität des Angebots 89
Aufgaben 90
Lösungen 94

TEIL II
DIE ENTSCHEIDUNGEN DER HAUSHALTE 107

Kapitel 6
Klassische Nutzenmaximierung 109

Nutzenfunktionen und Grenznutzen 109
    Das Gesetz vom abnehmenden Grenznutzen 110
    Eine wichtige Ausnahme: Geld 111
Vom Grenznutzen zur Nachfragefunktion 112
    Preis-Grenznutzen-Regel 112
    Mehr als ein Gut: Gossens zweites Gesetz 113
Aufgaben 114
Lösungen 116

Kapitel 7
Das Haushaltsgleichgewicht **121**

Präferenzen und Nutzenfunktionen. 121
    Präferenzaxiome 121
    Nutzenfunktionen 122
    Indifferenzkurven und ihre Eigenschaften. 123
    Die Grenzrate der Substitution 124
    Besondere Indifferenzkurven. 124
Die Budgetrestriktion 125
Das Haushaltsgleichgewicht. 126
Aufgaben. 127
Lösungen 132

Kapitel 8
Nachfragefunktionen **143**

Die Einkommensnachfragefunktion. 143
    Einkommenseffekt. 144
    Engel-Kurve 145
Die Nachfragefunktion 145
    Slutsky-Zerlegung. 145
    Gesetz der Nachfrage 147
Die Kreuznachfragefunktion 148
Aufgaben. 149
Lösungen 151

Kapitel 9
Das Arbeitsangebot der Haushalte **157**

Das kurzfristige Arbeitsangebot: Arbeit oder Freizeit?. 157
    Konstruktion der Indifferenzkurven 157
    Konstruktion der Budgetrestriktion 158
    Der Reservationslohn 160
    Die rückwärts geneigte Arbeitsangebotsfunktion. 161
Das langfristige Arbeitsangebot: Investitionen in Humankapital. 162
Aufgaben. 164
Lösungen 166

TEIL III
DIE ENTSCHEIDUNGEN DER UNTERNEHMEN **171**

Kapitel 10
Die technische Seite der Unternehmung. **173**

Die Produktion auf kurze Sicht 174
    Das klassische Ertragsgesetz 174
Die Produktion auf lange Sicht 176
    Die Cobb-Douglas-Produktionsfunktion. 176
    Die Leontief-Produktionsfunktion. 178
Aufgaben. 180
Lösungen 183

Kapitel 11
Die Kosten der Produktion 189
- Von der Produktions- zur Kostenfunktion 189
- Die Minimalkostenkombination 192
  - Isokostengerade 192
  - Langfristige Kostenfunktion 194
  - Eigenschaften langfristiger Kostenfunktionen 195
- Aufgaben 197
- Lösungen 201

Kapitel 12
Gewinnmaximierung auf Konkurrenzmärkten 213
- Die Outputregel: »Preis gleich Grenzkosten« 213
  - Notwendige und hinreichende Bedingung 215
  - Die Angebotsfunktion 215
  - Weitere wichtige Begriffe 216
- Die Inputregel: »Faktorpreis gleich Wertgrenzprodukt« 217
- Aufgaben 219
- Lösungen 222

TEIL IV
DIE PREISBILDUNG 233

Kapitel 13
Arbeiten mit dem Marktdiagramm II 235
- Konsumenten- und Produzentenrente 235
  - Konsumentenrente 235
  - Produzentenrente 237
  - Wohlfahrt 238
- Das Marktdiagramm im Einsatz 238
- Aufgaben 242
- Lösungen 248

Kapitel 14
Was bei der Preisbildung schiefgehen kann 261
- Dynamische Preisbildung und Informationsunvollkommenheiten 262
  - Dynamische Preisbildung 262
  - Asymmetrisch verteilte Informationen 264
- Öffentliche Güter und externe Effekte 265
  - Nichtausschließbarkeit 265
  - Nichtrivalität im Konsum 265
  - Öffentliche Güter 266
  - Unteilbarkeiten 268
- Externe Effekte 269
- Aufgaben 272
- Lösungen 274

Kapitel 15
Preisbildung im Monopol **283**

    Preis-Absatz-Funktion und Grenzumsatz............................ 284
        Berechnung von Umsatz und Grenzumsatz 285
    Gewinnmaximierung im Monopol 286
        Die Amoroso-Robinson-Relation 288
        Weitere Ergebnisse des Monopolmodells 289
    Aufgaben 290
    Lösungen 297

Kapitel 16
Fortgeschrittene Probleme der Preisbildung **313**

    Oligopolmodelle 313
        Das Cournot-Modell 314
        Das Stackelberg-Modell 317
        Das Bertrand-Modell 318
    Preisbildung auf unvollkommenen Märkten 319
        Monopolistische Konkurrenz 320
        Preisdifferenzierung 322
    Aufgaben 327
    Lösungen 333

TEIL V
DER TOP-TEN-TEIL 349

Kapitel 17
Zehn hilfreiche Mathetipps **351**

    Die Gleichung einer linearen Funktion ermitteln 351
    Die Steigung einer Funktion bestimmen 353
    Den Schnittpunkt zweier Geraden berechnen 356
    Ableitungen: Mit wenigen Regeln kommen Sie aus 357
    Maxima und Minima von Funktionen finden 359
    Die Lagrange-Methode anwenden – ein »Kochrezept« ... 362
    Durch Brüche teilen 364
    Die Elastizität der Funktion $y = ßx^{\alpha}$ 365
    Überschlägig rechnen mit Wachstumsraten 366
    Mit Wurzeln und Potenzen rechnen 367

Stichwortverzeichnis **369**

Über den Autor

Prof. Dr. Wilhelm Lorenz ist Professor für Volkswirtschaftslehre an der Hochschule Harz und hält dort insbesondere Vorlesungen zur Mikroökonomie. Seit einigen Jahren betreibt er die Website www.mikrooekonomie.de.

Über den Fachkorrektor

Prof. Dr. Detlef Beeker lehrt seit über zehn Jahren Volkswirtschaftslehre inklusive Mikroökonomie an der Rheinischen Hochschule Köln. Zuvor war er beim Repetitorium der Wirtschaftswissenschaften in Siegen, am Lehrstuhl für Wirtschaftswissenschaft und Didaktik der Wirtschaftslehre an der Universität Siegen und am Institut der deutschen Wirtschaft in Köln tätig.

Einleitung

Übung macht ja bekanntlich den Meister. So sicher, wie noch kein Meister vom Himmel gefallen ist, können Sie darauf auch in der Mikroökonomik vertrauen. Die größten Lernerfolge erzielen Sie nicht aus dem »passiven Konsum« von Lehrveranstaltungen, sondern durch aktives Üben: »Learning by Doing«.

Einen wichtigen Schritt in die richtige Richtung haben Sie bereits gemacht. Klopfen Sie sich dafür ruhig schon mal kräftig auf die Schulter. Sie werden es vielleicht nicht glauben wollen, aber Sie sind weiter als viele andere, die sich mit mikroökonomischen Fragen beschäftigen (müssen). Sie sind nämlich schon aktiv geworden. Schließlich schauen Sie gerade in dieses Buch. Und es wäre toll, wenn Sie es nicht nur als »Lesebuch« nutzen. Das ist es nämlich nicht.

Über dieses Buch

Es ist vielmehr ein »Arbeitsbuch«, voll mit Aufgaben, die Sie *bearbeiten* sollen. Das kann übrigens ganz schön anstrengend sein. Anstrengender jedenfalls, als sich passiv in eine Vorlesung zu setzen oder Mikro-Videotutorials auf YouTube® zu gucken.

Warum sollten Sie sich für die Anstrengung und gegen den bequemen Konsum entscheiden? Weil sich dieses Buch vor allem dann für Sie auszahlen wird, wenn Sie sich selbst auf die Suche nach den richtigen Antworten machen, anstatt sie sich vorlesen zu lassen.

Ein erstes Symbol und ein erster Tipp – mehr zu den Symbolen erfahren Sie weiter hinten in dieser Einleitung:

Schlagen Sie die Antwort oder Lösung erst nach, nachdem Sie sich selbst an der Frage oder Aufgabe versucht haben.

Und gleich noch ein zweiter Tipp, der Ihnen helfen wird, dieses Buch optimal einzusetzen:

Greifen Sie zu Bleistift und Papier!

Der Rat kommt Ihnen bekannt vor? Vielleicht kennen Sie ihn aus dem Top-Ten-Teil von *Mikroökonomie für Dummies*. Hier ist er noch wichtiger! Denn zahlreiche der Aufgaben in diesem Buch verlangen Berechnungen, Diagramme oder Skizzen. Für die meisten reichen ein Stift und Papier. Mitunter sind auch kariertes Papier und ein Lineal hilfreich. Weitere »technische Hilfsmittel« benötigen Sie nicht. Aufgaben, die Berechnungen verlangen, sind bis auf wenige Ausnahmen so gestaltet, dass Sie sie ohne Taschenrechner oder Computer lösen können. Das soll keineswegs heißen, dass Computerprogramme keine wertvolle Hilfe beim Lösen mikroökonomischer Probleme sein können. So eignet sich zum Beispiel Microsoft Excel® ausgezeichnet für mikroökonomische Simulationen. Andere Tabellenkalkulationsprogramme natürlich ebenfalls.

 Es ist kurz vor zwölf und Sie benötigen einen »Crashkurs« in Mikroökonomik? Lesen Sie die Zusammenfassungen zu Beginn jedes Kapitels und überspringen Sie die Aufgaben.

Für dieses Buch benötigen Sie Vorwissen, das Sie zum Beispiel durch den Besuch einer mikroökonomischen Lehrveranstaltung oder durch mikroökonomische Lehrbücher erworben haben. Jedes Kapitel ruft Ihnen zu Beginn die wichtigsten Gedanken, Methoden und Begriffe noch einmal in Erinnerung. Natürlich ist dieses Buch auf *Mikroökonomie für Dummies* zugeschnitten. Mit den meisten Aufgaben sollten Sie aber auch zurechtkommen, wenn Sie ein anderes Mikro-Buch verwenden.

Eine wahre Geschichte

Auch ich – es wird Sie nicht wundern – war Student. Meine erste Vorlesung zur Mikroökonomie habe ich an der Leibniz Universität Hannover gehört. Die Dozentin war bemüht, bestimmt auch kompetent, aber meine Kommilitonen und ich verstanden nichts.

Was tun? Zu dritt bildeten wir eine Lerngruppe, baten die Dozentin um Literaturhinweise und alte Klausuraufgaben und verabschiedeten uns aus der Vorlesung. Wir trafen uns Woche für Woche zur Vorlesungszeit. Reihum bereiteten wir die Themen vor und unterrichteten uns gegenseitig. Vor der Klausur hatten wir nicht nur Respekt. Wir haben gezittert. Hatten wir das Richtige gelernt? Und genug? Wir hatten. Die Prüfung fiel uns leicht. Heute weiß ich, warum: Weil wir »aktiv gelernt« hatten.

Was Sie nicht lesen müssen

In diesem Buch können Sie einzelne Fragen und Aufgaben nach Belieben überspringen, da sie nicht aufeinander aufbauen. Das gilt auch für ganze Kapitel. Sie können mit dem Thema einsteigen, das Sie gerade interessiert oder bei dem es Ihrer Meinung nach am meisten brennt. Aufgaben, die Ihnen in Teil IV begegnen, setzen aber (zumindest teilweise)

Kenntnisse aus dem Bereich der Haushaltstheorie (Teil II) und der Unternehmenstheorie (Teil III) voraus. Regelmäßig reihen aber auch Lehrveranstaltungen und Lehrbücher die Themen in ähnlicher Folge, sodass Sie mit dem Kapitel einsteigen können, dessen Thema Sie gerade am meisten interessiert.

Fühlen Sie sich fit in Mathe? Dann werden Sie die Top-Ten-Mathetipps unterfordern. Möchten Sie aber Ihre Mathekenntnisse auffrischen, bieten sich die Tipps für den Einstieg an.

Konventionen in diesem Buch

Dieses Buch fordert und fördert aktives Mitdenken:

- Die einzelnen Abschnitte beginnen jeweils mit einer kurzen Erinnerung an wichtige Begriffe, Definitionen und Regeln. Wenn Sie sich nicht erinnern können, lesen Sie in *Mikroökonomie für Dummies* oder einem anderen Lehrbuch noch einmal nach. Mit *Mikroökonomie für Dummies* klappt das am besten, weil seine Kapitelstruktur mit der dieses Buches übereinstimmt.

 Ein Einstieg in die Mikroökonomie wird Ihnen mit diesem Buch allein nicht gelingen. Es richtet sich nicht an Leser ohne mikroökonomische Vorkenntnisse.

- Die Aufgaben sind kapitelweise durchnummeriert. Die Lösungen finden Sie am Ende des jeweiligen Kapitels.

- Manche Aufgaben lösen Sie, indem Sie in vorbereitete Diagramme etwas einzeichnen. Damit Sie nichts ins Buch schreiben müssen, stehen die Diagramme unter der Adresse www.mikrooekonomie.de/dummies im Netz zum Download bereit.

Törichte Annahmen über den Leser

Und schon können Sie das erste Mal einen Stift einsetzen. Testen Sie, ob die törichten Annahmen über den Leser auf Sie zutreffen:

Welcher Aussage stimmen Sie zu?

Wenn Sie unentschieden sind, setzen Sie Ihr Kreuz in der Mitte. Addieren Sie anschließend die Punkte.

Aussage links	9	8	7	6	5	4	3	2	1	Aussage rechts
Ich besuche zurzeit eine Mikro-Veranstaltung und will eine Prüfung bestehen.	9	8	7	6	5	4	3	2	1	Ich bin weder Student noch Schüler.
Ich möchte die mikroökonomischen Zusammenhänge durchschauen.	9	8	7	6	5	4	3	2	1	Ich will das gar nicht verstehen, sondern nur hinter mich bringen.
Ich will nicht nur rechnen, sondern wünsche mir auch praxisnahe Beispiele.	9	8	7	6	5	4	3	2	1	Praktische Beispiele kosten nur Zeit. Ich lerne lieber auswendig.
Ich kenne »Mikroökonomie für Dummies«, ein anderes Mikro-Grundlagenbuch oder »mikrooekonomie.de«.	9	8	7	6	5	4	3	2	1	Lehrbücher? Ich lese nur Unterhaltungsliteratur.
Mit Mikro habe ich schon Probleme, vor allem ist mir das Fach zu formal.	9	8	7	6	5	4	3	2	1	Das bisschen Gerechne hier ist doch für mathematische Analphabeten.

Auswertung

- ✔ **0 bis 15 Punkte:** Hoffentlich haben Sie sich dieses Buch nur ausgeliehen.
- ✔ **16 bis 30 Punkte:** Sie zählen zwar nicht zum harten Kern der Zielgruppe, aber dennoch wird dieses Buch Ihnen vermutlich helfen, sich besser in der Mikroökonomie zurechtzufinden.
- ✔ **31 bis 45 Punkte:** Genau für Sie ist dieses Buch geschrieben.
- ✔ **Mehr als 45 Punkte:** Zählen Sie noch einmal nach!

Wie dieses Buch aufgebaut ist

Dieses Buch gliedert sich in fünf Teile. Die Teile bestehen aus Kapiteln, diese wiederum aus Abschnitten.

Teil I: Die Grundlagen

Im ersten Teil steht der Umgang mit dem »Handwerkszeug« des Mikroökonomen im Mittelpunkt. Kurz gefasst geht es um

- grundlegende Annahmen und wichtige Begriffe,
- das Marktdiagramm im Einsatz und
- die Folgen von Staatseingriffen.

Daneben trainieren Sie in diesem Teil den Umgang mit Elastizitäten.

Teil II: Die Entscheidungen der Haushalte

Im zweiten Teil dreht sich alles um die Nachfrage- und Angebotsentscheidungen von Haushalten. Die zentralen Stichworte lauten:

- das »erste Gossensche Gesetz«
- Präferenzen und Nutzenfunktionen
- Indifferenzkurven und die Grenzrate der Substitution
- die Budgetrestriktion
- das Haushaltsoptimum
- Nachfragefunktionen
- das Arbeitsangebot der Haushalte

Teil III: Die Entscheidungen der Unternehmen

Der dritte Teil untersucht die Angebotsentscheidungen von Unternehmen auf vollkommenen Konkurrenzmärkten. Er beleuchtet zunächst die technische Seite der Unternehmen:

- kurzfristige und langfristige Produktionsfunktionen
- Grenzprodukt und Durchschnittsprodukt
- Skalenerträge und Skalenelastizität

Anschließend werden die Kostenfunktionen und der optimale Faktormix betrachtet. Den Schwerpunkt dieses Teils bilden Aufgaben zur kurz- und langfristigen Gewinnmaximierung. Das abschließende Kapitel enthält Übungen zur Faktornachfrage der Unternehmen.

Teil IV: Die Preisbildung

Der vierte Teil konzentriert sich zunächst noch einmal auf das Marktdiagramm. Mithilfe des Rentenkonzepts und der Erkenntnisse aus der Haushalts- und Unternehmenstheorie sind im Vergleich zum ersten Teil fortgeschrittene Analysen möglich.

Die weiteren Kapitel in diesem Teil enthalten Fragen und Aufgaben zu den Themen

✔ aus welchen Gründen Märkte versagen können und

✔ wie sich die Preise bilden

- auf Monopolmärkten,
- im Oligopol,
- und bei Marktunvollkommenheiten.

Teil V: Der Top-Ten-Teil

Die meisten Leser – vermutlich auch Sie – werden den Nutzen dieses Buches nicht zuletzt daran messen, wie gut es sie auf eine mikroökonomische Prüfung vorbereitet. Lehrveranstaltungen zu den Grundlagen der Mikroökonomie unterscheiden sich natürlich von Hochschule zu Hochschule, oft sogar von Dozent zu Dozent, aber den meisten Mikro-Vorlesungen dürfte gemein sein, dass sie zu den »mathematiklastigen« Fächern im wirtschaftswissenschaftlichen Grundstudium zählen. Deswegen geht es nicht ohne Mathematik. Es ist aber gar nicht so viel, was man wissen muss, um die meisten Aufgaben zu meistern. Die wichtigsten zehn Fertigkeiten präsentiert der »Mathe-Top-Ten-Teil« mit leicht verständlichen Beispielen.

Auf www.downloads.fuer-dummies.de finden Sie außerdem ein Bonuskapitel mit den zehn besten Tipps für schriftliche und mündliche mikroökonomische Prüfungen – jedenfalls die, die ich für die zehn besten halte.

Zur Art der Aufgaben

Die Aufgaben in diesem Buch haben einen unterschiedlichen Schwierigkeitsgrad. Manche sind durchaus anspruchsvoll. Aufgaben, die lediglich Definitionen abfragen, finden Sie hier kaum. Die meisten Aufgaben bewegen sich auf »Klausurniveau«. In der Regel ist der Lösungsweg umso ausführlicher beschrieben, je schwieriger die Aufgabe ausfällt. Sie werden feststellen, dass die Lösungen grundsätzlich vergleichsweise umfangreich ausfallen.

Da Sie sich vermutlich für eine Prüfung »Einführung in die Mikroökonomik« fit machen wollen (oder müssen), finden Sie in den einzelnen Kapiteln eine unterschiedliche Zahl an Aufgaben. Schwerpunkte bilden

✔ Aufgaben, die Prozesse auf Konkurrenzmärkten mithilfe des Marktdiagramms analysieren,

✔ Aufgaben mit Anwendungsbezug,

✔ Aufgaben, in denen Elastizitäten und ihre Anwendungen im Mittelpunkt stehen, sowie

✔ Aufgaben zum Monopolmodell, wie sie Ihnen in Klausuren häufig begegnen werden.

Ebenfalls aus dem Grund, Sie auf typische mikroökonomische Prüfungen vorzubereiten, sind Aufgaben überrepräsentiert, in denen Sie rechnen oder zeichnen müssen. Aufgaben, in denen stichwortartig Wissen abgefragt wird (»Auf wen geht das Gesetz vom abnehmenden Grenznutzen zurück?«), finden Sie in diesem Buch hingegen kaum (Es geht zurück auf Hermann Heinrich Gossen, 1810 – 1858).

Symbole, die in diesem Buch verwendet werden

In diesem Buch begegnen Ihnen die folgenden Symbole:

Ein Hinweis, ein Tipp oder eine kurze Begriffserklärung.

Ein Vorsichtshinweis. Hier lauert ein Fehler.

Das Symbol erinnert Sie mit einer kurzen Erklärung an einen Begriff oder eine Technik.

Im Top-Ten-Teil mit den Mathetipps verweist das Symbol auf eine Aufgabe, in der der Tipp zum Einsatz kommt.

Das Symbol kennzeichnet Kernaussagen. Da die einleitenden Ausführungen in den Kapiteln bereits zusammenfassenden Charakter haben und es deswegen von wichtigen Aussagen nur so wimmelt, finden Sie das Symbol nur bei Aussagen von herausgehobener Bedeutung.

Wie es weitergeht

Es geht gleich einfach los. Vorher gestatten Sie mir zwei Anmerkungen:

Ohne Kompromisse geht es nicht

Beispielen wird nachgesagt, dass sie hinken. Das gilt auch für Übungsaufgaben. Vor allem wenn Übungsaufgaben auch anwendungsorientiert sein sollen, kommt man leicht in ein Dilemma: Einerseits soll die Aufgabe innerhalb angemessener Zeit zu bewerkstelligen sein, andererseits soll sie nicht zu sehr von der Realität abstrahieren.

In der wirklichen Welt finden Sie keine »Einproduktunternehmen«, keine unendlich schnellen Reaktionen, keine vollkommene Information und reale Ereignisse laufen nicht »ceteris paribus« ab. In Übungsaufgaben müssen Sie sich auf diese und weitere Annahmen aber einlassen. Sonst sprengen die Aufgaben den Rahmen.

Auf ein Bier

Dieses Buch soll Sie auf Prüfungen vorbereiten und enthält daher natürlich auch ein paar »Standardfragen«. Eine Quelle lässt sich nicht immer aufspüren. Ein Beispiel: »Ein Giffen-Gut ist immer inferior. Richtig oder falsch?« Die »Schöpfungshöhe« dieser Frage darf man so niedrig ansetzen, dass sie als gemeinfrei betrachtet werden kann. Das gilt nur eingeschränkt für die Aufgabe, die sich mit »Herrn K.« befasst, der beschlossen hat abzunehmen. Ihn kannte ich schon als Student aus einer alten Klausur. Sie lernen ihn in einer Aufgabe zum Haushaltsoptimum in Kapitel 7 kennen. Wer sich als Urheber dieser Aufgabe fühlt, möge sich bei mir melden. Ich gebe ihm dann ein Bier aus. Das Angebot gilt auch für alle anderen, die meinen, die Urheberschaft für eine Aufgabe anmelden zu können. Die allermeisten Aufgaben stammen natürlich von mir – und die Lösungen sowieso. Ich freue mich, wenn Sie über die ein oder andere auch schmunzeln können. Sie werden aber ebenfalls bemerken, dass zahlreiche Aufgaben reale wirtschaftliche Probleme mit ernstem Hintergrund adressieren.

So, nun geht es endlich los. Spitzen Sie den Bleistift, schnappen Sie sich ein Blatt Papier und beherzigen Sie den Rat: Übung macht den Meister!

Teil I
Die Grundlagen

IN DIESEM TEIL ...

Im ersten Teil steht der Umgang mit dem »Handwerkszeug« des Mikroökonomen im Mittelpunkt. Kurz gefasst geht es um

- ✔ grundlegende Annahmen und wichtige Begriffe,
- ✔ das Marktdiagramm im Einsatz und
- ✔ die Folgen von Staatseingriffen.

Daneben trainieren Sie in diesem Teil den Umgang mit Elastizitäten.

IN DIESEM KAPITEL

Wichtige Begriffe

Allokationsmechanismen

Modelle in der Mikroökonomie

Kapitel 1
Mikroökonomik – die Grundlagen

Worum es in der Mikroökonomie geht

Die Antworten auf zwei Fragen liefern Ihnen Definitionen für Mikroökonomik über ihr Objekt (= Gegenstand, mit dem sie sich befasst) und über ihre übliche Methode:

1. **Was** ist ihr Objekt?

   Die Mikroökonomik ist ein Teilgebiet der Volkswirtschaftslehre und beschäftigt sich mit der »Allokation knapper Ressourcen«. Die »Allokation knapper Ressourcen« ist ihr Objekt.

2. **Wie** geht sie vor?

   »Die Mikroökonomik geht grundsätzlich von der Annahme aus, Menschen verhielten sich im eigenen Interesse optimierend. Auf der Grundlage dieser Annahme leitet sie Aussagen über Marktergebnisse, Marktstrukturen und Marktprozesse ab.«

 Untersuchungsgegenstand der Mikroökonomik ist die Allokation knapper Ressourcen. Dabei geht sie regelmäßig davon aus, Menschen verhielten sich im eigenen Interesse optimierend.

Wichtige Begriffe

Ressourcen (Produktionsfaktoren): Alles, was für die Produktion von Gütern nützlich ist. *Beispiele*: Arbeitskraft, Lizenzen, Putzlappen, Sachkapital, Kakao, Wissen, Zeit.

(Konsum-)Güter: Alles, was Nutzen stiftet. *Beispiele*: Schokolade, Haarschnitte, Autos, Pauschalreise.

Allokation: Die Lenkung von Gütern in ihre Verwendungen. *Beispiele:* In einer (reinen) Marktwirtschaft lenken Preise Güter und Produktionsfaktoren in ihre Verwendungen. Wenn Kaffee im Verhältnis zu Tee teurer wird, sinkt die Nachfrage nach Kaffee und steigt die Nachfrage nach Tee. Wenn Roboter günstiger werden, während die Löhne für menschliche Arbeitskraft gleich bleiben, ersetzen Unternehmen im Rahmen ihrer technischen Möglichkeiten Arbeit durch Kapital. In einer (reinen) Planwirtschaft werden die Produktionsmengen der Güter mit der Maßgabe der Planerfüllung zentral vorgegeben.

Knapp(heit): Ein Gut ist knapp, wenn es nicht kostenlos in der gewünschten Menge und Qualität zur Verfügung steht. *Beispiele:* Boden ist knapp: Mehr Parkplätze, weniger Grünflächen. Zeit ist knapp: Wenn Sie eine Einladung ins Kino annehmen, fehlt Ihnen die Zeit zum Lernen für eine Prüfung. Geld ist knapp: Was Sie für Handtaschen ausgeben, können Sie nicht mehr für Schuhe ausgeben.

Es entstehen **Opportunitätskosten** (= Verzichtskosten, Alternativkosten): *Mehr von einem, bedeutet weniger von etwas anderem.* Kurz: Hat ein Gut Opportunitätskosten größer als null, dann ist es knapp. *Beispiel:* Schokolade ist knapp. Wenn Sie mehr davon haben möchten, müssen Sie auf andere Güter verzichten. Selbst wenn Sie die Schokolade geschenkt bekommen, entstehen Ihnen Kosten: Wenn Sie Ihr Gewicht halten wollen, müssen Sie in entsprechendem Umfang auf andere Genüsse verzichten oder sich mehr bewegen.

Das Pendant zum knappen ist das **freie Gut**. Es steht wie im Schlaraffenland kostenlos in der gewünschten Qualität in jeder beliebigen Menge zur Verfügung. Wenn Sie strenge Maßstäbe anlegen, finden Sie freie Güter nur in Ausnahmesituationen. *Beispiele:* Wenn Sie Langeweile haben, haben Sie Zeit im Überfluss. In der Wüste haben Sie Sand im Überfluss. *Gegenbeispiele:* Luft (zum Atmen) ist kein freies Gut. Für die Qualität, in der wir die Luft wünschen, wenden wir enorme Ressourcen auf. Darunter fallen alle Maßnahmen zur Luftreinhaltung. Auch Sonnenlicht ist in diesem Sinne knapp. Sonst könnten Hersteller von Sonnenbanken und Sonnenstudios dichtmachen.

Allokationsmechanismen

Güter können auf unterschiedlichste Art und Weise »alloziiert werden« (auch »alloziert« oder »allokiert«). Mitunter bestimmt der Zufall die Allokation. Der Zufall ist damit ein Allokationsmechanismus. Illegale Allokationsmechanismen sind zum Beispiel Betrug und Diebstahl. In beiden Fällen ist nach deutschem Recht bereits der Versuch strafbar.

Der vorherrschende Allokationsmechanismus in einer Marktwirtschaft ist der Markt. Deswegen heißt sie so. Anstelle von »Marktmechanismus« können Sie auch »Angebot und Nachfrage« oder »Preismechanismus« sagen. Ein **Markt** ist eine mehr oder weniger organisierte Einrichtung (»Institution«) zum Tausch von Gütern, Diensten oder Rechten. Er entsteht, wenn Angebot auf Nachfrage trifft.

Nicht immer ist der Markt ein geeigneter oder gar der bestmögliche »Lenkungsmechanismus«. Grundsätzlich wäre es – rechtliche Bedenken für den Moment außen vor – möglich, das Amt des deutschen Bundeskanzlers zeitlich befristet oder unbefristet meistbietend zu versteigern. Dann käme der Marktmechanismus in Form einer Auktion zum Einsatz. Man könnte, rein theoretisch versteht sich, sogar darüber nachdenken, das Amt zu verlosen oder zu vererben. Erben und Schenken sind ebenfalls Allokationsmechanismen. Tatsächlich allozieren wir dieses »Gut« aber über einen bis ins Detail reglementierten »Wahlmechanismus«. Die Entscheidung gegen die Mechanismen Markt, Zufall und Erben bedarf in diesem speziellen Fall keiner weiteren Erläuterung. In anderen Fällen, in denen wir uns mehrheitlich gegen den Preismechanismus entschieden haben, kann man durchaus diskutieren: Sind Wartelisten der beste Allokationsmechanismus für menschliche Organe? Sind Tarifverhandlungen der beste Mechanismus für die Bestimmung der Entlohnung? Oder wäre »mehr Markt« hier vielleicht doch die bessere Lösung?

Mikro und Makro – »klein und groß«

- In der **Mikroökonomie** geht es um **einzelwirtschaftliche** Entscheidungen. Sie untersucht, wie Haushalte und Unternehmen Entscheidungen treffen, wie diese Entscheidungen zusammen wirken und Preise und Mengen auf einzelnen Märkten beeinflussen.
- Die **Makroökonomik** befasst sich mit **gesamtwirtschaftlichen** Größen.

Beispiele für mikroökonomische Fragestellungen:

- Wie ändert sich der Preis für Zucker, wenn die Rübenernte schlecht ausfällt?
- Welche Folgen hat ein staatlich angeordneter Höchstpreis für ein Grundnahrungsmittel?
- Beeinflusst die Zahl der Anbieter in einem Markt die Höhe des Preises?

Beispiele für makroökonomische Fragestellungen:

- Wie ändert sich das Preis*niveau*, wenn die Geldmenge sinkt?
- Wirkt eine Währungsabwertung beschäftigungsfördernd?
- Kann man die Armutsquote mittels Konjunkturprogrammen verringern?

Eine eindeutige Zuordnung von Fragestellungen zu den Teilgebieten ist nicht immer möglich. Je unspezifischer die Fragestellung, desto offener das Ergebnis. So lässt sich zum Beispiel die Frage nach der Auswirkung einer Erhöhung von Lohnersatzleistungen (Arbeitslosengeld) sowohl mikro- als auch makroökonomisch angehen:

- **Mikroökonomisch:** Wie beeinflusst eine Erhöhung des Arbeitslosengeldes die Arbeitsangebotsentscheidungen der Haushalte?
- **Makroökonomisch:** Welche gesamtwirtschaftlichen Beschäftigungseffekte treten infolge einer Erhöhung des Arbeitslosengeldes auf?

Die Zusammenhänge zwischen mikroökonomischen Entscheidungen und makroökonomischen Wirkungen sind komplexer, als es auf den ersten Blick scheinen mag und münden oft in wirtschaftspolitischen Disputen. Die Diskussion um die Forderung nach höheren Löhnen (oder Mindestlöhnen) liefert dafür ein Paradebeispiel.

Modelle in der Mikroökonomie

Die zentrale Grundannahme mikroökonomischer Modelle lautet: »Menschen verhalten sich im eigenen Interesse rational.« Durch diese Verhaltensweise zeichnet sich vor allem **Homo oeconomicus** aus, der streng nach dem ökonomischen Prinzip agiert. Er trifft Entscheidungen, indem er Kosten und Nutzen nüchtern gegeneinander abwägt. Der Einfachheit halber wird meist unterstellt, dass er über alle notwendigen Informationen verfügt und ihm die Optimierungsentscheidung selbst keinerlei Problem bereitet. Im Unterschied zum »Homo sociologicus« lässt er sich in seinen Entscheidungen nicht durch die Erwartungen seiner Mitmenschen leiten – jedenfalls nicht im Kern. Auf Werte und Normen gibt er nur etwas, wenn sie ihm nutzen. Sie beleidigen ihn nicht, wenn Sie ihn einen Opportunisten nennen. Er ist einer und er weiß es.

Homo oeconomicus steht in der Kritik. Die Annahme des uneingeschränkt rationalen Verhaltens stößt auf Schwierigkeiten, wenn uneigennütziges Verhalten (Altruismus), Mitleid, Missgunst, Fairness, Freundschaft, Liebe, Moral oder Anstand ins Spiel kommen. So ist zum Beispiel mit einem kühlen Vergleich von Nutzen und Kosten schwerlich erklärbar, warum in der Anonymität der Einkaufsstraße einer Großstadt ein Passant einem Bettler einen Euro in den Hut wirft. Was hat der Passant davon außer Kosten?

Anknüpfend am **ökonomischen Prinzip** (Wirtschaftlichkeits- oder Rationalitätsprinzip) gilt ein weniger komplexes Modell als das bessere, wenn es die gleichen Erkenntnisse liefert wie ein komplexeres (»Ockhams Rasiermesser«). Das **Minimalprinzip** postuliert (fordert): Erreiche ein gegebenes Ziel mit möglichst geringem Mitteleinsatz! Im Umkehrschluss kann eine komplexere Erklärung einer einfacheren vorgezogen werden, wenn sie mehr Erkenntnisse liefert.

Die Mikroökonomie nutzt **verbale**, **grafische** und **algebraische** (oder analytische) **Modelle**. Ein wesentlicher Modellbaustein ist die **Ceteris-paribus-Bedingung** (»alles Übrige gleich«). Nehmen Sie an, der Einfluss des Einkommens auf die Nachfrage nach Bier soll untersucht werden. Die Beobachtung, dass von einem auf das andere Jahr sowohl die Einkommen als auch der Bierkonsum gestiegen sind, reicht nicht aus, um eine positive Einkommensabhängigkeit der Biernachfrage zu begründen. Denn es können sich währenddessen auch andere relevante Größen verändert haben: zum Beispiel der Bierpreis, der Weinpreis, das Flaschenpfand, die Preise für Hopfen und Malz oder die Biersteuer. Werden neben dem Einkommen alle anderen Einflussfaktoren in Gedanken konstant gehalten, lässt sich dies kurz mit der Wendung »ceteris paribus« ausdrücken.

Ein Experiment im Physikunterricht funktioniert nach diesem Prinzip. Die Ceteris-paribus-Bedingung wird künstlich erzeugt. Es wird beobachtet, welche Wirkungen von der Änderung einer Größe ausgehen, wenn alle anderen Einflussfaktoren – so gut es geht – konstant gehalten (»kontrolliert«) werden. In der Ökonomie kommt experimentelle Forschung in der Regel aus Kostengründen nicht zustande. Um im Beispiel zu bleiben: Wie wollte man den Einfluss des Einkommens auf die Biernachfrage experimentell überprüfen? Indem man einer repräsentativer Auswahl an Haushalten eine Weile einen Einkommenszuschuss zahlt und die Entwicklung ihres Bierkonsums dem einer Vergleichsgruppe gegenüberstellt? Dieses Experiment wäre von vornherein zum Scheitern verurteilt.

Aufgaben

Aufgabe 1
Die Marktwirtschaft trägt ihren Namen zu Ehren des deutschen Ökonomen Heinrich Egon Marckt (1801–1858), der als Erster die Lenkungsfunktion der Preise umfassend untersucht und beschrieben hat. Stimmt's?

Aufgabe 2
Beschreiben Sie das »Minimalprinzip«!

Aufgabe 3
Welche der drei Aussagen trifft oder treffen auf Homo oeconomicus zu?

1. Homo oeconomicus trifft rationale Entscheidungen.
2. Homo oeconomicus handelt immer vernunftbetont.
3. Homo oeconomicus verhält sich ökonomisch.

Aufgabe 4

1. Begründen Sie, warum es für die Konsumenten vorteilhaft ist oder zumindest sein kann, wenn Unternehmen nicht das Ziel verfolgen, die Konsumenten bestmöglich mit Gütern zu versorgen, sondern schlichtweg ihren Profit maximieren wollen.
2. Was könnte gegen Gewinnmaximierung sprechen?

Aufgabe 5
Entscheiden Sie jeweils, ob es sich um eine mikro- oder makroökonomische Aussage handelt!

1. Der Preis für Schneeschieber ist infolge des winterlichen Wetters gestiegen.
2. Obwohl die Tabaksteuer erhöht wurde, ist das Tabaksteueraufkommen gesunken.
3. Auf breiter Front sind die Preise gestiegen. Experten sehen als Ursache eine gestiegene Geldmenge.
4. Gestiegene Lohnkosten haben die Beschäftigung sinken lassen.
5. Die Belastung durch Feinstaub kann durch eine höhere Besteuerung von Diesel vermindert werden.
6. Höhere Steuern sind Gift für die Konjunktur.
7. Die Nachfrage nach Elektromobilen gerät infolge sinkender Kraftstoffpreise ins Stocken.

Aufgabe 6

Eine Produktion des Gutes X lasse sich beschreiben durch die Funktion $x = 5 \cdot L$. Dabei steht x für die produzierte Menge des Gutes und L für die Einsatzmenge des einzigen erforderlichen Faktors. Stellen Sie den Zusammenhang grafisch für Faktoreinsätze im Bereich von 0 bis 500 dar! Eine gute Skizze reicht aus.

Aufgabe 7

»Übersetzen« Sie den folgenden Satz: »Ceteris paribus steigt die Nachfrage nach Margarine, wenn der Butterpreis steigt.«

Aufgabe 8

Nennen Sie jeweils ein Beispiel für einen Allokationsmechanismus, der

1. in der Regel als fair angesehen wird,
2. illegal ist,
3. in einer Marktwirtschaft vorherrscht,
4. eine gesellschaftliche Gruppe systematisch benachteiligt,
5. in Deutschland wesentlichen Einfluss auf die Höhe der Löhne hat,
6. an der Bushaltestelle üblich ist.

Aufgabe 9

Welche der folgenden fünf Aufforderungen stehen im Einklang mit dem ökonomischen Prinzip?

1. Maximiere den Ertrag für einen gegebenen Aufwand!
2. Minimiere den Aufwand für einen gegebenen Ertrag!
3. Maximiere das Verhältnis von Ertrag zu Aufwand!
4. Minimiere das Verhältnis von Aufwand zu Ertrag!
5. Minimiere den Aufwand und maximiere den Ertrag!

Aufgabe 10

Kennen Sie den Unterschied zwischen einem »freien Gut« und einem »kostenlosen Gut«? Erklären Sie ihn!

Aufgabe 11

Das Johannes Wesling Klinikum in Minden an der Weser ist ein überregionales Großklinikum. Vor dem Klinikum können die mit dem Auto anreisenden Besucher einen Kreisel in Richtung eines kostenlosen sowie in Richtung eines kostenpflichtigen Parkplatzes verlassen. Beide Parkplätze sind gleich weit vom Haupteingang entfernt. Auch sonst sind keine Unterschiede zu erkennen. Die Topografie lässt die anreisenden Besucher bei langsamer Fahrt schon aus dem Kreisel beide Parkplätze gut einsehen.

Tagsüber können die etwa gleich großen Parkplätze die Kraftfahrzeuge problemlos aufnehmen. Nach meinen – zugegeben wenigen und zufälligen – Beobachtungen liegt die Auslastung bezogen auf die Gesamtzahl aller Stellplätze bei etwa 65 Prozent.

Wie verteilen sich die Fahrzeuge auf die beiden Plätze? Warum ist das so?

Aufgabe 12

Wie ändern sich die Opportunitätskosten des vorschriftsmäßigen Parkens mit zunehmender »Politessendichte«?

Lösungen

Lösung Aufgabe 1

Sie haben es geahnt: Das ist natürlich Blödsinn! Die Marktwirtschaft heißt Marktwirtschaft, weil der Markt- und Preismechanismus – das Zusammenspiel von Angebot und Nachfrage – in einer Marktwirtschaft als Allokationsmechanismus vorherrscht.

Lösung Aufgabe 2

Das Minimalprinzip ist eine der Ausprägungen des ökonomischen Prinzips und wird meistens als Postulat (Aufforderung) formuliert: »Erreiche ein vorgegebenes Ziel mit minimalem Aufwand!«

Am Beispiel der Produktion eines Gutes, das mit nur einem Produktionsfaktor hergestellt werden kann, lautet das Minimalprinzip: »Produziere eine gegebene Menge des Gutes mit geringstmöglichem Faktoreinsatz!«

Die Zielgröße muss fest vorgegeben sein. Andernfalls ergibt die Minimierung des Mitteleinsatzes keinen Sinn.

Das Minimalprinzip ist ein Motto des Homo oeconomicus.

Ergänzendes: Neben der Bezeichnung Minimalprinzip ist auch die Bezeichnung »Minimumprinzip« gebräuchlich. Diesem Begriff kommen allerdings zwei weitere Bedeutungen zu, beide mit ökonomischem Bezug: 1. Für Wachstumsprozesse wie zum Beispiel im Ackerbau besagt es, dass die Erträge wesentlich durch den *Minimumfaktor* (Engpassfaktor) beeinflusst werden. Wenn es zu trocken ist, lässt sich der Ertrag nicht durch vermehrtes Ausbringen von Saatgut oder zusätzlichen Einsatz von Dünger steigern, sondern nur durch Bewässerung. Wasser ist hier der *limitierende Produktionsfaktor*. Mehr zu limitationalen Faktoren finden Sie in Kapitel 10 unter der Überschrift »Die Leontief-Produktionsfunktion«. 2. Das *Minimumprinzip* von L. S. Pontrjagin (häufiger, aber prinzipiell identisch: *Maximumprinzip*) ist eine Methode zur Lösung dynamischer

Optimierungsprobleme unter Nebenbedingungen, die zum Beispiel im Operations Research oder in der ökonomischen Theorie natürlicher Ressourcen zum Einsatz kommt.

Lösung Aufgabe 3

Alle drei Aussagen treffen zu. Es handelt sich lediglich um unterschiedliche Formulierungen desselben Sachverhalts. Eine vierte Variante: Homo oeconomicus »lebt« nach dem ökonomischen Prinzip.

Lösung Aufgabe 4

1. Hier können Sie sinngemäß mit Adam Smith antworten: Ihr Bäcker backt die Brötchen nicht, weil er Ihnen etwas Gutes tun will. Er backt die Brötchen um seines eigenen Vorteils willen. Unternehmen, die im Wettbewerb mit anderen bestehen, sind gezwungen zu produzieren, was die Konsumenten wünschen. Ein Unternehmen, das an den Wünschen der Verbraucher vorbei produziert, wird schlechter abschneiden als seine Konkurrenten, die herstellen, was den Konsumenten zusagt. Wie attraktiv die Produkte für die Konsumenten sind, erkennen die Unternehmen an der Höhe der Marktpreise.

    Das trifft doch auch auf Ihren Bäcker zu, oder? Würden Sie Ihre Brötchen weiterhin bei ihm kaufen, wenn sie Ihnen nicht mehr schmecken?

2. Wenn sich der Preis nicht auf dem Markt bildet, sondern vom Unternehmen gesetzt werden kann, weil es über Marktmacht verfügt, geht die Lenkungsfunktion der Preise (nicht vollständig, aber teilweise) verloren. Marktbeherrschende Unternehmen wie Monopolisten können im Wettbewerb überleben, ohne den Wünschen der Konsumenten folgen zu müssen.

    Denken Sie wieder an Ihren Bäcker. Wäre er der einzige weit und breit, müsste er nicht fürchten, dass Sie Ihre Brötchen bei der Konkurrenz kaufen. Der Druck, Sie als Kunden zufriedenzustellen, lässt nach.

Lösung Aufgabe 5

1. Schneeschieber: Hier geht es um die Nachfrage auf einem einzelnen Markt. Es handelt sich um eine mikroökonomische Aussage.

2. Tabaksteuer: Wiederum einzelner Markt, Mikroökonomie.

3. Wenn die Preise auf »breiter Front« steigen, spricht man auch von einem Preis*niveau*anstieg. Es handelt sich um ein makroökonomisches Phänomen. Auch bei »der Geldmenge« handelt es sich um eine gesamtwirtschaftliche Größe.

4. »Gestiegene Lohnkosten haben die Beschäftigung sinken lassen.« Diese Aussage kann sich sowohl auf ein einzelnes Unternehmen als auch auf eine Branche oder die Gesamtwirtschaft beziehen. Ohne Kontext können Sie die Aussage nicht zuordnen.

5. Besteuerung von Diesel: Hier geht es um die Auswirkung einer Steuer auf einem einzelnen Markt. Damit ist die Aussage klar der Mikroökonomie zuzuordnen.

6. »Höhere Steuern sind Gift für die Konjunktur.« Man kann zwar auch von Konjunktur sprechen, wenn man die Absatzsituation eines einzelnen Unternehmens im Auge hat.

Da es um die Steuern und nicht eine bestimmte Steuer geht, handelt es sich aber um eine makroökonomische Aussage.

7. Nachfrage nach Elektromobilen und Kraftstoffpreise: Da die Wechselwirkungen zwischen zwei Märkten betrachtet werden, handelt es sich um eine mikroökonomische Aussage.

Lösung Aufgabe 6

Da die Produktionsfunktion linear ist, benötigen Sie zwei Stützpunkte, um sie skizzieren zu können. Die Funktion startet im Ursprung, denn ohne Faktoreinsatz kann nichts produziert werden. Den zweiten Punkt erhalten Sie, indem Sie für L den Wert 500 in die Funktion einsetzen. Mit 500 L können 2.500 x hergestellt werden.

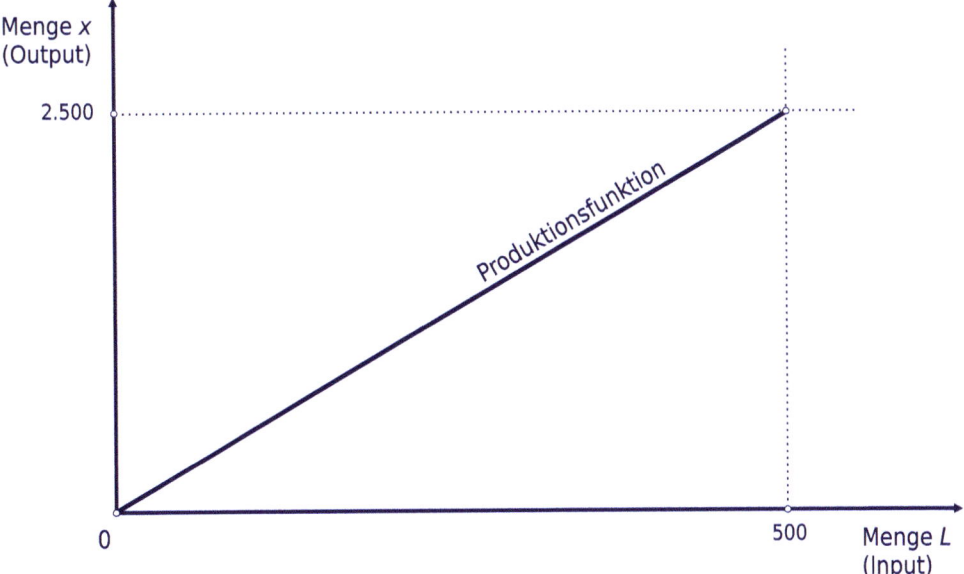

 Die Produktionsfunktion $x = 5 \cdot L$ wird oft falsch interpretiert: »Für die Herstellung einer Einheit des Gutes X werden fünf Einheiten L benötigt.« Dieser Fehler ist Ihnen unterlaufen, falls Sie berechnet haben, dass die Produktionsmenge einhundert beträgt, wenn fünfhundert Faktoreinheiten eingesetzt werden.

In der Funktion $x = a \cdot L$ ist a die *durchschnittliche Produktivität* des Faktors L: Mit einem L werden im Durchschnitt a Einheiten x hergestellt. Der Kehrwert $\frac{1}{a}$ heißt *Inputkoeffizient*. Der Inputkoeffizient gibt an, wie viele Inputeinheiten zur Produktion einer Outputeinheit erforderlich sind.

Lösung Aufgabe 7

»Sofern sich keine weiteren Größen ändern, die für die Nachfrage nach Margarine von Bedeutung sind, steigt die Nachfrage nach Margarine, wenn der Butterpreis steigt.« Etwas kürzer können Sie »ceteris paribus« übersetzen mit »unter sonst gleichen Umständen«.

Lösung Aufgabe 8

1. Zufall,
2. Betrug,
3. Preis-, Markt- oder Tauschmechanismus,
4. geschlechtsspezifische Diskriminierung,
5. Verhandlungsmechanismus,
6. Reihenfolge.

Lösung Aufgabe 9

Die Postulate 1 bis 4 treffen zu. Falsch ist lediglich die Anweisung 5.

In der Reihenfolge der Anweisungen handelt es sich um das *Maximalprinzip*, das *Minimalprinzip*, das *Rationalprinzip* (auch Extremumprinzip) und noch einmal das *Rationalprinzip*.

Die falsche Antwort ist als »Doppelmaximierung« bekannt und eine unsinnige Formulierung. Mit einem Minimum an Aufwand lässt sich kein Maximum an Ertrag realisieren, auch wenn sich eine politische Aussage wie »maximale Sicherheit zu minimalen Kosten« gut anhört. Doppelmaximierung gilt unter Ökonomen als verlässliches Zeichen für einen Mangel an ökonomischer Bildung.

Lösung Aufgabe 10

Im Wesentlichen ist das eine Frage von Definitionen. Üblicherweise werden die beiden Adjektive wie folgt verwandt:

Freies Gut: Das Pendant zu einem freien Gut ist ein knappes Gut. Freie Güter stehen in der gewünschten Quantität und Qualität zur Verfügung, ohne dass dafür Ressourcen aufzuwenden wären – wie Milch und Honig im Schlaraffenland. Streng genommen gibt es keine freien Güter, auch wenn zum Beispiel Atemluft oft als Beispiel für ein freies Gut angeführt wird. Für die Reinhaltung der Luft wendet die Gesellschaft erhebliche Ressourcen auf. Korrekt wäre eine Klassifikation von Atemluft als »Allmendegut« (gesellschaftliche Ressource). Mehr über Allmendegüter erfahren Sie in Kapitel 14.

Freie Güter sind für die Volkswirtschaftslehre, deren Untersuchungsgegenstand der Umgang mit Knappheit ist, uninteressant.

Kostenloses Gut: Das Gut hat einen Preis von null. Luftdruck, Dieselhandschuhe und Papiertücher an der Tankstelle erhalten Sie kostenlos.

Im engeren Sinne »kostenlose« Güter gibt es ebenso wenig wie freie Güter. Wenn man Kosten (und das tun die Volkswirte) nicht als Ausgaben, sondern als Wert der besten entgangenen Alternative auffasst (»Alternativkosten«), sind Güter mit einem Preis von null nur für die Nutzer nahezu »kostenlos«. Den Anbietern entstehen für die Bereitstellung der Güter jedoch Kosten.

Wenn Güter zu einem Preis von null angeboten werden, sind es deswegen noch keine freien Güter. Umgekehrt haben freie Güter einen Preis von null. Weil es keine gibt, fällt ein Beispiel schwer.

Lösung Aufgabe 11

Homo oeconomicus präferiert natürlich den kostenlosen Parkplatz. Während hier jeder Stellplatz belegt und reger Suchverkehr dafür sorgt, dass ein Platz bei der Abfahrt eines Besuchers nur Sekunden frei bleibt, herrscht auf dem kostenpflichtigen Parkplatz gähnende Leere.

Die Besucher reagieren auf den negativen monetären Anreiz und wählen die Alternative mit den geringsten Opportunitätskosten. Das ist hier – es gibt ja nur zwei Möglichkeiten, wenn man mit dem Auto anreist – der kostenlose Parkplatz, bei dem es sich im Übrigen um ein *Allmendegut* handelt (siehe Kapitel 14).

Warum fahren Besucher überhaupt auf den kostenlosen Parkplatz, wenn sie schon bei der Anfahrt erkennen, dass er belegt ist? Müssten sie als Homines oeconomici nicht so schlau sein, die Suchkosten zu vermeiden?

Ein »smartes« Informationssystem (»Wartezeit 15 Minuten«) würde die Besucher wahrscheinlich vom Ansteuern des kostenlosen Parkplatzes abhalten. Ohne ein solches System besteht aber eine »Informationsunvollkommenheit«. Risikofreudige Besucher fordern auch ihr Glück heraus. Die Besucher »lernen« aber mit der Dauer der Suche, dass ihre Hoffnung, sie könnten einen frei werdenden Platz ergattern, häufig trügt. Mit der Dauer der Suche steigen ihre Opportunitätskosten, weil sie zum Beispiel einen Termin im Krankenhaus haben. Das erklärt, warum sie ihre Suche abbrechen und doch den kostenpflichtigen Parkplatz ansteuern.

Die Suchkosten erklären auch, warum die Fahrzeuge, die auf dem kostenpflichtigen Parkplatz stehen, im Schnitt teurer sind als die auf dem kostenlosen Platz. Die Besitzer höherpreisiger Fahrzeuge verfügen über höhere Einkommen, die im Wesentlichen auf höhere Löhne zurückzuführen sind. Deswegen sind ihre Opportunitätskosten der Zeit und damit ihre Suchkosten höher. Zudem handelt es sich bei Freizeit um ein *superiores Gut*, das mit steigendem Einkommen vermehrt nachgefragt wird.

Lösung Aufgabe 12

Die Opportunitätskosten des vorschriftsmäßigen Parkens sinken mit zunehmender Politessendichte.

Erklärung – Schritt für Schritt:

1. Die Opportunitätskosten sind – so sind sie definiert – der Wert der besten entgangenen Alternative.
2. Die Alternative für vorschriftsmäßiges Parken ist Falschparken. Das ist die einzige und damit die beste. (Nur ein naher Stellplatz mit Parkuhr komme infrage, sodass sich die Alternativen in sonstigen Gegebenheiten wie zum Beispiel der Entfernung zum Zielort nicht unterscheiden.)

3. Falschparken hat den Wert »Ersparnis der Parkgebühren abzüglich erwarteter Strafe« (Opportunitätskosten des vorschriftsmäßigen Parkens). *Beispiel*: Die Wahrscheinlichkeit eines Knöllchens beträgt ein Hundertstel und die Strafe 15 Euro. Die »erwartete Strafe« wäre in diesem Fall 15 Cent.

4. Die »erwartete Strafe« steigt mit zunehmender Politessendichte, weil die Wahrscheinlichkeit eines Knöllchens mit der Zahl der Politessen zunimmt.

5. Also sinken die Opportunitätskosten des vorschriftsmäßigen Parkens. Vorschriftsmäßiges Parken wird attraktiver. Fazit: Eine intensivere Kontrolle des ruhenden Verkehrs seitens der Kommune erhöht die Wahrscheinlichkeit, dass rationale Autofahrer die Parkgebühr entrichten.

> **IN DIESEM KAPITEL**
>
> Der vollkommene Markt
>
> Das Gesetz vom einheitlichen Preis
>
> Die wichtigsten Marktformen

Kapitel 2
Das Standardmodell – vollkommene Konkurrenz

Der »vollkommene« Markt

»Vollkommene Konkurrenz« ist ein idealtypischer Zustand. Die Marktform ist in der Realität nicht anzutreffen. Sie dient als Referenzmodell.

Die Eigenschaft »vollkommen« bezieht sich auf die »qualitative« Beschaffenheit des Marktes, während mit »Konkurrenz« die »quantitative« Besetzung der Marktseiten angesprochen wird.

Quantitativ: Ein Konkurrenzmarkt (auch »Polypol«) zeichnet sich durch eine so große Zahl von Anbietern und Nachfragern aus, dass Aktionen eines Einzelnen die Marktergebnisse nicht beeinflussen. *Beispiel*: Sie lieben Pfälzer Weine, vor allem Riesling. Selbst wenn Sie Ihren Konsum verzehnfachen, wird Ihre Nachfrage den Preis für Rieslingweine aus der Pfalz nicht beeinflussen. Ebenso sind keine spürbaren Auswirkungen auf diesen Preis zu erwarten, wenn ein Pfälzer Winzer, der bisher Riesling angebaut hat, die Rebsorte aufgibt.

Qualitativ: Auf vollkommenen Märkten gilt Jevons' »Gesetz von der Unterschiedslosigkeit der Preise«.

Das Gesetz vom einheitlichen Preis

Es gibt fünf Gründe für *unterschiedliche* Güterpreise:

1. Die Güter »unterscheiden sich **sachlich**«.
   Beispiel: ein Kleinwagen und eine Limousine.

2. Die Güter »unterscheiden sich **zeitlich**«. Sie stehen zu unterschiedlichen Zeitpunkten zur Verfügung.

   Beispiel: ein Eiskratzer im Januar und im Juli.

3. Die Güter »unterscheiden sich **räumlich**«. Sie stehen an unterschiedlichen Orten zur Verfügung.

   Beispiel: ein Reihenhaus in München und ein Reihenhaus in Zwickau.

4. Die Güter »unterscheiden sich **personell**«. Es kommt auf die Person des Käufers oder Verkäufers an.

   Beispiel: eine Rolex® vom ortsansässigen Juwelier, der Ihr Vertrauen besitzt, und eine Rolex® vom fliegenden Händler auf einem Flohmarkt.

5. Die Marktteilnehmer sind unvollständig **informiert**.

   Beispiel: Ein Teppichhändler preist seine Ware als »handgeknüpft, Ehrenwort« an.

Umgekehrt gilt ein **einheitlicher Preis**, wenn die fünf aufgeführten Gründe ausgeschlossen werden können. Diese Aussage ist als **Jevons' Gesetz** von der Unterschiedslosigkeit der Preise bekannt: Für das gleiche Produkt am gleichen Ort zur gleichen Zeit wird ein einheitlicher Preis herrschen, sofern keine systematischen Vorlieben oder Abneigungen gegen bestimmte Handelspartner vorliegen. Vollständige Information liegt in diesem Fall automatisch vor, da die Produkteigenschaften einschließlich Ort und Zeit bekannt sind und die Anzahl der Tauschpartner für die Vollkommenheit des Marktes unerheblich ist.

 Auf dem vollkommenen Markt gilt ein einheitlicher Preis (Jevons' Gesetz).

Vollkommener Markt: Weitere Begriffe, die Sie kennen sollten

Homogen: Güter werden homogen genannt, wenn sie sich eins zu eins gegeneinander austauschen lassen. Sie sind vollkommen gegeneinander substituierbar. »Heterogene« Güter hingegen unterscheiden sich in mindestens einem relevanten Merkmal. Sachlich identische Güter können heterogen sein, weil sie zu unterschiedlichen Zeiten oder an verschiedenen Orten oder von verschiedenen Anbietern angeboten werden.

Punktwirtschaft ist die knappe Umschreibung für die (unrealistische, aber hilfreich vereinfachende) Annahme, dass einer Wirtschaft die räumliche Ausdehnung fehlt. Die Annahme blendet zum Beispiel Probleme aus, die durch Transportkosten entstehen. Regionalwissenschaftliche Fragestellungen müssen diese Annahme aufgeben.

Unendliche Reaktionsgeschwindigkeit: Die Marktteilnehmer reagieren auf veränderte Marktergebnisse unendlich schnell. Die (ebenfalls unrealistische, aber hilfreich vereinfachende) Annahme sorgt dafür, dass sich nach einer Störung des Marktgleichgewichts sofort ein neues Marktgleichgewicht einstellt. Modelle, die die Entwicklung von Preisen im Zeitablauf erklären sollen, müssen diese Annahme selbstverständlich fallen lassen.

Teilbarkeit: Die Annahme »unendlicher Teilbarkeit« der Güter vermeidet Ganzzahligkeitsprobleme. Sie sorgt in erster Linie für Bequemlichkeit bei Berechnungen.

Die wichtigsten Marktformen

Die bekannteste Klassifikation von Märkten setzt an der Zahl der Marktteilnehmer auf den beiden Marktseiten an. Die bedeutendsten quantitativen Marktformen sind:

1. **Polypol** (Konkurrenzmarkt): Viele Marktteilnehmer auf beiden Marktseiten, von denen keiner einen so großen Marktanteil besitzt, dass er den Preis beeinflussen könnte. *Kurz*: Kein Marktteilnehmer verfügt über Marktmacht. Alle Akteure sind »Mengenanpasser« und »Preisnehmer«. Weil sie den Preis nicht beeinflussen können, sondern als gegeben hinnehmen müssen, heißen sie Preisnehmer. Da sie ihre Konsum- und Produktionsmengen in Abhängigkeit von der Höhe der Preise wählen, heißen sie Mengenanpasser. *Beispiel*: Als Weinkäufer mit einem verschwindend kleinen Anteil an der gesamten Nachfrage fehlt Ihnen die Möglichkeit, durch eine Verminderung Ihres Weinkonsums den Preis zu drücken. Sie sind ein »Weinpreisnehmer«. In Abhängigkeit vom Weinpreis entscheiden Sie, wie viel Wein Sie kaufen. Sie sind ein »Weinmengenanpasser«.

Ein Konkurrenzmarkt (Polypol) zeichnet sich durch eine Vielzahl von Anbietern und Nachfragern aus, von denen keiner über Marktmacht verfügt.

2. **Monopol** (Alleinanbieter): Viele Nachfrager, alle mit unbedeutendem Marktanteil, stehen einem einzigen Anbieter gegenüber. Der Monopolist verfügt über Marktmacht. Er ist ein »Preissetzer«. *Ex definitione* existiert kein Konkurrent, der das gleiche Produkt anbietet. Ein Monopolist kann daher den Preis seines Produkts setzen. Um seinen Gewinn zu maximieren, muss er natürlich berücksichtigen, wie sein Absatz von seiner Preisgestaltung abhängt.

3. **Oligopol**: Wenige Anbieter stehen vielen Nachfragern gegenüber. Die Nachfrager verfügen jeweils nur über unbedeutende Marktanteile. »Wenige« sind mindestens zwei (»Duopol«). Die Obergrenze ist nicht eindeutig festgelegt. Der Übergang von wenigen zu vielen liegt dort, wo die Entscheidungen eines einzelnen Anbieters nur noch so schwache Wirkungen auf seine Konkurrenten haben, dass er Reaktionen der Konkurrenten auf seine eigenen Maßnahmen ausschließen kann. *Beispiel*: Befürchtet ein Anbieter (zum Beispiel ein Mineralölanbieter), der eine Preissenkung (für Benzin) in Erwägung zieht, einer oder mehrere Konkurrenten würden ihre Preise im Gegenzug ebenfalls senken, handelt es sich um »wenige« Anbieter.

Die Marktformen, bei denen die Nachfrageseite mit wenigen oder einem Teilnehmer besetzt ist, sind keineswegs weniger interessant, aber aus einem einfachen Grund weniger bedeutsam: Sie kommen seltener vor.

Marktformen: Weitere Begriffe, die Sie kennen sollten

Atomistische Konkurrenz: Etwas angestaubte Bezeichnung für das Polypol, die aber deutlich macht, welche Bedeutung einem Marktteilnehmer für die Marktergebnisse zukommt: eine atomistische. Der Einzelne ist für den Markt quantitativ vollkommen unbedeutend.

Räumlich oder zeitlich begrenztes Monopol: Während Sie »reinen Monopolen« ebenso wie »vollkommener Konkurrenz« nur in Modellwelten begegnen, können Sie räumlich oder zeitlich begrenzte Monopole in freier Wildbahn beobachten. *Beispiele*: der einzige, natürlich gebührenpflichtige Parkplatz in der Nähe einer Sehenswürdigkeit (räumlich begrenztes Monopol); die Tankstelle, an der Sie auch sonntags Grillkohle kaufen können (zeitlich begrenztes Monopol).

Marktein- und -austritt: Meist werden Sie diese beiden Worte in Verbindung mit dem Adjektiv »frei« hören. Freier Markteintritt oder -zugang bezeichnet die Möglichkeit, im betrachteten Markt als Anbieter oder Nachfrager auftreten zu können, ohne tatsächliche oder künstlich errichtete Barrieren überwinden zu müssen. Eine tatsächliche Barriere kann zum Beispiel sein, dass ein Anbieter zunächst Werbung betreiben muss, um sein Produkt bekannt zu machen. Sollte das Projekt scheitern, lassen sich die dafür anfallenden Kosten nicht (auch nicht teilweise) wieder zurückholen (»versunkene Kosten«). Künstliche Barrieren können die bereits im Markt etablierten Unternehmen errichten, indem sie zum Beispiel ihre Produkte zeitweilig unter Herstellungskosten anbieten, um den Markteintritt neuer Wettbewerber zu verhindern. *Beispiel*: Eine Fluggesellschaft A kalkuliert, dass sie mit einem durchschnittlichen Preis von 150 Euro für eine Städteverbindung auf ihre Kosten käme. Das ist gerade der durchschnittliche Preis, den Gesellschaft B auf der Strecke erlöst, die bisher von ihr allein bedient wird. Kaum werden die Pläne von Gesellschaft A bekannt, denkt Gesellschaft B laut darüber nach, die Preise für die Städteverbindung zu senken. Unter Umständen genügt bereits diese unausgesprochene Drohung, Gesellschaft A von ihrem Vorhaben abzubringen.

Je kleiner die Zahl der Unternehmen, umso größer ist ihr Interesse, den Markteintritt neuer Unternehmen zu verhindern. Bei atomistischer Konkurrenz spielt es für den einzelnen Anbieter infolge der großen Zahl der Unternehmen keine Rolle, ob ein weiterer hinzukommt oder nicht.

Aufgaben

Aufgabe 1
Wann verfügt ein Marktteilnehmer über »Markmacht«?

Aufgabe 2
Zählen Sie die Bedingungen auf, die einen vollkommenen Markt ausmachen!

Aufgabe 3
Kreuzen Sie zutreffende Aussagen an!

Jevons' Gesetz vom einheitlichen Preis (oder von der Unterschiedslosigkeit der Preise)

- ☐ beschreibt den vollkommenen Markt.
- ☐ gilt immer bei Konkurrenz.
- ☐ gilt nie im Monopol.
- ☐ ist unabhängig von der Zahl der Anbieter und Nachfrager in einem Markt.

Aufgabe 4

Nehmen Sie an, alle potenziellen Nachfrager gäben ehrlich Auskunft über ihre Kaufabsichten für ein bestimmtes Gut. Verliefe eine »wahre« Nachfragefunktion, die man so gewönne, »glatt« oder »stufig«?

Aufgabe 5

Tragen Sie in die Felder des »stackelbergschen Marktformenschemas« die Bezeichnungen der Marktform ein und ordnen Sie bestmöglich zu, wo sich die Preisbildung vollzieht ...

- ✔ bei Aktien, die im DAX® notiert sind,
- ✔ für Lizenzen für Frequenzblöcke im UMTS-Netz,
- ✔ für Milch auf der Ebene zwischen Erzeuger und Handel,
- ✔ für Kraftstoffe zwischen Endkunde und Anbieter,
- ✔ für Großraumflugzeuge,
- ✔ bei der Briefbeförderung in den 70ern,
- ✔ beim Abschluss eines Haustarifvertrags,
- ✔ für ein Lkw-Maut-Erfassungssystem,
- ✔ für Bundeswehruniformen.

Anbieter \ Nachfrager	einer	wenige	viele
einer			
wenige			
viele			

Aufgabe 6

Wie nennt man die Marktform, die sich dadurch auszeichnet, dass eine größere Zahl von Unternehmen ähnliche Produkte anbietet und die Unternehmen im Bereich fallender Durchschnittskosten produzieren?

Lösungen

Lösung Aufgabe 1

Ein Marktteilnehmer verfügt über Marktmacht, wenn er in der Lage ist, Marktergebnisse (zu seinen Gunsten) zu beeinflussen.

Lösung Aufgabe 2

Es handelt sich um fünf Merkmale:

1. keine sachlichen Unterschiede
2. keine Entfernungen (keine Transportkosten; »Punktwirtschaft«)
3. unendlich schnelle Anpassung (keine Kosten der Zeitüberbrückung; »unendlich schnelle Reaktionsgeschwindigkeit«)
4. keine systematischen persönlichen Präferenzen für oder gegen bestimmte Tauschpartner (keine Diskriminierung und kein Nepotismus)
5. Markttransparenz (perfekte Information)

Der Markt heißt unvollkommen, wenn mindestens eine der Bedingungen nicht erfüllt ist. Das fünfte Kriterium kann nicht allein auftreten, da in einer Punktwirtschaft bei unendlich schneller Reaktionsgeschwindigkeit vollkommene Information automatisch gegeben ist.

Konkurrenz ist *keine* Voraussetzung für einen vollkommenen Markt. Auch Oligopole und Monopole können auf dem vollkommenen Markt auftreten. Umgekehrt gilt tendenziell, dass die Konkurrenz unter den Anbietern (ebenso unter den Nachfragern) mit dem Grad der »Vollkommenheit des Marktes« zunimmt. Die Gefahr, Nachfrager infolge von Preisanhebungen an Konkurrenzanbieter zu verlieren, fällt zum Beispiel umso geringer aus, je weniger homogen die Produkte sind und je weniger Markttransparenz herrscht.

Lösung Aufgabe 3

Jevons' Gesetz vom einheitlichen Preis (oder von der Unterschiedslosigkeit der Preise)

- ☒ beschreibt den vollkommenen Markt.
- ☐ gilt immer bei Konkurrenz.
- ☐ gilt nie im Monopol.
- ☒ ist unabhängig von der Zahl der Anbieter und Nachfrager in einem Markt.

Erklärung:

Jevons' Gesetz wird gelegentlich als Hinweis auf das Polypol (*viele Anbieter, viele Nachfrage*) missverstanden. Mit der Zahl der Marktteilnehmer hat es aber wenig zu tun. Im Wesentlichen stellen Arbitragegeschäfte (*sicheres Ausnutzen von Preisdifferenzen*) einheitliche Preise her. Das Gesetz beschreibt die Bedingungen, unter denen solche Geschäfte ohne Transaktionskosten (*Kosten der Vertragsanbahnung, -durchführung und -kontrolle*) durchgeführt werden können. Arbitragegeschäfte können Konsumenten unabhängig von der Zahl der Anbieter tätigen.

Ein praktisches Beispiel

Der Hersteller Creative® hatte vor einigen Jahren einen MP3-Player mit einer Minifestplatte des Herstellers Hitachi® ausgerüstet (ja, es gab »früher« tatsächlich MP3-Player mit beweglichen Teilen). Da Hitachi® die Festplatte an Endverbraucher teurer verkaufte als Creative den gesamten Player, haben die Kunden den Player gekauft und die mit einer CompactFlash-Schnittstelle versehene Festplatte einfach abgezogen. Anschließend haben sie eine günstige CompactFlash-Karte mit geringer Kapazität in den Player eingesetzt. Mit dieser »Arbitrage-Aktion« kamen sie günstiger an eine Festplatte und einen Player als an die Festplatte allein. Zur Verhinderung der Arbitrage hat Creative – vermutlich auf Druck von Hitachi – die Festplatte daraufhin fest mit dem Player verlötet. Hitachi hätte sonst die Preisdifferenzierung bei den Festplatten nicht weiterhin durchsetzen können. Je ausgeprägter die Konkurrenz auf den Festplattenmarkt ist, desto weniger Sinn machen solche Maßnahmen zur Preisdifferenzierung.

Lösung Aufgabe 4

Tatsächliche Nachfragefunktionen sind regelmäßig unstetig. Bereits eine stetige, durchgezogene Treppenfunktion wie in der Abbildung unter der Lupe trifft im Grunde nicht zu, denn sie suggeriert, dass die Käufer das Gut in beliebigen Teilmengen zu Preisen erwerben können, die unterhalb der Cent-Ebene festgelegt sind.

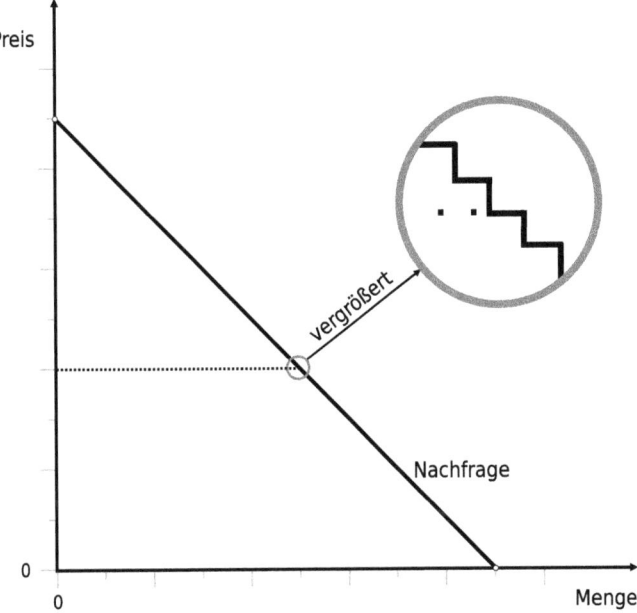

Denkbar sind durchgängig differenzierbare Nachfragefunktionen allerdings. An der Zapfsäule bewegen sind die Preise im Zehntel-Cent-Bereich und man kann jede beliebige Menge (oberhalb der Mindestabgabe) tanken. Wer Spaß an Schnapszahlen hat, tankt zum Beispiel 22,22 Liter. Das kommt dem glatten Verlauf schon sehr nahe.

Im Regelfall werden jedoch halbe Autos oder drittel Zeitungen weder angeboten noch nachgefragt und die Preise nicht genauer als bis auf die kleinste Währungseinheit festgelegt. Deswegen besteht die Nachfragefunktion eigentlich nur aus Punkten, zwischen denen Lücken klaffen. Das gilt entsprechend für das Angebot. Da der Umgang mit Ganzzahligkeitsbedingungen aber außerordentlich umständlich ist, behilft man sich mit der *Teilbarkeitsannahme* und den entsprechend glatten Funktionen. Zur Rechtfertigung der Teilbarkeitsannahme lassen sich zwei Argumente anführen, die ineinander übergehen:

1. Bei einer Vielzahl von Anbietern und Nachfragern werden die Stufen in einem Diagramm, das den gesamten Markt beschreibt, verschwindend klein.
2. Nachfrage- und Angebotsfunktionen lassen sich gar nicht so genau schätzen, als dass es auf die Ganzzahligkeit ankäme. Das beginnt bereits mit Fehlern bei der statistischen Erfassung von Preisen und Mengen.

Lösung Aufgabe 5

Anbieter \ Nachfrager	einer	wenige	viele
einer	Tarifvertrag / bilaterales Monopol	Lizenzen für Frequenzblöcke im UMTS-Netz / beschränktes Monopol	Briefbeförderung / Monopol
wenige	Lkw-Maut-Erfassungssystem / beschränktes Monopson	Großraumflugzeuge / bilaterales Oligopol	Kraftstoff / Oligopol
viele	Bundeswehruniformen / Monopson	Milchmarkt / Oligopson	DAX®-Aktie / Polypol

Lösung Aufgabe 6

Die Marktform heißt »monopolistische Konkurrenz«. Ebenfalls gebräuchlich sind die Bezeichnungen »monopolistischer Wettbewerb« und »unvollkommene Konkurrenz«. Die Marktform wird in Kapitel 16 eingehender betrachtet. Wenn diese Frage dort gestellt worden wäre, wäre die Antwort aber allzu offensichtlich gewesen.

Bei der monopolistischen Konkurrenz handelt es sich um ein Polypol (viele Anbieter und viele Nachfrage) auf dem unvollkommenen Markt (heterogene Produkte). Es ist also mindestens eine der Bedingungen des Gesetzes vom einheitlichen Preis (Jevons' Gesetz) verletzt.

IN DIESEM KAPITEL

Bestandteile und Voraussetzungen des Marktdiagramms

Determinanten von Angebot und Nachfrage

Markante Punkte im Marktdiagramm

Kapitel 3

Die Konstruktion des Marktdiagramms

Bestandteile und Voraussetzungen

Streng genommen setzt der Einsatz des Marktdiagramms einen vollkommenen Konkurrenzmarkt voraus (siehe Kapitel 2). Im praktischen Einsatz dürfen Sie aber großzügig mit dieser Vorgabe umgehen. Ein Beispiel präsentiert der Kasten »Reblaus-Epidemie«.

Reblaus-Epidemie

Welche Auswirkungen hat eine Reblaus-Epidemie auf den Marktpreis von Flaschenwein?

Sie dürfen das Marktdiagramm auf diese Fragestellung anwenden, obwohl

- ✔ Wein kein homogenes Gut ist (Rotwein, Weißwein, Jahrgang, Rebsorte, Anbaugebiet, Lage etc.),
- ✔ Wein nicht an einem Ort gehandelt wird (Transportkosten),
- ✔ die Anbieter mit der Menge nicht sofort auf den Preis reagieren können (die Entscheidung über die Produktionsmenge und der Absatz fallen zeitlich auseinander),
- ✔ persönliche Vorlieben der Käufer für bestimmte Winzer vorhanden sind und
- ✔ die Marktteilnehmer unmöglich vollständig informiert sein können.

> Im Hinblick auf die Fragestellung können Sie die aufgezählten Abweichungen vom Idealbild des Marktes unter den Tisch fallen lassen. Am wichtigsten für die Entscheidung, ob Sie das Marktdiagramm mit Angebots- und Nachfragefunktion verwenden dürfen oder nicht, ist die **Zahl der Marktteilnehmer**. Es muss viele Akteure auf beiden Marktseiten geben – »viele« in dem Sinn, dass kein einzelner von ihnen die Marktergebnisse nachhaltig beeinflussen kann. *Faustregel:* Sie sollten Vorsicht walten lassen, wenn ein Anbieter oder Nachfrager mehr als fünf Prozent Marktanteil besitzt.

Zur Erklärung der Preisbildung in Marktformen, in denen die Konkurrenzsituation die Anbieter nicht in die Rolle von **Preisnehmern** zwingt, eignet sich das **Angebots-Nachfrage-Diagramm** nicht. Preissetzer passen ihre Menge nicht an einen gegebenen Preis an und besitzen demzufolge keine Angebotsfunktion. Damit scheidet es für »enge Oligopole« als Analyseinstrument ebenso aus wie für das Monopol. In Kapitel 15 werden Sie erfahren, dass sich ein Monopolist für einen »Angebotspunkt« auf der Nachfragefunktion entscheidet – den berühmten »Cournotschen Punkt«.

Letztlich hängt es von der vorgenommenen **Marktabgrenzung** – des für die Fragestellung **relevanten Marktes** – ab, ob Sie das Marktdiagramm einsetzen dürfen oder nicht.

Klarheit, ob das Angebots-Nachfrage-Diagramm geeignet ist, verschaffen Sie sich mit den Antworten auf zwei Fragen:

1. Gibt es viele Anbieter und Nachfrager auf dem Markt?

2. Geht der Absatz eines Anbieters erheblich zurück, wenn er einen höheren Preis als seine Konkurrenten verlangt?

Wenn Sie eine der beiden Fragen mit »Nein« beantworten müssen, sollten Sie vom Einsatz des Angebots-Nachfrage-Diagramms Abstand nehmen. Ein »Nein« auf die zweite Frage zeigt Ihnen, dass der Anbieter den Preis gestalten kann. Das deutet auf monopolistische Strukturen hin.

Eine eigentümliche Besonderheit

Aus dem Mathematikunterricht sind Sie gewohnt, die abhängige (»endogene«) Variable an der Ordinate und die unabhängige (»exogene«) Variable an der Abszisse abzutragen. Im Marktdiagramm sind die Achsen vertauscht, wenn Sie der üblichen Lesart folgen, dass der Preis (exogene Variable) die Entscheidungen der Akteure hinsichtlich ihrer Angebots- und Nachfragemengen (endogene Variablen) beeinflusst. Das Diagramm wird von der Ordinate (Preisachse) zur Abszisse (Mengenachse) quasi »falsch herum« gelesen.

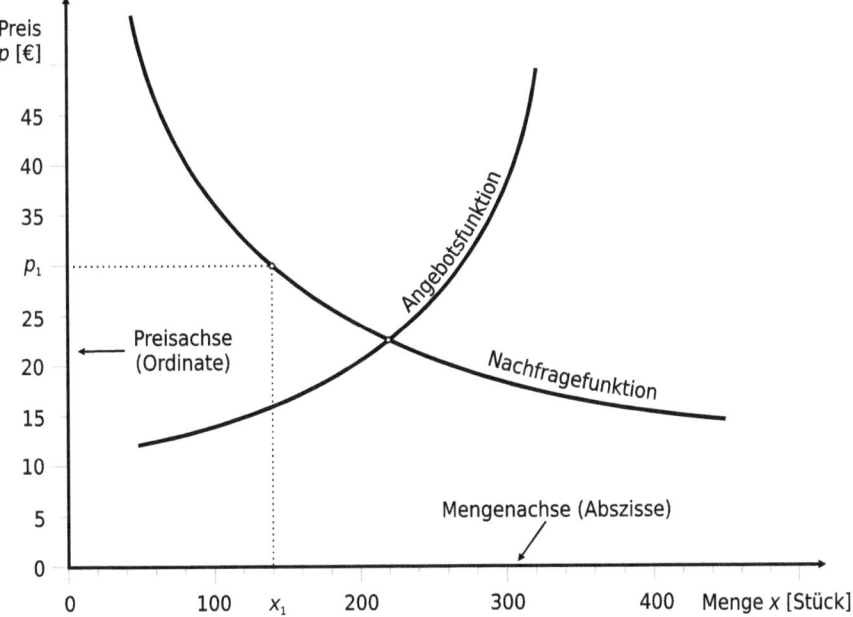

Abbildung 3.1: Markt-, Angebots-Nachfrage- oder Preis-Mengen-Diagramm

Bestandteile

Abbildung 3.1 zeigt ein Marktdiagramm mit einem Ablesebeispiel.

- ✓ **Mengenachse (»Abszisse«):** Die waagerechte Achse im Diagramm. An ihr lesen Sie die Menge des Gutes ab. Auf die Angabe der Einheit (Stück, Hektoliter, Tonnen etc.) wird meist verzichtet.

- ✓ **Preisachse (»Ordinate«):** An der senkrechten Achse lesen Sie den Preis ab. Der Preis bezieht sich auf die an der Abszisse gewählte Mengeneinheit, also zum Beispiel »Dollar je Barrel« oder »Euro je Stück«. Die Währungseinheit wird oft nicht angegeben.

- ✓ **Angebotskurve oder -funktion:** An der Angebotskurve lesen Sie ab, welche Gütermenge die Anbieter bei alternativen Preisen anbieten möchten.

- ✓ **Nachfragekurve oder -funktion:** An der Nachfragekurve lesen Sie ab, welche Gütermenge die Nachfrager bei alternativen Preisen kaufen möchten.

- ✓ **Ablesebeispiel:** Bei einem Preis in Höhe von 30 Euro je Stück (p_1) möchten die Nachfrager 140 Stück (x_1) kaufen.

Determinanten der Nachfrage

Eine **allgemeine Nachfragefunktion**

(1) $\quad x = f\left(p_x, p_y, p_z, E, \ldots\right)$

beschreibt, welche Menge x eines Gutes X die (potenziellen) Konsumenten kaufen möchten in Abhängigkeit

- ✔ vom Preis des Gutes selbst p_x,
- ✔ von den Preisen p_y und p_z anderer Güter Y und Z (das können selbstverständlich auch mehr zwei sein),
- ✔ von der Höhe des Einkommens E und
- ✔ von weiteren, hier durch die Pünktchen angedeuteten, relevanten Einflussgrößen.

Die Nachfragefunktion beschreibt die Absichten der Käufer. Ob sie ihre »Kaufpläne« in die Tat umsetzen können, zeigt sich erst im Zusammenspiel mit dem Angebot.

Betrachten Sie ein bestimmtes Gut, zum Beispiel Hotelübernachtungen, fallen Ihnen bestimmt sofort weitere Determinanten der Nachfrage ein – vielleicht die Saison in Verbindung mit der Region. Diese weiteren Faktoren unterscheiden sich jedoch von Gut zu Gut. Deswegen werden in Nachfragefunktionen meist nur Güterpreise und Einkommen als Argumente aufgeführt, da diese bei allen Gütern die Nachfragemenge beeinflussen. Bei konkreten praktischen Fragestellungen kommt man natürlich nicht umhin, auch weitere Determinanten der Nachfrage in die Überlegungen einzubeziehen. Die Nachfrage nach Kinderwagen zum Beispiel wird maßgeblich von der Zahl der Neugeborenen abhängen. Welche Preise anderer Güter werden die Nachfrage nach Hotelübernachtungen beeinflussen? Zum Beispiel der Preis für private Fremdenzimmer, der Übernachtungspreis in Pensionen oder der Preis für Städtereisen.

Es gibt mehrere **spezielle Nachfragefunktionen**. In Kapitel 8 lernen Sie die Einkommensnachfragefunktion und die Kreuznachfragefunktion kennen. Von besonderem Interesse ist allerdings *die* Nachfragefunktion (2) – die Betonung liegt auf dem »die«. Sie beschreibt, wie die nachgefragte Menge eines Gutes von dessen eigenem Preis abhängt. Man könnte sie zur Unterscheidung von den anderen »(Eigen-)Preisnachfragefunktion« nennen. Das ist aber unüblich.

(2) $\quad x = f(p_x)$

Diese Funktion gilt *ceteris paribus*. Sie ändert sich, wenn sich ein relevanter anderer Einflussfaktor ändert: Im Winter gilt in einem Skigebiet eine andere Nachfragefunktion nach Hotelzimmern als im Sommer. Die Nachfragefunktion nach Butter ändert sich mit dem Margarinepreis.

Im Marktdiagramm sehen Sie die **inverse Nachfragefunktion**, die Sie erhalten, indem Sie die Nachfragefunktion nach p_x auflösen.

Die Nachfragekurve ordnet die Nachfrager absteigend nach ihrer Zahlungsbereitschaft. Sie zeigt, welche Menge die Konsumenten zu alternativen Preisen kaufen möchten.

Diese Definition trägt zu einem grundlegenden Verständnis bei, das Sie mit Aufgabe 4 in diesem Kapitel gewinnen können. In den Kapitel 6 bis 8 können Sie Ihr Wissen über Nachfragefunktionen vertiefen.

Determinanten des Angebots

Analog zur allgemeinen Nachfragefunktion beschreibt eine **allgemeine Angebotsfunktion**, welche Faktoren die geplante Angebotsmenge wie beeinflussen. So hängt zum Beispiel das geplante Angebot an Kartoffeln neben dem Kartoffelpreis auch von den Preisen für die Saatkartoffeln, von den Pachtzinsen für das Ackerland und den Preisen für weitere Produktionsmittel wie Schlepper und Erntemaschinen sowie den Löhnen der Beschäftigten ab.

Wenn Sie alle Einflüsse mit Ausnahme des eigenen Preises in Gedanken konstant halten, erhalten Sie die spezielle Angebotsfunktion:

(3) $\quad x = g(p_x)$

Im Unterschied zu Nachfragefunktionen werden weitere spezielle Angebotsfunktionen nicht betrachtet. Es wäre aber ohne Weiteres möglich zu untersuchen, wie die Produzenten von Kartoffeln mit ihrem geplanten Angebot *ceteris paribus* auf den Preis der Saatkartoffeln reagieren.

Die Angebotsfunktion ordnet die Anbieter aufsteigend nach ihren Stückkosten. Sie zeigt, welche Menge die Hersteller zu alternativen Preisen verkaufen möchten.

Wiederum gilt: Die Definition trägt zu einem ersten Verständnis bei. Eine vertiefte Analyse der Angebotsentscheidungen von Unternehmen finden Sie in Kapitel 12.

Markante Punkte im Marktdiagramm

Aus Vereinfachungsgründen wird das Marktdiagramm regelmäßig mit linearen Angebots- und Nachfragefunktionen konstruiert. Auf eine so ausführliche Beschriftung wie in Abbildung 3.2 wird oft verzichtet.

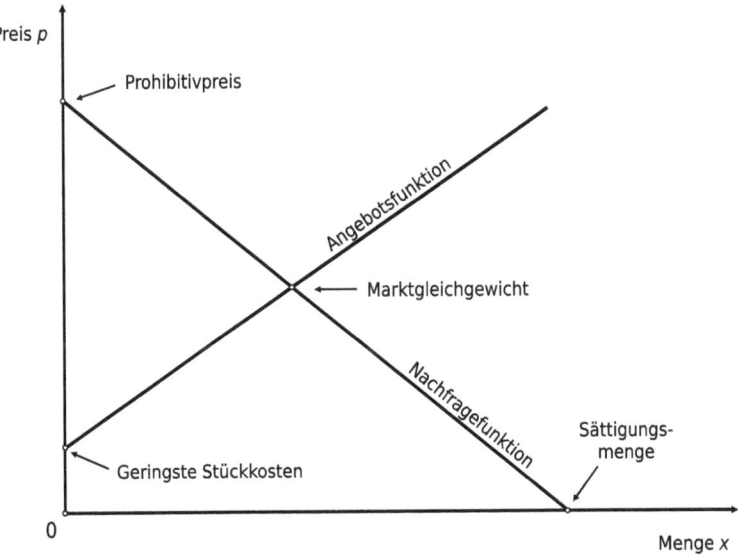

Abbildung 3.2: Elementares Marktdiagramm

Auch wenn Ökonomen bei der Beschriftung von Diagrammen sparsam und mitunter auch etwas nachlässig sind, müssen die Achsen und die Funktionen immer bezeichnet werden. Es genügen die üblichen Symbole x, p, A und N für Menge, Preis, Angebots- und Nachfragekurve.

Im Diagramm finden Sie vier markante Punkte:

1. **Prohibitivpreis:** Der Ordinatenabschnitt der Nachfragefunktion. Kein Konsument besitzt eine Zahlungsbereitschaft für das Gut, die über dem Prohibitivpreis liegt.
2. **Sättigungsmenge:** Der Abszissenabschnitt der Nachfragefunktion. Die Menge, die die Nachfrager wünschen, wenn sie für das Gut nichts bezahlen müssen.
3. **Geringste Stückkosten:** Der Ordinatenabschnitt der Angebotsfunktion. Kein Unternehmen ist in der Lage, das Gut zu geringeren Stückkosten herzustellen.
4. **Marktgleichgewicht:** Schnittpunkt von Angebots- und Nachfragefunktion. Bei einem Preis in Höhe des Marktgleichgewichts planen die Anbieter das Güterangebot genau in der Menge, in der die Nachfrager ihre Nachfrage planen.

Für den Prohibitivpreis, die Sättigungsmenge und die geringsten Stückkosten liegen üblicherweise keine empirischen Beobachtungen vor. In der Nähe dieser Preise und Mengen ist der Verlauf der Funktionen deswegen in der Regel unbekannt. Da »wahre« Angebots- und Nachfragefunktionen kaum über ihren gesamten Verlauf linear sein werden, sollten Sie bei einer Interpretation dieser Werte Vorsicht walten lassen.

Aufgaben

Aufgabe 1

Welche der folgenden Märkte lassen sich mithilfe des Angebots-Nachfrage-Diagramms untersuchen?

1. Kuhmilch
2. Dachlatten
3. Fremdenzimmer
4. PC-Betriebssysteme
5. Heizungswartung
6. Parkplätze an einem Ausflugsziel
7. Siemens-Aktie

Aufgabe 2

Welche der folgenden Größen sind keine Determinanten (= Bestimmungsgründe) der Nachfrage nach Regenschirmen?

1. Regenschirmpreis, 2. Einkommen der Haushalte, 3. Klima, 4. Nylon- und Stahlpreis, 5. Lohnkosten, 6. Analysezeitraum.

Aufgabe 3

Das Marktdiagramm besitzt eine eigentümliche Besonderheit. Es wird »falsch herum« gezeichnet. Finden Sie das »QWERTZ-Layout« von Computertastaturen nicht ebenfalls eigenartig? Gibt es vielleicht eine gemeinsame ökonomische Erklärung für beide Phänomene?

Aufgabe 4

An einer Kunstauktion nehmen sieben ernsthaft interessierte Kaufinteressenten, zumeist Kunsthändler, teil. Zur Versteigerung gelangen acht Drucke »Grüne Dämmerung«.

Die Auktion verläuft nach folgenden Regeln: Die Käufer notieren ihre Kaufwünsche (Anzahl der Drucke) und Zahlungsbereitschaften je Druck. Diese Gebote übergeben sie dem Auktionator in verschlossenen Umschlägen. Anschließend ermittelt der Auktionator den höchsten Preis, zu dem alle angebotenen Drucke so eben noch einen Käufer finden. Zu diesem Preis erfolgt der Zuschlag.

Die Interessenten besitzen die in Tabelle 3.1 gezeigten Kaufabsichten.

Interessent	Gewünschte Menge (Stück)	Maximale Zahlungsbereitschaft je Druck in Euro
A	4	100
B	4	20
C	3	40
D	2	120
E	2	70
F	1	90
G	1	60

Tabelle 3.1: Zahlungsbereitschaften auf einer Kunstauktion

Der Anbieter der Drucke hat das Auktionshaus mit der Bedingung beauftragt, dass mindestens ein Preis von 50 Euro je Druck erzielt wird. Gehen Sie davon aus, dass die Auktion selbst keine Kosten verursacht.

1. Konstruieren Sie die Nachfragefunktion!
2. Konstruieren Sie die Angebotsfunktion!
3. Kommentieren Sie den Verlauf der Angebotsfunktion!
4. Wie hoch ist der gesamte Auktionserlös? Können Sie den Erlös (= Umsatz) im Diagramm darstellen?

Aufgabe 5

Warum schneidet eine Angebotsfunktion die Ordinate üblicherweise im positiven Bereich?

Aufgabe 6

Eine allgemeine Nachfragefunktion für das Gut X lautet $x = 100 - 2p_x + 0{,}2p_y + 0{,}1E$. Dabei steht p_x für den Preis und x für die Menge des Gutes X selbst, p_y für den Preis eines anderen Gutes Y und E für das Einkommen (jeweils in Euro).

1. Stellen Sie die Funktion im Marktdiagramm dar. Gehen Sie davon aus, dass der Preis des Gutes Y 50 Euro und das Einkommen 900 Euro beträgt!
2. Das Einkommen sinkt auf 400 Euro. Zeichnen Sie die neue Nachfragefunktion ebenfalls in das Diagramm ein!
3. Wie wirken sich Einkommensänderungen und Preisänderungen des Gutes Y auf die Zahlungsbereitschaft der Konsumenten für das Gut X aus?

Aufgabe 7

1. Sind reale Nachfragefunktionen immer linear?
2. Was ist die »Sättigungsmenge«? Kann man sie empirisch beobachten?

Aufgabe 8

Auf einem Markt wird das Gut X gehandelt. Die Angebotsfunktion lautet $x_A = -200 + 4p$. Die Nachfrage verläuft (ausnahmsweise) nicht linear und lässt sich durch die Funktion $x_N = \frac{4500}{p} + 40$ beschreiben.

1. Eignen sich die beiden Funktionen grundsätzlich zur Beschreibung von Angebot und Nachfrage?
2. Bestimmen Sie das Marktgleichgewicht!

Hinweis: Die Nullstellen der quadratischen Funktion $x^2 + px + q = 0$ liefert die »p-q-Formel« $x_{1,2} = -\frac{p}{2} \pm \sqrt{\left(\frac{p}{2}\right)^2 - q}$. Taschenrechner empfohlen.

Aufgabe 9

Wie es der Zufall will, ist Zweistadt ein perfektes Abbild von Einstadt. In Zweistadt ist alles genau doppelt vorhanden. In Einstadt gibt es eine Kirche, in Zweistadt zwei. In Einstadt wohnen zehn Familien mit Namen Meyer, in Zweistadt zwanzig.

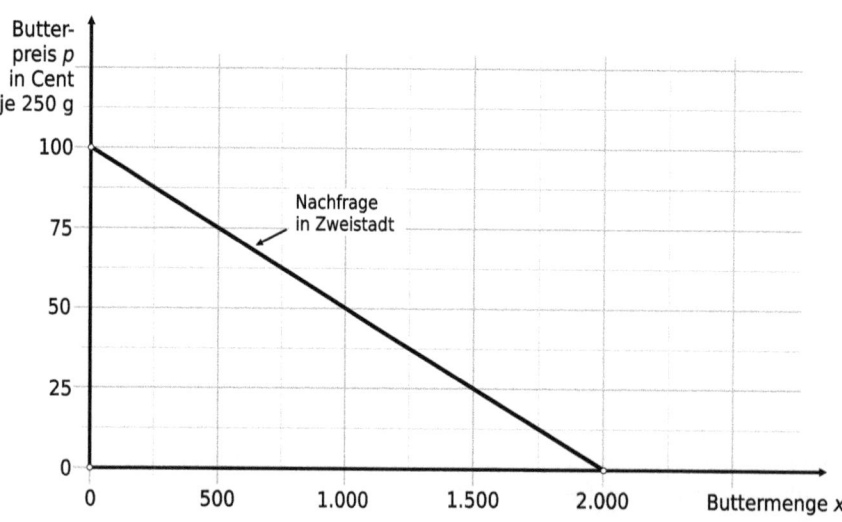

Das Diagramm zeigt die Nachfrage nach Butter in Zweistadt. Wie lautet die Gleichung, die die Nachfrage in Einstadt beschreibt?

Lösungen

Lösung Aufgabe 1

Die Märkte für Kuhmilch, Dachlatten, Fremdenzimmer, Heizungswartungen und die Siemens-Aktie kommen dem Modell der vollkommenen Konkurrenz hinreichend nahe, um das Marktdiagramm einsetzen zu können. Vor allem sind sowohl viele Anbieter als auch viele Nachfrager auf diesen Märkten aktiv und die Güter oder Dienstleistungen einigermaßen homogen. Die Anbieter auf diesen Märkten sind *Preisnehmer*. Die Hürden für potenzielle Wettbewerber, in den Markt einzutreten, sind niedrig.

Auf dem Markt für die PC-Betriebssysteme hat Microsoft mit Windows® ein Quasimonopol. Der Anbieter von Parkplätzen in der Nähe eines Ausflugsziels verfügt über ein »regionales Monopol«. Auf diesen beiden Märkten sind die Anbieter *Preissetzer*. Das Marktdiagramm ist ungeeignet. Preissetzer besitzen keine Angebotsfunktion.

Lösung Aufgabe 2

Die Preise für Nylon und Stahl sowie die Lohnkosten beeinflussen die Kosten der Herstellung von Regenschirmen. Für die Nachfrage sind sie aber ohne Bedeutung. Warum sollten sich die Nachfragepläne nach Regenschirmen bei einem gegebenen Regenschirmpreis ändern, wenn die Lohnkosten steigen oder Stahl teurer wird? Dafür gibt es keinen plausiblen Grund.

> Auf die *tatsächlich nachgefragte Menge*, die sich am Markt einstellt, haben die Produktionskosten Einfluss.
>
> Unterscheiden Sie sorgfältig »die Nachfrage« von »der nachgefragten Menge«. Die Nachfrage meint die Nachfragefunktion. Die nachgefragte Menge ist die Menge, die sich im Zusammenspiel von Nachfrage und Angebot realisiert. Deswegen wird die nachgefragte Menge auch durch Angebotsfaktoren beeinflusst.

Der Regenschirmpreis, das Einkommen der Haushalte, der Analysezeitraum und das Klima sind Determinanten der Nachfrage. Der Zeitraum spielt eine Rolle, da sich die Jahresnachfrage natürlich von der monatlichen oder wöchentlichen Nachfrage unterscheidet. Das Klima spielt eine Rolle, weil Regenschirme vor allem dort nützlich sind, wo es häufig regnet.

Lösung Aufgabe 3

Na, wenn schon so gefragt wird, dann wird es wohl so sein:

Computertastaturen besitzen dasselbe Tastaturlayout wie mechanische Schreibmaschinen. Die aus heutiger Sicht eigenartige Anordnung der Buchstaben hatte einen guten Grund. Sie ermöglichte schnelles Tippen, weil sich die Hebel seltener verhakten, als es zum Beispiel bei einer alphabetischen Anordnung der Tasten der Fall gewesen wäre.

Das Problem sich verhakender Hebel hat sich mit der Einführung der Kugelkopfschreibmaschine erledigt. Eine Änderung der Tastenanordnung hätte jedoch zu erheblichen Umstellungskosten geführt, da sich Millionen Menschen an das Layout gewöhnt hatten. Deswegen wird daran festgehalten.

Mit dem Marktdiagramm verhält es sich ebenso. Die Ökonomen haben sich daran gewöhnt. Eine »Umgewöhnung« wäre mit hohen Kosten verbunden. Denken Sie allein an dieses Buch. Die meisten Diagramme müssten neu gezeichnet werden.

Lösung Aufgabe 4

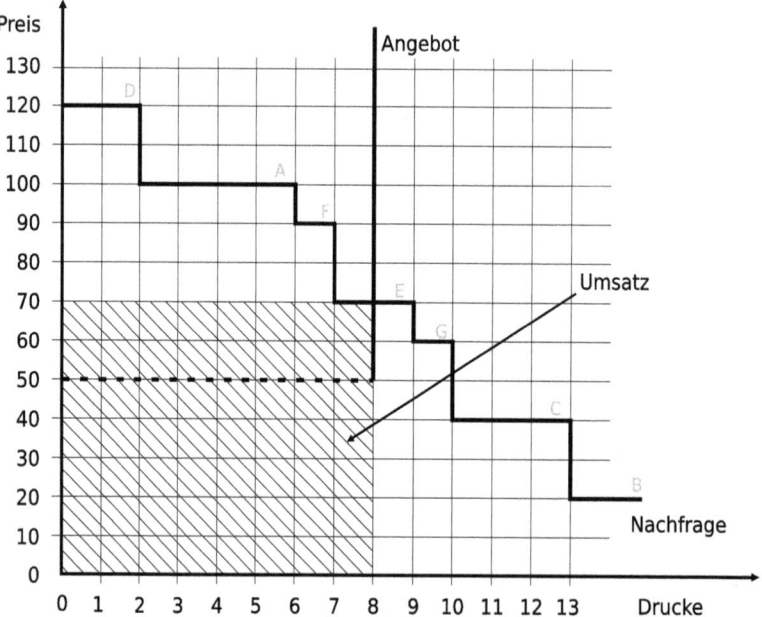

1. Das Diagramm zeigt die Nachfragefunktion. *Hinweis*: Die Tabelle in der Aufgabenstellung ist nach der gewünschten Menge und somit »falsch« sortiert. Eine Nachfragefunktion ordnet die Käufer absteigend nach deren Zahlungsbereitschaften. Die Buchstaben im Diagramm zeigen, welcher Käufer für welchen Abschnitt der Nachfragefunktion verantwortlich ist.

2. Das Diagramm zeigt die Angebotsfunktion. Beim Preis von 50 Euro springt das Angebot von null auf acht Drucke.

3. Die Angebotsmenge reagiert – abgesehen von der Sprungstelle beim *Reservationspreis* von 50 Euro – nicht auf die Höhe des Preises. Zu jedem höheren Preis beträgt die Angebotsmenge ebenfalls acht Drucke. *Hinweis*: Später lernen Sie eine elegantere Formulierung kennen: »Die Angebotsfunktion verläuft oberhalb eines Preises von 50 Euro vollkommen unelastisch.«

4. Der Auktionserlös beläuft sich auf 560 Euro, da die acht Drucke für je 70 Euro verkauft werden. Der Erlös (= Umsatz) entspricht der schraffierten Fläche im Marktdiagramm. Zum Zuge kommen die Bieter D, A, F und E, wobei E nur einen anstatt der zwei gewünschten Drucke erhält.

Lösung Aufgabe 5

Die Angebotsfunktion ordnet die Anbieter aufsteigend nach ihren Stückkosten. Den Achsenabschnitt an der Preisachse können Sie daher als die Stückkosten des Anbieters interpretieren, der das Gut am günstigsten herstellen kann.

Warum heißt es in der Fragestellung »üblicherweise«? Die Angebotsfunktion kann die Mengenachse bei einem Preis von null in ihrem positiven Bereich schneiden, wenn der Staat den Anbieter subventioniert. Manche »Güter« werden auch verschenkt oder gespendet. Denken Sie zum Beispiel an Organspenden. Es gibt ein – wenn auch recht geringes – Angebot an Spenderorganen, ohne dass die Spender einen Preis verlangen. Die Angebotsfunktion schneidet die Mengenachse in diesem Fall im positiven Bereich.

In den einführenden Kapiteln zahlreicher Lehrbücher wird der Verlauf der Angebotsfunktion anhand von Stückkosten erklärt, weil Stückkosten verständlicher sind als Grenzkosten, die erst später eingeführt werden. Abweichend von den üblichen Annahmen wird zudem unterstellt, dass die Unternehmen unterschiedlich effizient sind, was sich in unterschiedlichen Stückkosten niederschlägt. Das ist eigentlich nicht mit den Annahmen des vollkommenen Konkurrenzmarktes vereinbar.

Mehr über Angebotsfunktionen erfahren Sie in Kapitel 12. Grundsätzlich ist die hier gegebene Antwort aber korrekt: Die Angebotsfunktion hat ihren tiefsten Punkt in Höhe der minimal zu beobachtenden Stückkosten (»Betriebsoptimum«).

Lösung Aufgabe 6

1. Die Lösung für die Aufgabenteile 1 und 2 zeigt das Diagramm. Für ein Einkommen von 900 Euro und einen Preis für das Gut Y in Höhe von 50 erhalten Sie:

$x = 100 - 2p_x + 0{,}2p_y + 0{,}1E$

$x = 100 - 2p_x + 0{,}2 \cdot 50 + 0{,}1 \cdot 900$

$x = 200 - 2p_x$

Aus dieser Funktion können Sie die Sättigungsmenge ablesen (Achsenabschnitt auf der Mengenachse).

Um die Funktion einzeichnen zu können, stellen Sie sie nach p_x um. Die inverse Nachfragefunktion lautet:

$p_x = 100 - 0{,}5x$

Der Achsenabschnitt an der Preisachse ist der Prohibitivpreis.

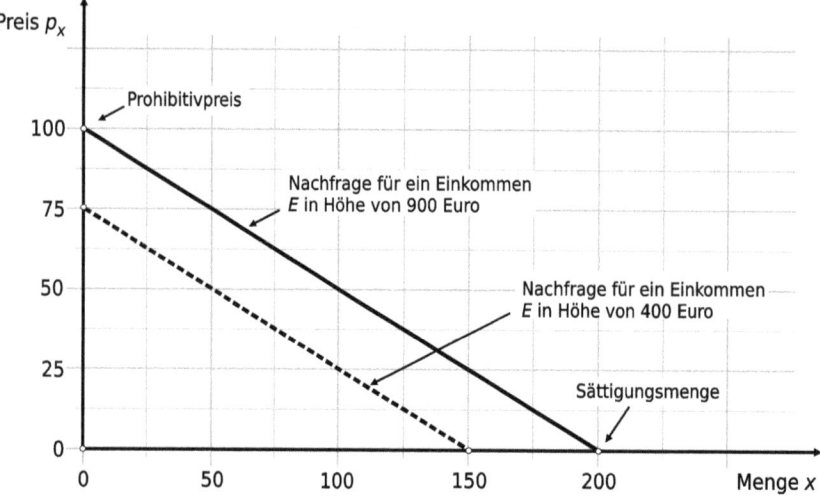

2. Wenn das Einkommen nur noch 400 beträgt, ändert sich die Nachfragefunktion zu $x = 150 - 2p_x$. Die Funktion ist gestrichelt dargestellt.

3. Einkommensänderungen und Preisänderungen des Gutes Y wirken sich auf die Zahlungsbereitschaft für das Gut X aus. Wie Aufgabenteil 2 zeigt, sinkt die Zahlungsbereitschaft, wenn das Einkommen sinkt. Beispiel: Die Menschen kaufen bei gleichen Autopreisen weniger Autos, wenn ihr Einkommen sinkt. Wenn der Preis des Gutes Y steigt, nimmt die Zahlungsbereitschaft für das Gut X zu. Die Nachfragefunktion würde sich also nach oben verlagern. Beispiel: Wenn der Preis für Margarine steigt, kaufen die Menschen bei gleichem Butterpreis mehr Butter.

Lösung Aufgabe 7

1. Nein, dafür gibt es keinen Grund. Warum sollte die Zahlungsbereitschaft von Menschen für ein Gut einer Linearitätsannahme folgen? Richtig ist allerdings, dass Nachfragefunktionen oft als lineare Funktion geschätzt werden, weil zu diesem Zweck vergleichsweise einfache Methoden bereitstehen.

2. Die Sättigungsmenge ist die Menge eines Gutes, die von den Nachfragern abgenommen werden würde, wenn sie für das Gut keinen Preis entrichten müssten. Grafisch betrachtet handelt es sich um den Schnittpunkt der Nachfragefunktion mit der Mengenachse. Im Regelfall kann man die Sättigungsmenge nicht beobachten, da Güter üblicherweise nicht verschenkt werden.

Lösung Aufgabe 8

1. Beide Funktionen sind geeignet. Die Nachfragefunktion zeigt einen fallenden Verlauf (x sinkt, wenn p steigt) und entspricht somit dem »Gesetz der Nachfrage«. Diskutabel ist die Eigenschaft der Funktion, dass die Nachfrage nach dem Produkt auch bei extrem hohen Preisen nicht unter 40 Einheiten sinkt. Die Angebotsfunktion gehorcht dem »Gesetz des Angebots«. Der Preis des Gutes muss mindestens 50 betragen, damit die Anbieter das Produkt herstellen.

2. Im Marktgleichgewicht stimmen Nachfrage- und Angebotsmenge überein, also:

$$\frac{4500}{p} + 40 = -200 + 4p$$
$$4500 = p(-240 + 4p)$$
$$p^2 - 60p - 1125 = 0$$
$$p_{1/2} = 30 \pm \sqrt{900 + 1125}$$
$$p_{1/2} = 30 \pm 45$$
$$p_1 = 75$$
$$p_2 = -15$$

Negative Preise (und Mengen) kommen als Lösung nicht infrage. Der gleichgewichtige Preis ist damit $p^* = 75$. Die gleichgewichtige Menge berechnen Sie durch Einsetzen des Gleichgewichtspreises in die Nachfragefunktion:

$$x^* = \frac{4500}{75} + 40 = 100$$

Zur Kontrolle sollten Sie die Berechnung mit der Angebotsfunktion wiederholen:
$$x^* = -200 + 4p = -200 + 4 \cdot 75 = 100$$

Lösung Aufgabe 9

Die Nachfrage ist in Einstadt zu jedem Preis halb so hoch wie in Zweistadt.

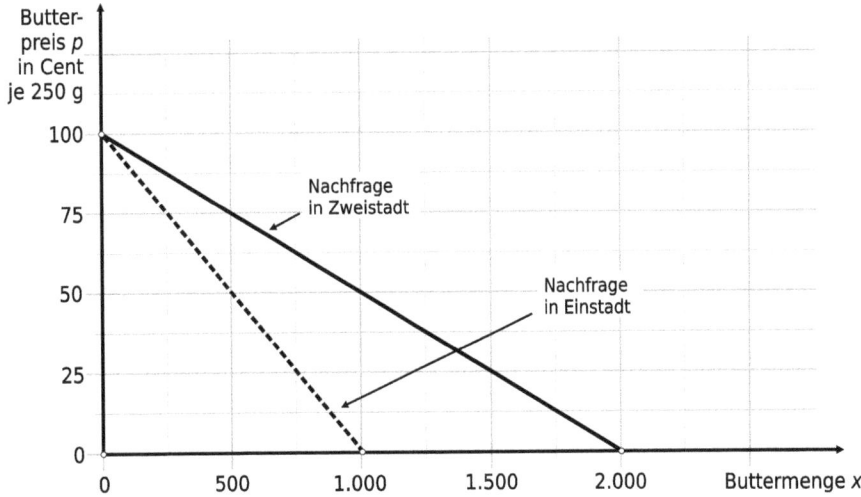

Die Nachfragefunktion von Einstadt lautet $x = 1.000 - 10p$. Den Achsenabschnitt lesen Sie als Sättigungsmenge direkt aus dem Diagramm ab. Die Steigung finden Sie über die Berechnung »Sättigungsmenge durch Prohibitivpreis« (=1.000/100).

In der grafischen Lösung taucht oft folgender Fehler auf: Es wird nicht nur der Achsenabschnitt an der Mengenachse halbiert, sondern auch der an der Preisachse. An einem praktischen Beispiel erkennen Sie, dass das falsch sein muss: In Deutschland leben etwa fünfmal so viele Menschen wie in den Niederlanden. Besitzen die deutschen Nachfrager deswegen eine fünfmal so hohe Zahlungsbereitschaft für ein Stück Butter wie die Nachfrager in den Niederlanden? Wohl kaum.

> **IN DIESEM KAPITEL**
>
> Die Eigenschaften des Marktgleichgewichts
>
> Änderungen des Marktgleichgewichts

Kapitel 4
Arbeiten mit dem Marktdiagramm

Gleichgewicht und Ungleichgewicht

Ein (mikro-)ökonomisches **Gleichgewicht** liegt vor, wenn alle Wirtschaftssubjekte ihre ökonomischen Pläne in die Tat umsetzen können. Dazu müssen die Pläne der einzelnen Wirtschaftssubjekte insgesamt miteinander kompatibel sein. Ein **Marktgleichgewicht** liegt vor, wenn sich der Preis gerade in der Höhe einstellt, dass

- alle Nachfrager, die zu diesem Preis kaufen möchten, das Gut tatsächlich erhalten und
- alle Anbieter, die zu diesem Preis verkaufen möchten, das Gut tatsächlich verkaufen können.

Und welche Nachfrager möchten zu diesem Preis kaufen? Alle, deren Zahlungsbereitschaft mindestens so hoch ist wie dieser Preis, weil sie durch den Kauf einen Vorteil erzielen. Und welche Anbieter möchten verkaufen? Alle Anbieter, deren Stückkosten unter diesem Preis liegen, weil sie dann Profit erzielen.

Der zugehörige Preis heißt **Gleichgewichtspreis**, die zugehörige Menge **Gleichgewichtsmenge**.

Umgekehrt handelt es sich um ein **Marktungleichgewicht**, wenn

- wenigstens ein Nachfrager, der zum herrschenden Preis kaufen möchte, die gewünschte Menge nicht erhält, oder
- wenigstens ein Anbieter, der zum herrschenden Preis verkaufen möchte, seine geplante Menge nicht absetzen kann.

Eigenschaften des Marktgleichgewichts

Effizienz ...

Befindet sich ein Markt nicht im Gleichgewicht, kann ein Marktteilnehmer bessergestellt werden, ohne dass ein anderer schlechtergestellt wird. Aus einem Marktgleichgewicht heraus gelingt das nicht. »Technischer« formuliert: Das Marktgleichgewicht ist **pareto-optimal**.

Eine Verbesserung nach dem **Pareto-Kriterium** ist nicht möglich. Das heißt, es ist ausgeschlossen, dass durch eine Preis- oder Mengenänderung ein Marktteilnehmer bessergestellt wird, ohne dass zugleich ein anderer schlechtergestellt wird.

... und Fairness?

Marktgleichgewichte sind jedoch nicht notwendig »fair« oder »gerecht«. Im Gegenteil können Ergebnisse, die sich auf Märkten einstellen, als schreiend ungerecht empfunden werden. Beispiele finden Sie leicht, wenn Sie beobachten, wo Regierungen regulierend in Märkte eingreifen:

- ✔ ein Mindestlohn für Arbeit, weil der gleichgewichtige Lohn (= Preis für Arbeit) als unmoralisch niedrig erachtet wird
- ✔ Höchstpreise für Grundnahrungsmittel, weil Arme sonst Hunger leiden
- ✔ Steuern auf Tabak und Alkohol, weil unter freien Marktbedingungen die Gesundheit der Konsumenten leidet, der Konsum der Güter süchtig macht oder gar zum Tod führt
- ✔ Produktionsquoten für landwirtschaftliche Erzeugnisse, um die Erzeugerpreise auf auskömmlichem Niveau zu halten
- ✔ Verbot von Kinderpornografie, um Kinder vor Gewalt zu schützen

Ob die staatlichen Eingriffe tatsächlich eine Verbesserung der Marktergebnisse bewirken, muss im Einzelfall untersucht werden. Oft kommt es zwischen Effizienz und Gerechtigkeit zu einem »Trade-off«. Mehr Effizienz bedeutet weniger Gerechtigkeit, mehr Gerechtigkeit bedeutet weniger Effizienz. Deswegen gehen die Einschätzungen auseinander, ob und mit welcher Intensität der Staat Marktergebnisse korrigieren sollte. *Beispiel*: Die Befürworter eines bedingungslosen Grundeinkommens sehen darin einen Weg zu einer gerechteren Einkommensverteilung. Die Gegner argumentieren, dass es sich negativ auf die Arbeitsanreize auswirken würde.

 Unter den idealtypischen Bedingungen des vollkommenen Konkurrenzmarktes sind Marktgleichgewichte (pareto-)effizient, allerdings nicht notwendig auch fair.

Externe Effekte

Hat die produzierte oder konsumierte Menge auf einem Markt Rückwirkungen auf den Nutzen von Konsumenten oder die Gewinne von Produzenten auf anderen Märkten, liegt ein **externer Effekt** vor. Da bei übergenauer Betrachtung alles mit allem zusammenhängt, findet sich praktisch keine Konsum- oder Produktionsaktivität, die absolut frei von Externalitäten ist. Es kommt darauf an, ob die Auswirkungen auf unbeteiligte Dritte vernachlässigbar sind oder nicht.

Beispiel: Heute herrscht Konsens, dass vom Rauchen ein negativer externer Effekt ausgeht. Das Rauchen in geschlossenen Räumen hat negative Folgen für Menschen, die auf den Märkten für Zigaretten, Zigarren oder Pfeifentabak weder als Nachfrager noch als Anbieter in Erscheinung treten.

Auch vom Rauchen im Freien geht ein negativer externer Effekt aus, wenn Raucher ihre Kippen einfach in die Gegend werfen und Kosten im Gesundheitswesen verursachen, für die Dritte aufkommen. Vergleichbare Effekte gehen aber auch von Bonbonlutschern aus, die ihr Bonbonpapier unachtsam wegwerfen und infolge übermäßigen Zuckerkonsums an Diabetes erkranken.

Die Verschmutzung der Umwelt mit Bonbonpapier dürfte aber ein eher vernachlässigbares Problem darstellen. Und in Maßen genossen machen Bonbons auch nicht krank. Deswegen wäre eine spezifische »Bonbonsteuer« (im Unterschied zu einer Zuckersteuer) eine übertriebene Regulierung, deren Verwaltungsaufwand ihren Nutzen vermutlich übersteigen würde. Gleichwohl handelt es sich bei Gemeindeordnungen, die Bußgelder für solche und ähnliche Verunreinigungen der Umwelt vorsehen, um Instrumente zur Regulierung externer Effekte.

Kann ein externer Effekt diagnostiziert werden, ist das Marktgleichgewicht, das sich »bei freiem Spiel der Kräfte von Angebot und Nachfrage« einstellt, nicht effizient. Dabei spielt es keine Rolle, ob der externe Effekt positiv oder negativ ist. Ursächlich ist, dass externe Effekte mit sozialen Kosten oder sozialen Erträgen einhergehen, die sich mangels Preisen nicht in den Kalkulationen der Wirtschaftssubjekte niederschlagen. Gehen von einem Gut zum Beispiel negative externe Effekte aus, weil seine Produktion die Umwelt belastet, wird von ihm zu viel produziert, wenn die Hersteller für die Kosten der Umweltbelastung nicht aufkommen müssen. Das Gut wird gemessen an den Kosten, die es der Gesellschaft verursacht, zu billig hergestellt. Die (privaten) Kosten der Herstellung sind für das Unternehmen geringer als die (gesellschaftlichen) Kosten, die der Gesellschaft insgesamt entstehen, weil die Kosten der Umweltbelastung sich nicht in der Kalkulation des Unternehmens niederschlagen. So wird das Gut gemessen an seinen »wahren« Kosten zu günstig angeboten und daher auch in einem zu hohen Maße konsumiert. Das Marktgleichgewicht, das sich auf einem unregulierten Markt einstellt, ist in diesem Fall nicht pareto-optimal. Kapitel 14 beschäftigt sich intensiver mit externen Effekten.

»Exogene Schocks«: Änderungen des Gleichgewichts

Komparative Statik können Sie, wenn auch nicht elegant, aber treffend mit »Gleichgewichtsvergleich« übersetzen. Die komparative Statik ist die Standardmethode, mit der Mikroökonomen die Folgen **exogener Schocks** untersuchen. Unter diesem Begriff wiederum werden sämtliche Ereignisse gefasst, welche die Lage der Nachfragefunktion oder der Angebotsfunktion im Marktdiagramm verändern. Durch einen exogenen Schock kommt es zu einem neuen Marktgleichgewicht. Als komparative Statik bezeichnet man den analysierenden Vergleich mit dem ursprünglichen Marktgleichgewicht. Der Übergangs*prozess* vom einen zum anderen Gleichgewicht an sich wird nur in fortgeschrittenen dynamischen Modellen untersucht. Ein Beispiel dazu finden Sie in Kapitel 14 unter der Überschrift »Dynamische Preisbildung«.

Beispiele für exogene Schocks

Exogene Schocks verschieben die Nachfrage- oder die Angebotskurve oder beide Kurven. *Beispiele*:

1. Das verfügbare Einkommen der Haushalte steigt infolge eines lang anhaltenden gesamtwirtschaftlichen Aufschwungs an. Dies führt auf vielen Märkten zu **Änderungen der Nachfrage**.

2. Die Vorschriften für die Legehennenhaltung werden verschärft. Hierdurch kommt es zu **Änderungen des Angebots** von Hühnereiern.

3. Die Menschen erwarten infolge aufflammender internationaler Konflikte einen Anstieg des Goldpreises. **Nachfrage und Angebot ändern sich simultan.**

Regulierung

Dem Staat stehen verschiedene Maßnahmen zur Verfügung, regulierend in Märkte einzugreifen. Die meistdiskutierten sind Höchst- und Mindestpreise sowie Steuern und Subventionen:

- Die Preise werden in Form von Höchst- oder Mindestpreisen fixiert. Die Preise können sich in diesem Fall nicht mehr frei am Markt bilden. Aus diesem Grund wird der Eingriff als **marktinkonform** bezeichnet.

- Der Handel wird durch den Staat besteuert oder subventioniert. Diese Maßnahmen werden als **marktkonform** klassifiziert, da sich die Preise weiterhin am Markt bilden können.

Aufgaben

Aufgabe 1

1. Verwenden Sie kariertes Papier und bestimmen Sie das Gleichgewicht auf einem Markt, der sich durch die Nachfragefunktion $x_N = 80 - p$ und die Angebotsfunktion $x_A = -40 + 2p$ beschreiben lässt!

2. Wie hoch ist der Umsatz (= Erlös), der auf dem Markt erzielt wird? Stellen Sie den Umsatz im Diagramm dar!

3. Was würde auf dem Markt passieren, wenn alle Wirtschaftssubjekte mit einem Preis von 50 planen würden?

Aufgabe 2

Frage	Antwort
1. Die Tabakindustrie wird per Gesetz gezwungen, statt Texthinweisen Warnbilder mit Krebsgeschwüren und Ähnlichem (»Schockfotos«) auf Zigarettenschachteln zu drucken. Wie verändert sich die Nachfragefunktion für Zigaretten?	Die Funktion verlagert sich nicht ❑ nach oben ❑ nach unten ❑
2. Die Preise für energiesparende und umweltfreundliche, weil quecksilberfreie LED-Lampen befinden sich im Sinkflug. Wie ändert sich durch die fallenden Preise die Nachfragefunktion nach LED-Lampen?	Die Funktion verlagert sich nicht ❑ nach oben ❑ nach unten ❑
3. Anleger rechnen mit fallenden Goldpreisen, da die Zentralbanken glaubhaft versichern, Inflationstendenzen im Keim zu ersticken. Welche Veränderung der Nachfragefunktion nach Gold ergibt sich?	Die Funktion verlagert sich nicht ❑ nach oben ❑ nach unten ❑
4. Die Subventionierung des Maisanbaus wird abgebaut. Wie verändert sich die Mais-Angebotsfunktion?	Die Funktion verlagert sich nicht ❑ nach oben ❑ nach unten ❑
5. Die Subventionierung des Maisanbaus wird abgebaut. Wie verändert sich die Angebotsfunktion für Schlachtvieh?	Die Funktion verlagert sich nicht ❑ nach oben ❑ nach unten ❑

Aufgabe 3

Es bilden sich täglich lange Warteschlangen an den Tankstellen, nachdem der Staat den Benzinpreis »eingefroren« hat. Liegt der Gleichgewichtspreis über oder unter dem eingefrorenen Preis?

Aufgabe 4

»Ein Höchstpreis führt zu einem Angebotsüberschuss, ein Mindestpreis zu einem Nachfrageüberschuss.«

Stimmt's?

Aufgabe 5

Infolge der Flutkatastrophe 2011 in Thailand – nach China Hauptexporteur für Festplatten – ist es bei Festplatten weltweit zu einer Preisexplosion gekommen. Die Preise stiegen innerhalb weniger Tage um nahezu 300 Prozent. Das Diagramm (Quelle: alternate.de) zeigt die Preisentwicklung eines gängigen Modells beim Internethändler Alternate.de.

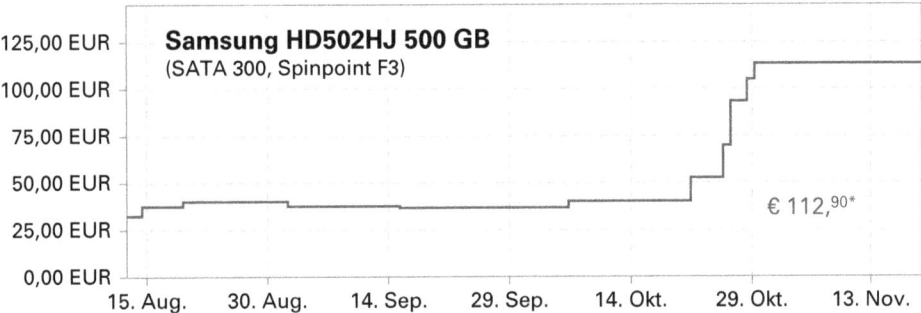

1. Zeigen Sie in einem Marktdiagramm, warum mit dem Preisanstieg zu rechnen war!
2. Können Sie aus der Preisentwicklung erkennen, ob die »Samsung HD502HJ 500 GB« in Thailand produziert wird?

Aufgabe 6

Professor L. hat es sich zur Angewohnheit gemacht, Referatstermine unter den Teilnehmern seines Seminars zu verlosen. Er findet das fair. Möglich ist die Verlosung der Termine, weil die Themen nicht aufeinander aufbauen und daher keine feste Reihenfolge eingehalten werden muss.

Nachdem die Termine verlost sind, gestattet er den Teilnehmern, die zugelosten Termine untereinander zu tauschen. Können Sie das mit dem Pareto-Kriterium in Verbindung bringen?

Aufgabe 7

Nennen Sie einige Beispiele für Märkte, auf denen der Handel verboten, eingeschränkt oder reglementiert wird, weil die Regierung das Gleichgewicht, das sich auf dem freien Markt einstellen würde, nicht gutheißt. Geben Sie jeweils an, auf welche Art und aus welchem Grund der Markt reguliert wird.

Aufgabe 8

Bestimmen Sie, welchen Betrag die Konsumenten pro Periode für das Gut X ausgeben, wenn die Nachfrage durch $x_N = 120 - 2p$ und das Angebot durch $x_A = -30 + p$ gegeben sind! Welchen Betrag nehmen die Anbieter ein?

Aufgabe 9

Welche der beiden Situationen ist nach dem Pareto-Kriterium die bessere?

- ✓ **Situation A**: Lukas besitzt 100 Gütereinheiten, Amelie besitzt 80.
- ✓ **Situation B**: Lukas besitzt 120 Gütereinheiten, Amelie besitzt 79.

Aufgabe 10

In Ballland, das früher einmal Balland hieß, aber immer noch abgeschottet vom Rest der Welt wirtschaftet, leben zweihundert Fußballspieler. Sie teilen sich auf in einhundert Fußballverrückte und einhundert Freizeitkicker. Die Verrückten besitzen für einen Fußball eine Zahlungsbereitschaft von zehn Talern. Die Kicker sind bereit, pro Ball vier Taler zu bezahlen.

In der ballländischen Handwerkskammer weiß man von einhundert Ballbetrieben, die Bälle in Handarbeit herstellen. Jedes Unternehmen kann pro Periode zwei Bälle herstellen. Die fünfzig Meister ihres Fachs sind handfertig und produzieren Bälle mit entsprechend geringem Aufwand. Sie sind bereit, einen Ball zu verkaufen, wenn sie mindestens zwei Taler pro Ball erlösen. In den restlichen fünfzig Betrieben arbeiten weniger versierte Kräfte. Aufgrund ihrer Anstrengung wollen sie wenigstens acht Taler je Ball erlösen.

Im Überblick:

- ✓ Einhundert potenzielle Käufer mit einer Zahlungsbereitschaft von zehn Talern.
- ✓ Einhundert potenzielle Käufer mit einer Zahlungsbereitschaft von vier Talern.
- ✓ Fünfzig potenzielle Anbieter mit einer Kapazität von zwei Bällen/Periode und einem Reservationspreis von zwei Talern.
- ✓ Fünfzig potenzielle Anbieter mit einer Kapazität von zwei Bällen/Periode und einem Reservationspreis von acht Talern.

Nehmen Sie an, kein Spieler kauft mehr als einen Ball pro Periode. Sie wollen schließlich kicken und nicht jonglieren.

Sorgen Sie für eine »optimale (B)Allokation«!

Aufgabe 11

Wie ändert sich kurzfristig das Angebot von mittelscharfem Senf, wenn die Preise für Bratwürste steigen?

Aufgabe 12

Im Zuge der BSE-Krise (»Rinderwahnsinn«) war trotz des dramatischen Nachfragerückgangs nach Rindfleisch nicht der von vielen erwartete drastische Preisverfall eingetreten.

Zeigen Sie in einem Marktdiagramm, wie der Staat den Preis durch Aufkäufe von Rindern stabilisieren kann, obwohl die Nachfrage der Konsumenten merklich sinkt!

Aufgabe 13

Zeigen Sie mithilfe eines Marktdiagramms: »Wenn die Wirtschaftssubjekte einen fallenden Goldpreis erwarten, dann fällt er auch.«

Aufgabe 14

Zeigen Sie mit einem Marktdiagramm die Auswirkungen eines Anstiegs des Goldpreises auf den Markt für Goldschmuck!

Aufgabe 15

Die drei Diagramme A, B und C zeigen mit der Nachfragefunktion N jeweils die gleiche Ausgangssituation. Die Funktion N' zeigt die Situation nach einem »exogenen Schock«. Ordnen Sie die Diagramme den drei Schocks 1, 2 und 3 richtig zu!

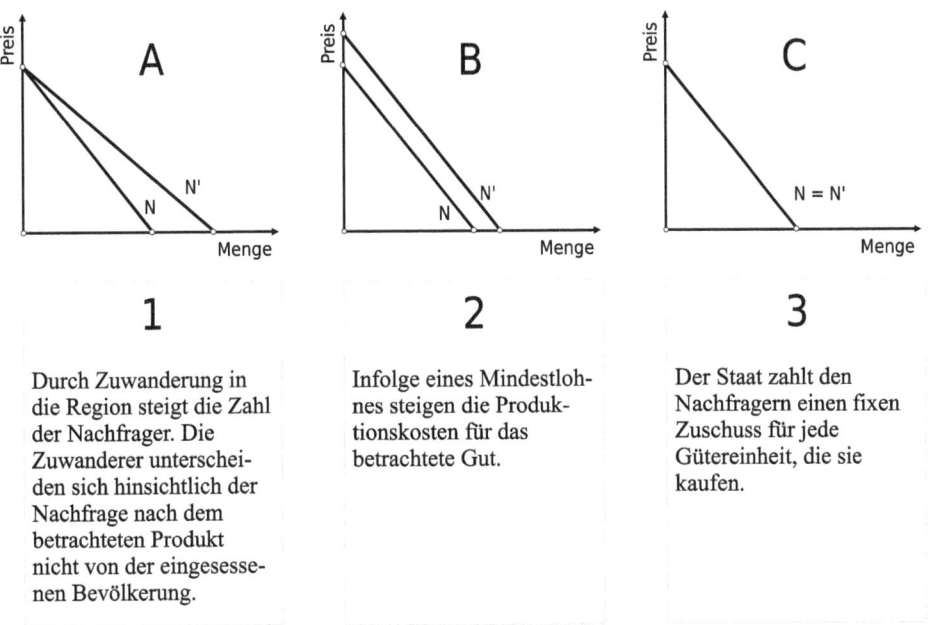

Aufgabe 16

Die Regierung möchte die CO_2-Emissionen, die durch den Kraftfahrzeugverkehr verursacht werden, um zehn Prozent senken. Da bekannt ist, dass sich die Emissionen im Verhältnis eins zu eins mit dem Kraftstoffverbrauch ändern, werden Programme aufgelegt, die den durchschnittlichen »Flottenverbrauch« (das ist der Durchschnittsverbrauch aller zugelassenen Fahrzeuge) um zehn Prozent senken sollen. Die Automobilhersteller erhalten Subventionen für die Entwicklung sparsamerer Motoren, die Käufer von sparsamen Neuwagen staatliche Zuschüsse. Das Programm wird mit dem Slogan »Für die Umwelt ist uns nichts zu teuer« beworben.

Fünf Jahre später: Das ambitionierte Vorhaben hat Erfolg. Tatsächlich konnte der durchschnittliche Flottenverbrauch um zehn Prozent gesenkt werden.

Erreicht das Programm auch sein eigentliches Ziel, die CO_2-Emissionen um zehn Prozent zu reduzieren? Warum oder warum nicht?

Aufgabe 17

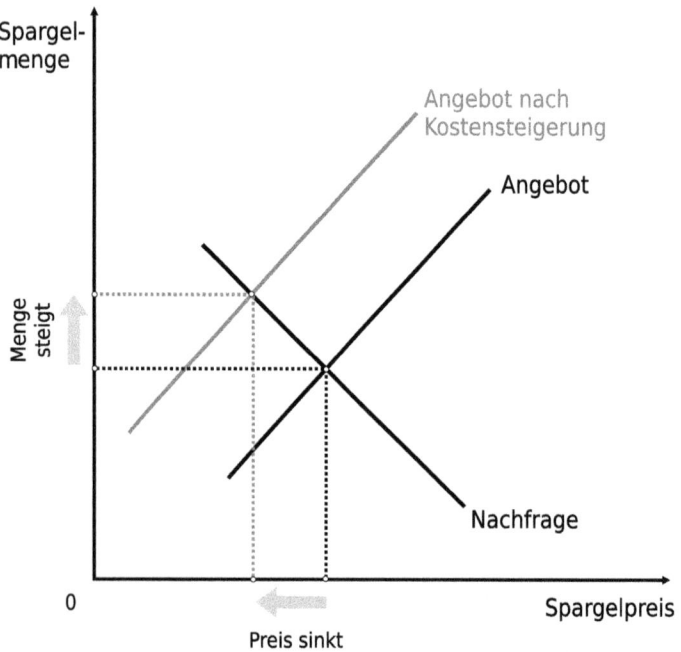

Bei der Spargelernte werden vor allem ungelernte Saisonarbeitskräfte eingesetzt. Durch den Mindestlohn kam es zu einer deutlichen Kostensteigerung. Das hat die Angebotsfunktion nach oben verlagert (siehe Diagramm).

Nun wird mehr Spargel angebaut (»Menge steigt«), weil die Spargelbauern die gestiegenen Kosten auffangen müssen. Aus diesem Grund hat auch der Preis nachgegeben (»Preis sinkt«). Die größere Menge muss schließlich auch abgesetzt werden.

Entgegen allen Unkenrufen sorgt der Mindestlohn so für eine steigende Produktion bei sinkenden Preisen!

Was stimmt hier nicht?

Aufgabe 18

Betrachten Sie das Angebots-Nachfrage-Diagramm. Es handelt sich dabei um das Angebot und die Nachfrage des Gutes x für *einen* der beiden Stadtteile von Zwillingsstadt.

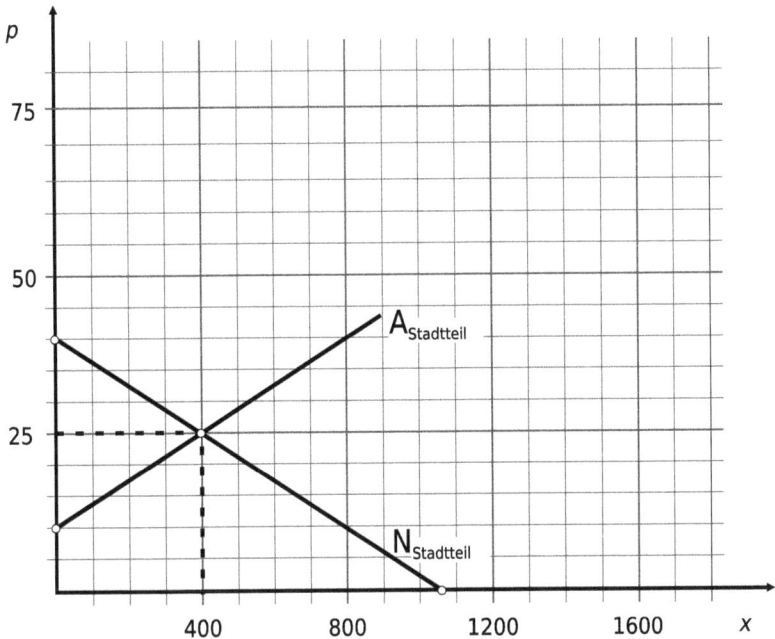

Gehen Sie von zwei isolierten Teilmärkten aus. Die Unternehmen eines Stadtteils beliefern jeweils die Einwohner dieses Stadtteils. Die beiden Stadtteile sind völlig identisch: gleiche Bevölkerungsanzahl, gleiche Unternehmensstruktur, gleiche Einkommenshöhe. Das Marktdiagramm für den anderen Stadtteil unterscheidet sich also nicht von dem hier wiedergegebenen Marktdiagramm.

Zeichnen Sie in das Diagramm maßstabsgetreu die *gemeinsame* (»aggregierte«) Angebotsfunktion sowie die *gemeinsame* Nachfragefunktion für die *gesamte* Stadt ein!

Lösungen

Lösung Aufgabe 1

1. Zunächst bestimmen Sie die inverse Nachfragefunktion und die inverse Angebotsfunktion:

   Inverse Nachfragefunktion: $p = 80 - x_N$

   Inverse Angebotsfunktion: $p = 20 + 0{,}5\, x_A$

   Die Nachfragefunktion gibt mit dem Prohibitivpreis und der Sättigungsmenge vor, wie Sie das Diagramm skalieren sollten. Der Prohibitivpreis beträgt 80. Die Steigung der Funktion ist −1, die Sättigungsmenge daher ebenfalls 80.

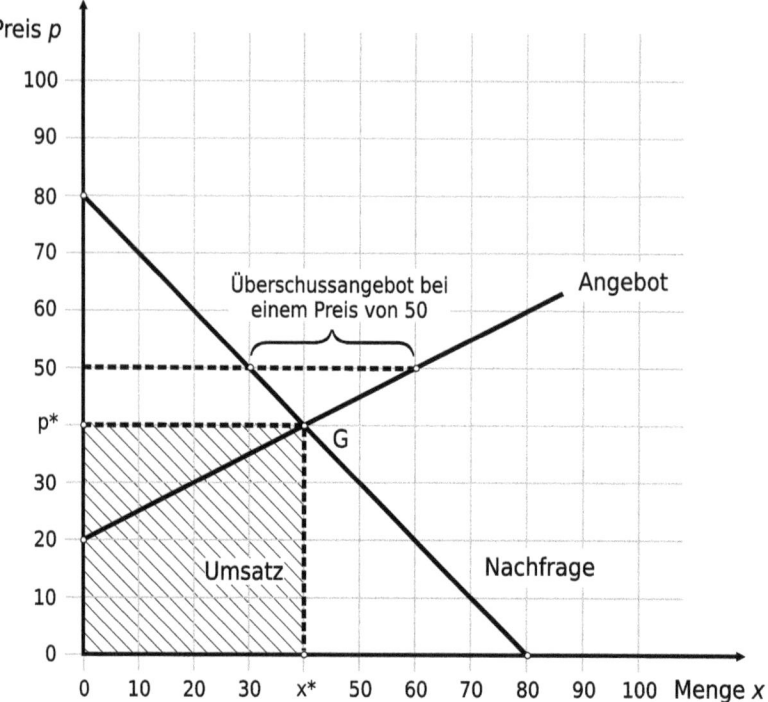

Der Punkt G zeigt das Marktgleichgewicht. Der Gleichgewichtspreis und die Gleichgewichtsmenge betragen jeweils 40.

2. Den Umsatz im Gleichgewicht berechnen Sie als Gleichgewichtspreis mal Gleichgewichtsmenge. Er beträgt 1.600 und entspricht im Diagramm der schraffierten Fläche.

3. Wenn die Anbieter mit einem Preis von 50 kalkulieren, planen sie ein Angebot in Höhe von

$$x_N(p=50) = -40 + 2 \cdot 50 = 60 \text{ Einheiten.}$$

Die Nachfrager planen eine Nachfrage in Höhe von

$$x_A(p=50) = 80 - 50 = 30 \text{ Einheiten.}$$

Es käme zu einem Überschussangebot in Höhe von 30 Einheiten.

Lösung Aufgabe 2

1. Die Zahlungsbereitschaft der Nachfrager sinkt. Die Funktion verlagert sich nach unten. Zu gleichen Preisen wird weniger nachgefragt als zuvor.

 Wenn Sie streng von einem vollkommenen Markt ausgehen würden, würde sich die Nachfragefunktion infolge der Aufklärung der Verbraucher nicht verlagern. Auf dem vollkommenen Markt wären die Nachfrager schließlich schon vollkommen über die Gütereigenschaften informiert. Dann bliebe nur noch der Effekt, dass die Nachfrage sinkt, weil die Zigarettenschachteln durch die Schockbilder bewusst abstoßend gestaltet werden.

2. Die Funktion verlagert sich nicht. Es handelt sich um eine Bewegung auf der Funktion. Die geplante Nachfragemenge steigt.

Bewegungen *der* Nachfragefunktion werden oft mit Bewegungen *auf der* Nachfragefunktion verwechselt. Um eine Bewegung auf der Funktion handelt es sich, wenn sich der Preis ändert. Der Preis ist eine Variable des Modells $x = f(p)$. Alle anderen relevanten Determinanten der Nachfrage beeinflussen die Lage der Funktion. Deswegen nennt man sie auch »Lageparameter«. Die Nachfragefunktion beschreibt die Abhängigkeit der geplanten Nachfragemenge vom Preis ceteris paribus, das heißt solange andere Einflüsse (sprich die Lageparameter) konstant bleiben.

3. Die Funktion verlagert sich nach unten. Es handelt sich *nicht* um eine Bewegung auf der Funktion, da sich nicht der aktuelle Preis, sondern der *erwartete* Preis verändert. Die Nachfrage sinkt. Das ist übrigens ein Beispiel für eine sich selbst erfüllende Erwartung: Die Anleger rechnen mit sinkenden Goldpreisen. Deswegen fällt ihre Nachfrage nach Gold. Das lässt den Preis ceteris paribus sinken.

Schon wieder eine Fehlerquelle: Obwohl sich der Preis ändert, handelt es sich um eine Verlagerung der Nachfragefunktion. Im Unterschied zum gegenwärtigen Preis, dessen Änderung eine Bewegung auf der Nachfragefunktion auslöst, handelt es sich beim *erwarteten* Preis um einen Lageparameter der Nachfragefunktion.

4. Die Funktion verlagert sich nach oben. Der Subventions*abbau* erhöht die Kosten der Maisproduktion.

5. Die Funktion verlagert sich nach oben. Mais wird als Tierfutter eingesetzt. Durch den steigenden Maispreis steigen die Kosten der Aufzucht von Schlachtvieh. Bei gleichen Viehpreisen wird weniger Vieh angeboten.

Lösung Aufgabe 3

Der Gleichgewichtspreis liegt über dem eingefrorenen Preis. Warteschlangen bilden sich, wenn beim herrschenden – dem eingefrorenen – Preis die Nachfrage das Angebot übersteigt. Bei freiem Spiel von Angebot und Nachfrage würde sich ein höherer Preis einstellen.

Lösung Aufgabe 4

Die Aussage ist falsch.

Ein Höchstpreis, der Wirkung zeigt, liegt unter dem Gleichgewichtspreis. (Ein über dem Gleichgewichtspreis festgelegter Höchstpreis ist wirkungslos.) Deswegen werden die Anbieter weniger als zum Gleichgewichtspreis anbieten wollen, während die Nachfrager mehr zu kaufen wünschen. Ein Höchstpreis bewirkt also einen Nachfrageüberschuss.

Tipp: Wenn Sie's nicht glauben, fertigen Sie eine kleine Skizze an.

Lösung Aufgabe 5

1. Durch die Flutkatastrophe fällt ein erheblicher Teil des Angebots aus. Es kommt zu einer Linksverschiebung der Angebotsfunktion. (Das Marktangebot ist die Summe der individuellen Angebote.) Der Festplattenpreis steigt von *p** auf *p***. Die gehandelte Menge geht von *x** auf *x*** zurück.

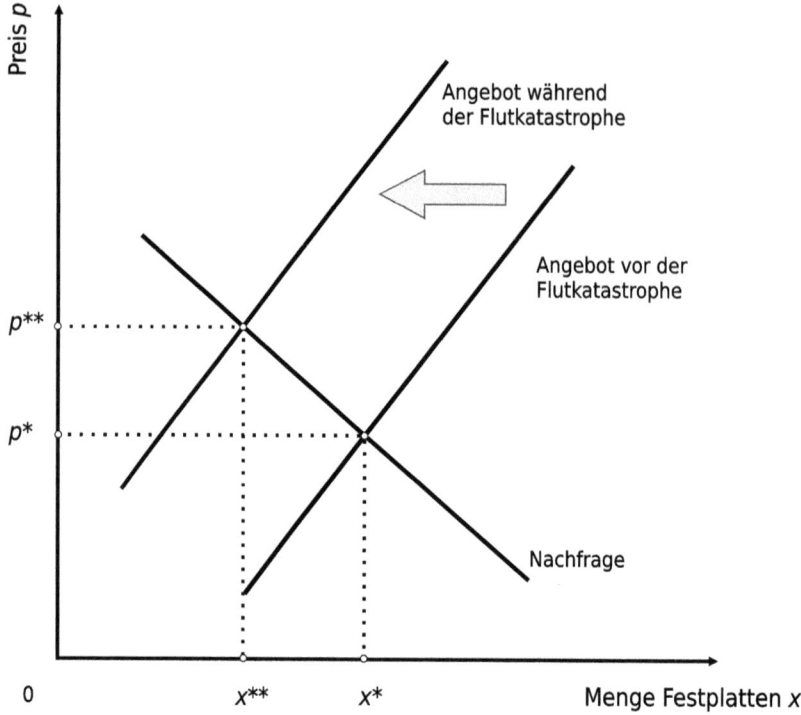

2. Nein, diesen Schluss dürfen Sie nicht ziehen. Die Festplatten verschiedener Anbieter sind untereinander enge Substitute (»Ersatzgüter«; mehr dazu erfahren Sie in Kapitel 5). Sie merken einer Festplatte nicht an, wo und von wem sie gefertigt wurde, solange Sie nicht auf den Aufkleber (»Made in ...«) schauen. Sind Festplatten aus Thailand nicht mehr lieferbar, weichen die Nachfrager auf Festplatten zum Beispiel aus China aus. Also steigt auch der Preis der in China produzierten Festplatten.

Lösung Aufgabe 6

Zwei Seminarteilnehmer werden zugeloste Termine immer dann miteinander tauschen, wenn beide durch den Tausch einen Vorteil erlangen. Der Tausch führt aber bei keinem anderen Seminarteilnehmer zu einem Nachteil. Jeder Termintausch stellt daher eine Verbesserung nach dem Pareto-Kriterium dar.

Lösung Aufgabe 7

Markt	Grund der Regulierung	Art der Regulierung
Arbeitsmarkt	Verteilungsgerechtigkeit, Fairness, ungleiche Verteilung der Marktmacht zwischen Anbietern und Nachfragern	Mindestlohn (sowie weitere den Arbeitsmarkt und die Beschäftigung regulierende Gesetze)
Drogen	Folgekosten für die Gesellschaft, irrationale Entscheidungen der Konsumenten	Verbot
Kraftstoff	Umweltbelastung	Mineralölsteuer
Organe	Fairness, ungleiche Verteilung der Marktmacht zwischen Anbietern und Nachfragern, ethisch-moralische Gründe	Verbot
Waffen	Sicherheit, Gefährdung Dritter	Waffenschein

Lösung Aufgabe 8

Angebots- und Nachfragemenge stimmen im Gleichgewicht überein. Also gilt:

$$-30 + p = 120 - 2p$$
$$3p = 150$$
$$p^* = 50$$

Ein Stern kennzeichnet gleichgewichtige Werte. Einsetzen des Gleichgewichtspreises in die Nachfragefunktion liefert die Gleichgewichtsmenge:

$$x^* = 120 - 2p = 120 - 2 \cdot 50 = 20$$

Auch wenn die Berechnung des Marktgleichgewichts einfach ist, kann eine Kontrollrechnung zur Überprüfung des Ergebnisses nicht schaden.

Dazu setzen Sie den Gleichgewichtspreis in die Angebotsfunktion ein und erhalten $x^* = -30 + p = -30 + 50 = 20$.

Die Ausgaben der Konsumenten stimmen mit den Einnahmen der Anbieter überein (solange der Staat das Gut nicht besteuert oder subventioniert) und sind nichts anderes als der Umsatz U:

$$U^* = p^* \cdot x^* = 50 \cdot 20 = 1.000$$

Der Umsatz im Marktgleichgewicht beläuft sich auf 1.000 Geldeinheiten.

Warum heißt es in der Aufgabe »pro Periode«? Angebot und Nachfrage sind Stromgrößen. Stromgrößen lassen sich nur pro Zeiteinheit messen: Der Wasserstand in der Badewanne ist eine Bestandsgröße, die zu einem Zeitpunkt gemessen werden kann. Der Zulauf ist eine Stromgröße, die nur für eine Zeitspanne angegeben werden kann. Die Funktionen beschreiben, welche Mengen die Haushalte und Unternehmen innerhalb einer gegebenen Zeitspanne (»Periode«) nachfragen und anbieten.

Ohne Zeitangabe sind Werte von Stromgrößen kaum informativ. Dass es in Deutschland etwa 1.600 Verkehrstote gab, ist traurig. Die Größenordnung können Sie aber erst vernünftig interpretieren, wenn Sie zudem wissen, dass es sich um die Verkehrstoten im ersten Halbjahr 2015 handelt.

Lösung Aufgabe 9

Anhand des Pareto-Kriteriums ist keine Entscheidung möglich, ob Situation A oder Situation B der Vorzug zu geben ist.

Das Pareto-Kriterium ist eine Regel zum Wohlfahrtsvergleich von Gruppen von Personen. Eine Situation gilt danach als besser, wenn es wenigstens einem Gruppenmitglied besser, zugleich aber keinem anderen schlechter geht.

Das Kriterium ist hier weder in der einen noch in der anderen Richtung erfüllt. Bei einem Wechsel von A nach B ginge es Lukas zwar besser, Amelie aber schlechter. Von B nach A würde Amelie besser-, aber Lukas schlechtergestellt. Anhand des Pareto-Kriteriums kann daher nicht entschieden werden, welche der beiden Situationen die bessere ist.

Tipp zum Weiterstudium: Einen Ausweg liefert das **Kaldor-Hicks-Kriterium**: Danach ist eine Situation die bessere, wenn durch eine Umverteilung der Güter das Pareto-Kriterium erfüllt werden kann. Nach diesem Kriterium wäre Situation B vorzuziehen, weil sich die Gütereinheiten so umverteilen ließen, dass beide mehr besäßen als in Situation A. Lukas müsste Amelie nur zwei Gütereinheiten abgeben. Der Konjunktiv ist bewusst gewählt: Das Kaldor-Hicks-Kriterium verlangt die Umverteilung nicht. Sie muss nur möglich sein.

Lösung Aufgabe 10

Die Frage nach der »optimalen Allokation« zielt ab auf eine Lösung, in der kein Wirtschaftssubjekt mehr bessergestellt werden kann, ohne dass gleichzeitig ein anderes eine Einbuße hinzunehmen hat. Gesucht ist also ein *Pareto-Optimum*, aus dem heraus eine Verbesserung nach dem *Pareto-Kriterium* nicht mehr möglich ist.

Die Aufgabe *verleitet* dazu, nach einer Lösung zu suchen, in der *jeder* Spieler einen Ball bekommt. Diese Lösung ist *möglich, aber nicht optimal*: Die Meister werden angewiesen, hundert Bälle an die Freizeitkicker zu verkaufen. Die weniger versierten Produzenten werden angewiesen, hundert Bälle an die Fanatiker zu verkaufen. Bei jedem so angeordneten »Ballwechsel« zwischen einem Anbieter und einem Nachfrager liegt die Zahlungsbereitschaft der Käufer zwei Taler über dem Reservationspreis der Anbieter.

Nun aber zur *richtigen* Lösung: Lassen Sie den Preismechanismus für die optimale Allokation sorgen. Im Marktdiagramm (siehe Abbildung) sind die Nachfrager absteigend nach ihrer Zahlungsbereitschaft geordnet. Da es nur zwei unterschiedliche Zahlungsbereitschaften gibt, kommt es nur zu einem Sprung in der gepunkteten Nachfragekurve.

Die gestrichelte Angebotsfunktion ordnet die Anbieter beziehungsweise ihre Kapazitäten aufsteigend nach ihren Stückkosten. Wie die Abbildung zeigt, existiert ein »Gleichgewichtspreisbereich« zwischen vier und acht Talern. Die Gleichgewichtsmenge ist mit einhundert Bällen jedoch eindeutig bestimmt. Nur die Meister produzieren Bälle und nur die Fanatiker kaufen welche. **Die optimale Ballmenge ist einhundert.**

Warum kann man das behaupten? Angenommen, es würden zweihundert Bälle produziert, dann ließe sich die Wohlfahrt steigern, indem ein Ball weniger produziert wird: Ein weniger versierter Anbieter stellt einen Ball weniger her. Die geringere Anstrengung ist ihm acht Taler wert. Wir nehmen ihm nun noch fünf Taler weg. Es geht ihm dann immer noch besser, als wenn er den Ball produzieren würde. Auf diese fünf Taler kommen wir gleich wieder zu sprechen.

Da ein Ball weniger produziert wird, kann einer der Konsumenten keinen Ball mehr bekommen. Dem Freizeitkicker, der den Ball nicht mehr bekommt, entsteht ein Schaden von vier Talern (so viel ist ihm der Ball wert). Wird er mit den fünf Talern entschädigt, die wir dem weniger versierten Anbieter abgenommen haben, geht es dem Freizeitkicker ohne Ball besser als mit Ball. Zwei Individuen geht es somit besser, ohne dass sich für die anderen etwas ändert.

Diese Überlegung gilt für den 198., den 197. ... und schließlich auch noch für den 101. Ball. Für diese Bälle haben die Ballländer nämlich Produktionskosten von acht Talern pro Ball, denen nur eine Zahlungsbereitschaft von vier Talern gegenübersteht.

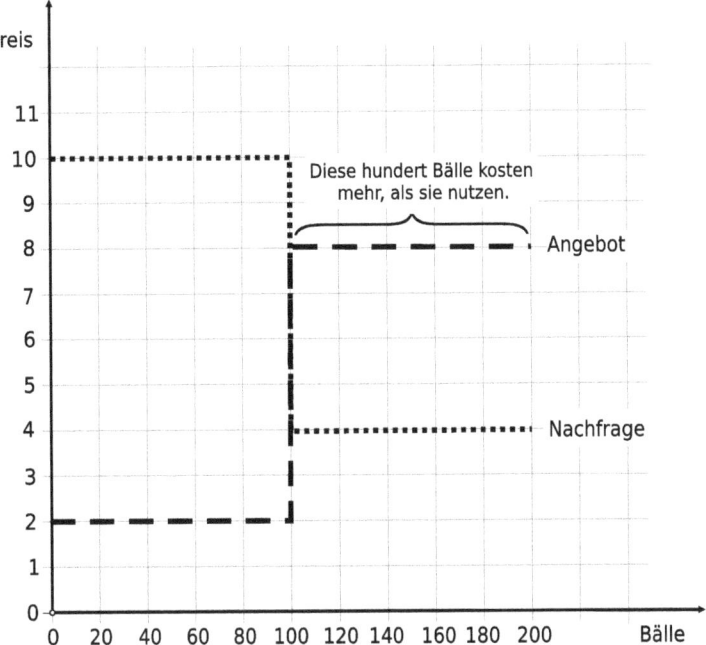

Gibt es nicht doch gute Gründe, zweihundert Bälle herzustellen? Klar! Man könnte den Standpunkt einnehmen, dass jeder, der Fußball spielen will, einen Ball bekommen *muss* – Grundversorgung mit Fußbällen sozusagen. Man kann diese Lösung *gerechter* finden als die Marktlösung, bei der die Freizeitkicker leer ausgehen. Die Lösung ist im Unterschied zur Marktlösung jedoch nicht pareto-optimal. Das Pareto-Kriterium ist nun mal »verteilungsblind«. Auch ungerechte Allokationen können ohne Weiteres pareto-optimal sein.

Ein weiterer – allerdings etwas an den Haaren herbeigezogener – Grund, die gesamte Bevölkerung mit Bällen zu versorgen, kann ein positiver externer Effekt sein, der vom Ballsport ausgeht. So ließe sich argumentieren, dass der soziale Zusammenhalt und die Gesundheit der Bevölkerung durch den Sport gefördert werden. In diesem Fall wäre (bei hinreichend starken positiven externen Effekten) die Menge von zweihundert Bällen pareto-optimal. Mehr über externe Effekte erfahren Sie in Kapitel 14.

Lösung Aufgabe 11

Das kurzfristige Angebot auf dem Senfmarkt ändert sich *nicht*. Es kommt nicht zu einer Verschiebung der Angebotsfunktion.

Die Frage leitet etwas in die Irre, weil man eher über den Begriff mittelscharf nachdenkt, als sorgfältig zwischen Angebotsfunktion und angebotener Menge zu unterscheiden.

Bratwürste und Senf können als komplementäre Güter aufgefasst werden. Eine Preissteigerung auf dem Bratwurstmarkt hat eine Verlagerung der *Nachfrage*funktion nach Senf zur Folge. Bei gleichen Senfpreisen wird weniger Senf nachgefragt, wenn Bratwürste teurer werden. Das führt zu einer Bewegung *auf* der Angebotsfunktion. Größen, die die Lage der kurzfristigen Angebotsfunktion für Senf beeinflussen (Produktionstechnik, Preise der Produktionsfaktoren), haben sich nicht geändert.

Das Angebot, sprich die Angebotsfunktion, wird durch die Kosten der Unternehmen bestimmt. Solange sich die Kosten nicht ändern, ändert sich auch das Angebot nicht.

Lösung Aufgabe 12

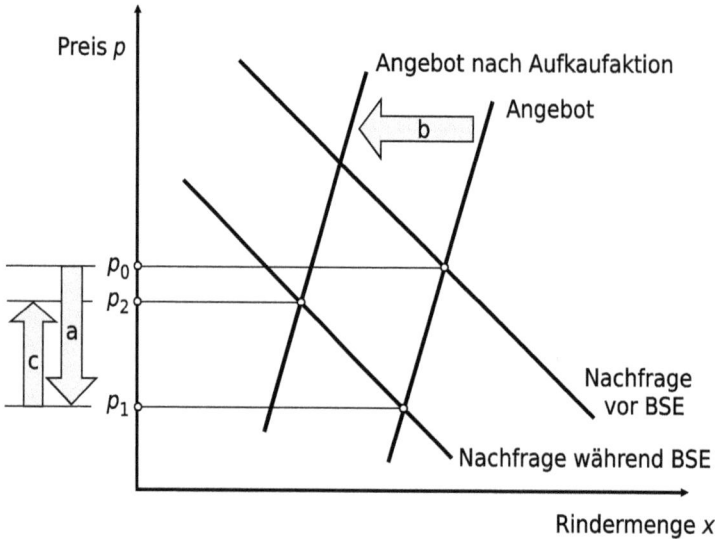

Ohne einen Eingriff in den Markt stürzt der Preis für Rinder, der den Rindfleischpreis maßgeblich bestimmt, durch die sinkende Nachfrage von p_0 auf p_1 ab (siehe Abbildung, Pfeil a). Die EU hat jedoch Anfang 2001 auf dem Höhepunkt der BSE-Krise beschlossen, 1,5 Millionen Rinder aufzukaufen. Daran war Deutschland mit circa 400.000 Rindern beteiligt. Das Angebot wird um die Aufkäufe verringert (Pfeil b), sodass der Preis nur auf p_2 sinkt (Pfeil c).

Lösung Aufgabe 13

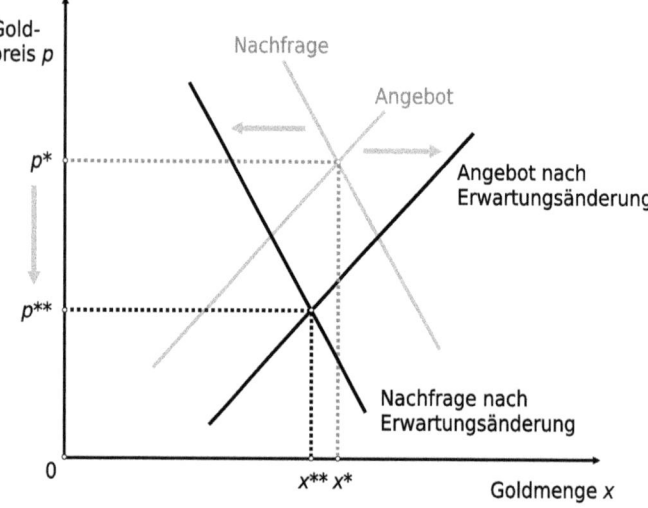

In der Ausgangssituation (grau) wird Gold zum Preis p^* gehandelt. Nun verbreitet sich das Gerücht, der Goldpreis werde fallen.

- ✔ Reaktion der Nachfrager: In der Erwartung eines zukünftig geringeren Goldpreises geht die gegenwärtige Nachfrage zurück.

- ✔ Reaktion der Anbieter: Eigentümer, die mit einem zukünftig niedrigeren Preis rechnen, werden ihr Gold noch schnell zum gegenwärtigen Preis verkaufen wollen. Die Angebotsfunktion verlagert sich nach rechts.

Beide Effekte wirken schon für sich genommen preissenkend, zusammen erst recht. Es handelt sich um eine »sich selbst erfüllende Erwartung« (»self fulfilling prophecy«). Der Preis wird also schon in der Gegenwart sinken. Der neue Gleichgewichtspreis ist p^{**}. Die Akteure fühlen sich in ihren Erwartungen bestätigt. Unter Umständen verstärkt das den Effekt. Es kommt zu einer »Preisspirale« nach unten.

Über die Mengenänderung ist keine Aussage möglich. Die Nachfrageänderung bewirkt für sich genommen einen Mengenrückgang. Die Angebotsänderung lässt die Menge steigen. Es kommt darauf an, welcher der beiden Effekte überwiegt.

 Fehlerquelle: Verwechseln von Preis und erwartetem Preis. Der erwartete Preis ist ein Lageparameter der Angebots- und Nachfragefunktion im Marktdiagramm. Daher führt seine Änderung zu einer Verschiebung der Funktionen.

Lösung Aufgabe 14

Gold ist der wesentliche Produktions- und Kostenfaktor in der Herstellung von Goldschmuck. Steigt der Goldpreis, dann steigen die Kosten der Herstellung von Goldschmuck. Also verschiebt sich die Angebotsfunktion nach oben. Der Preis für Goldschmuck wird steigen, während die gehandelte Menge sinkt.

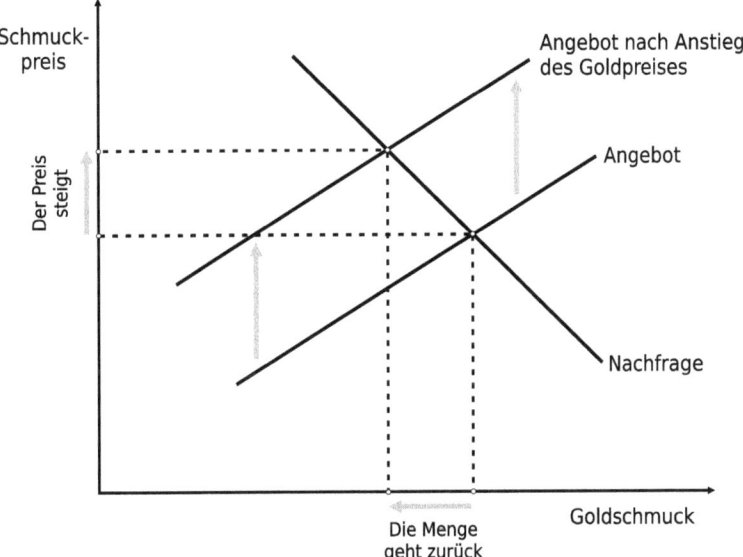

Häufiger Fehler: Die Nachfragefunktion wird verschoben. Das wäre nur richtig, wenn in der Aufgabe stünde, dass die Konsumenten mit einem weiteren Anstieg des Goldpreises rechnen. Selbst wenn das Motiv der Nachfrage nach Goldschmuck nicht in erster Linie im Tragen von Schmuck, sondern in einer sicheren Wertanlage läge, nähme die Nachfrage nach Goldschmuck bei steigendem Goldpreis nicht zu. Sie nähme zu, wenn der *erwartete* Goldpreis steigen würde.

Schwer einzusehen? Ersetzen Sie Goldschmuck durch Automobile und Goldpreis durch Stahlpreis und konstruieren Sie das Diagramm für das so veränderte Beispiel. Nimmt die Nachfrage nach Autos zu, wenn der Stahlpreis steigt? Wohl kaum.

Der Einwand, dass in der Aufgabe nicht ausdrücklich steht, dass die Nachfrager nicht von einem weiteren Anstieg des Goldpreises ausgehen (und sich deswegen die Nachfragefunktion verlagert), greift nicht. Wie für andere Aufgaben gilt auch für diese die grundsätzliche Annahme, dass die unterstellte Änderung ceteris paribus zu betrachten ist.

Lösung Aufgabe 15

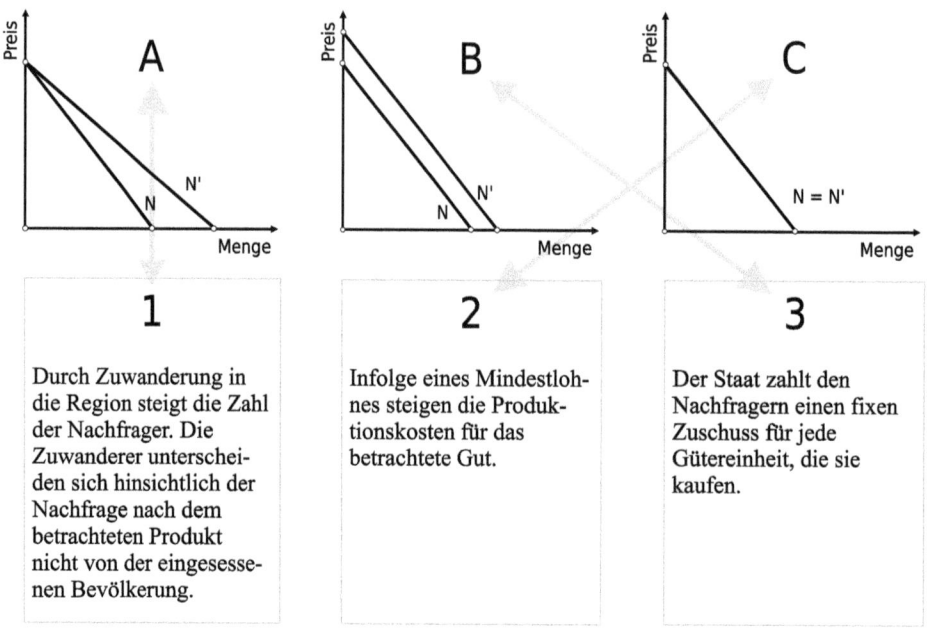

Erklärungen:

A–1: Bei gleichem Preis steigt die Nachfragemenge proportional zur Zahl der Zuwanderer an.

B–3: Die Zahlungsbereitschaft der Nachfrager steigt um den Zuschuss an. Denken Sie daran, dass die Nachfragefunktion die Nachfrager absteigend nach ihrer Zahlungsbereitschaft ordnet.

C–2: Die *Angebots*funktion verlagert sich (nach oben, weil die Stückkosten steigen). Die Nachfrage würde, wenn überhaupt, unter zwei Voraussetzungen allenfalls indirekt beeinflusst: Erstens müsste der Mindestlohn die Einkommen der Nachfrager spürbar erhöhen und zweitens die Nachfrage nach dem betrachteten Gut einkommensabhängig sein.

Lösung Aufgabe 16

Das Programm erreicht sein eigentliches Ziel nur teilweise.

In fünf Jahren ändert sich viel. Eine Begründung kann sinnvoll nur unter der *Ceteris-paribus-Bedingung* erfolgen: Der Durchschnittsverbrauch hat einen wesentlichen Einfluss auf die (Grenz-)Kosten je Kilometer. Mit dem Verbrauch sinken die Kosten, das heißt, der »Preis« für den gefahrenen Kilometer fällt. Folglich werden »mehr Kilometer nachgefragt« (Gesetz der Nachfrage). Somit fällt die Verminderung der CO_2-Emissionen geringer aus als die technische Einsparung in Höhe von zehn Prozent.

Der Effekt ist als »Reboundeffekt« bekannt. Können Haushalte durch den Austausch von Glühlampen durch LED-Lampen Strom sparen, lassen sie das Licht länger an.

Lösung Aufgabe 17

Im Marktdiagramm sind Preis- und Mengenachse vertauscht. Die Angebotsfunktion würde sich in diesem Fall bei einer Kostensteigerung nach rechts verlagern müssen. Dann wären die Schlussfolgerungen auch plausibel. Der Preis würde steigen und die gehandelte Menge sinken.

Lösung Aufgabe 18

Das Diagramm zeigt die aggregierte Angebots- und die aggregierte Nachfragefunktion der *gesamten* Stadt. Die grauen Funktionen zeigen im Vergleich die Funktionen eines Stadtteils.

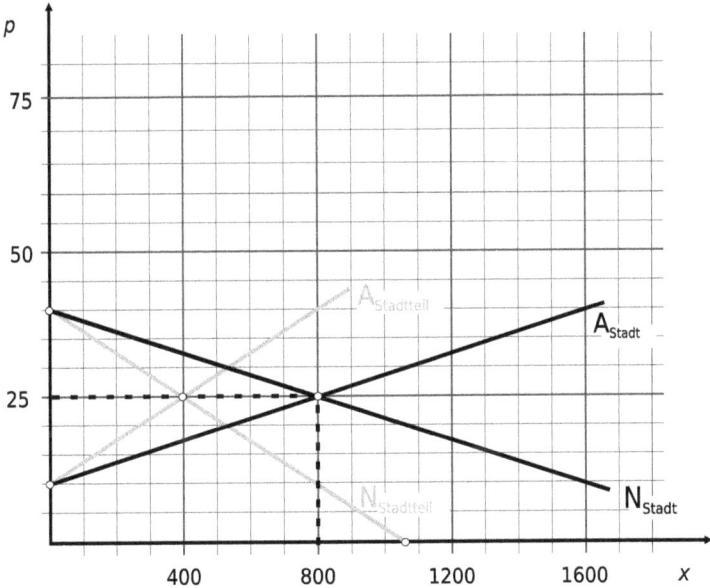

Erklärung:

Die Marktnachfrage ergibt sich durch die Aggregation der individuellen Nachfragenfunktionen. Vollkommen analog erhalten Sie die »Stadtnachfragefunktion« durch die Addition der Nachfrage in den beiden Stadtteilen. Da beide Stadtteile als identisch angenommen sind, muss die Stadtteilnachfrage lediglich verdoppelt werden, um die Nachfrage der gesamten Stadt zu gewinnen:

$$x_{Stadt}(p) = 2 \cdot x_{Stadtteil}(p)$$

Am dargestellten Zahlenbeispiel:

$$x_{Stadt}(p) = 2 \cdot \left(1066\frac{2}{3} - 26\frac{2}{3} \cdot p\right) = 2133\frac{1}{3} - 53\frac{1}{3} \cdot p$$

Bildlich gesprochen: Sie müssen die beiden einzelnen Nachfragefunktionen horizontal addieren. Entsprechendes gilt für die Gewinnung der »über beide Stadtteile aggregierten« Angebotsfunktion.

Der gesunde Menschenverstand verrät, dass sich der gleichgewichtige Preis durch die Aggregation nicht verändern wird, während sich die Gleichgewichtsmenge verdoppeln muss. In einem Dorf mit hundert Einwohnern liegen die Preise schließlich nicht im Promillebereich der Preise in einer Stadt mit hunderttausend Einwohnern. Trotzdem kann als häufiger Fehler bei dieser Aufgabe beobachtet werden, dass die Achsenabschnitte an der Preisachse verdoppelt werden – vielleicht nicht zuletzt, weil die Dimensionierung des Diagramms diesen Fehler zulässt.

> IN DIESEM KAPITEL
>
> Mit Elastizitäten rechnen
>
> Preiselastizität, Einkommenselastizität und Kreuzpreiselastizität der Nachfrage
>
> Preiselastizität des Angebots

Kapitel 5
Keine Angst vor Elastizitäten

Grundsätzliches über Elastizitäten

Berechnungsvorschrift

Jede **Elastizität** wird aus zwei prozentualen (oder relativen) Veränderungen berechnet:

$$(1) \quad x\text{-Elastizität von } y = \frac{\text{prozentuale Veränderung von } y}{\text{prozentuale Veränderung von } x}$$

Die x-Elastizität von y (oder die Elastizität von y bezüglich x) gibt Auskunft, um wie viel Prozent sich der Wert von y verändert, wenn der Wert von x um ein Prozent steigt.

Für die Berechnung einer Elastizität nach Gleichung (1) müssen die beiden zugrunde liegenden Variablen x und y kausal nicht notwendig voneinander abhängig sein. Es genügt, wenn man beide Variablen kardinal (metrisch) messen kann – zum Beispiel die Anzahl von Klapperstörchen und die Anzahl der Geburten. Wäre x die Zahl der Störche und y die Zahl der Geburten, würde man die Elastizität in Gleichung (1) »Elastizität der Geburten bezüglich der Störche« oder »Storchelastizität der Geburten« nennen. Sie gäbe an, um wie viel Prozent sich die Zahl der Geburten verändert, wenn die Zahl der Störche um ein Prozent zunähme. Wie elastisch das Glück von Verliebten auf die Zuneigung ihrer aktuellen Partner reagiert, lässt sich nicht mit einer Elastizität angeben, da weder Glück noch Zuneigung kardinal messbar sind.

Üblicherweise werden Elastizitäten selbstverständlich für Variablen ermittelt, von denen man zumindest vermuten darf, dass sie sich ursächlich beeinflussen. Die exogene (unabhängige, ursächliche) Variable in Gleichung (1) ist x, die endogene (abhängige, beeinflusste) Variable ist y.

Sie sollten über eine theoretisch fundierte Hypothese verfügen, wenn Sie Zusammenhänge zwischen Variablen messen. Sonst setzen Sie sich dem Vorwurf des »Measurement without Theory« aus. Ebenso kann umgekehrt reines Theoretisieren, ohne die Hypothesen mit der Realität zu konfrontieren, in die Irre führen (»Theory without Measurement«).

Mit einem großen griechischen Delta Δ für die Veränderung einer Variablen kann Gleichung (1) in Symbolen geschrieben und umgeformt werden:

$$(2) \quad \varepsilon_{y,x} = \frac{\frac{\Delta y}{y} \cdot 100}{\frac{\Delta x}{x} \cdot 100} = \frac{\frac{\Delta y}{y}}{\frac{\Delta x}{x}} = \frac{\frac{\Delta y}{\Delta x}}{\frac{y}{x}} = \frac{\Delta y}{\Delta x} \cdot \frac{x}{y}$$

Lesen Sie dazu im Top-Ten-Teil den Mathetipp »Durch Brüche teilen«, falls Ihnen die Umformungen Probleme bereiten.

Dimension

Da es sich bei prozentualen Veränderungen um dimensionslose Größen handelt (Größen ohne Maßeinheit wie Liter, Kilometer oder Euro oder Ähnliches), besitzen Elastizitäten keine Dimension. Eine Elastizität ist eine »reine Zahl«.

Interpretation

Die Elastizität $\varepsilon_{y,x}$ gibt an, um wie viel Prozent sich der Wert von y ändert, wenn der Wert von x um ein Prozent steigt. Etwas allgemeiner formuliert: Elastizitäten informieren Sie, wie sensitiv eine Größe auf eine andere reagiert.

Besondere Werte und Bereiche

$\varepsilon_{y,x} = 0$	Eine Veränderung des Wertes x bleibt ohne Folge beim Wert von y. Der Zusammenhang ist »vollkommen unelastisch«.
$\varepsilon_{y,x} = \infty$ oder $\varepsilon_{y,x} = -\infty$	Die kleinste Veränderung des Wertes von x lässt den Wert von y abhängig vom Vorzeichen der Elastizität entweder auf null sinken oder explodieren (gegen unendlich gehen). Der Zusammenhang heißt unabhängig vom Vorzeichen »vollkommen elastisch«.
$\varepsilon_{y,x} = 1$ oder $\varepsilon_{y,x} = -1$	Die absoluten prozentualen Veränderungen beider Größen sind dem Betrage nach gleich groß: Der Zusammenhang heißt unabhängig vom Vorzeichen »proportional elastisch« oder »einheitselastisch«. *Beispiel:* Ist $\varepsilon_{y,x} = -1$, dann sinkt y um drei Prozent, wenn x um drei Prozent steigt.
$\lvert \varepsilon_{y,x} \rvert > 1$	Die abhängige Größe verändert sich relativ stärker als die unabhängige, wenn die Elastizität dem Betrage nach größer als eins ist. Der Zusammenhang heißt »elastisch«. *Beispiel:* Ist $\varepsilon_{y,x} = -2{,}5$, dann sinkt y um fünf Prozent, wenn x um zwei Prozent steigt.
$\lvert \varepsilon_{y,x} \rvert < 1$	Die abhängige Größe verändert sich relativ schwächer als die unabhängige, wenn die Elastizität dem Betrage nach kleiner als eins ist. Der Zusammenhang heißt »unelastisch«. *Beispiel:* Ist $\varepsilon_{y,x} = 0{,}5$, dann nimmt y um zwei Prozent zu, wenn x um vier Prozent steigt.

Wissenswertes

✔ Eine Elastizität, die Sie für einen Punkt einer Funktion berechnen, heißt **Punktelastizität**.

Die Elastizität einer Funktion $f(x, y)$ ist – von Ausnahmefällen abgesehen – nicht identisch mit ihrer Steigung. Die Steigung $\Delta y/\Delta x$ geht allerdings zusammen mit den Werten der Variablen x und y in die Berechnung der Elastizität ein (siehe Gleichung (2)).

✔ Wählen Sie zwei Punkte einer Funktion aus und berechnen die Elastizität aus den prozentualen Veränderungen der Variablen zwischen diesen beiden Punkten, erhalten Sie als Ergebnis eine **Bogenelastizität**.

Unterschied zwischen Punkt- und Bogenelastizität

Wenn Sie in Gleichung (2) die Veränderung der Variablen x gegen null gehen lassen, wird aus der Bogen- eine Punktelastizität.

Bogenelastizität: $\varepsilon_{y,x} = \dfrac{\Delta y}{\Delta x} \cdot \dfrac{x}{y}$

Punktelastizität: $\lim\limits_{\Delta x \to 0} \varepsilon_{y,x} = \lim\limits_{\Delta x \to 0} \left(\dfrac{\Delta y}{\Delta x} \cdot \dfrac{x}{y} \right) = \dfrac{dy}{dx} \cdot \dfrac{x}{y} = y' \cdot \dfrac{x}{y}$

Die Bogenelastizität berechnen Sie auf der Grundlage des Differenzenquotienten, die Punktelastizität auf der Grundlage des Differenzialquotienten. Meist ergibt sich aus der Aufgabenstellung, ob Sie eine Punkt- oder eine Bogenelastizität berechnen sollen, sodass Sie sich in der Regel keine Gedanken machen müssen, nach welcher Elastizität gefragt ist. Wenn die Funktion linear verläuft, stimmt die Bogen- mit der Punktelastizität überein.

In Aufgabe 16 finden Sie ein Zahlenbeispiel zum Unterschied zwischen Punkt- und Bogenelastizität.

✔ Funktionen, die in jedem Punkt dieselbe Elastizität besitzen, heißen **isoelastisch**.
Beispiel: Die Hyperbel $y = 1/x$ besitzt in jedem Punkt die Elastizität $\varepsilon_{y,x} = -1$.

✔ Geraden sind entgegen häufiger Vermutung nicht isoelastisch, sofern sie nicht senkrecht stehen, waagerecht liegen oder durch den Ursprung verlaufen.

Die wichtigsten Elastizitäten

Die direkte Preiselastizität der Nachfrage

Die **direkte Preiselastizität der Nachfrage** gibt an, um wie viel Prozent sich die nachgefragte Menge eines Gutes x ändert, wenn der Preis des Gutes p_x um ein Prozent steigt.

Mithilfe von Gleichung (2):

$$(3)\quad \varepsilon_{x,p_x} = \frac{\Delta x}{\Delta p_x} \cdot \frac{p_x}{x} \approx f' \cdot \frac{p_x}{x}$$

Bei $f'(= \frac{dx}{dp_x})$ handelt es sich um den Anstieg (die erste Ableitung) der Nachfragefunktion $x = f(p_x)$.

Bedenken Sie, dass das Marktdiagramm »falsch herum« gezeichnet ist. Der Anstieg $\frac{\Delta x}{\Delta p_x}$ ist absolut umso höher, je *flacher* die Nachfragefunktion im Marktdiagramm verläuft.

Da Nachfragefunktionen üblicherweise fallenden Verlauf zeigen, nimmt die direkte Preiselastizität der Nachfrage regelmäßig negative Werte an (»Gesetz der Nachfrage«). Eine Ausnahme von der Regel liefern »Giffen-Güter«, über die Sie in Kapitel 8 mehr erfahren.

Der wichtigste **bestimmende Faktor** für die direkte Preiselastizität der Nachfrage ist die **Verfügbarkeit von Substituten**. Die Nachfrage reagiert umso elastischer, je leichter sich das Gut durch andere Güter ersetzen lässt. *Beispiel*: Im Supermarkt werden zum gleichen Preis je Kilogramm italienische und spanische Tomaten verkauft, die sich nur anhand des Preisschildes unterscheiden lassen. Würde der Supermarkt den Preis der italienischen Tomaten anheben, den der spanischen aber unverändert lassen, bräche der Absatz der italienischen Tomaten ein, weil die Kunden sich dann natürlich für spanische Tomaten entscheiden würden. Eine geringfügige Preissteigerung der italienischen Tomaten würde einen starken Nachfragerückgang auslösen.

Einkommenselastizität der Nachfrage

Die **Einkommenselastizität der Nachfrage** gibt an, um wie viel Prozent sich die nachgefragte Menge eines Gutes x ändert, wenn das Einkommen E um ein Prozent steigt.

$$(4)\quad \varepsilon_{x,E} = \frac{dx}{dE} \cdot \frac{E}{x}$$

Dabei ist $\frac{dx}{dE}$ der Anstieg der »Einkommens-Nachfragefunktion« die unter dem Namen Engel-Kurve (siehe Kapitel 8) bekannter ist: $x = f(E)$.

Die Einkommenselastizität ist für

- ✔ ein **inferiores Gut** negativ,
- ✔ ein normales oder **superiores Gut** positiv,
- ✔ ein **Luxusgut** größer als eins und für
- ✔ ein **Grundbedarfs- oder notwendiges Gut** kleiner als eins (oder negativ; inferiore Güter sind in der Regel Güter des Grundbedarfs).

Diese Klassifikation wird in der Literatur nicht einheitlich durchgehalten. Ebenfalls üblich ist die leicht abweichende Einteilung:

$\varepsilon_{x,E} < 0$ Das Gut heißt (absolut) inferior.

$0 < \varepsilon_{x,E} < 1$ Das Gut heißt normal (oder relativ inferior).

$\varepsilon_{x,E} > 1$ Das Gut heißt superior.

Ist Ihnen aufgefallen, dass die Werte null und eins fehlen, bei denen die Klassifikation von inferior auf normal und von normal auf superior wechselt? Für diese Grenzfälle existieren keine Bezeichnungen. Sie sind aber auch verzichtbar. Empirische Untersuchungen werden keine Werte liefern, die bis auf die letzte Nachkommastelle glatt null oder eins ergeben. Selbst wenn sich in einer empirischen Untersuchung für die Einkommenselastizität zum Beispiel ein Wert von 1,003 einstellt, wäre es zwar formal korrekt, aber dennoch gewagt, das Gut als superior einzuordnen. Das knappe Ergebnis könnte auf einen Messfehler in den Daten oder eine zu kleine Stichprobe zurückzuführen sein. Die Ökonometrie stellt Methoden bereit, mit denen Sie beurteilen können, ob ein Schätzwert signifikant vom kritischen Wert abweicht oder ob sich das Ergebnis auch zufällig eingestellt haben könnte. Mit anderen Worten: Sie können mithilfe dieser Methoden berechnen, mit welcher Wahrscheinlichkeit ein Gut superior ist.

Kreuzpreiselastizität der Nachfrage

Die Kreuzpreis- oder indirekte Preiselastizität der Nachfrage gibt an, um wie viel Prozent sich die nachgefragte Menge eines Gutes X ändert, wenn der Preis eines anderen Gutes p_y um ein Prozent steigt.

$$(5) \quad \varepsilon_{x,p_y} = \frac{dx}{dp_y} \cdot \frac{p_y}{x}$$

Die Güter X und Y

- heißen **Substitute**, wenn die Kreuzpreiselastizität positiv ist. *Standardbeispiel:* Butter und Margarine.

- heißen **Komplemente**, wenn die Kreuzpreiselastizität negativ ist. *Standardbeispiel:* Autos und Benzin.

- sind **unabhängig**, wenn die Kreuzpreiselastizität null beträgt. *Beispiel:* Butter und Benzin.

Der Term $\frac{dx}{dp_y}$ in Gleichung (5) ist der Anstieg der Kreuznachfragefunktion $x = f(p_y)$, die in Kapitel 8 behandelt wird.

Preiselastizität des Angebots

Die **Preiselastizität des Angebots** wird analog zur Preiselastizität der Nachfrage berechnet. Da die Angebotsfunktion eine positive Steigung aufweist (»Gesetz des Angebots«), ist die

Preiselastizität des Angebots regelmäßig positiv. Ihr Wert ist umso höher, je flacher die Angebotsfunktion im Marktdiagramm verläuft.

Wenn eine Angebotsfunktion eine Gerade ist, die

- ✓ durch den Ursprung verläuft, ist die Elastizität des Angebots in jedem Punkt der Angebotsfunktion eins (»einheitselastisch«);
- ✓ die Abszisse (= Mengenachse) schneidet, ist die Elastizität des Angebots in jedem Punkt der Angebotsfunktion kleiner als eins (»unelastisch«);
- ✓ die Ordinate (= Preisachse) schneidet, ist die Elastizität des Angebots in jedem Punkt der Angebotsfunktion größer als eins (»elastisch«).

Der wichtigste **bestimmende Faktor** für die direkte Preiselastizität des Angebots ist die **Zeit**. Das Angebot reagiert umso elastischer, je mehr Zeit den Anbietern zur Verfügung steht, sich an die Preisänderung anzupassen.

Aufgaben

Aufgabe 1

Die Finde-Dein-Glück GmbH & Co. KG (F-D-G) hat sich auf Partnervermittlung zu Discountpreisen spezialisiert. Nebenbei wird aber auch das gehobene Preissegment bedient, das mit »Finde deinen 5-Sterne-Partner« beworben wird. Zur Optimierung der Preisgestaltung senkt F-D-G seinen Discountpreis versuchsweise von 999,00 Euro auf 899,00 Euro und deklariert die Aktion nach außen als Werbeaktion. Die Discountverträge nehmen daraufhin um 12 Prozent zu. Auf dem »5-Sterne-Markt« ist allerdings ein Rückgang von zehn Verträgen zu verzeichnen. Im gleichen Zeitraum werden sonst durchschnittlich 200 Verträge geschlossen.

1. Berechnen Sie (überschlägig) die direkte Preiselastizität der Nachfrage im Discountsegment.
2. Was sagt der Ergebniswert aus? Formulieren Sie einen markanten Satz!
3. Welche weitere Elastizität lässt sich aus den vorliegenden Angaben berechnen? Welchen Wert hat sie und wie ist er zu interpretieren?

Aufgabe 2

Welche Dimension (Maßeinheit) besitzt die direkte Preiselastizität der Nachfrage nach Zigaretten, wenn sie in Deutschland ermittelt wird und die Zigarettenmenge in »Stangen« (eine Stange entspricht zehn Schachteln) gemessen wird?

Aufgabe 3

»Luxusgüter sind nicht inferior und inferiore Güter sind keine Luxusgüter.«

Richtig oder falsch?

Aufgabe 4

Bei welchem Preis zeigt die Nachfragefunktion $x = 100 - 2{,}5p$ eine direkte Preiselastizität der Nachfrage von null?

Aufgabe 5

Zeichnen Sie eine Angebotsfunktion mit einer konstanten direkten Preiselastizität von eins!

Aufgabe 6

Schätzen Sie die Elastizität der abgebildeten Nachfragefunktion im Punkt R möglichst genau ab!

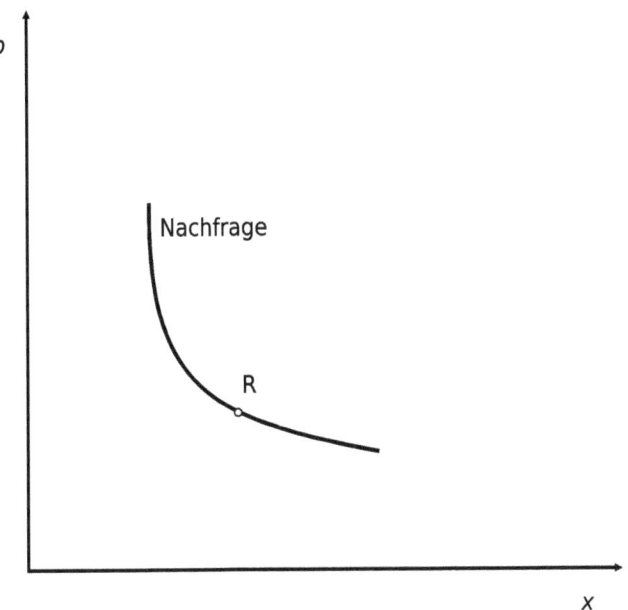

Aufgabe 7

Ordnen Sie die Diagramme A, B und C sowie die Aussagen 1, 2 und 3 den Werten für die direkte Preiselastizität der Nachfrage a, b und c zu! In der Abbildung stehen r, s und t für positive Konstanten. Notieren Sie die drei Lösungskombinationen in der Form »A1a«!

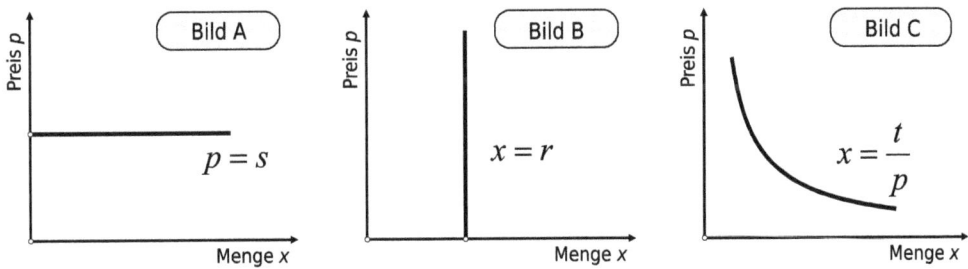

Aussage 1: »Die Menge reagiert nicht auf den Preis.«

Aussage 2: »Bei der geringsten Preiserhöhung weichen die Nachfrager auf Substitute aus.«

Aussage 3: »Bei einer Preisänderung bleibt der Umsatz (= Erlös) unverändert.«

Die direkte Preiselastizität der Nachfrage ist

a) minus unendlich, **b)** minus eins, **c)** null.

Aufgabe 8

Die Schätzung einer Nachfragefunktion für das Gut Q liefert das Ergebnis $q = 1440 - 50p - 4p_y + 0,4E$. Dabei steht q für die nachgefragte Menge.

Die Durchschnittswerte der Variablen im Datensatz, der der Schätzung zugrunde liegt, betragen

- ✔ für das Einkommen E 4000,
- ✔ für den Preis p des Gutes Q 20 und
- ✔ für den Preis p_y des Gutes Y 310.

1. Ist das Gut Q inferior?
2. Sind die Güter Q und Y Substitute?
3. Handelt es sich bei Q um ein Gut des Grundbedarfs?
4. Wie verlagert sich die Nachfragefunktion für Gut Q, wenn der Preis von Gut Y sinkt?
5. Wie verlagert sich die Nachfragefunktion für Gut Q, wenn das Einkommen steigt?
6. Berechnen Sie die Einkommenselastizität der Nachfrage für Gut Q!
7. Nimmt der Umsatz auf dem Q-Markt zu, wenn das Angebot zurückgeht?

Aufgabe 9

1. »Die Elastizität x bezüglich y ist gleich dem Kehrwert der Elastizität x bezüglich y.«
2. »Die Kreuzpreiselastizität von Butter und Margarine ist gleich dem Kehrwert der Kreuzpreiselastizität von Margarine und Butter.«

Treffen die Aussagen zu?

Aufgabe 10

Perfekte (vollkommene) Substitute besitzen eine Kreuzpreiselastizität von _____. Ergänzen Sie das fehlende Wort!

Aufgabe 11

Warum müssen Güter mit einer Kreuzpreiselastizität gegen unendlich den gleichen Preis haben?

Wie verhalten sich die Anbieter nahezu perfekter Substitute wie zum Beispiel Nuss-Nougat-Cremes, Mineralwässern oder Papiertaschentüchern?

Aufgabe 12

Bestimmen Sie die Elastizität der Angebotsfunktion im Punkt R!

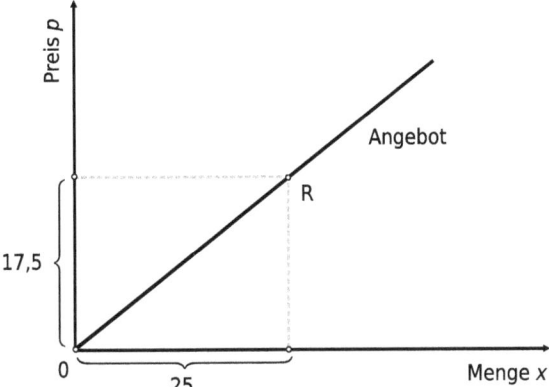

Aufgabe 13

Denken Sie bitte einmal nach über die Elastizität des *Angebots* an Wohnraum und an frischen Erdbeeren innerhalb eines halben Jahres! Welche Gemeinsamkeit besitzen die beiden grundverschiedenen Güter in dieser Hinsicht? Demgegenüber darf man deutliche Unterschiede bei der direkten Preiselastizität der Nachfrage vermuten. Bei welchem Gut rechnen Sie mit einer geringeren Nachfrageelastizität?

Aufgabe 14

Die Gesundheitsministerin Cornelia Rundt der niedersächsischen Landesregierung sorgte 2013 kurz nach ihrem Amtsantritt für Schlagzeilen. Die Freigrenze für den Cannabis-Eigenbedarf sollte von sechs auf zehn Gramm steigen. Zugleich sollte der Handel mit Rauschgift stärker bekämpft werden. Bild Hannover zitierte die Ministerin am 5. April 2013: »Es geht uns um die Bekämpfung der Dealer, nicht der Verbraucher.«

Stellen Sie zunächst Überlegungen zur direkten Preiselastizität der Nachfrage nach Haschisch an! Zeigen Sie anschließend mithilfe eines Marktdiagramms die Folgen der vorgeschlagenen Doppelstrategie – strengere Verfolgung der Dealer bei gleichzeitig höheren Eigenbedarfsgrenzen – für Preis, Menge und Umsatz auf dem Haschischmarkt!

Aufgabe 15

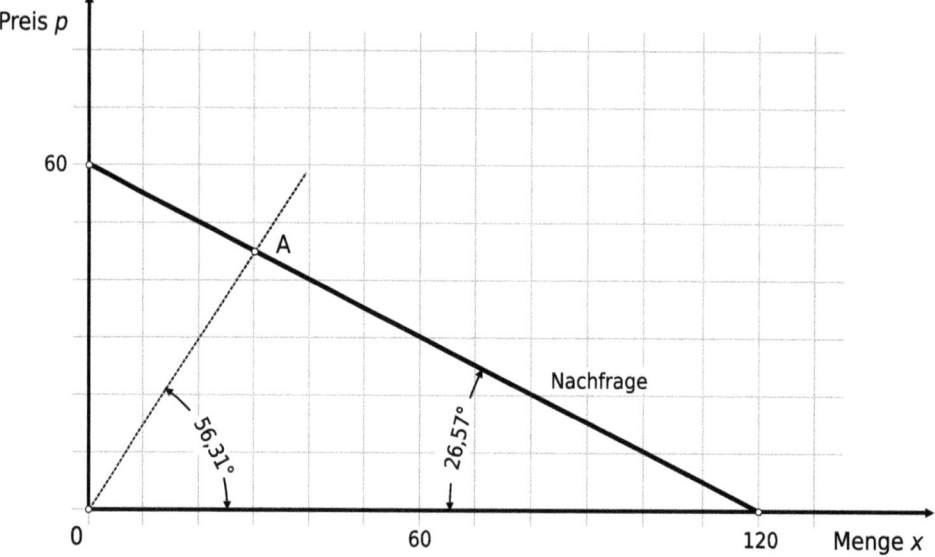

Nutzen Sie die Formel »Fahrstrahlsteigung durch Tangentensteigung« zur Bestimmung der direkten Preiselastizität der Nachfrage im Punkt A!

Aufgabe 16

Eine Nachfragefunktion sei gegeben durch $x = \frac{72}{p}$.

1. Bestimmen Sie die Bogenelastizität für einen Preisanstieg von 12 auf 18 Euro!
2. Bestimmen Sie die Bogenelastizität für einen Preisrückgang von 18 auf 12 Euro!
3. Bestimmen Sie die Punktelastizität bei einem Preis von 12 Euro!

Lösungen

Lösung Aufgabe 1

1. Direkte Preiselastizität der Nachfrage:

$$\varepsilon_{\text{Discountmenge, Discountpreis}} = \frac{\text{prozentuale Mengenänderung}}{\text{prozentuale Preisänderung}} = \frac{12}{\frac{-100}{999} \cdot 100} \approx -\frac{12}{10} = -1,2$$

2. Wenn F-D-G den Preis um ein Prozent senkt, nimmt die Nachfrage um 1,2 Prozent zu. Die Nachfrage reagiert elastisch auf den Preis.

3. Sie können die Kreuzpreiselastizität (oder indirekte Preiselastizität) zwischen 5-Sterne-Vermittlungen und Discountvermittlungen berechnen:

$$\varepsilon_{5Sterne, Discountpreis} = \frac{\Delta x_{5Sterne}}{\Delta p_{Discount}} \cdot \frac{p_{Discount}}{x_{5Sterne}} = \frac{-10}{-100} \cdot \frac{999}{200} \approx \frac{-10.000}{-20.000} = 0{,}5$$

Die Kreuzpreiselastizität ist positiv, das heißt, die 5-Sterne-Vermittlungen und Discountangebote stehen erwartungsgemäß in einer substitutiven Beziehung zueinander. Wenn der Discountpreis um ein Prozent steigt, nimmt die Nachfrage nach 5-Sterne-Vermittlungen um ein halbes Prozent zu.

Lösung Aufgabe 2

Die direkte Preiselastizität der Nachfrage besitzt *keine* Maßeinheit. Sie ist nichts weiter als eine Zahl.

Elastizitäten sind als das Verhältnis zweier prozentualer (relativer) Veränderungen, die bereits selbst dimensionslos sind, dimensionslos. Am Beispiel der Berechnung der prozentualen Veränderung der Zigarettenmenge:

$$\frac{6 \cdot \text{Stangen}}{200 \cdot \text{Stangen}} \cdot 100 = \frac{6 \cdot \cancel{\text{Stangen}}}{200 \cdot \cancel{\text{Stangen}}} \cdot 100 = 3\%$$

In der Aufgabenstellung ist die Angabe »Deutschland«, die auf die Währung Euro hindeuten soll, ebenso wie die Information über die Mengeneinheit »Stangen« irrelevant. Die prozentuale Veränderung wird durch die Einheit der Messung nicht beeinflusst, wie eine wiederholte Berechnung auf Stückbasis zeigt (eine Stange enthalte zehn Schachteln mit je zwanzig Zigaretten):

$$\frac{1.200 \text{ Stück}}{40.000 \text{ Stück}} \cdot 100 = 3\%$$

Die Dimensionslosigkeit von Elastizitäten bringt zwei Vorteile mit sich:

1. Unterschiedliche Güter lassen sich miteinander vergleichen. (*Beispiel*: Die Nachfrage nach Autos reagiert elastischer auf den Preis als die Nachfrage nach Briefmarken.)
2. Es ist unerheblich, in welcher Maßeinheit die Mengen und in welcher Währung die Preise gemessen werden. (*Beispiel*: Die Nachfrage nach Bier reagiert in den USA elastischer auf Preisänderungen als in Bayern.)

Lösung Aufgabe 3

Die Aussage ist korrekt.

Inferiorität und der Charakter des Luxusgutes schließen sich gegenseitig aus. Ein Gut ist inferior, wenn seine Einkommenselastizität negativ ist. Es wird als Luxusgut klassifiziert, wenn die Einkommenselastizität positiv und größer als eins ist. Ein Gut kann also nicht zugleich inferior sein und Luxuscharakter besitzen.

Lösung Aufgabe 4

Die Nachfragefunktion besitzt eine direkte Preiselastizität der Nachfrage von null, wenn der Preis des Gutes null beträgt. Das sehen Sie, wenn Sie in der Definitionsgleichung für die direkte Preiselastizität der Nachfrage für p den Wert null einsetzen:

$$\varepsilon_{x,p} = \frac{\frac{dx}{x} \cdot 100}{\frac{dp}{p} \cdot 100} = \frac{dx}{dp} \cdot \frac{p}{x}$$

Die Elastizität nimmt unabhängig von der Steigung der Funktion (dx/dp) und der Menge x den Wert null an, wenn $p = 0$ gilt. Auch kurvig verlaufende Nachfragefunktionen weisen bei der Sättigungsmenge (Schnittpunkt mit der Mengenachse) eine Elastizität von null auf. Streng genommen muss es eigentlich heißen, dass der Wert gegen null geht.

Lösung Aufgabe 5

Jede ansteigende Gerade, die durch den Ursprung verläuft, besitzt eine Elastizität von eins – man sagt auch, sie ist »einheitselastisch«. Die Funktion ist zudem »isoelastisch«, da sie in allen Punkten dieselbe (= Vorsilbe »iso«) Elastizität aufweist.

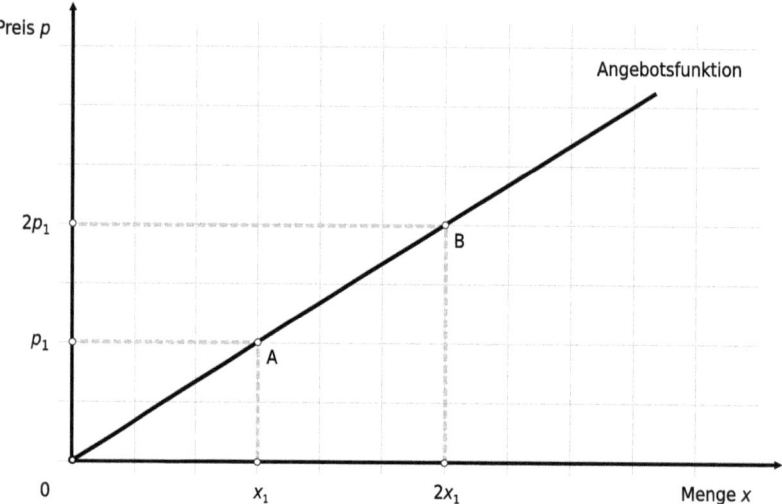

Erklärung:

Steigt der Preis auf der Angebotsfunktion um beliebig gewählte z Prozent, dann steigt auch die Menge um z Prozent, denn Preis und Menge haben auf einer Ursprungsgerade zueinander immer ein konstantes Verhältnis. Dieses Verhältnis entspricht der Steigung der Funktion.

Wenn die Angebotsfunktion als $p = a \cdot x$ mit $a > 0$ notiert wird, gilt für das Verhältnis von Preis zu Menge $\frac{p}{x} = a$. Preis und Menge müssen sich also proportional zueinander verändern. Sonst bliebe ihr Verhältnis zueinander nicht konstant. Im Diagramm steigen Preis und Menge von Situation A zu Situation B jeweils um 100 Prozent.

So berechnen Sie die direkte Preiselastizität des Angebots für die Funktion $p = a \cdot x$:

$$\varepsilon_{x,p} = \frac{\frac{dx}{x}}{\frac{dp}{p}} = \frac{dx}{dp} \cdot \frac{p}{x} = \frac{1}{a} \cdot \frac{p}{x} = \frac{1}{a} \cdot \frac{a \cdot x}{x} = 1$$

Die Vermutung, *nur* die Angebotsfunktion $p = a \cdot x$ mit einer Steigung von $a = 1$ sei einheitselastisch, trifft nicht zu. Zwar ist sie einheitselastisch, jedoch kann a auch andere Werte (ungleich null und unendlich) annehmen.

Lösung Aufgabe 6

Methode 1

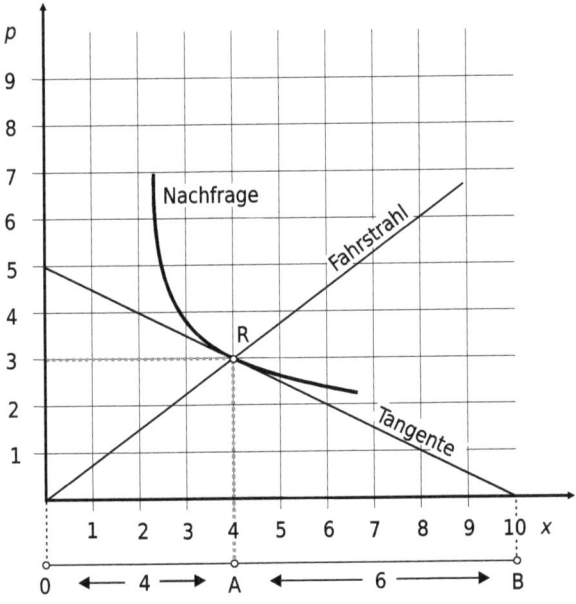

$$(1) \quad \varepsilon_{x,p} = \frac{\frac{dx}{x}}{\frac{dp}{p}} = \frac{\frac{p}{x}}{\frac{dp}{dx}} = \frac{\text{Steigung des Fahrstrahls}}{\text{Steigung der Tangente}}$$

Die Kurve »Nachfrage« in der Abbildung ist identisch mit der in der Aufgabenstellung. Die Skalierung im Diagramm ist willkürlich gewählt. Sie beeinflusst die Lösung nicht. Sie können also zum Beispiel einen Zentimeter als Abstand für eine Einheit, aber ebenso ein Zoll oder einen Millimeter wählen.

Die direkte Preiselastizität der Nachfrage ist definiert als relative Mengenänderung (dx/x) bezogen auf die relative Preisänderung (dp/p). Die in Gleichung (1) vorgenommene Umformung (man teilt durch einen Bruch, indem man mit seinem Kehrwert multipliziert; siehe Mathetipps) zeigt, dass die Elastizität »optisch« durch das Verhältnis von der Steigung des Fahrstrahls (p/x) zu der Steigung der Tangente (dp/dx) zum Ausdruck kommt.

Zunächst muss also in R eine Tangente an die Nachfragefunktion gelegt werden. Auch bei noch so genauer Zeichnung mit spitzem Stift hat man dabei immer etwas Spielraum. Deswegen lässt sich die Elastizität mit dieser Methode nur abschätzen. In der Abbildung können Sie die Steigung des Fahrstrahls mit ¾ und die der Tangente mit − ½ ausmachen. Damit folgt für die Elastizität:

$$(2) \quad \varepsilon_{x,p} = \frac{\text{Steigung des Fahrstrahls}}{\text{Steigung der Tangente}} = \frac{\frac{p}{x}}{\frac{dp}{dx}} = \frac{\frac{3}{4}}{-\frac{1}{2}} = -\frac{6}{4} = -1{,}5$$

Methode 2

Eine zweite Möglichkeit, die Elastizität abzuschätzen, kommt ohne den Fahrstrahl durch R aus. Zunächst wird wieder die Tangente in Punkt R angelegt. Die Strecke vom Koordinatenursprung 0 bis zum Achsenschnittpunkt B, den die Tangente mit der Mengenachse bildet, wird mittels eines Lots vom Punkt R in die beiden Teilstrecken AB und 0A geteilt. Die direkte Preiselastizität der Nachfrage entspricht dem Verhältnis der beiden Strecken (AB/0A). Das Verhältnis beträgt 6/4 = 1,5.

Da beide Strecken eine »positive Länge« haben, muss man bei dieser Methode natürlich wissen (oder an der Steigung der Nachfragefunktion erkennen), dass die direkte Preiselastizität der Nachfrage negativ ist.

Genau in der Mitte einer linearen Nachfragekurve zwischen Prohibitivpreis und Sättigungsmenge beträgt die direkte Preiselastizität der Nachfrage eins.

Lösung Aufgabe 7

A2a: Die Nachfrager akzeptieren keinen höheren Preis als *s*. Die typische Ursache dafür ist ein perfektes Substitut, auf das sie ausweichen können, wenn der Preis des betrachteten Gutes steigt.

B1c: Der Preis beeinflusst die nachgefragte Menge nicht. Das ist praktisch nur in einem bestimmten Bereich vorstellbar. Nur theoretisch kann der Preis in beliebige Höhe steigen. *Beispiel*: Die Nachfrage nach gewöhnlichem Speisesalz reagiert nicht auf den Preis. Wenn es auf dem Einkaufszettel steht, wird es gekauft – einerlei, ob 100 Gramm 20 Cent oder 30 Cent kosten. Erst bei wesentlich höheren Preisen nehmen die Nachfrager vom Kauf Abstand.

C3b: Der Umsatz (= Preis × Menge) beträgt konstant *t*. Wenn der Preis um ein Prozent steigt, geht die Nachfrage um ein Prozent zurück.

Lösung Aufgabe 8

1. Nein, das positive Vorzeichen des Koeffizienten der Einkommensvariablen (+0,4) zeigt an, dass die Nachfrage mit dem Einkommen steigt. Das Gut ist also superior.

2. Nein, das negative Vorzeichen des Koeffizienten des Preises von Gut Y (−4) zeigt an, dass die Nachfrage nach Gut Q sinkt, wenn das Gut Y teurer wird. Die Güter sind demzufolge komplementär.

3. Nein, ein Grundbedarfsgut besitzt eine Einkommenselastizität der Nachfrage kleiner als eins. Die Berechnung in Aufgabenteil 6 liefert den Wert 2. Daher handelt es sich bei Gut Q um ein Luxusgut.

4. Die Funktion verlagert sich nach oben. Wenn ein Komplementärgut (siehe Antwort 2) im Preis fällt, nimmt die Nachfrage nach dem betrachteten Gut zu. *Beispiel*: Weißwürste werden billiger. Die Nachfrage nach süßem Senf steigt.

5. Die Funktion verlagert sich nach oben. Wenn das Einkommen steigt, nimmt die Nachfrage nach einem superioren Gut zu (siehe Antwort 1).

6. Einsetzen der gegebenen Werte liefert:

$$q = 1440 - 50p - 4p_y + 0{,}4E = 1440 - 50 \cdot 20 - 4 \cdot 310 + 0{,}4 \cdot 4000 = 800$$

Damit folgt die Einkommenselastizität der Nachfrage:

$$\varepsilon_{q,E} = \frac{\frac{dq}{q} \cdot 100}{\frac{dE}{E} \cdot 100} = \frac{dq}{dE} \cdot \frac{E}{q} = 0{,}4 \cdot \frac{4000}{800} = 2$$

Die Einkommenselastizität der Nachfrage beträgt 2.

7. Für die Beantwortung der Frage muss zunächst die direkte Preiselastizität der Nachfrage bestimmt werden:

$$\varepsilon_{q,p} = \frac{\frac{dq}{q} \cdot 100}{\frac{dp}{p} \cdot 100} = \frac{dq}{dp} \cdot \frac{p}{q} = -50 \cdot \frac{20}{800} = -1{,}25$$

Damit lautet die Antwort: Nein, der Umsatz sinkt, wenn das Angebot zurückgeht.

Erklärung: Die Berechnung der direkten Preiselastizität der Nachfrage lässt erkennen, dass die Nachfragemenge elastisch auf den Preis reagiert. Ein sinkendes Angebot lässt den Preis steigen (Bewegung auf der Nachfragefunktion). Für sich genommen steigt der Umsatz mit dem Preis an. Allerdings kommt es zugleich zu einem Rückgang der Nachfragemenge. Dieser Effekt führt für sich genommen zu einem Umsatzrückgang, der infolge der elastischen Nachfragereaktion den positiven Preiseffekt auf den Umsatz übersteigt. Wenn der Preis um ein Prozent steigt, geht die Menge um 1,25 Prozent zurück.

Lösung Aufgabe 9

Aussage 1 ist richtig.

$$\text{Elastizität}_{x,y} = \frac{\text{prozentuale Änderung von } x}{\text{prozentuale Änderung von } y}$$

$$\text{Elastizität}_{y,x} = \frac{\text{prozentuale Änderung von } y}{\text{prozentuale Änderung von } x}$$

$$\text{Elastizität}_{x,y} = \frac{1}{\text{Elastizität}_{y,x}}$$

In vielen Fällen ist der Kehrwert der Elastizität nicht besonders sinnvoll, da zwischen den Variablen eine eindeutige Kausalrichtung besteht: Bei der direkten Preiselastizität der Nachfrage um Beispiel beeinflusst der Preis die Menge (und nicht die Menge den Preis). Es gibt aber auch Gegenbeispiele. Am Beispiel einer partiellen Produktionselastizität: Wenn der Arbeitseinsatz um ein Prozent steigt, nimmt die Produktionsmenge um 0,5 Prozent zu. Dann betrüge die partielle Produktionselastizität des Faktors Arbeit 0,5. Ihr Kehrwert 2 zeigt (theoretisch) an, um welchen Prozentsatz die Beschäftigung zunehmen müsste, sollte die Produktion um ein Prozent erhöht werden.

Aussage 2 ist falsch.

$$\text{Kreuzpreiselastizität}_{\text{Butter, Margarine}} = \frac{\text{prozentuale Änderung der Buttermenge}}{\text{prozentuale Änderung des Margarinepreises}}$$

$$\text{Kreuzpreiselastizität}_{\text{Margarine, Butter}} = \frac{\text{prozentuale Änderung der Margarinemenge}}{\text{prozentuale Änderung des Butterpreises}}$$

$$\text{Kreuzpreiselastizität}_{\text{Butter, Margarine}} \neq \frac{1}{\text{Kreuzpreiselastizität}_{\text{Margarine, Butter}}}$$

Für die Berechnung der beiden Kreuzpreiselastizitäten werden unterschiedliche Variablen herangezogen: In einem Fall die Buttermenge und der Margarinepreis, im anderen Fall die Margarinemenge und der Butterpreis. Deswegen wäre es reiner Zufall, wenn die Aussage im konkreten Fall zuträfe. Aufgrund der Beziehung der Güter zueinander (substitutiv oder komplementär) stimmen die Vorzeichen der beiden Elastizitäten aber regelmäßig überein. Wenn X ein Substitut für Y ist, ist Y in der Regel auch ein Substitut für X.

Um der Klarheit willen sollte man besser ausdrücklich nach der Kreuzpreiselastizität zwischen Butter*menge* und Margarine*preis* fragen, statt verkürzt nach der zwischen Butter und Margarine.

Lösung Aufgabe 10

Perfekte (vollkommene) Substitute besitzen eine Kreuzpreiselastizität von **unendlich**.

Wenn man ein Gut *perfekt* durch ein anderes ersetzen kann, dann können sich das eine und das andere – wenn überhaupt – nur durch eine absolut unbedeutende Eigenschaft unterscheiden. Sonst wären sie keine perfekten Substitute. Wird nun eines der beiden Güter um einen noch so kleinen Prozentsatz teurer, kaufen die Konsumenten schlagartig nur noch das Substitut:

$$\varepsilon_{y,p_x} = \frac{\text{beobachtete prozentuale Zunahme bei Gut } y}{\text{noch so kleine prozentuale Preissteigerung des Gutes } x} = \infty$$

Die Formel verstehen Sie bitte in Anführungszeichen.

Wenn zwei Güter zueinander *perfekte* Substitute sind, dann handelt es sich bei ihnen im Grunde um das gleiche Gut. Perfekte Substitute stellen somit einen theoretischen Grenzfall dar.

Häufiger Fehler: Die Antwort lautet »eins«. Eine Kreuzpreiselastizität von eins würde bedeuten, dass die Nachfrage nach dem einen Gut um ein Prozent zunimmt, wenn der Preis des anderen Gutes um ein Prozent steigt. Dann wären die beiden Güter zwar Substitute (die sich durch eine positive Kreuzpreiselastizität auszeichnen), aber weit davon entfernt, *vollkommene* Substitute zu sein. Wahrscheinlich liegt die Ursache für die falsche Antwort in der Vermutung, dass man vollkommene Substitute bei Indifferenz eins zu eins gegeneinander ersetzen kann. Dabei handelt es sich aber um den absoluten Wert der *Grenzrate der Substitution* (siehe Kapitel 7).

Lösung Aufgabe 11

Zwei Güter A und B mit einer »unendlich hohen« Kreuzpreiselastizität sind perfekte Substitute, denn bei ausgangs gleichem Preis bewirkt die kleinste Preissenkung bei Gut A, dass Gut B nicht mehr gekauft wird. Die B-Konsumenten steigen voll auf das Gut A um. Das ist möglich, weil Gut A Gut B perfekt ersetzen kann.

Ähnliche Güter besitzen in Analogie zu diesem Gedanken eine hohe Kreuzpreiselastizität. Die ist den Anbietern natürlich ein Dorn im Auge, bedeutet der hohe Wert der Kreuzpreiselastizität doch, dass bei einer Preiserhöhung viele Kunden abwandern werden. Die Hersteller sind daher bemüht, ihre Produkte »besonders« erscheinen zu lassen, auch wenn sie es objektiv nicht sind. Denn wer kann schon – Hand aufs Herz! – Nuss-Nougat-Cremes, Mineralwässer oder Papiertaschentücher verschiedener Hersteller voneinander unterscheiden? Mit entsprechenden Fähigkeiten ausgestattete Personen traten früher in der Fernsehsendung »Wetten dass...?« auf. Otto Normalkonsument wird es kaum gelingen, die Produkte im Blindtest auseinanderzuhalten.

Deswegen gibt es Nuss-Nougat-Cremes mit »dem Besten aus einem achtel Liter Milch« (oder war es ein viertel Liter?), Mineralwasser mit der »einzigartigen vulkanischen Mineralisierung« und Papiertaschentücher mit »einzigartigen Mikrobrücken«, die für besondere Reißfestigkeit sorgen sollen.

Lösung Aufgabe 12

Die Aufgabe sieht schwieriger aus, als sie ist. Preis und Menge für den Punkt R sind zwar angegeben, werden für die Bestimmung der Elastizität aber gar nicht benötigt.

Jede Gerade (mit positiver Steigung) durch den Ursprung besitzt in jedem Punkt eine Elastizität von eins. Die eingezeichnete Angebotsfunktion ist »isoelastisch mit eins«.

Geraden mit negativer Steigung, die durch den Ursprung verlaufen, sind ökonomisch eher uninteressant. Denkbar sind sie zum Beispiel in Diagrammen, die die Überschussnachfrage nach einem Gut in Abhängigkeit von der Abweichung des Preises vom Gleichgewichtspreis darstellen (siehe Diagramm). Geraden durch den Ursprung mit negativer Steigung sind ebenfalls isoelastisch mit einem Wert von eins.

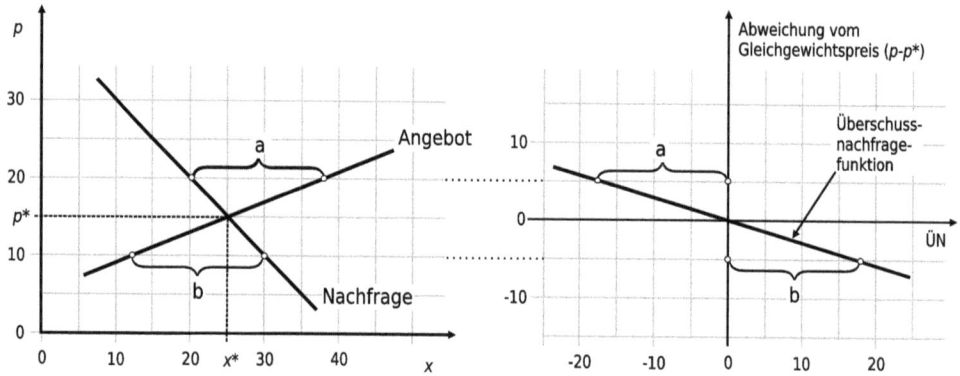

Das Diagramm zeigt die Überschussnachfrage (ÜN). Beim Gleichgewichtspreis p^* ist die Überschussnachfrage null. Bei Preisen oberhalb des Gleichgewichtspreises ist ein Überschussangebot (= negative Überschussnachfrage) zu beobachten. Die Überschussnachfragefunktion ist isoelastisch mit eins.

Das lässt sich berechnen, aber auch so einsehen: Eine Gerade durch den Ursprung des Marktdiagramms zeichnet sich dadurch aus, dass sich das Verhältnis der Menge x zum Preis p nicht ändert, wenn man sich auf ihr bewegt. Steigt der Preis p um ein Prozent, so steigt auch die Menge x um ein Prozent. Folglich beträgt die Elastizität eins.

Lösung Aufgabe 13

Für die Produktion beider Güter ist ein Jahr ein relativ kurzer, ein halbes Jahr ein zu kurzer Zeitraum. Zusätzliches Angebot kann innerhalb dieser Zeit nur aus dem Bestand kommen. Wohnraum, der bisher von potenziellen Vermietern selbst genutzt wird, kann bei steigenden Mieten vermietet werden und so die Angebotsmenge an Mietwohnungen steigen lassen. Erdbeeren können in gewissem Maße importiert werden. Die Gemeinsamkeit der beiden Güter besteht in einem kurzfristig nahezu vollkommen unelastischen Angebot.

Ein kurzfristig unelastisches Angebot sorgt bei Nachfrageschwankungen für starke Preisausschläge. Kein Wunder also, dass der Staat bei der Wohnraumversorgung regulierend in die Preisbildung eingreift (»Mietpreisbremse«). Bei Erdbeeren ist das infolge geeigneter Substitute (= andere Obstsorten), die für eine elastische Nachfrage sorgen, nicht notwendig. Für Wohnraum fehlen geeignete Substitute. Er lässt sich allenfalls in Notlagen vorübergehend zum Beispiel durch Zelte ersetzen. Die Nachfrage nach frischen Erdbeeren wird also elastischer auf den Preis reagieren als die Nachfrage nach Wohnraum.

Obwohl es in dieser Aufgabe mit Erdbeeren und Wohnraum um Güter geht, die nichts miteinander zu tun haben und mit Kilogramm und Quadratmetern auch in anderen Einheiten gemessen werden, lassen sie sich in Bezug auf die Nachfrage- und Angebotsreaktionen bei Preisänderungen miteinander vergleichen. Das ist möglich, weil Elastizitäten dimensionslos sind.

Lösung Aufgabe 14

Die Nachfrage nach Haschisch reagiert unelastisch auf den Preis. Die Konsumenten entwickeln im wahrsten Sinne des Wortes eine »Suchtnachfrage«. Die Dringlichkeit des Bedarfs ist – ähnlich wie bei Tabak und Alkohol – hoch. Die Diskussion, ob Cannabis-Konsum im medizinischen Sinne süchtig macht oder nicht, ist im vorliegenden Zusammenhang weniger wichtig.

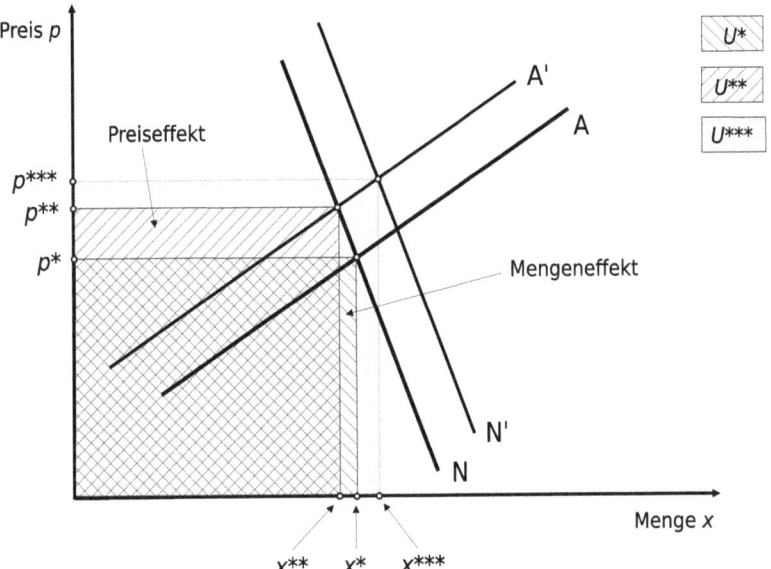

Das im Diagramm mit einem Stern gekennzeichnete Ausgangsgleichgewicht (p^*, x^*) liegt im unelastischen Bereich der Nachfragefunktion (die untere Hälfte einer linearen Nachfragefunktion ist ihr unelastischer Bereich). Die Bekämpfung des Handels wird ceteris paribus das Angebot von A auf A' zurückgehen lassen. Infolge der unelastischen Nachfrage steigt der Umsatz ($U^* \rightarrow U^{**}$), da der Preiseffekt den Mengeneffekt überwiegt (siehe Diagramm).

Die großzügigere Freigrenze wird die Nachfrage selbst dann steigen lassen, wenn sie keine neuen Konsumenten in den Markt lockt. Die Verlagerung der Nachfragefunktion von N nach N' führt für sich genommen ebenfalls zu einem Umsatzanstieg, da sowohl die Gleichgewichtsmenge als auch der Gleichgewichtspreis steigen ($x^{**} \rightarrow x^{***}$, $p^{**} \rightarrow p^{***}$).

Fazit: Bei unelastischer Nachfrage werden Preis und Umsatz auf jeden Fall steigen. Die Folge: Mit Rauschgift lassen sich noch bessere Geschäfte machen. Unter Umständen – bei härteren Drogen wäre damit eher zu rechnen – nimmt die Beschaffungskriminalität zu.

Die Mengenwirkung ist unbestimmt. Durch die intensivere Bekämpfung des Handels sinkt die Gleichgewichtsmenge, während sie durch die höhere Freigrenze steigt. Es lässt sich auf theoretischer Basis allein nicht sagen, welcher der beiden Effekte überwiegt.

In welcher Reihenfolge Sie die Auswirkungen der beiden Maßnahmen untersuchen, hat auf das Ergebnis übrigens keinen Einfluss. Sie erhalten dieselben Resultate, wenn Sie die Analyse mit der Verschiebung der Nachfrage infolge der Erhöhung der Freigrenze beginnen.

Lösung Aufgabe 15

Sie können die Kästchen im Diagramm abzählen, um die Steigung des Fahrstrahls als 3/2 und die Steigung der Funktion selbst (»Tangentensteigung«) als (minus) 1/2 auszumachen. Mit einem Taschenrechner und den Winkelangaben klappt es aber auch wie folgt:

$$\varepsilon_{x,p} = \frac{\tan(56{,}31°)}{-\tan(26{,}57°)} \approx \frac{3/2}{-1/2} = -3$$

Erklärung:

$$\varepsilon_{x,p} = \frac{\frac{dx}{x} \cdot 100}{\frac{dp}{p} \cdot 100} = \frac{dx}{x} \cdot \frac{p}{dp} = \frac{p}{x} \cdot \frac{dx}{dp} = \frac{\frac{p}{x}}{\frac{dp}{dx}} = \frac{\text{Steigung des Fahrstrahls}}{\text{Steigung der Tangente}}$$

$\frac{p}{x}$ ist die Steigung des Fahrstrahls aus dem Ursprung in den Punkt A.

$\frac{dp}{dx}$ ist die Steigung der Tangente an die Funktion im Punkt A (die hier im Fall der Gerade mit der Steigung der Funktion selbst übereinstimmt).

Die Methode funktioniert auch mit der Angebotsfunktion. Weil der Fahrstrahl in einen Punkt einer linearen Angebotsfunktion, die die Preisachse schneidet, immer eine größere Steigung hat als die Angebotsfunktion selbst, ist diese in jedem Punkt elastisch. Umgekehrt besitzt eine lineare Angebotsfunktion, die die Mengenachse schneidet, in jedem Punkt eine Elastizität kleiner eins. Und eine Angebotsfunktion durch den Ursprung ist einheitselastisch, weil die Fahrstrahl- mit der Tangentensteigung übereinstimmt.

Mit anderen Funktionen funktioniert die Methode natürlich auch. Sie müssen allerdings beachten, dass im Marktdiagramm die Achsen vertauscht sind. Die (partielle Produktions-) Elastizität (eines Faktors) für eine Produktionsfunktion, bei der der Output auf der Ordinate abgetragen ist, ermitteln Sie also als »Tangentensteigung durch Fahrstrahlsteigung« (= Kehrwert des Ergebnisses, das Sie mit der Formel für das Marktdiagramm erhalten).

Lösung Aufgabe 16

Bei der Lösung hilft eine Skizze.

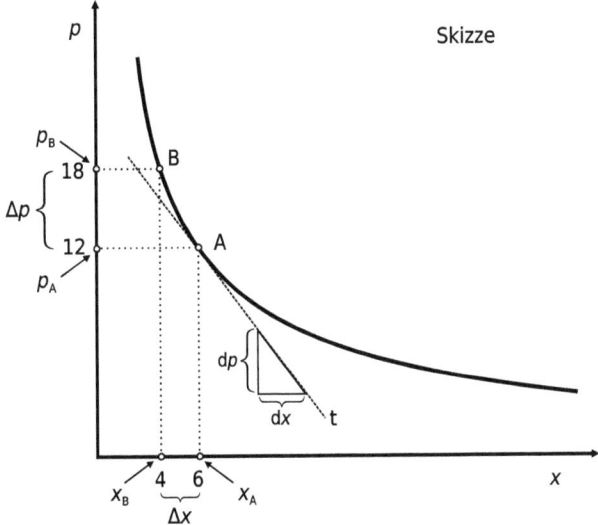
Skizze

1. Bogenelastizität für einen Preisanstieg von 12 auf 18 Euro (in der Skizze eine Bewegung von A nach B):

$$\varepsilon_{x,p} = \frac{\frac{\Delta x}{x}}{\frac{\Delta p}{p}} = \frac{\Delta x}{\Delta p} \cdot \frac{p}{x} = \frac{-2}{6} \cdot \frac{12}{6} = -\frac{2}{3}$$

Oder: $\varepsilon_{x,p} = \frac{\text{prozentuale Mengenänderung}}{\text{prozentuale Preisänderung}} = \frac{-33,\overline{3}\%}{50\%} = -\frac{2}{3}$

2. Bogenelastizität für einen Preisrückgang von 18 auf 12 Euro (in der Skizze eine Bewegung von B nach A):

$$\varepsilon_{x,p} = \frac{\frac{\Delta x}{x}}{\frac{\Delta p}{p}} = \frac{\Delta x}{\Delta p} \cdot \frac{p}{x} = \frac{2}{-6} \cdot \frac{18}{4} = -\frac{3}{2}$$

Oder: $\varepsilon_{x,p} = \frac{\text{prozentuale Mengenänderung}}{\text{prozentuale Preisänderung}} = \frac{50\%}{-33,\overline{3}\%} = -\frac{3}{2}$

3. Punktelastizität bei einem Preis von 12 Euro (in der Skizze die Elastizität in Punkt A). Hierfür benötigen Sie die Steigung der Nachfragefunktion im Punkt A (den Anstieg der Tangente t in der Skizze):

$$x' = \frac{dx}{dp} = -\frac{72}{p^2} = -\frac{72}{12^2} = -\frac{1}{2}$$

$$\varepsilon_{x,p} = \frac{\frac{dx}{x}}{\frac{dp}{p}} = \frac{dx}{dp} \cdot \frac{p}{x} = x' \cdot \frac{p}{x} = -\frac{1}{2} \cdot \frac{12}{6} = -1$$

Dass die beiden Ergebnisse für die Bogenelastizitäten in diesem Zahlenbeispiel so weit auseinanderliegen, liegt an den im Verhältnis zu den Ausgangswerten erheblichen relativen Änderungen von Preis und Menge. Immerhin ändern sich die Werte um 33 und 50 Prozent. Die erheblichen Änderungen erklären ebenfalls die große Abweichung der Werte für die Bogen- und die Punktelastizität. Mit Blick auf die Skizze: Je dichter die Punkte A und B aneinanderrücken, desto weniger weicht die Steigung der (nicht eingezeichneten) Sekante zwischen A und B ($= \frac{\Delta p}{\Delta x}$) von der Steigung der Tangente t ($= \frac{dp}{dx}$) ab. Die Differenz dieser beiden Steigungen ist für die Differenz zwischen Punkt- und Bogenelastizität verantwortlich.

Mittelwertmethode

Dass Sie je nach Blickrichtung (im Diagramm von A nach B oder von B nach A) unterschiedliche Bogenelastizitäten erhalten, können Sie pragmatisch mit der **Mittelwertmethode** umgehen. Anstelle der Ausgangswerte von Preis und Menge ziehen Sie zur Berechnung die Mittelwerte zwischen Ausgangs- und Endsituation heran (siehe Skizze für die Erklärung der Variablen):

$$\text{Mittelwertmethode:} \; \varepsilon_{x,p} = \frac{\frac{\Delta x}{\left(\frac{x_A + x_B}{2}\right)}}{\frac{\Delta p}{\left(\frac{p_A + p_B}{2}\right)}} = \frac{\frac{-2}{\left(\frac{6+4}{2}\right)}}{\frac{6}{\left(\frac{12+18}{2}\right)}} = \frac{\frac{-2}{5}}{\frac{6}{15}} = -1$$

Dass die Mittelwertmethode hier exakt den Wert der Punktelastizität in Punkt A liefert, liegt am Zahlenbeispiel. Bei einer linearen Nachfragefunktion wäre das nicht der Fall. In diesem Fall liefert die Mittelwertmethode den Wert der Punktelastizität für den mittleren Preis (und damit die mittlere Menge). Auf einer linearen Nachfragefunktion ist die Elastizität (abgesehen von den Ausnahmefällen einer vollkommen elastischen oder vollkommen unelastischen Nachfrage) nicht konstant. Ihr Wert ändert sich also, wenn sich der Preis (beziehungsweise die Menge) ändert.

Teil II
Die Entscheidungen der Haushalte

IN DIESEM TEIL ...

In den nächsten Kapiteln dreht sich alles um die Nachfrage- und Angebotsentscheidungen von Haushalten. Die zentralen Stichworte lauten:

- ✔ das »erste Gossensche Gesetz«
- ✔ Präferenzen und Nutzenfunktionen
- ✔ Indifferenzkurven und die Grenzrate der Substitution
- ✔ die Budgetrestriktion
- ✔ das Haushaltsoptimum
- ✔ Nachfragefunktionen
- ✔ das Arbeitsangebot der Haushalte

> **IN DIESEM KAPITEL**
>
> Nutzenfunktion und Grenznutzen
>
> Die Preis-Grenznutzen-Regel
>
> Die Gossenschen Gesetze

Kapitel 6
Klassische Nutzenmaximierung

Die klassischen Ökonomen gingen von einer **kardinalen Messbarkeit des Nutzens** aus. Das bedeutet, dass man Nutzen so messen kann wie zum Beispiel Zeit, Gewichte oder Entfernungen. Träfe diese Annahme zu, könnte nicht nur erkannt werden, dass zum Beispiel ein Glas Sekt oder ein Glas Selters das Wohlbefinden (= den Nutzen) steigen lassen. Sogar die Veränderung des Wohlbefindens ließe sich exakt bestimmen. Für den Rest des Kapitels soll diese vereinfachende Annahme gelten. Natürlich soll die Messbarkeit des Nutzens nicht nur für den Konsum von Sekt oder Selters, sondern für jede beliebige Konsumaktivität gelten.

Nutzenfunktionen und Grenznutzen

Wenn ein Konsument vor der freien Wahl »Sekt oder Selters?« steht und bekannt ist, dass ihm ein Glas Sekt sechs »Nutzeneinheiten« stiftet, ein Glas Selters aber nur zwei, wird sich der Konsument für ein Glas Sekt entscheiden. Selbstverständlich könnte seine Entscheidung anders ausfallen, wenn sich die Preise für Sekt und Selters unterschieden und er den Sekt oder das Selters bezahlen müsste.

Seine – auf dieses Beispiel beschränkte und daher recht primitive – **Nutzenfunktion** lautet:

$$(1) \quad \text{Anzahl an Nutzeneinheiten} = 6 \times \left(\text{Anzahl an Sektgläsern} \right) + 2 \times \left(\text{Anzahl an Seltersgläsern} \right)$$

Stünde er vor der freien Wahl zwischen *einem* Glas Sekt und *drei* Gläsern Selters, könnte er sich nicht entscheiden, da ein Glas Sekt seinen Nutzen dreimal so stark steigen lässt wie ein Glas Selters. Die Nutzenfunktion lieferte als Ergebnis jeweils eine Anzahl von sechs Nutzeneinheiten. Er wäre **indifferent** (= unentschieden).

Das Gesetz vom abnehmenden Grenznutzen

Die klassischen Ökonomen gehen vom **Gesetz vom abnehmenden Grenznutzen** aus. Das auf Hermann Heinrich Gossen zurückgehende Gesetz besagt, dass der Nutzenzuwachs aus zusätzlich konsumierten Einheiten eines Gutes – der sogenannte **Grenznutzen** – abnimmt. Die primitive Nutzenfunktion in Gleichung (1) erfasst die Annahme nicht. Ihr zufolge stiftet jedes weitere Glas Selters unveränderlich einen Nutzenzuwachs von zwei Nutzeneinheiten – unabhängig davon, ob es sich um das erste, das fünfte oder das 33. Glas Selters handelt. Der Grenznutzen des Selters (und auch des Sekts) ist in der Nutzenfunktion (1) konstant.

Wenn das Gesetz vom abnehmenden Grenznutzen gilt und der Nutzen aus dem ersten Glas Selters zwei Nutzeneinheiten beträgt, dann müsste der Nutzenzuwachs aus dem zweiten Glas Selters unter zwei Nutzeneinheiten liegen. Und der Nutzenzuwachs aus dem dritten Glas noch einmal unter dem aus dem zweiten.

Wird der Nutzen mit U gemessen und die Betrachtung auf die Zahl der konsumierten Gläser Selters s beschränkt, kann die Nutzenfunktion angeben werden als:

$$(2) \quad U = f(s)$$

Das **erste Gossensche Gesetz** oder »Gesetz vom abnehmenden Grenznutzen« ist erfüllt, wenn die erste Ableitung der Nutzenfunktion positiv und ihre zweite Ableitung negativ ist:

$$(3) \quad U' > 0 \text{ und } U'' < 0$$

$$\left(\text{oder in anderer Schreibweise } \frac{dU}{ds} > 0 \quad \text{und} \quad \frac{d^2U}{ds^2} < 0 \right)$$

Die erste Ableitung misst (näherungsweise) den Grenznutzen. Dieser nimmt ab, sofern die zweite Ableitung negativ ist.

Der Grenznutzen wird unterschiedlich definiert:

1. Der Grenznutzen eines Gutes ist die Zunahme des Nutzens durch den Konsum einer weiteren Einheit dieses Gutes.
2. Der Grenznutzen eines Gutes ist die erste Ableitung der Nutzenfunktion nach der Menge des Gutes.

   Die beiden Definitionen nehmen sich im Grunde nichts. Der Unterschied besteht allein darin, dass die erste Definition von einer diskreten Änderung der Menge des Gutes ausgeht, während die zweite eine stetige Änderung unterstellt. Je kleiner die Einheit gewählt wird, mit der in der ersten Definition die Menge des Gutes gemessen wird, desto weniger unterscheiden sich die Werte der Grenznutzen voneinander, die die beiden Definitionen liefern. Deswegen darf man sagen, dass die erste Ableitung der Nutzenfunktion (zweite Definition) näherungsweise den Nutzenzuwachs durch den Konsum einer weiteren Gütereinheit (erste Definition) misst.

Bildlich gesprochen: Die Nutzenfunktion steigt an (= positiver Grenznutzen; die erste Ableitung der Nutzenfunktion ist größer als null). Ihr Anstieg wird aber immer schwächer (= abnehmender Grenznutzen; die zweite Ableitung der Nutzenfunktion ist kleiner als null). Das prominenteste Beispiel für eine solche Funktion liefert die Wurzelfunktion $U = \sqrt{x}$, wobei x für die Menge eines beliebigen Gutes X steht. Die nebenstehende Abbildung zeigt eine Nutzenfunktion, die dem Gesetz vom abnehmenden Grenznutzen genügt.

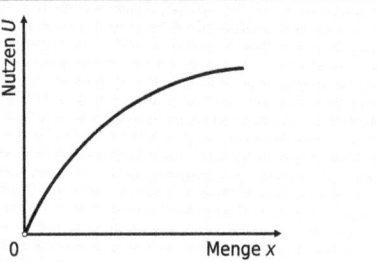

Kardinal messbarer Nutzen ist nicht notwendig »interpersonell« (von Person zu Person) vergleichbar. Menschen können »Nutzeneinheiten« unterschiedlich gewichten. Umgekehrt ist die kardinale Messbarkeit eine notwendige Voraussetzung für die interpersonelle Vergleichbarkeit des Nutzens.

Eine wichtige Ausnahme: Geld

Geld wird oft ein konstanter Grenznutzen unterstellt. Ein zusätzlicher Euro stiftet immer einen gleich hohen Nutzenzuwachs, egal ob sein Empfänger schwerreich oder bettelarm ist. Begründen lässt sich diese Ausnahme, weil man Geld als »Gut höchster Liquidität« leicht gegen beliebige andere Güter eintauschen kann. Man findet praktisch immer eine Verwendung für den nächsten Euro, die einen zumindest annähernd so hohen Grenznutzen aufweist wie die, für die man den letzten Euro ausgegeben hat.

Sollten Sie der Ansicht sein, dass auch für Geld das Gesetz vom abnehmenden Grenznutzen gilt, werden Sie vermutlich die Meinung teilen, dass Menschen Risiken üblicherweise scheuen. Ein Mensch, dessen Grenznutzen des Geldes abnimmt, würde sich nicht auf ein **faires Spiel** einlassen. Ein faires Spiel zeichnet sich dadurch aus, dass der Einsatz im Durchschnitt als Gewinn ausgeschüttet wird. Ein einfaches Beispiel liefert der klassische Münzwurf »Kopf oder Zahl?«. Bei Zahl beträgt der Gewinn den doppelten Einsatz, bei Kopf ist der Einsatz verloren. Bei einem abnehmenden Grenznutzen des Geldes ist der Nutzen aus dem Einsatz größer als der Nutzen, den ein Spieler erwartet. Das liegt einfach daran, dass ein doppelt so hoher Geldbetrag bei abnehmendem Grenznutzen nicht einen doppelt so hohen Nutzen besitzt.

Für einen »risikoneutralen« (= konstanter Grenznutzen des Geldes) Menschen ist der erwartete Nutzen aus dem Spiel genauso hoch wie der Nutzen aus dem Einsatz. Er wäre also indifferent, ob er das beschriebene Spiel wagen soll oder nicht. Ein »risikofreudiger« (= steigender Grenznutzen des Geldes) Mensch ließe sich auf das Spiel ein.

Will man Entscheidungen unter Unsicherheit modellieren und die Risikopräferenz der Menschen berücksichtigen, spielen diese Überlegungen eine wichtige Rolle. In der Modellwelt hier, in der annahmegemäß vollkommene Information herrscht und die Ereignisse vorherbestimmt sind, statt nur mit einer gewissen Wahrscheinlichkeit einzutreten, wird ein konstanter Grenznutzen des Geldes unterstellt.

Vom Grenznutzen zur Nachfragefunktion

Wenn Sie den abnehmenden Grenznutzen für ein ausgewähltes Gut X mit dem konstanten Grenznutzen des Geldes von eins (eine Geldeinheit entspricht einer Nutzeneinheit) kombinieren, benötigen Sie noch eine weitere Annahme, um die Nachfrage nach dem Gut erklären zu können: Der Gesamtnutzen ist die Summe der Einzelnutzen.

$$(4) \quad \text{Gesamtnutzen} = \text{Nutzen aus Konsum von Gut X} + \text{Nutzen aus Geldvermögen}$$

Wie viele Gütereinheiten X kauft ein Haushalt, der seinen Gesamtnutzen maximieren will? Er wird eine weitere Einheit kaufen, solange sein Nutzenzuwachs aus dem Konsum einer weiteren Einheit des Gutes (= Grenznutzen) den Nutzenverlust aus der Abnahme seines Geldvermögen übersteigt. Weil der Haushalt das Gut bezahlen muss, vermindert sich sein Geldvermögen beim Konsum einer weiteren Gütereinheit gerade um den Preis des Gutes. Deswegen wird er den Konsum des Gutes ausdehnen, solange sein Grenznutzen über dem Preis liegt.

Preis-Grenznutzen-Regel

Wenn Sie von unendlicher Teilbarkeit der Güter ausgehen, gilt im Optimum die **Preis-Grenzkosten-Regel**:

$$(5) \quad \text{Grenznutzen eines Gutes} = \text{Preis des Gutes}$$

Da auf der rechten Seite von Gleichung (5) ein Geldbetrag steht, muss der Nutzen in Geldeinheiten gemessen werden können. Das erklärt, warum die klassischen Ökonomen die kardinale Messbarkeit des Nutzens annahmen.

Am einfachsten überzeugen Sie sich davon, dass die Preis-Grenzkosten-Regel (5) erfüllt sein muss, indem Sie vom Gegenteil ausgehen: Wenn für einen Konsumenten der Grenznutzen der nächsten Tafel Schokolade bei drei Euro liegt, die Tafel aber nur zwei Euro kostet, dann wird der Konsument die Tafel kaufen. Wenn der Grenznutzen den Preis übertrifft, hat er seine optimale Konsummenge an Schokolade also noch nicht erreicht.

Der abnehmende Grenznutzen sorgt dafür, dass unser Konsument seine Schokoladennachfrage nicht über alle Grenzen ausdehnt, selbst dann nicht, wenn er die Schokolade nicht bezahlen muss. Irgendwann tritt Sättigung ein. Der Grenznutzen wird null. Aus diesem Grund funktionieren Angebote nach dem Motto »all you can eat«, bei denen der Preis für die nächste Einheit null beträgt (»Flatrate«).

So liefert das erste Gossensche Gesetz die Grundlage für das **Gesetz der Nachfrage**: Wenn der Preis eines Gutes steigt, muss nach Gleichung (5) sein Grenznutzen steigen. Das erreicht der Haushalt durch eine Verminderung der Konsummenge. Zwischen dem Preis eines Gutes und der nachgefragten Menge besteht somit eine negative Beziehung.

Gleichung (5) ist die Nachfragefunktion des Haushalts nach Gut X. Sie zeigt nämlich über den mengenabhängigen Grenznutzen an, welche Menge x der Haushalt zu alternativen Preisen erwerben muss, um seinen Nutzen zu maximieren. Deswegen können Sie auch formulieren:

Die Grenznutzenfunktion (eines Gutes) ist die Nachfragefunktion des Haushalts (nach diesem Gut).

Mehr als ein Gut: Gossens zweites Gesetz

Wenn Sie in Gleichung (5) beide Seiten durch den Preis von X teilen, erhalten Sie die Gleichung:

$$(6)\quad \frac{\text{Grenznutzen von X}}{\text{Preis von X}} = 1$$

Der Grenznutzen eines Gutes geteilt durch seinen Preis muss eins sein. Der Haushalt will je Euro, den er für ein Gut ausgibt, mindestens einen Nutzenzuwachs von einem Euro erzielen. Sonst würde er den Euro nicht ausgeben.

Was für Gut X gilt, muss natürlich auch für Gut Y gelten:

$$(7)\quad \frac{\text{Grenznutzen von Y}}{\text{Preis von Y}} = 1$$

Aus den beiden letzten Gleichungen folgt das **zweite Gossensche Gesetz**:

$$(8)\quad \frac{\text{Grenznutzen von X}}{\text{Preis von X}} = \frac{\text{Grenznutzen von Y}}{\text{Preis von Y}}$$

Ein Haushalt, der seinen Nutzen maximiert, wählt die Konsummengen der Güter so, dass ihre »mit den Preisen normierten« Grenznutzen gleich sind. Das hört sich etwas gestelzt an. Eine kleine Umformung vereinfacht die Interpretation:

$$(9)\quad \frac{\text{Grenznutzen von X}}{\text{Grenznutzen von Y}} = \frac{\text{Preis von X}}{\text{Preis von Y}}$$

 Zweites Gossensches Gesetz: Ein nutzenmaximierender Haushalt entscheidet sich für Konsummengen, bei denen das Verhältnis der Grenznutzen der Güter ihrem Preisverhältnis entspricht.

Beispiel: Wenn ein Gut den doppelten Preis hat, dann muss sein Grenznutzen (im Optimum) auch doppelt so hoch sein.

Eine weitere Schlussfolgerung, die Sie aus Gleichung (9) ableiten können: Wenn der Preis des Gutes X steigt, wird der Term auf der rechten Seite der Gleichung größer. Damit der Term auf der linken Seite der Gleichung steigt, muss entweder der Grenznutzen des Gutes Y sinken und/oder der Grenznutzen des Gutes X steigen. Dazu ist (bei Gültigkeit des ersten Gossenschen Gesetzes) eine Verminderung des X-Konsums und/oder eine Erhöhung des Y-Konsums erforderlich. Der Haushalt strukturiert seinen Konsum daher in Richtung des relativ im Preis gesunkenen Gutes Y um. Bei konstanter Ausgabensumme für die beiden Güter kann das nur gelingen, indem er weniger vom teurer gewordenen Gut X kauft.

Aufgaben

Aufgabe 1

Nur eine der drei folgenden Aussagen trifft zu. Welche und warum?

1. »Die erste Ableitung der Nutzenfunktion ist negativ, wenn das erste Gossensche Gesetz gilt.«
2. »Die zweite Ableitung der Nutzenfunktion ist negativ, wenn das erste Gossensche Gesetz gilt.«
3. »Die zweite Ableitung der Nutzenfunktion ist negativ, wenn das zweite Gossensche Gesetz gilt.«

Aufgabe 2

Maikes kardinal messbarer Nutzen aus dem Konsum des Gutes X folgt der Funktion $U = 24\sqrt{x}$. Eine Nutzeneinheit (»Util«) entspricht einer Geldeinheit.

1. Gilt für den Konsum des Gutes X das erste Gossensche Gesetz?
2. Welche Menge x fragt Maike nach, wenn das Gut drei Geldeinheiten pro Stück kostet ($p_x = 3$)?

Aufgabe 3

Ein Haushalt, der größere Mengen der beiden Güter X und Y konsumiert, erfährt gegenwärtig aus dem Konsum des Gutes X einen Grenznutzen von sieben Utilen und aus dem Konsum des Gutes Y einen Grenznutzen von vier Utilen. Die Preise der Güter betragen $p_x = 10$ Euro und $p_y = 5$ Euro.

Zeigen Sie, dass der Haushalt bei konstanten Ausgaben einen höheren Nutzen erzielen kann!

Aufgabe 4

Knuts täglicher Nutzen aus Bierkonsum lässt sich durch die Funktion $U_{Bier} = 3B - 0{,}25B^2$ beschreiben. Der Nutzen aus seinem Vermögen V sei $U_{Vermögen} = V$. Es wird in Euro gemessen und beträgt $\bar{V} = 1.000$. Knuts Gesamtnutzen lässt sich als Summe der Nutzen aus Bierkonsum und Vermögen berechnen. Es gilt also $U_{gesamt} = U_{Vermögen} + U_{Bier}$.

1. Fertigen Sie mithilfe einer Wertetabelle für die Mengen 1 bis 10 eine maßstabsgetreue Zeichnung für die Nutzenfunktion des Bieres an! Bestimmen Sie die Grenznutzenfunktion und zeichnen Sie sie in ein zweites Diagramm ein! Konstruieren Sie die beiden Diagramme so untereinander, dass die Menge vom oberen in das untere Diagramm gelotet werden kann!
2. Welcher Zusammenhang besteht »optisch« zwischen den beiden Funktionen?
3. Wie viele Biere trinkt Knut täglich, wenn er zum Trinken eingeladen wird?

4. Wie viele Biere trinkt er, wenn er jedes Bier mit 1 Euro bezahlen muss?

5. Zeichnen Sie Knuts Nettonutzen bei einem Bierpreis von 1 Euro als Strecke in das obere Diagramm ein!

6. (*Schwierig*) Wie kann der Nettonutzen in Ihrem Doppeldiagramm als Fläche abgelesen werden?

7. Wie findet man die optimale Biermenge im Grenznutzendiagramm? Welche Information liefert die Grenznutzenkurve hinsichtlich der Biernachfrage?

8. Welche wesentlichen Einwände lassen sich gegen die Erklärung der Nachfrage vorbringen, die in dieser Aufgabe Anwendung findet?

Aufgabe 5

(*Schwierig*) Nehmen Sie an, man könnte den Nutzen kardinal messen. Bekannt seien die Nutzenfunktion von Herrn Schulze $U_S = G_S^{0,5}$ und Frau Müller $U_M = 2 \cdot G_M^{0,5}$. Dabei steht G mit dem jeweiligen Index für die Geldmenge, über die Herr Schulze (S) und Frau Müller (M) verfügen. Die »Wohlfahrt« der »Zweipersonengesellschaft« ergebe sich als Summe der individuellen Nutzen.

1. Maximieren Sie die Wohlfahrt, indem Sie die optimale Verteilung berechnen! Sie können 500 Geldeinheiten verteilen.

2. Erklären Sie das Ergebnis! Das können Sie auch ohne Berechnung!

3. Warum hätten die Personen in diesem Beispiel einen Anreiz zu lügen, würden sie nach ihrem Nutzen aus Geld befragt?

4. Wie sähe die optimale (= wohlfahrtsmaximierende) Verteilung aus, wenn alle Menschen gleiche Nutzenfunktionen besäßen und das erste Gossensche Gesetz gilt?

Aufgabe 6

Die »Stiftung für effektiven Altruismus« wirbt für »effektives Spenden«. Auf ihrer Website http://ea-stiftung.org beantwortet sie die Frage »Warum nicht zuerst den Menschen in der eigenen Gesellschaft helfen?« sinngemäß wie folgt: Nachweislich erfordere es viel weniger Ressourcen, ein Menschenleben in einem Entwicklungsland zu retten als in einer Industrienation. Wenn jeder Mensch gleich zähle, sei es sinnvoll, Spenden dort einzusetzen, wo möglichst viele Menschen davon profitieren.

Sehen Sie einen Zusammenhang mit kardinaler Nutzenmessung?

Aufgabe 7

Das Bruttoinlandsprodukt pro Kopf der Bevölkerung eines Landes ist der verbreitetste Indikator, wenn es um die Messung des Wohlstands geht. Sehen Sie eine Verbindung zur kardinalen Nutzentheorie?

Lösungen

Lösung Aufgabe 1

Aussage 2 trifft zu. Die Grenznutzenfunktion ist die erste Ableitung der Nutzenfunktion. Die Grenznutzenfunktion zeigt einen fallenden Verlauf (= erstes Gossensches Gesetz), wenn ihre erste Ableitung – also die zweite Ableitung der Nutzenfunktion – negativ ist.

Aussage 1 zufolge wäre der Grenznutzen negativ. Das kann zwar durchaus sein, zeigt aber abnehmenden Nutzen an und nicht abnehmenden Grenznutzen.

Aussage 3 trifft nicht zu. Das zweite Gossensche Gesetz kann auch bei steigendem Grenznutzen erfüllt sein.

Lösung Aufgabe 2

1. Das erste Gossensche Gesetz ist das Gesetz vom abnehmenden Grenznutzen. Es muss also überprüft werden, ob der Grenznutzen mit steigendem Konsum sinkt. Das können Sie »zu Fuß«, allerdings umständlich, mit einer kleinen Tabelle bewerkstelligen:

Menge x	0	1	2	3	4	5	6
$U(x)$	0	24,0	33,9	41,6	48,0	53,7	58,8
Grenznutzen x	–	24,0	9,9	7,6	6,4	5,7	5,1

Der Grenznutzen ist der Zuwachs an Nutzen durch den Konsum einer weiteren Gütereinheit. Der Grenznutzen nimmt mit steigendem Konsum ab, wie Sie an den Werten in der dritten Zeile der Tabelle ablesen können.

Der elegantere Lösungsweg: Die Ableitung der Grenznutzenfunktion – das ist die zweite Ableitung der Nutzenfunktion – muss negativ sein:

$$\underbrace{U = 24\sqrt{x} = 24x^{0,5}}_{\text{Nutzen}} \rightarrow \underbrace{\frac{dU}{dx} = U' = 12x^{-0,5}}_{\substack{\text{Grenznutzen} \\ (\text{Steigung der Nutzenfunktion})}} \rightarrow \underbrace{\frac{d^2U}{dx^2} = U'' = -6x^{-1,5} = -\frac{6}{x^{1,5}} < 0}_{\text{Steigung der Grenznutzenfunktion}}$$

Die Steigung der Grenznutzenfunktion ist negativ. Der Grenznutzen nimmt demzufolge ab. Somit trifft das erste Gossensche Gesetz zu.

2. Maike muss der Preis-Grenznutzen-Regel folgen, wenn sie ihren Nutzen maximieren will, denn solange der Preis unter dem Grenznutzen liegt, hat zusätzlicher Konsum einen positiven Nettonutzen.

Preis = Grenznutzen

$$3 = 12x^{-0,5}$$
$$x^{0,5} = 4$$
$$x^* = 16$$

Maike fragt bei einem Preis von drei Geldeinheiten 16 Einheiten des Gutes X nach.

Wenn Sie in die Optimalbedingung »Preis = Grenznutzen« anstelle des aktuellen Preises p_x einsetzen, erhalten Sie mit $x = 144/p_x^2$ Maikes Nachfragefunktion nach dem Gut X.

Lösung Aufgabe 3

Der »letzte Euro«, den der Haushalt für das Gut X ausgegeben hat, hat seinen Nutzen um 7/10 = 0,7 Utile (= Nutzeneinheiten) ansteigen lassen. Der »letzte Euro«, den der Haushalt für das Gut Y ausgegeben hat, hat seinen Nutzen aber um 4/5 = 0,8 Utile steigen lassen. Das zweite Gossensche Gesetz ist verletzt. Der Haushalt kann seinen Nutzen steigern, indem er mehr Y und weniger X konsumiert.

Sofern nur ganzzahlige Mengen der Güter gekauft werden können, gilt folgende Überlegung: Wenn der Haushalt auf eine Einheit von Gut X verzichtet, sinkt sein Nutzen um sieben Utile. Mit den gesparten 10 Euro kann er sich jedoch zwei Einheiten von Gut Y kaufen. Dadurch steigt sein Nutzen um acht Utile. Netto gewinnt er also bei gleichen Ausgaben eine Nutzeneinheit hinzu.

Hinweis: Der Nutzen des Haushalts steigt nur näherungsweise um acht Utile, wenn er den Konsum von Y um zwei Einheiten ausdehnt. Aufgrund des Gesetzes vom abnehmenden Grenznutzen wird die zweite zusätzliche Einheit von Y einen etwas geringeren Grenznutzen als vier Utile aufweisen.

Lösung Aufgabe 4

1. Zur Berechnung des Nutzens setzen Sie die Anzahl der Biere in die Nutzenfunktion ein:

Zahl der Biere (B)	0	1	2	3	4	5	6	7	8	9	10
Nutzen (U_{Bier})	0,00	2,75	5,00	6,75	8,00	8,75	9,00	8,75	8,00	6,75	5,00

Die Grenznutzenfunktion berechnen Sie als erste Ableitung der Nutzenfunktion:

$$\frac{dU_B}{dB} = 3 - 0,5B$$

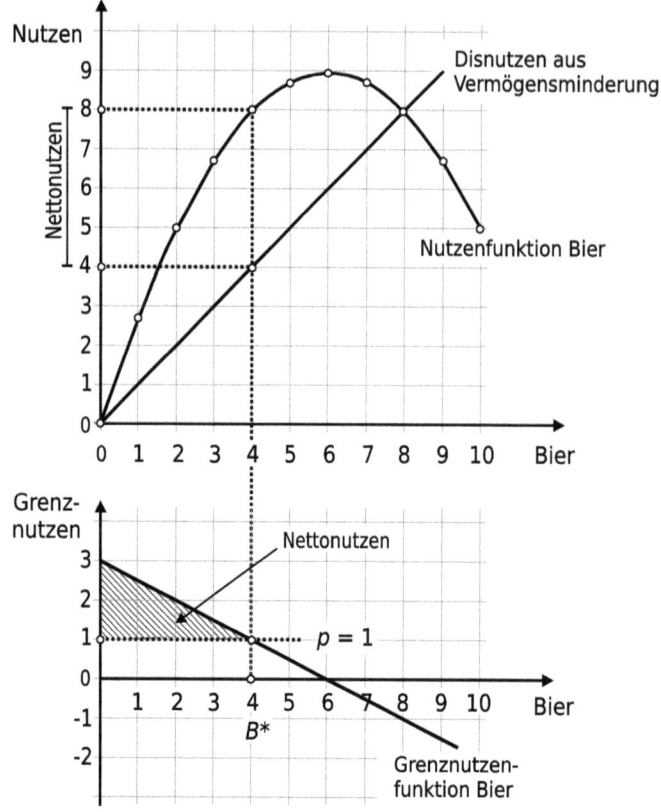

2. Die Grenznutzenfunktion zeigt den Anstieg der Nutzenfunktion für marginale Änderungen der Menge (näherungsweise für ein ganzes zusätzliches Bier). Besonders gut erkennen Sie das beim Nutzenmaximum, bei dem der Grenznutzen null beträgt.

3. In diesem Fall sucht er sein Nutzenmaximum aus dem Bierkonsum. Notwendige Bedingung: Die erste Ableitung muss gleich null sein:

$$\frac{dU_B}{dB} = 0$$
$$3 - 0{,}5B = 0$$
$$B^* = 6$$

Die hinreichende Bedingung ist erfüllt. Der Grenznutzen nimmt ab, wie Sie an der negativen Steigung der Grenznutzenfunktion im unteren Diagramm erkennen können.

4. Der Gesamtnutzen beträgt $U_{gesamt} = 3B - 0{,}25B^2 + \overline{V} - p_B B$.

Die Ausgaben für Bier mindern das Vermögen. Sie bewirken *ceteris paribus* einen Disnutzen, den Knut gegen den Nutzen aus Bierkonsum abwägt. Mit anderen Worten: Er trinkt das nächste Bier, solange er den Nutzenzuwachs aus dem Biergenuss höher bewertet als das »Leid«, das er durch die Ausgabe für das Bier (= den Preis) erfährt.

Notwendige Bedingung: Erste Ableitung gleich null.

$$\frac{dU_{gesamt}}{dB} = 3 - 0,5B - p_B$$
$$3 - 0,5B - p_B = 0$$
$$\underbrace{3 - 0,5B}_{\text{Grenznutzen}} = p_B \quad \text{(Preis-Grenznutzen-Regel)}$$
$$3 - 0,5B = 1$$
$$B^* = 4$$

5. Die Strecke ist als »Nettonutzen« im oberen Teildiagramm eingezeichnet.

6. Die Fläche unter der Grenznutzenfunktion entspricht dem Nutzen, die Fläche unter der Preisgerade den Ausgaben. Die Differenz der beiden Flächen ergibt den Nettonutzen, der dem schraffierten Dreieck im unteren Teildiagramm entspricht.

7. Die optimale Menge wird mit der Regel »Preis = Grenznutzen« bestimmt. Knuts Grenznutzenfunktion für Bier ist zugleich seine Nachfragefunktion nach Bier.

8. Nutzen lässt sich nicht kardinal messen. Zudem wird unterstellt, dass Geld einen konstanten Grenznutzen aufweist und die Nutzen verschiedener »Aktivitäten« (hier »Biernutzen« und »Geldnutzen«) einfach addiert werden können. Das sind recht mutige Annahmen.

Lösung Aufgabe 5

1. Wenn Sie Herrn Schulze Geld (G_S) geben, bleibt für Frau Müller von den 500 Geldeinheiten noch $G_M = 500 - G_S$ übrig.

   Damit wir die Wohlfahrt W zu:
   $$W = U_M + U_S = 2 \cdot (500 - G_S)^{0,5} + G_S^{0,5}$$

   Die weitere Berechnung ist etwas schwieriger: Die notwendige Bedingung für ein Maximum bestimmen Sie wie üblich, indem Sie die erste Ableitung der Wohlfahrtsfunktion null setzen. Die Berechnung der Ableitung ist nicht ganz ohne. Sie müssen die Kettenregel anwenden (siehe Mathetipp »Ableitungen: Mit wenigen Regeln kommen Sie aus« im Top-Ten-Teil):

   $$\frac{dW}{dG_S} = -0,5 \cdot 2 \cdot (500 - G_S)^{-0,5} + 0,5 \cdot G_S^{-0,5} = 0$$
   $$(500 - G_S)^{-0,5} = 0,5 \cdot G_S^{-0,5}$$
   $$2 \cdot G_S^{0,5} = (500 - G_S)^{0,5}$$
   $$4 \cdot G_S = 500 - G_S$$
   $$G_S = 100$$

   Zur Maximierung der Wohlfahrt müssen Sie Herrn Schulze 100 und Frau Müller 400 Geldeinheiten zuteilen.

2. Das Geld muss so zwischen den Personen aufgeteilt werden, dass der Grenznutzen des Geldes bei allen gerade gleich groß ist. Wäre der Nutzen aus der letzten Geldeinheit für Herrn Schulze größer als für Frau Müller, würde die Wohlfahrt steigen, wenn man Frau Müller eine Geldeinheit wegnähme und sie Herrn Schulze gäbe.

3. Jeder Befragte hat einen Anreiz, seinen Nutzen aus Geld zu übertreiben: »Die Wohlfahrt steigt stärker, wenn ich das Geld bekomme. Mein Nachbar macht sich doch gar nichts aus Geld.«

4. In diesem Fall wäre das Geld gleichmäßig unter allen Menschen zu verteilen, um die Wohlfahrt zu maximieren. Je reicher eine Person wäre, desto geringer wäre ihr Grenznutzen aus Geld. Deswegen müssten alle gleich arm – oder gleich reich – sein. *Zum Weiterdenken:* Wie müsste man das Geld in einer Gesellschaft verteilen, in der alle Menschen einen steigenden Grenznutzen aus Geld erfahren?

Lösung Aufgabe 6

Die Idee, einen Euro dort einzusetzen, wo sich mit ihm am meisten bewirken lässt, ist nicht neu. Hier klingt sie provokant, weil Menschenleben bewertet werden. Zwei Menschenleben in Afrika sind, wenn »jeder Mensch gleich zählt«, doppelt so viel wert wie ein Leben in Europa.

Man kann zu der These stehen, wie man will: Sie setzt eine interpersonelle Vergleichbarkeit und damit zwangsläufig eine kardinale Messung des Nutzens voraus. Nur so lässt sich entscheiden, wo ein Euro »effektiver« eingesetzt werden kann.

Abgesehen von der hier offensichtlichen Bewertung des menschlichen Lebens, treffen wir tagtäglich Entscheidungen, die einem »statistischen Leben« implizit einen Wert zumessen: Darunter fallen zum Beispiel Entscheidungen über Investitionen in Arbeitsplatz- und Verkehrssicherheit. Je mehr eine Gesellschaft in Sicherheit investiert, desto höher bewertet sie den statistischen Wert des Lebens.

Lösung Aufgabe 7

Die Verbindung besteht durchaus. Kritisch ist dabei vor allem die Verteilung der Einkommen oder des BIP: Unabhängig davon, wer ein höheres Einkommen erzielt, steigt das BIP pro Kopf. Es spielt also keine Rolle, ob das zusätzliche Einkommen einem Reichen oder einem Armen zufließt. Die personelle Verteilung der Einkommen bleibt ausgeblendet. Der zusätzliche Nutzen eines Euros wird damit implizit für alle Gesellschaftsmitglieder als gleich angenommen. Deswegen misst die absolute Höhe des BIP die Güterversorgung eines Landes besser, als das BIP pro Kopf den Lebensstandard seiner Einwohner.

Lassen Sie sich dennoch einen Moment auf das folgende Gedankenexperiment ein: Sie sind noch nicht geboren, können aber schon klar denken und wissen, dass Sie auf die Welt kommen werden. Sie wissen nicht als Kind welcher Eltern, mit oder ohne Behinderung, schwarz oder weiß, Mädchen oder Junge und so weiter. In den Worten John Rawls, an dessen Theorie dieser Gedanke angelehnt ist, sollen Sie gleich eine Entscheidung unter dem »Schleier des Nichtwissens« fällen.

Sie dürfen das Land, in dem Sie geboren werden, anhand eines einzigen Indikators wählen. Für diesen einen Indikator wird der Schleier etwas gelüftet. Beispiele für Indikatoren sind neben zahlreichen anderen die Jahresdurchschnittstemperatur, die Alphabetisierungsquote, die Länge des Straßennetzes, die Zahl der Inhaftierten, die Länge der Küste, die Höhe des höchsten Berges, die Zahl der frei zu empfangenden Fernsehprogramme, die Zahl der bisher bei olympischen Spielen gewonnenen Goldmedaillen – kurz, was immer Sie sich an messbaren Größen vorstellen können. Spräche nicht einiges dafür, das Land nach dem BIP pro Kopf zu wählen? Oder kennen Sie einen besseren Indikator, der eine gute Wahl im eigenen Interesse verspricht?

> **IN DIESEM KAPITEL**
>
> Präferenzen und Nutzenfunktionen
>
> Die Budgetrestriktion
>
> Das Haushaltsgleichgewicht

Kapitel 7
Das Haushaltsgleichgewicht

Präferenzen und Nutzenfunktionen

Wenn Sie eine Präferenz für A gegenüber B besitzen, heißt das auf Deutsch, Sie ziehen A gegenüber B vor. A und B können zum Beispiel Personen, Parteien, Situationen oder – was in der Mikroökonomie in der Regel angenommen wird – Güterbündel sein. Präferenz können Sie treffend mit »Vorliebe« übersetzen.

Präferenzaxiome

Hinsichtlich der Präferenzen trifft die herrschende Mikroökonomik vier grundlegende Annahmen (»Präferenzaxiome«):

1. **Vollständigkeit:** Die Haushalte sind in der Lage, beliebige Güterbündel miteinander zu vergleichen. Ein Güterbündel A ist entweder mindestens genauso gut wie B oder B ist mindestens genauso gut wie A. Wenn beides zutrifft, sind A und B gleich gut. *Kurz:* Ein Haushalt kann alle Situationen einschätzen. *Beispiel:* Carrie besitzt einen begehbaren Schuhschrank. Für zwei zufällig ausgewählte Paar Schuhe kann sie immer sagen, welches ihr besser gefällt, sofern ihr nicht beide gleich gut gefallen. Das gilt auch, wenn sich ihre Schuhsammlung vergrößert.

2. **Nichtsättigung:** Wenn ein Güterbündel A von mindestens einem Gut mehr, aber von keinem Gut weniger als ein Güterbündel B enthält, zieht ein Haushalt das Bündel A dem Bündel B vor. *Kurz:* Mehr ist besser. *Beispiel:* Carrie freut sich, wenn ihre Schuhsammlung um ein weiteres Paar Schuhe wächst.

3. **Transitivität:** Zieht ein Haushalt ein Güterbündel A einem Bündel B vor, das er seinerseits einem Bündel C vorzieht, dann wird er das Bündel A dem Bündel C vorziehen. *Kurz:* Der Haushalt trifft nachvollziehbare Entscheidungen. *Beispiel:* Carrie gefällt ein rotes Paar Schuhe besser als ein pinkfarbenes. Das pinkfarbene Paar findet sie besser als ein gelbes. Daraus lässt sich folgern, dass sie das rote Paar dem gelben vorzieht.

4. **Ausgewogenheit:** Wenn ein Haushalt zwei Güterbündel A und B als gleich gut einschätzt, dann zieht er ihnen ein »mittleres« Güterbündel C vor, das sich aus je der Hälfte der in A und B enthaltenen Güter zusammensetzt. *Kurz:* Haushalte präferieren ausgewogen zusammengesetzte Güterbündel. *Beispiel:* In einer Regalreihe in Carries Schuhkammer stehen ausschließlich Stiefeletten. In einer zweiten Reihe stehen ausschließlich Sandalen. Um Platz für neue Schuhe zu schaffen, hat sie beschlossen, sich von einer Regalreihe zu trennen. Sie kann sich jedoch nicht entscheiden, von welcher der beiden – der mit den Stiefeletten oder der mit den Sandalen. In diesem Fall wird es ihr leichter fallen, sich von jeweils einer halben Reihe zu trennen und eine je zur Hälfte mit Sandalen und Stiefeletten gefüllte Reihe zu behalten.

Diese vier **Präferenzaxiome** stellen sicher, dass ein Haushalt alle Güterbündel in eine Reihenfolge bringen kann. Ein präferiertes Güterbündel steht in dieser Reihe vor einem weniger präferierten. Gleich gute Güterbündel stehen an derselben Position.

Stellen Sie sich die Reihe als Warteschlange vor. Ganz vorn steht das beste Güterbündel, am Ende das schlechteste. Die Abstände zwischen den Bündeln spielen keine Rolle. Wie an der Kasse im Supermarkt: Wenn Herr Meier direkt vor Ihnen steht, kommen Sie als Erster nach Herrn Meier an die Reihe. Ob Sie Herrn Meier auf den Pelz rücken oder einen Meter Abstand zu ihm halten, ist für die Ordnung unerheblich.

Nutzenfunktionen

Eine **ordinale Nutzenfunktion** ordnet einem Güterbündel einen »Nutzenindexwert« zu, der im Folgenden einfach als Nutzen oder Nutzenwert bezeichnet wird. Im Warteschlangenbeispiel könnte ein entsprechender Index den Wert der in Zentimetern gemessenen Entfernung der Wartenden von der Kasse annehmen. Wenn Sie wissen, dass dieser Wert für Frau Müller kleiner ist als der von Herrn Meier, dann wissen Sie, dass Frau Müller vor Herrn Meier an die Reihe kommt. Zu demselben Resultat kämen Sie, wenn sie die Entfernungen in Millimetern oder Zoll messen würden. Selbst wenn Sie die gemessenen Entfernungswerte quadrieren würden, bliebe die Reihenfolge unverändert. Wartende mit einem kleineren Wert kommen eher an die Reihe.

In ähnlicher Weise ordnet eine **Nutzenfunktion** Güterbündeln Werte zu, die indizieren, an welcher Stelle sie in der Präferenzordnung stehen. Bündel mit einem höheren Nutzenwert werden Bündeln mit einem geringeren Nutzenwert vorgezogen. Üblicherweise werden Güterbündel betrachtet, die aus zwei Gütern X und Y bestehen. Der Nutzenwert U hängt von den Mengen x und y ab, die der Haushalt konsumiert:

$$(1) \quad U = f(x,y)$$

Beispiel: Die Nutzenfunktion eines Haushalts sei $U = x \cdot y$. Ein Güterbündel R, das von Gut X drei Einheiten und von Gut Y fünf Einheiten enthält, hat in diesem Fall einen Nutzen von 15. Alle Güterbündel mit Mengen der beiden Güter, die zu einem höheren Nutzenwert führen, zieht der Haushalt dem Güterbündel R vor. Das Güterbündel S zum Beispiel, das zehn Einheiten von Gut X und zwei Einheiten von Gut Y enthält, hat einen Nutzenwert von 20. Der Haushalt zieht es dem Bündel R vor.

Indifferenzkurven und ihre Eigenschaften

Die Beschränkung auf zwei Güter ermöglicht die grafische Darstellung von Präferenzen. Eine Kurve, auf der alle Güterbündel mit demselben Nutzenwert liegen, heißt **Indifferenzkurve**. Abbildung 7.1 zeigt zwei ausgewählte Indifferenzkurven mit typischem Verlauf. Der Haushalt findet die beiden Güterbündel A und B gleich gut.

Aufgrund der Präferenzaxiome gelten für Indifferenzkurven die folgenden Eigenschaften:

1. Es existieren **unendlich viele** Indifferenzkurven (Folge der Vollständigkeitsannahme).

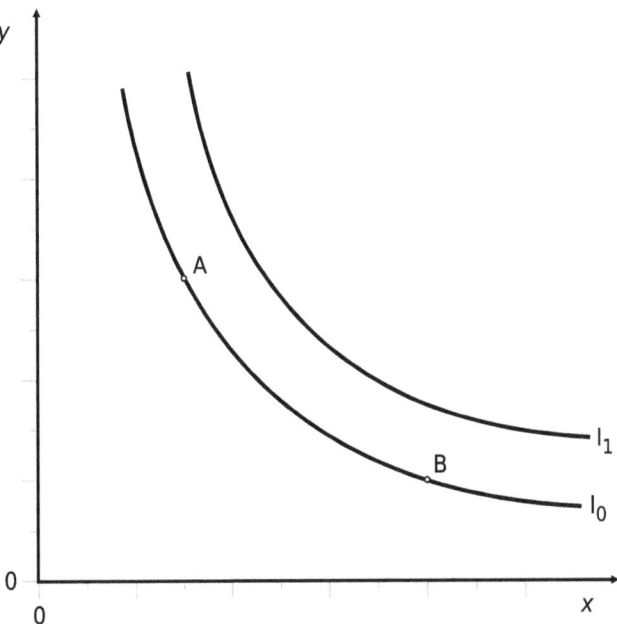

Abbildung 7.1: Typische Indifferenzkurven

2. Ein Güterbündel auf einer höheren Indifferenzkurve wird einem Güterbündel, das auf einer tieferen Indifferenzkurve liegt, vorgezogen (Folge der Nichtsättigungsannahme; in Abbildung 7.1 werden die Bündel, die auf der Indifferenzkurve I_1 liegen, Bündeln vorgezogen, die auf der Indifferenzkurve I_0 liegen).
3. Indifferenzkurven zeigen einen **fallenden** Verlauf (Folge der Nichtsättigungsannahme).
4. Indifferenzkurven **können sich nicht schneiden** (Folge der Transitivitätsannahme).
5. Indifferenzkurven verlaufen **konvex** (Folge der Ausgewogenheitsannahme).

»Konvexer Verlauf« bedeutet, dass eine (gedachte) Verbindungslinie zwischen zwei beliebigen Punkten A und B auf derselben Indifferenzkurve immer oberhalb der Kurve verläuft. Alle Güterbündel auf dieser Linie zieht der Haushalt den Bündeln A oder B am Anfang und Ende der Linie vor.

Die Grenzrate der Substitution

Die **Grenzrate der Substitution** informiert Sie, wie viele Einheiten des Gutes Y der Haushalt bei Indifferenz im Tausch gegen eine weitere Einheit des Gutes X aufgeben würde. Die Grenzrate der Substitution entspricht näherungsweise der Steigung der Indifferenzkurve.

Auch hier sind wieder zwei Definitionen möglich. Sie können die Grenzrate der Substitution als Austauschverhältnis der Güter bei Indifferenz oder als Steigung der Indifferenzkurve definieren. Bei einer »marginalen« (sehr kleinen) Änderung der Gütermenge stimmen die beiden Definitionen überein.

Da die (absolute) Steigung der Indifferenzkurve abnimmt (sie wird mit zunehmender Menge x flacher, siehe Abbildung 7.1), gilt das **Gesetz von der abnehmenden Grenzrate der Substitution**. Es handelt sich lediglich um eine andere Formulierung der Ausgewogenheitsannahme. Je mehr von Gut X der Haushalt (bei konstantem Nutzenniveau) ausgangs besitzt, desto weniger von Gut Y wird er aufgeben bereit sein, um eine weitere Einheit des Gutes X zu erhalten. Umgekehrt gilt: Je geringer ein Haushalt mit einem Gut ausgestattet ist, desto wertvoller ist es gemessen in Einheiten des anderen Gutes.

Wenn das erste Gossensche Gesetz für alle Güter gilt, muss die Grenzrate der Substitution abnehmen. Die Ausgewogenheitsannahme ist erfüllt. Umgekehrt ist die Gültigkeit des ersten Gossenschen Gesetzes jedoch keine notwendige Voraussetzung für eine abnehmende Grenzrate der Substitution.

Die Grenzrate der Substitution von X durch Y (»Wie viele Einheiten des Gutes Y tauscht der Haushalt bei Indifferenz für eine Einheit des Gutes X ein?«)

$$(2) \quad GRS_{X \text{ durch } Y} = - \frac{\text{Grenznutzen von X}}{\text{Grenznutzen von Y}} \qquad \left(\frac{dy}{dx} = - \frac{\frac{\partial U}{\partial x}}{\frac{\partial U}{\partial y}} \right)$$

entspricht dem (negativen) umgekehrten Wert der Grenznutzen der beiden Güter. Warum? Das machen Sie sich am einfachsten mit folgendem Gedanken klar: Wenn eine Einheit des Gutes Y einen halb so hohen Grenznutzen stiftet wie eine Einheit des Gutes X, dann sind Sie bei Indifferenz bereit, zwei Einheiten Y für eine zusätzliche Einheit X aufzugeben.

Besondere Indifferenzkurven

Zwei Grenzfälle verdienen Beachtung:

1. **Lineare Indifferenzkurven:** Die Güter sind **perfekte (vollkommene) Substitute** (die Güter gleichen sich wie ein Ei dem anderen und unterscheiden sich auch sonst in keinem relevanten Merkmal). Ihre Kreuzpreiselastizität ist unendlich hoch. *Beispiel*: italienische und spanische Tomaten.

2. **Rechtwinkelige Indifferenzkurven:** Die Güter sind **perfekte Komplemente**. Sie werden immer in einem festen Verhältnis zueinander benötigt. *Beispiel:* linke und rechte Strümpfe.

Die Budgetrestriktion

Die Budgetrestriktion beschreibt, welche Güterbündel sich ein Haushalt leisten kann. Mit einem Einkommen E und den Preisen p_x und p_y für die beiden Güter gilt:

$$(3) \quad E \geq p_x x + p_y y$$

Das Einkommen muss größer oder gleich der Summe der Ausgaben für die beiden Güter sein. Grafisch lässt sich die Restriktion als Budgetgerade im Güterdiagramm darstellen. Abbildung 7.2 zeigt ein Beispiel.

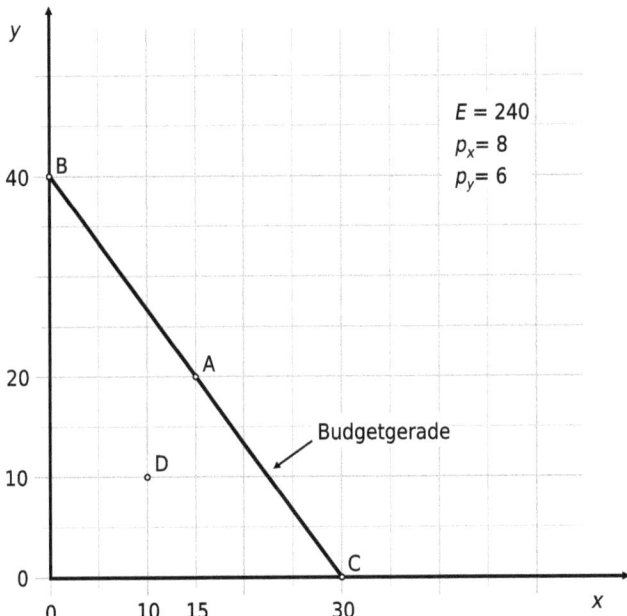

Abbildung 7.2: Budgetgerade

Zum Erwerb der Güterbündel A, B und C müsste der Haushalt sein gesamtes Einkommen aufwenden. Ebenso kann er sich Güterbündel wie D leisten, die unter der Budgetgerade liegen. Die Dreiecksfläche, die die Budgetgerade mit den Achsen bildet, heißt **Budgetraum**. In der Regel wird das Einkommen als der Betrag angenommen, den der Haushalt für Konsumausgaben plant. Entscheidungen, die das Sparen oder eine Kreditaufnahme (= Entsparen oder »negatives Sparen«) betreffen, sind also bereits gefallen. Sparentscheidungen lassen sich übrigens mit demselben Instrumentarium (Nutzenfunktionen und Budgetgeraden) analysieren, indem man in einem Zweiperiodenmodell ein Gegenwartsgut (= heutiger Konsum) und ein Zukunftsgut (= zukünftiger Konsum) betrachtet. Je nach Zinshöhe kann ein Haushalt Gegenwarts- gegen Zukunftskonsum eintauschen.

Die Budgetrade in Abbildung 7.2

- ✔ verschiebt sich parallel nach außen, wenn das Einkommen steigt,
- ✔ verschiebt sich in Richtung Ursprung, wenn das Einkommen sinkt,
- ✔ dreht sich im Uhrzeigersinn um C, wenn der Preis des Gutes Y sinkt,
- ✔ dreht sich im Uhrzeigersinn um B, wenn der Preis des Gutes X steigt,
- ✔ besitzt einen Anstieg von:

$$(4) \quad \frac{dy}{dx} = -\frac{p_x}{p_y}$$

Das Haushaltsgleichgewicht

Ein Haushalt befindet sich im **Haushaltsgleichgewicht** oder **Haushaltsoptimum**, wenn er das folgende Problem löst: »Maximiere deinen Nutzen unter Beachtung der Budgetrestriktion!«

Wie Sie dieses Problem analytisch lösen können, erfahren Sie im Top-Ten-Teil bei den Mathetipps unter der Überschrift »Die Lagrange-Methode anwenden – ein ›Kochrezept‹«.

Grafisch bedeutet dies für den Haushalt: »Suche die höchste erreichbare Indifferenzkurve, die mit deinem Budget vereinbar ist!« Sie lösen die Aufgabe für ihn mit einem Blick in Abbildung 7.3, die ausgewählte Indifferenzkurven und die Budgetgerade zeigt.

Den höchsten Nutzenwert erreicht der Haushalt mit dem Güterbündel P, bei dem **die Budgetgerade eine Indifferenzkurve tangiert**. Die Präferenzaxiome, allen voran die Ausgewogenheitsannahme, stellen sicher, dass ein Gleichgewicht existiert und dass es eindeutig ist.

Die Steigung der Indifferenzkurve ist die Grenzrate der Substitution (Gleichung 2). Der Anstieg der Budgetgerade wird durch das Preisverhältnis der Güter bestimmt (Gleichung 4). Da die Steigungen im Tangentialpunkt übereinstimmen (andernfalls wäre es ein Schnittpunkt), folgt als **formale Lösung des Optimierungsproblems**:

$$(5) \quad \frac{p_x}{p_y} = \frac{\text{Grenznutzen von X}}{\text{Grenznutzen von Y}} \qquad \left(\frac{p_x}{p_y} = \frac{\frac{\partial U}{\partial x}}{\frac{\partial U}{\partial y}} \right)$$

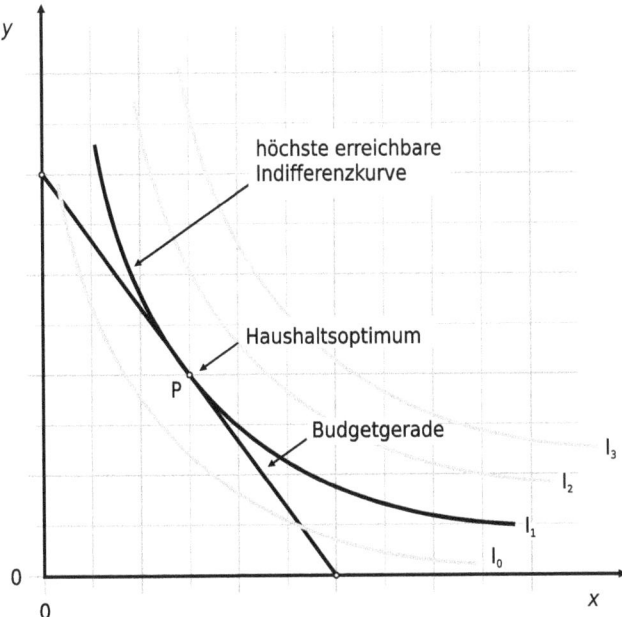

Abbildung 7.3: Das Haushaltsoptimum

Zweites Gossensches Gesetz:

✔ Analytisch: Im Haushaltsoptimum stimmt das Güterpreisverhältnis je zweier Güter mit ihrem Grenznutzenverhältnis überein.

✔ Grafisch: Der Haushalt maximiert seinen Nutzen, wenn er sich für das Güterbündel entscheidet, bei dem die Budgetgerade eine Indifferenzkurve tangiert.

Aufgaben

Aufgabe 1

Welche Besonderheit können Sie hinsichtlich der Präferenzen zweier Individuen A und B mit den Nutzenfunktionen $U_A = 2 \cdot \sqrt{x \cdot y \cdot z}$ und $U_B = 4 \cdot x \cdot y \cdot z$ feststellen?

Aufgabe 2

Erklären Sie anhand des Beispiels zweier Güterbündel A und B die »Ausgewogenheitsannahme«. Bündel A enthalte zwei Äpfel und acht Birnen, Bündel B sechs Äpfel und zwei Birnen.

Aufgabe 3

»Ein Haushalt zieht aufgrund der Ausgewogenheitsannahme ein Güterbündel, das zehn Einheiten des Gutes und zehn Einheiten des Gutes Y enthält, einem Güterbündel mit zwei Einheiten X und achtzehn Einheiten Y immer vor.«

Richtig oder falsch? Begründen Sie Ihre Antwort!

Die Ausgewogenheitsannahme wird auch Konvexitätsannahme oder »Gesetz von der abnehmenden Grenzrate der Substitution« genannt.

Aufgabe 4

Carrie gibt ihr Budget von 100 Geldeinheiten (GE) für Kleider (K) und Schuhe (S) aus. Ein Kleid kostet 20 GE, ein Paar Schuhe 25 GE. Die Abbildung gewährt mit ausgewählten Indifferenzkurven einen Einblick in Carries Präferenzen.

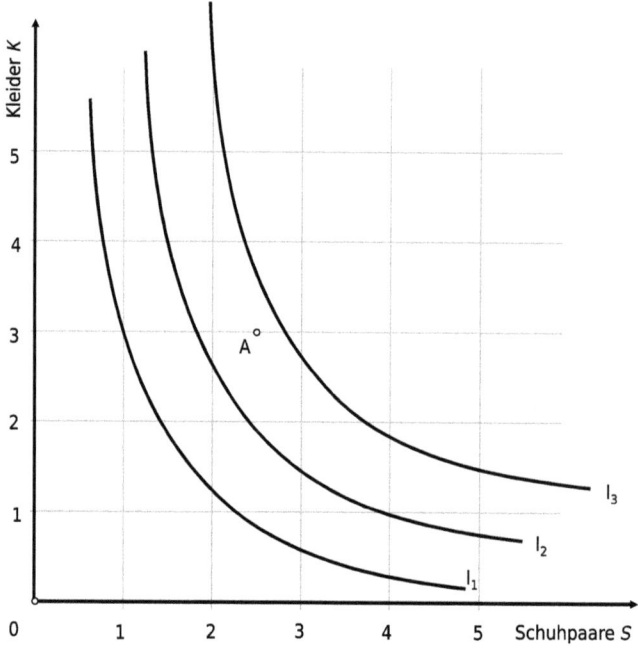

1. Ermitteln Sie grafisch, wie viele Kleider Carrie kauft!
2. Konstruieren Sie eine Indifferenzkurve, die durch Punkt A verläuft und eine Grenzrate zwischen Kleidern (K) und Schuhen (S) von minus zwei zeigt $\left[\frac{dK}{dS} = -2\right]$!

Aufgabe 5

Peter Post sammelt Briefmarken. Seine Nutzenfunktion lautet $U = (B+8) \cdot S$. Dabei steht B für die Menge an Briefmarken und S für die Menge sonstiger Güter. Peters Einkommen beträgt 200 Geldeinheiten. Briefmarken kosten pro Stück zwei Geldeinheiten. Die sonstigen Güter haben einen Preis von vier Geldeinheiten.

1. Bestimmen Sie das Haushaltsgleichgewicht!
2. Zieht Peter das Güterbündel $P = (B_P; S_P) = (7; 20)$ dem Güterbündel $Q = (B_Q; S_Q) = (12; 15)$ vor?
3. Angenommen, ausgangs besitzt Peter vier Einheiten der sonstigen Güter und vier Briefmarken. Mit wie vielen Briefmarken müssten Sie ihn für den Verlust einer Einheit der sonstigen Güter entschädigen?
4. Wie wird der von Ihnen unter 3 berechnete Wert allgemein genannt?

Aufgabe 6

Im Zwei-Güter-Modell mit den Gütern X_1 und X_2 lautet die Budgetrestriktion des Haushalts $x_2 = 140 - 0{,}5 x_1$. Der Preis des Gutes X_2 beträgt 7 Euro. Welchen Preis hat Gut X_1?

Aufgabe 7

Prüfen Sie jeweils, ob die Aussagen zutreffen oder nicht!

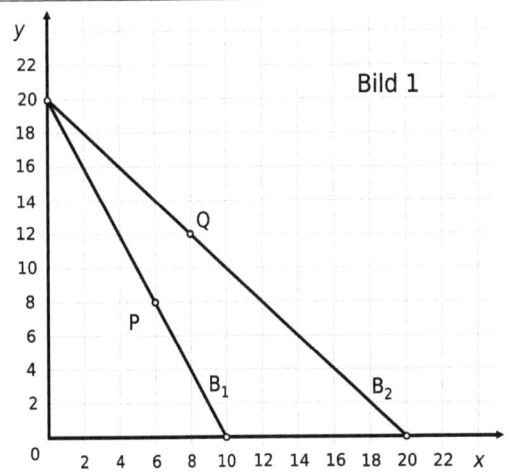

Bild 1, Aussage 1: Die Budgetgerade B_2 zeigt eine Situation, in der der Preis des Gutes X bei konstantem Einkommen doppelt so hoch ist wie in der Ausgangssituation, in der die Budgetgerade B_1 gilt.

Bild 1, Aussage 2: Wenn sich ein Haushalt in Situation 1 für das Güterbündel P entschieden hat, kann das Bündel Q in Situation 2 kein Haushaltsoptimum sein.

Bild 1, Aussage 3: Der Haushalt zieht das Güterbündel Q dem Güterbündel P vor.

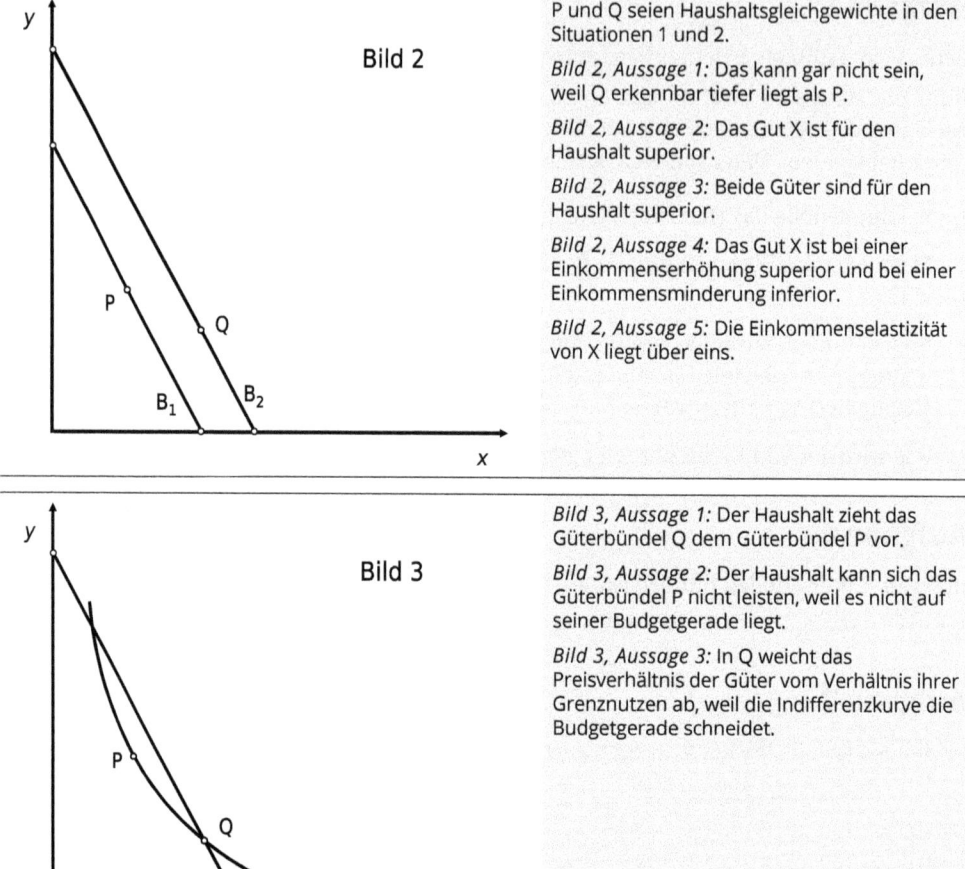

P und Q seien Haushaltsgleichgewichte in den Situationen 1 und 2.

Bild 2, Aussage 1: Das kann gar nicht sein, weil Q erkennbar tiefer liegt als P.

Bild 2, Aussage 2: Das Gut X ist für den Haushalt superior.

Bild 2, Aussage 3: Beide Güter sind für den Haushalt superior.

Bild 2, Aussage 4: Das Gut X ist bei einer Einkommenserhöhung superior und bei einer Einkommensminderung inferior.

Bild 2, Aussage 5: Die Einkommenselastizität von X liegt über eins.

Bild 3, Aussage 1: Der Haushalt zieht das Güterbündel Q dem Güterbündel P vor.

Bild 3, Aussage 2: Der Haushalt kann sich das Güterbündel P nicht leisten, weil es nicht auf seiner Budgetgerade liegt.

Bild 3, Aussage 3: In Q weicht das Preisverhältnis der Güter vom Verhältnis ihrer Grenznutzen ab, weil die Indifferenzkurve die Budgetgerade schneidet.

Aufgabe 8

Bevor Herr K. beschloss abzunehmen, war seine Nutzenfunktion $U = 3S^{0,5}A^{0,5}$, wobei S für seine Konsummenge an Schokolade und A für seinen Apfelkonsum steht. Der Preis für ein Kilogramm Schokolade beträgt $p_S = 4$, der Preis für ein Kilogramm Äpfel p_A zwei Geldeinheiten. Herr K. gibt jeden Monat 200 Geldeinheiten für Äpfel und Schokolade aus. Nach seinem Entschluss ist die Nutzenfunktion von Herrn K. $U = 4S^{0,25}A$.

Wie viel Kilogramm Schokolade isst Herr K weniger?

Aufgabe 9

»Wenn für zwei Güter das erste Gossensche Gesetz gilt, dann gilt für diese beiden Güter auch das Gesetz von der abnehmenden Grenzrate der Substitution.«

Richtig oder falsch?

Tipp: Versuchen Sie, ein Gegenbeispiel zu konstruieren, bei dem die Grenzrate der Substitution konstant ist!

Aufgabe 10

»Wenn die Grenzrate der Substitution von Gut X durch Gut Y abnimmt, dann nimmt die Grenzrate der Substitution von Gut Y durch Gut X zu.«

Richtig oder falsch?

Aufgabe 11

Die Präferenzen eines Haushalts hinsichtlich der Güter X und Y werden durch die Nutzenfunktion $U = x^2 + y^2$ beschrieben.

1. Ist die Nutzenfunktion vereinbar mit der Nichtsättigungsannahme? Begründen Sie Ihre Antwort!

2. Die Güterbündel A, B und C enthalten die in der Tabelle angegebenen Mengen x und y der beiden Güter. Überprüfen Sie anhand dieser Bündel, ob die Nutzenfunktion der »Ausgewogenheitsannahme« (= Gesetz von der abnehmenden Grenzrate der Substitution) genügt!

Bündel	x	y
A	6	8
B	8	6
C	7	7

3. Da x und y »symmetrisch« und »additiv« in die Nutzenfunktion eingehen, stellen die beiden Güter vollkommene Substitute dar. Richtig oder falsch? Begründen Sie Ihre Antwort!

4. Ein zweiter Haushalt mit der Nutzenfunktion $U = 2 \cdot \left(x^2 + y^2 \right)$ ist mit jeweils der Hälfte der Gütermengen so zufrieden wie der Haushalt mit der Nutzenfunktion $U = x^2 + y^2$. Richtig oder falsch? Begründen Sie Ihre Antwort!

Aufgabe 12

Nehmen Sie an, bedürftige Haushalte ohne eigenes Einkommen erhalten staatliche Transferleistungen von 480 Euro je Periode. Sie kaufen davon Lebensmittel L und sonstige Güter S. Lebensmittel kosten je Einheit 12 Euro, sonstige Güter 8 Euro.

Die bedürftigen Haushalte sollen zukünftig besser unterstützt werden. Anstatt die Transferleistungen zu erhöhen, entscheidet sich die Regierung jedoch für Lebensmittelgutscheine. Jeder bedürftige Haushalt erhält 20 Gutscheine je Periode. Ein Gutschein berechtigt zum Bezug einer Lebensmitteleinheit. Lebensmittelgutscheine dürfen nicht gehandelt werden. Die angedrohte Strafe für Zuwiderhandlungen fällt so drakonisch aus, dass die Haushalte das Verbot befolgen.

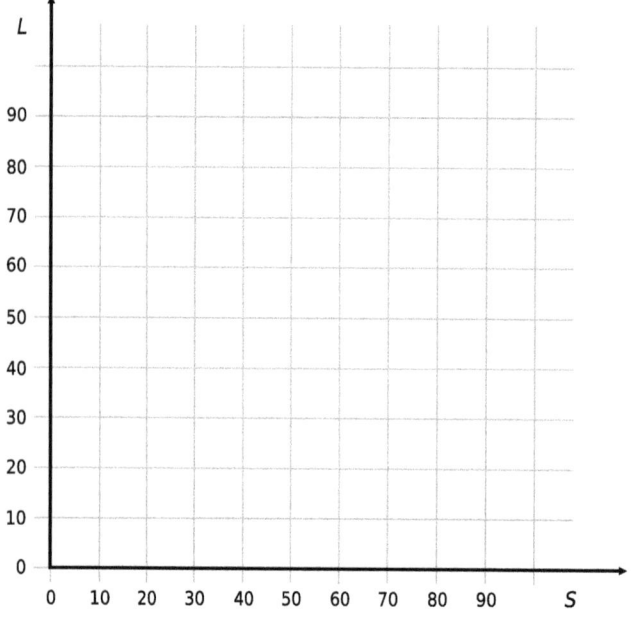

1. Nutzen Sie das vorbereitete Diagramm und konstruieren Sie die Budgetrestriktion für einen bedürftigen Haushalt in der Ausgangssituation!

2. Zeichnen Sie die Änderung ein, die sich durch die Ausgabe der Lebensmittelgutscheine ergibt!

3. Warum ziehen manche Empfänger eine Barauszahlung in Höhe des Gegenwertes der Gutscheine den Gutscheinen vor? Um welche Haushalte handelt es sich?

Lösungen

Lösung Aufgabe 1

Die beiden Individuen besitzen identische Präferenzordnungen. Liefert ein Güterbündel nach der Nutzenfunktion des Individuums A einen höheren Nutzenwert als ein zweites, dann zieht auch Individuum B dieses Güterbündel dem zweiten Güterbündel vor. Die Werte der Nutzenfunktion von B gehen durch eine positive monotone Transformation aus denen von A hervor: $U_B = (U_A)^2$. Mit anderen Worten: Die beiden Nutzenfunktionen ordnen Güterbündel in derselben Reihenfolge.

Lösung Aufgabe 2

Bei der Annahme der »Ausgewogenheit der Präferenzen« handelt es sich um eines der Axiome hinsichtlich der Präferenzen der Individuen. Ein Individuum präferiert ein ausgewogen zusammengesetztes Güterbündel gegenüber zwei extremen Bündeln, zwischen denen es indifferent ist.

Bündel A enthält zwei Äpfel und acht Birnen, Bündel B sechs Äpfel und zwei Birnen. Der Haushalt sei zwischen den beiden Bündeln indifferent. »Ausgewogen« heißen dann alle Bündel C, die sich nach der Formel

$$C = \lambda A + (1-\lambda) B = \lambda \begin{pmatrix} 2 \\ 8 \end{pmatrix} + (1-\lambda) \begin{pmatrix} 6 \\ 2 \end{pmatrix} \quad \text{mit } 0 < \lambda < 1$$

berechnen lassen. C enthält die gewichteten arithmetischen Mittelwerte der Mengen in den Bündeln A und B.

Als »am ausgewogensten« kann das Bündel mit den einfachen (ungewichteten) arithmetischen Obst-Mittelwerten gelten:

$$D = 0{,}5 \cdot A + 0{,}5 \cdot B = \begin{pmatrix} 1 \\ 4 \end{pmatrix} + \begin{pmatrix} 3 \\ 1 \end{pmatrix} = \begin{pmatrix} 4 \\ 5 \end{pmatrix}$$

Dieses Bündel mit fünf Äpfeln und vier Birnen präferiert der Haushalt sowohl gegenüber dem Bündel A als auch gegenüber dem Bündel B.

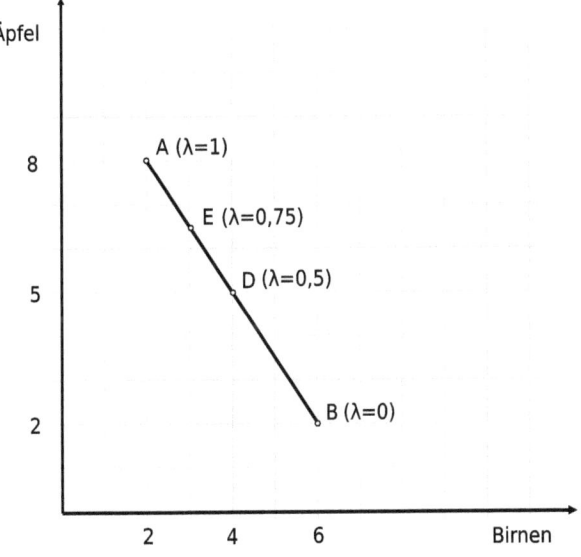

Das gilt ebenso für alle anderen Güterbündel, die zwischen A und B liegen (siehe Abbildung). Genau in der Mitte findet sich das einfache arithmetische Mittel (D). E zeigt das Bündel, in dem A dreimal so stark gewichtet ist wie B.

Lösung Aufgabe 3

Die Aussage ist falsch. Wie die Grafik zeigt, kann das Güterbündel A, das aus achtzehn Y und zwei X besteht, für einen Haushalt ohne Weiteres besser sein als das Bündel B mit zehn Y und zehn X. Der Haushalt zieht das Bündel A dem Bündel B vor, weil Bündel A auf einer höheren Indifferenzkurve liegt. Wie Sie am Verlauf der Indifferenzkurven erkennen, sind alle üblichen Annahmen hinsichtlich der Präferenzen erfüllt.

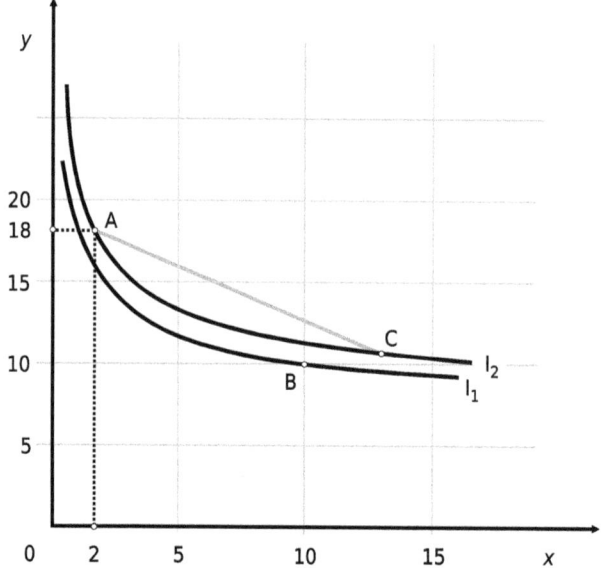

Die Ausgewogenheitsannahme besagt nicht, dass *jedes* ausgewogene Güterbündel besser ist als *irgendein* unausgewogenes Güterbündel. Sonst müssten ein Porsche® und neun Hühnereier schlechter sein als fünf Porsche® und fünf Hühnereier. Wer tauscht freiwillig vier Porsche® gegen vier Hühnereier?

Die Aussage in der Aufgabenstellung ist schon allein aufgrund der fehlenden Information über die Art der Güter x und y unhaltbar.

 So interpretieren Sie die Ausgewogenheitsannahme richtig: Ist ein Haushalt zwischen zwei Güterbündeln A und C indifferent (siehe Diagramm), werden diesen beiden »extremen« (= am Rande liegenden) Güterbündeln alle Güterbündel vorgezogen, die auf ihrer Verbindungslinie liegen, also vergleichsweise ausgewogen zusammengesetzt sind. Die Güterbündel auf der Verbindungslinie sind in dem Sinne »ausgewogen« zusammengesetzt, dass sie gewichtete arithmetische Mittel (»Linearkombinationen«) der beiden Güterbündel A und C sind.

Lösung Aufgabe 4

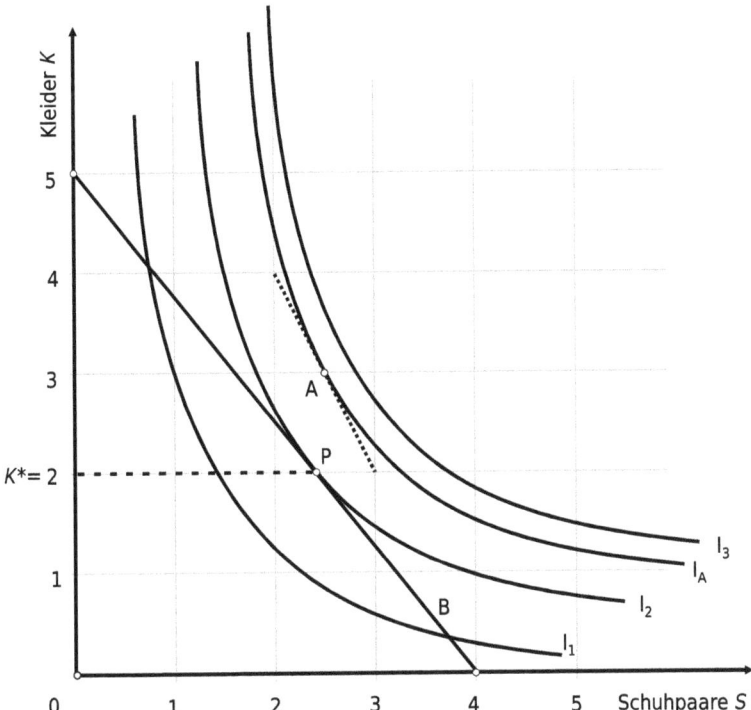

1. Um das Haushaltsoptimum zu finden, konstruieren Sie die Budgetgerade B (siehe Abbildung). Deren Endpunkte finden Sie über die maximalen Mengen der beiden Güter, die Carrie von ihrem Budget kaufen könnte, würde sie keinen Cent für das jeweilige andere Gut ausgeben. Im Haushaltsoptimum P tangiert die Budgetgerade die höchste erreichbare Isonutzenkurve (= Indifferenzkurve) I_2. Aus der Grafik können Sie ablesen, dass Carrie zwei Kleider kauft ($K^*=2$) und ungefähr zweieinhalb Paar Schuhe – wonach aber nicht gefragt ist. Um genau zu sein, sie kauft 2,4 Paar Schuhe. Das können Sie mit Carries Budgetrestriktion nachrechnen. Wenn Sie es »komisch« finden, dass Carrie 4,8 Schuhe kauft, schlagen Sie bitte das Stichwort »Teilbarkeitsannahme« nach.

2. Die Indifferenzkurve muss in Punkt A eine Steigung von −2 aufweisen. Das ist hier der Fall, wie die grauen Hilfslinien zusammen mit der gepunktet eingezeichneten Gerade erkennen lassen. Daneben ist zu beachten, dass die Indifferenzkurve I_A fallend und konvex verlaufen muss. Außerdem darf sie die Indifferenzkurven I_2 und I_3 nicht schneiden.

Lösung Aufgabe 5

1. Im Haushaltsoptimum ist das Verhältnis der Grenznutzen gleich dem Preisverhältnis der Güter.

$$\frac{\text{Grenznutzen von } S}{\text{Grenznutzen von } B} = \frac{\text{Preis von } S}{\text{Preis von } B}$$

$$\frac{\frac{\partial U}{\partial S}}{\frac{\partial U}{\partial B}} = \frac{p_S}{p_B}$$

$$\frac{B+8}{S} = \frac{4}{2};$$

$$S = \frac{1}{2}B + 4$$

Zudem muss die Budgetrestriktion erfüllt sein:

$$E = p_S S + p_B B$$
$$200 = 4S + 2B$$
$$B^* = 46$$
$$S^* = 27$$

Peter kauft 46 Briefmarken und 27 Einheiten der sonstigen Güter.

Alternativer Lösungsweg (»Einsetzmethode«): Sie lösen die Budgetgleichung nach der Menge eines der beiden Güter auf, hier nach B:

$$200 = 4S + 2B$$
$$B = 100 - 2S$$

und substituieren anschließend in der Nutzenfunktion B durch den gefundenen Ausdruck:

$$U = \big((100 - 2S) + 8\big) \cdot S$$
$$U = 108S - 2S^2$$

So erreichen Sie, dass die Zielfunktion (= Nutzenfunktion) unter Berücksichtigung der Nebenbedingung (= Budgetgerade) nur noch von einer Variablen beeinflusst wird. Die optimale Menge S finden Sie, indem Sie die erste Ableitung der Funktion gleich null setzen:

$$U' = 108 - 4S \stackrel{!}{=} 0$$
$$S^* = 27$$

Auf den ersten Blick scheint die Lösung der Aufgabe mit der »Einsetzmethode« einfacher. Das gilt aber nicht generell. Verwenden Sie lieber den Lösungsansatz »Grenznutzenverhältnis gleich Preisverhältnis der Güter«. Bei den oft verwendeten Nutzenfunktionen vom Cobb-Douglas-Typ führt er Sie zuverlässiger zum Ziel.

2. Güterbündel P: $U(P) = (B+8) \cdot S = (7+8) \cdot 20 = 300$

   Güterbündel Q: $U(Q) = (B+8) \cdot S = (12+8) \cdot 15 = 300$

   Peter ist indifferent zwischen P und Q, da beide Güterbündel den gleichen Nutzenwert besitzen.

3. Peters Nutzen beträgt $U = (4+8) \cdot 4 = 48$, wenn er vier Briefmarken und vier Einheiten sonstige Güter konsumiert. Sie müssen also ermitteln, welche Menge B ebenfalls zu einem Nutzen von 48 führt, wenn nur noch drei Einheiten der sonstigen Güter zur Verfügung stehen:

$$(B+8) \cdot 3 = 48$$
$$B = 8$$

Peter muss für den Verlust der vierten Einheit der sonstigen Güter mit vier Briefmarken entschädigt werden, da die Menge der Briefmarken B von vier auf acht steigen muss, um Peters Nutzen konstant zu halten.

4. Es handelt sich um die Grenzrate der Substitution.

Lösung Aufgabe 6

Die Aufgabe lässt Sie unter Umständen einen Moment stutzen. Müssten Sie nicht die Höhe des Haushaltseinkommens kennen, um die Lösung auffinden zu können?

Klar, müssen Sie. Aber Sie kennen sie auch. Denn wenn der Haushalt das Gut X_1 gar nicht konsumieren würde, könnte er sich 140 Einheiten von X_2 leisten:

(1) $x_2(x_1 = 0) = 140 - 0{,}5 \cdot 0$

(2) $x_2(x_1 = 0) = 140$

Er gäbe sein gesamtes Einkommen also für 140 Einheiten des Gutes X_2 aus. Da das Gut einen Preis von 7 Euro hat, beträgt das Einkommen 980 Euro (= 7 × 140).

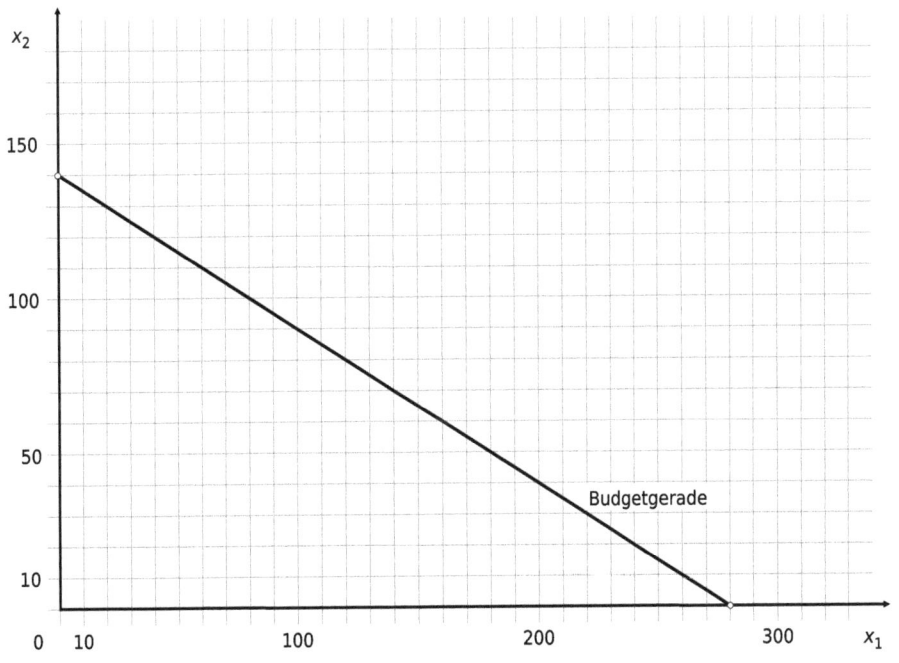

Um die maximale Menge x_1^{max} zu berechnen, die sich der Haushalt von Gut X_1 leisten kann, wird unterstellt, dass er kein X_2 konsumiert:

$$(3) \quad 0 = 140 - 0{,}5 x_1^{max}$$

$$(4) \quad x_1^{max} = 280$$

Mit E als Symbol für das Einkommen beträgt der Preis demzufolge:

$$(5) \quad p_1 = \frac{E}{x_1^{max}} = \frac{980}{280} = 3{,}50$$

Die Antwort lautet also: Der Preis des Gutes X_1 beträgt 3,50 Euro.

Die Abbildung zeigt die Budgetgerade.

Ein schnellerer Lösungsweg:

Wie Sie sich bestimmt erinnern, entspricht die Steigung der Budgetgerade dem Preisverhältnis der Güter. Wie Sie in der Gleichung der Budgetgerade aus der Aufgabenstellung ablesen können, beträgt die (absolute) Steigung 0,5. Der Preis des Gutes X_1 ist folglich halb so hoch wie der Preis des Gutes X_2:

Sie stellen die allgemeine Gleichung der Budgetgerade

$$(6) \quad E = p_1 x_1 + p_2 x_2$$

nach x_2 um:

$$(7) \quad x_2 = \frac{E}{p_2} - \underbrace{\frac{p_1}{p_2}}_{\text{Steigung der Budgetgerade}} \cdot x_1$$

Das Preisverhältnis ist:

$$(8) \quad \frac{p_1}{p_2} = 0{,}5$$

Der Preis des Gutes X_2 mit 7 Euro gegeben ist, muss der Preis des Gutes X_1 3,50 Euro betragen.

Lösung Aufgabe 7

Bild 1, Aussage 1: Die Aussage ist **falsch**. Der Preis des Gutes X hat sich halbiert. Daher kann sich der Haushalt im Vergleich zur Ausgangssituation bei konstanter Menge Y jeweils die doppelte Menge X leisten.

Bild 1, Aussage 2: Die Aussage ist **falsch**. Beide Situationen können Haushaltsoptima sein. Es wird kein Präferenzaxiom verletzt.

Bild 1, Aussage 3: Die Aussage ist aufgrund der Nichtsättigungsannahme **richtig**. Das Güterbündel Q enthält von beiden Gütern mehr als das Bündel P.

Bild 2, Aussage 1: Die Aussage ist **falsch**. B_2 geht durch B_1 erkennbar durch eine Parallelverschiebung hervor. Es handelt sich also um eine Einkommenserhöhung. Es gibt keinen Grund, warum der Konsum des Gutes Y bei einem Einkommensanstieg nicht sinken sollte. Das Gut Y wäre in diesem Fall inferior.

Bild 2, Aussage 2: Die Aussage ist **richtig**, weil Gut X infolge des Einkommensanstiegs vermehrt konsumiert wird.

Bild 2, Aussage 3: Die Aussage ist **falsch**, da in diesem Fall der Konsum beider Güter zunehmen müsste. Der Konsum des Gutes Y geht aber zurück.

Bild 2, Aussage 4: Die Aussage ist nicht nur **falsch**, sondern Unfug. Für einen Haushalt kann am gleichen Ort zur gleichen Zeit ein Gut nicht sowohl inferior als auch superior sein.

Bild 2, Aussage 5: Die Aussage ist **richtig**. Da der Konsum von Y sinkt, steigt der Konsum des Gutes X proportional stärker an als das Einkommen.

Bild 3, Aussage 1: Die Aussage ist **falsch**. Die Güterbündel liegen auf derselben Indifferenzkurve. Also sieht sie der Haushalt als gleichwertig an.

Bild 3, Aussage 2: Die Aussage ist **falsch**. Der Haushalt kann sich Güterbündel leisten, die auf oder unter der Budgetgerade liegen.

Bild 3, Aussage 3: Die Aussage ist **richtig**. Das Verhältnis der Grenznutzen entspricht der (negativen, umgekehrten) Steigung der Indifferenzkurve. Das Preisverhältnis der Güter entspricht der Steigung der Budgetgerade. Da die Indifferenzkurve die Budgetgerade in Q schneidet, stimmen ihre Steigungen nicht überein.

Lösung Aufgabe 8

Es sind zwei Haushaltsoptima zu bestimmen. In beiden Fällen lautet die Budgetrestriktion $200 = 4S + 2A$, da sich Preise und Einkommen nicht ändern.

Die Bedingung für ein Haushaltsgleichgewicht liefert das zweite Gossensche Gesetz. Das Verhältnis der Grenznutzen muss dem Güterpreisverhältnis entsprechen:

$$\frac{\partial U / \partial A}{\partial U / \partial S} = \frac{p_A}{p_S}$$

In der Ausgangssituation:

$$\frac{0,5 \cdot 3 \cdot S^{0,5} A^{0,5} A^{-1}}{0,5 \cdot 3 \cdot S^{0,5} S^{-1} A^{0,5}} = \frac{2}{4}$$

$$\frac{0,5 \cdot U \cdot A^{-1}}{0,5 \cdot U \cdot S^{-1}} = \frac{1}{2}$$

$$A = 2S$$

Herr K. konsumiert also doppelt so viel Kilogramm Äpfel wie Schokolade. Die gefundene Gleichung beschreibt seinen »Einkommensexpansionspfad« im Apfel-Schokoladen-Diagramm. Der Einkommensexpansionspfad wird auch Einkommens-Konsum-Kurve genannt und im nächsten Kapitel besprochen.

Ist die Nutzenfunktion vom Cobb-Douglas-Typ, ist der Einkommensexpansionspfad eine Gerade durch den Ursprung. In diesem Fall beträgt die Einkommenselastizität beider Güter eins.

Einsetzen in die Budgetrestriktion liefert:

$$200 = 4S + 2(2S)$$
$$S = 25$$

Somit konsumiert Herr K. vor seinem Entschluss abzunehmen monatlich 25 Kilogramm Schokolade und 50 Äpfel.

Für die Situation nach seinem Entschluss müssen Sie die Berechnung mit der neuen Nutzenfunktion vollkommen analog durchführen:

$$\frac{4 \cdot S^{0,25}}{0,25 \cdot 4 \cdot S^{-0,75} A} = \frac{2}{4}$$
$$\frac{S}{0,25 \cdot A} = \frac{1}{2}$$
$$8S = A$$

Die Konsumstruktur von Herrn K. ändert sich erwartungsgemäß in Richtung Äpfel. Der Einkommensexpansionspfad im Güterdiagramm dreht sich im Ursprung in Richtung der »Apfelachse«.

Einsetzen in die Budgetrestriktion:

$$200 = 4S + 2(8S)$$
$$S = 10$$

Herr K. isst nun nur noch 10 Kilogramm Schokolade, aber dafür 80 Äpfel im Monat. Sein Schokoladenkonsum sinkt um 15 Kilogramm.

Die Bearbeitung dieser Aufgabe übt Sie in der Berechnung des Haushaltsoptimums. Dazu eignet sie sich gut. Weniger »schön« ist die Annahme, Herrn K.s Nutzenfunktion habe sich durch seinen Beschluss abzunehmen verändert. Mit sich ändernden Präferenzen kann man alles erklären, aber kaum belegen. Präferenzänderungen lassen sich kaum beobachten. Deswegen sind Erklärungen geänderten Verhaltens, die auf angeblichen Präferenzänderungen aufbauen, eher schwach.

Die Aufgabe lässt sich auch gut mit der Lagrange-Methode lösen, die in dem Kapitel mit Mathetipps im Top-Ten-Teil vorgestellt wird. Mit der Nutzenfunktion in der Ausgangssituation lautet die Lagrange-Funktion:

$$L = 3S^{0,5}A^{0,5} + \lambda(200 - 2A - 4S)$$

Lösung Aufgabe 9

Die Aussage ist falsch, auch wenn man intuitiv dazu neigt, ihr zuzustimmen. Eine abnehmende Grenzrate der Substitution lässt sich inhaltlich nämlich sehr ähnlich begründen wie das erste Gossensche Gesetz: Je mehr man von einem Gut X besitzt, desto weniger Einheiten benötigt man von dem anderen Gut Y als Kompensation, um Indifferenz zu gewährleisten (= auf derselben Indifferenzkurve bleiben), wenn eine Einheit X aufgegeben wird.

Das Gegenbeispiel $U = \sqrt{x+y}$ zeigt jedoch, dass eine konstante Grenzrate der Substitution möglich ist, obwohl für beide Güter der Grenznutzen abnimmt. Die Nutzenfunktion zeigt für beide Güter einen sinkenden Grenznutzen (was Sie formal über die Berechnung der zweiten Ableitung überprüfen können). Zugleich ist die Grenzrate der Substitution konstant minus eins, denn der Nutzen bleibt konstant, wenn der Haushalt für den Verlust von einer Einheit des Gutes X mit einer Einheit des Gutes Y kompensiert wird.

Lösung Aufgabe 10

Die Aussage ist falsch. Die Grenzrate der Substitution nimmt in beiden Richtungen ab. Sonst würde die Gültigkeit des »Gesetzes von der abnehmenden Grenzrate der Substitution« davon abhängen, an welcher Achse im Güterdiagramm welches Gut abgetragen wird.

Die Aussage klingt plausibel, ist aber trotzdem falsch. Mehr Klarheit schaffen etwas ausführlichere Formulierungen:

- ✔ Die Grenzrate der Substitution von Gut X durch Gut Y nimmt mit steigender Menge des Gutes X ab.
- ✔ Die Grenzrate der Substitution von Gut Y durch Gut X nimmt mit steigender Menge des Gutes Y ab.

Lösung Aufgabe 11

1. Die Nichtsättigungsannahme wird von der Nutzenfunktion erfüllt. Für beide Güter ist der Grenznutzen positiv. Am Beispiel des Gutes X stellen Sie dies durch die erste partielle Ableitung der Nutzenfunktion nach x fest: $\frac{\partial U}{\partial x} = 2x > 0$. Weniger technisch: Wenn Sie die Menge x in der Nutzenfunktion erhöhen, steigt der Nutzenwert U an.

2. Die Ausgewogenheitsannahme wird verletzt. Im Vergleich zu den Bündeln A und B, zwischen denen der Haushalt indifferent ist (A und B haben den gleichen Nutzen), ist das Bündel C ausgewogen zusammengesetzt. »Ausgewogener« kann es gar nicht sein, denn Güterbündel C enthält gerade die durchschnittlichen Mengen der Güterbündel A und B: $C = \frac{1}{2}A + \frac{1}{2}B$. Bei »ausgewogenen Präferenzen« müsste $U(C) > U(A) = U(B)$ gelten. Das ist aber nicht der Fall, da sich für Bündel C nur ein Nutzen von 98 ergibt, für A und B aber jeweils ein Wert von 100.
   Erklärung: Die Indifferenzkurven der Nutzenfunktion verlaufen nicht konvex, sondern konkav. Die Indifferenzkurven der Nutzenfunktion beschreiben Kreise, deren Mittelpunkte im Koordinatenursprung liegen und deren Radius mit dem Nutzenwert zunimmt.

3. Nein, die beiden Güter sind keine perfekten Substitute. Im Fall perfekter Substitute müssten die drei Güterbündel einen gleich hohen Nutzen stiften. Wie bereits berechnet, gilt jedoch $U(A) = U(B) > U(C)$.

4. Nein, die Aussage ist falsch. Die beiden Haushalte besitzen identische Präferenzen. Die absolute Höhe der Nutzen ist ohne Bedeutung, da sich der Nutzen nicht messen lässt. Selbst im Fall der Annahme kardinal messbaren Nutzens wäre die Aussage falsch. Der zweite Haushalt erreicht mit den jeweils halben Gütermengen nur einen halb so hohen Nutzenwert wie der erste.

Lösung Aufgabe 12

1. In der Ausgangssituation gilt die Budgetgerade mit den Endpunkten A und B. Die Achsenabschnitte bestimmen Sie, indem Sie überlegen, welche Mengen Lebensmittel L ($= 480 \div 12$) und sonstige Güter S ($= 480 \div 8$) der Haushalt mit 480 Euro maximal erwerben kann.

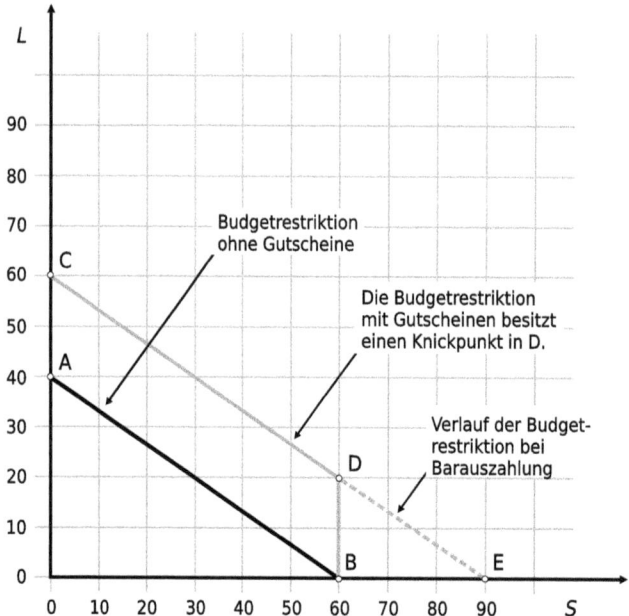

2. Der Haushalt kann nun zwanzig Einheiten Lebensmittel mehr erwerben als in der Ausgangssituation. Die maximale Menge an sonstigen Gütern, die er sich kaufen kann, ändert sich nicht, da er die Gutscheine ausschließlich für Lebensmittel verwenden kann. Seine neue Budgetgerade verläuft von C über den Knickpunkt D nach B.

3. Eine Barauszahlung würde den Budgetraum und damit die Konsummöglichkeiten der Empfänger vergrößern. Die Restriktion verlöre ihren Knick und verliefe von C nach E. Haushalten, deren Haushaltsoptimum im Bereich CD liegt, kann das einerlei sein, sofern sie nicht der Wahlmöglichkeit an sich einen Wert beimessen. Sie könnten sich bevormundet fühlen. Haushalte mit einer ausgeprägten Präferenz für sonstige Güter, deren Haushaltsoptimum bei Barauszahlung im Bereich DE liegt, ziehen die Barauszahlung der Ausgabe von Gutscheinen vor.

> **IN DIESEM KAPITEL**
>
> Die Einkommensnachfragefunktion
>
> *Die* Nachfragefunktion
>
> Die Kreuznachfragefunktion

Kapitel 8
Nachfragefunktionen

Wenn

- sich der Preis eines Gutes ändert,
- sich der Preis eines anderen Gutes ändert oder
- sich das Einkommen ändert,

dann ändert sich regelmäßig auch die nachgefragte Menge nach diesem Gut. Wenn man diese drei Änderungen jeweils isoliert voneinander betrachtet, lassen sich die wichtigsten drei speziellen Nachfragefunktionen gewinnen:

- *die* Nachfragefunktion $(x = f(p_x))$,
- die Engel-Kurve oder Einkommensnachfragefunktion $(x = f(E))$ und
- die indirekte oder Kreuznachfragefunktion $(x = f(p_y))$.

Die dazu eingesetzte Methode ist Ihnen aus Kapitel 4 unter dem Namen »komparative Statik« bekannt. Um zum Beispiel die Einkommensnachfragefunktion zu ermitteln, werden einfach Haushaltsgleichgewichte, die sich bei unterschiedlichen Einkommen einstellen, einander gegenübergestellt, während alle anderen Einflussgrößen konstant gehalten werden (»ceteris paribus«).

Die Einkommensnachfragefunktion

Ihr Einkommen ist kürzlich gestiegen? Herzlichen Glückwunsch! Dann hat sich – ceteris paribus jedenfalls – Ihre Budgetgerade parallel nach außen verlagert und Ihr Budgetraum entsprechend vergrößert. Die dadurch ausgelöste Wirkung auf die optimale Konsummenge eines Gutes heißt Einkommenseffekt.

Einkommenseffekt

Eine Einkommenssteigerung kann die Nachfrage nach einem bestimmten Gut unterschiedlich beeinflussen:

 Sie müssen mit dem Begriff der **Einkommenselastizität** aus Kapitel 5 vertraut sein. *Kurze Erinnerung:* Sie gibt an, um wie viel Prozent sich die Nachfrage nach einem Gut verändert, wenn das Einkommen um ein Prozent steigt.

✔ Sie kaufen **mehr** als bisher: Das Gut ist »normal« oder »superior«. Seine Einkommenselastizität ist positiv.

- Der Konsum steigt **relativ stärker** als das Einkommen: Das Gut ist ein **Luxusgut**. Seine Einkommenselastizität liegt über eins. *Typisches Beispiel:* Champagner.
- Der Konsum steigt **relativ schwächer** als das Einkommen: Das Gut ist »relativ inferior«. Seine Einkommenselastizität liegt zwischen null und eins. *Typisches Beispiel:* Brot und Backwaren.
- Der Konsum steigt **proportional** zum Einkommen. Die Einkommenselastizität des Gutes beträgt eins. Es ist »einheitselastisch«. *Typisches Beispiel (etwa in diesem Bereich):* Bekleidung.

✔ Sie kaufen **genauso viel** wie bisher. Die Einkommenselastizität des Gutes beträgt null. *Typisches Beispiel:* Speisesalz.

✔ Sie kaufen **weniger** als bisher: Das Gut ist »absolut inferior«. Seine Einkommenselastizität ist negativ. *Typisches Beispiel:* Kartoffeln.

Die Vielfalt der möglichen Effekte spiegelt sich in unterschiedlichen Verläufen der **Einkommens-Konsum-Kurve** (siehe Abbildung 8.1) wider. Über deren Gestalt lässt sich ohne Kenntnis der Präferenzen des Haushalts nichts Konkretes sagen. Sie verbindet die Haushaltsoptima bei alternativen Einkommen.

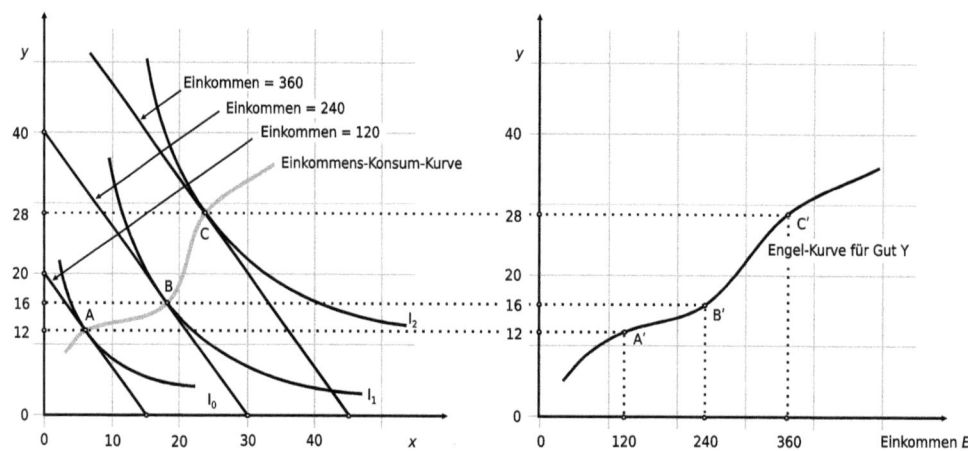

Abbildung 8.1: Herleitung der Engel-Kurve aus der Einkommens-Konsum-Kurve

Engel-Kurve

Aus der Einkommens-Konsum-Kurve gewinnen Sie die **Einkommensnachfragefunktion** oder **Engel-Kurve**. Abbildung 8.1 zeigt die Herleitung am Beispiel des Gutes Y. Die Zahlenwerte dienen lediglich zur Illustration. Vollkommen analog können Sie die Engel-Kurve für Gut X bei alternativen Einkommen konstruieren.

Die Nachfragefunktion

Ähnlich leiten Sie *die* Nachfragefunktion her, die die Abhängigkeit der nachgefragten Menge eines Gutes von seinem eigenen Preis beschreibt. Anstelle des Einkommens variieren Sie nun natürlich den Preis des Gutes, dessen Nachfrage Sie ermitteln wollen.

Im linken Diagramm in Abbildung 8.2 sehen Sie drei Haushaltsgleichgewichte für vorgegebene Preise des Gutes Y. Die Verbindungslinie der Gleichgewichte heißt **Preis-Konsum-Kurve**. Die drei mit A, B und C gekennzeichneten Gleichgewichte im linken Diagramm (Güterraum) korrespondieren mit den Punkten A', B' und C' auf der Nachfragefunktion im rechten, dem Marktdiagramm.

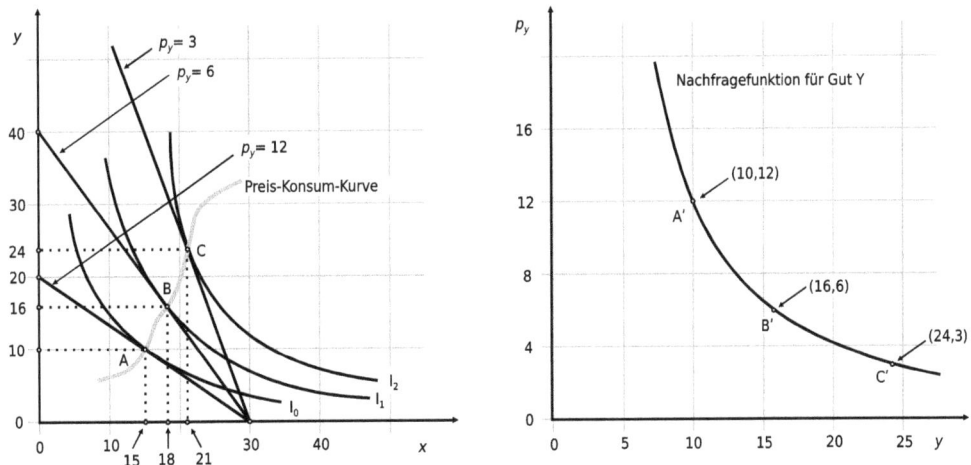

Abbildung 8.2: Herleitung der Nachfragefunktion aus der Preis-Konsum-Kurve

Slutsky-Zerlegung

Die Slutsky-Zerlegung spaltet den **Gesamteffekt** einer Preisänderung in zwei Teileffekte auf:

✓ in einen »reinen Preis-« oder **Substitutionseffekt** und

✓ einen **Einkommenseffekt**.

Die Zerlegung nehmen Sie in Gedanken vor, indem Sie sich Folgendes vorstellen: Ein Gut wird teurer. Deswegen kann sich ein Haushalt seinen bisherigen Konsum nicht mehr leisten. Jetzt greifen Sie ein. Sie ermöglichen ihm, seinen bisherigen Konsum beizubehalten, indem Sie ihm einen Zuschuss zahlen. Sie bezuschussen ihn mit exakt dem Betrag, der ausreicht, dass er sich das bisher gekaufte Güterbündel weiterhin leisten kann. *Konkretes Beispiel:* Ist der Preis des Gutes X um zwei Euro gestiegen und hat der Haushalt bisher zehn Einheiten des Gutes X konsumiert, unterstützen Sie ihn mit zwanzig Euro.

Abbildung 8.3 führt die **Slutsky-Zerlegung**, die auf diesem Gedanken beruht, am Beispiel des Gutes X vor:

1. In der Ausgangssituation fragt der Haushalt die Menge x_1 nach.

2. Ein Preisanstieg des Gutes X dreht die Budgetgerade von B_1 in B_2. Im neuen Gleichgewicht fragt der Haushalt die Menge x_2 nach. Damit ist der *tatsächliche* Anpassungsvorgang abgeschlossen. (Der Preis des Gutes X hat sich hier mehr als verdoppelt. Die starke Steigerung hat allein den Grund, dass Sie die Effekte im Diagramm gut erkennen können. Bei kleinen Preisänderungen würden die Haushaltsgleichgewichte zu nah beieinanderliegen.)

3. Das Gedankenexperiment ist gepunktet dargestellt: Der Haushalt erhält von Ihnen den Zuschuss, der es ihm gerade so ermöglicht, das Ausgangsgleichgewicht beizubehalten. Die Budgetgerade B_2 verschiebt sich durch Ihren Zuschuss parallel nach rechts in B_3. Der Haushalt *würde* nun die Menge x_3 nachfragen.

In Situation 3 hat sich gegenüber der Ausgangssituation 1 nur das Preisverhältnis der Güter geändert. Sonst nichts. Den Einkommenseffekt haben Sie nämlich mit Ihrem Zuschuss ausgeschaltet. Da die Indifferenzkurve konvex verläuft (Ausgewogenheitsannahme), geht der Konsum des Gutes X auf jeden Fall zurück (im Beispiel von x_1 auf x_3).

Quintessenz:

- ✔ Der Einkommenseffekt (EE) kann – wie im gleichnamigen Abschnitt oben ausgeführt – positiv, negativ oder null sein.

- ✔ Der Substitutionseffekt (SE) ist immer negativ (= der Preisänderung entgegengerichtet).

- ✔ Da bei einer nicht kompensierten Preisänderung beide Effekte auftreten, kann a priori nicht gesagt werden, in welche Richtung sich der Konsum eines Gutes bei einer Preisänderung entwickelt.

- ✔ Wenn eine Preissteigerung die Nachfrage wider Erwarten zunehmen lässt, heißt das Gut »Giffen-Gut«. Der Giffen-Fall ist unwahrscheinlich:

  - Erstens muss das Gut absolut inferior sein, damit der Einkommenseffekt dem Substitutionseffekt entgegenläuft.

  - Zweitens muss ein erheblicher Teil des Einkommens für das Gut ausgegeben werden, damit der Einkommenseffekt dem Substitutionseffekt größentechnisch gefährlich werden kann. Für inferiore Güter wenden die Haushalte jedoch in aller Regel nur einen kleinen Teil ihres Einkommens auf (ausgenommen, sie sind bettelarm).

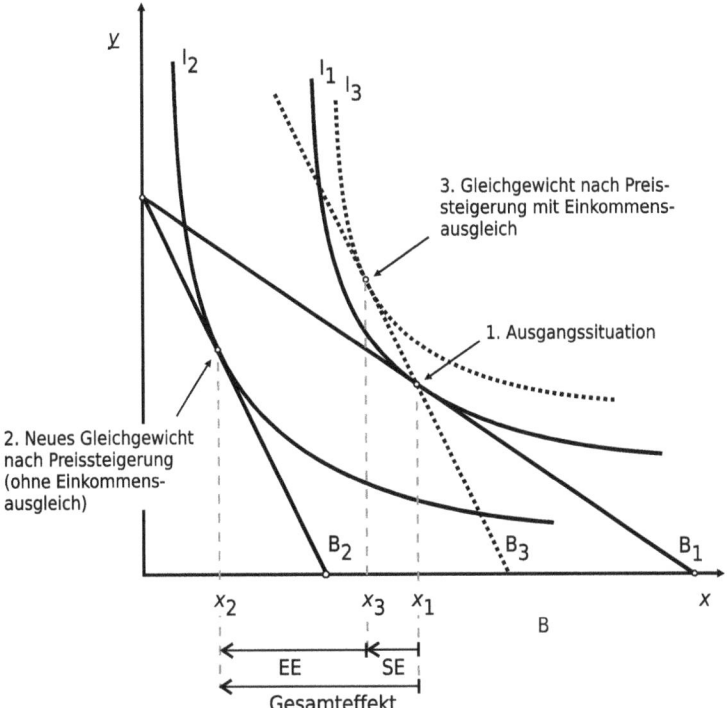

Abbildung 8.3: Die Slutsky-Zerlegung

✔ Bei einer kompensierten Preisänderung tritt nur der Substitutionseffekt auf. Die Nachfrage nach dem Gut entwickelt sich gegenläufig zur Preisänderung.

Eine alternative, der Slutsky-Zerlegung ähnliche Zerlegungsmethode ist die **Hicks-Zerlegung**. Anstelle des realen Einkommens wird bei der Hicks-Zerlegung der Nutzen des Haushalts konstant gehalten. Beide Methoden führen zu denselben grundsätzlichen Schlussfolgerungen.

Gesetz der Nachfrage

Die Überlegungen zur Slutsky-Zerlegung liefern das Gesetz der Nachfrage.

- ✔ **Theoretisch korrekt:** Ceteris paribus wird ein superiores Gut weniger nachgefragt, wenn sein Preis steigt.
- ✔ **Oder:** Bei konstantem realem Einkommen sinkt die nachgefragte Menge eines Gutes, wenn sein Preis steigt.
- ✔ **Salopp:** »Steigt der Preis, fällt die Nachfrage.«

Im Alltag ist die saloppe Formulierung zulässig. Sie lässt den Giffen-Fall allerdings außer Acht.

Der Giffen-Fall ist nicht die einzige Erklärung für eine atypische Reaktion der Nachfrage auf den Preis. Der Veblen-Effekt (oder Prestigeeffekt) liefert eine weitere Begründung für eine zunehmende Nachfrage bei steigendem Preis. Danach möchten Haushalte durch den Konsum von Gütern, die als besonders hochpreisig bekannt sind, ihren sozialen Status demonstrieren: »Schaut her, was ich mir leisten kann!« Deswegen spricht man auch von »demonstrativem Konsum«. Wenn der Effekt stark genug ausfällt, kann es dazu kommen, dass die Nachfrage mit steigendem Preis zunimmt. Die entsprechenden Güter werden als Veblen-Güter bezeichnet. Infrage kommen zum Beispiel Übernachtungen in extrem hochpreisigen Hotels oder der eigene Jet und ähnliche Luxusgüter.

Da die Haushalte beim Veblen-Effekt auf die Einschätzung anderer Haushalte Wert legen (eine Charaktereigenschaft, die Homo oeconomicus eher fremd ist), sind die Nachfrageentscheidungen voneinander abhängig. Ähnliche »Nachfrageinterdependenzen«, mit denen sich allerdings keine positive Preiselastizität der Nachfrage begründen lässt, sind der Mitläufereffekt, der Snobeffekt und Netzwerkexternalitäten.

Die Kreuznachfragefunktion

Die **Kreuznachfragefunktion** oder **indirekte Nachfragefunktion** gewinnen Sie wie *die* Nachfragefunktion aus der Preis-Konsum-Kurve. Die beiden Güterdiagramme links in Abbildung 8.4 und in Abbildung 8.2 sind identisch. Im rechten Diagramm ist an der Abszisse anstelle der Menge des Gutes Y jedoch die Menge des Gutes X abgetragen. Die Kreuznachfragefunktion zeigt, wie der Haushalt mit dem Konsum des Gutes X auf Preisänderungen des Gutes Y reagiert.

Über die Gestalt der Kreuznachfragefunktion lässt sich nur wenig sagen. Im dargestellten Fall sind die beiden Güter komplementär, da Sie aus dem fallenden Verlauf der Funktion auf eine negative Kreuzpreiselastizität schließen können.

Grundsätzlich sind folgende Fälle möglich:

- ✔ Die Güter sind **komplementär**: Die Kreuznachfragefunktion zeigt einen fallenden Verlauf. Die Kreuzpreiselastizität ist negativ. *Beispiel:* Die Kraftstoffpreise steigen, die Nachfrage nach Autos sinkt.

- ✔ Die Güter sind **substitutiv**: Die Kreuznachfragefunktion zeigt einen steigenden Verlauf. Die Kreuzpreiselastizität ist positiv. *Beispiel:* Der Butterpreis steigt, die Nachfrage nach Margarine nimmt zu. (Bei vollkommenen Substituten verläuft die Kreuznachfragefunktion waagerecht.)

- ✔ Sind die Güter voneinander **unabhängig**, steht die Kreuznachfragefunktion senkrecht. Die Kreuzpreiselastizität ist null. *Beispiel:* Der Preis für schwarzen Pfeffer steigt. Die Nachfrage nach Heizöl bleibt davon unberührt.

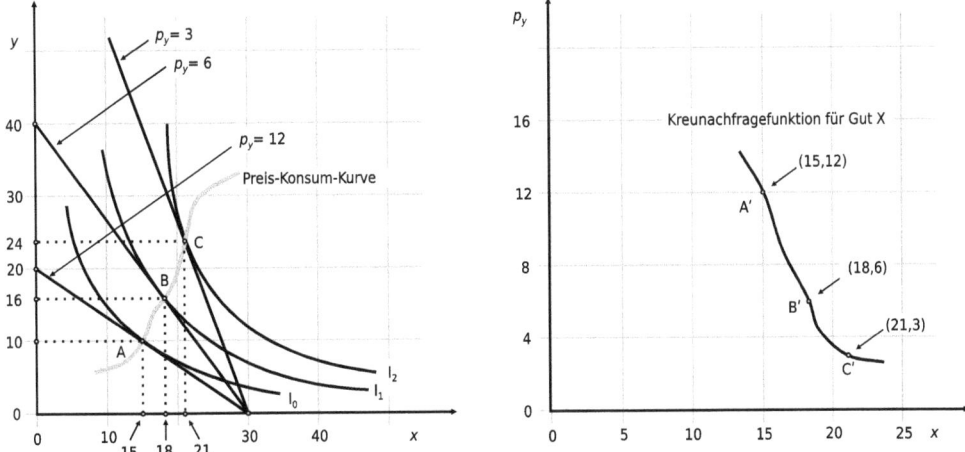

Abbildung 8.4: Konstruktion der Kreuznachfragefunktion aus der Preis-Konsum-Kurve

Aufgaben

Aufgabe 1

Im Zuge eines rigorosen Sparprogramms erwägt der Stadtrat, die städtische Bücherei zu schließen, um auf diese Weise die Lohnkosten der dort teilzeitbeschäftigten Bibliothekarin Sonja zu sparen. Der Bürgermeister, der ein Auge auf Sonja geworfen hat, schlägt vor, anstelle der bisher kostenlosen Leihe zukünftig für jedes entliehene Buch eine Gebühr in Höhe von 0,10 Euro zu verlangen. Da die langjährige Erfahrung zeige, dass etwa 250.000 Bücher pro Jahr entliehen werden, sei eine Einnahme von 25.000 Euro zu erwarten. Das entspreche ziemlich genau der Haushaltsbelastung durch die Stelle von Sonja, die so gerettet werden könne.

Kommentieren Sie den Vorschlag des Bürgermeisters!

Aufgabe 2

Ist es möglich, dass im Haushaltsgleichgewicht die Ausgaben für eines der beiden Güter im Zwei-Güter-Modell bei einer Erhöhung des Einkommens stärker steigen als das Einkommen selbst? Begründen Sie Ihre Antwort!

Aufgabe 3

»Wenn sich das Einkommen im Haushalt von Homo oeconomicus um 15 Prozent erhöht, kauft er unter der *Ceteris-paribus*-Bedingung von allen Gütern und Dienstleistungen genau jeweils 15 Prozent mehr.«

Ihr Kommentar?

Aufgabe 4

In der reichen Gemeinde Glücksheim mussten die Bürger bisher keine Abwassergebühren bezahlen. Der typische Glücksheimer Haushalt verbraucht im Jahr 400 m³ Wasser. In gleicher Menge fällt Abwasser an.

Ein Bundesgesetz schreibt nun allerdings vor, dass die Gemeinden Abwassergebühren in Höhe von mindestens 2 Euro je Kubikmeter erheben müssen. Im Rat von Glücksheim stößt dieses Gesetz auf großes Missfallen. Weil das Gesetz natürlich dennoch befolgt werden muss, beschließt der Rat zähneknirschend die Mindestgebühr von 2 Euro je Kubikmeter, aber quasi im selben Atemzug, jeden Haushalt jährlich pauschal mit 800 Euro aus der Stadtkasse zu unterstützen.

Nehmen Sie der Einfachheit halber an, alle Glücksheimer Haushalte hätten bisher exakt je 400 Kubikmeter Wasser im Jahr verbraucht. Bleibt das Bundesgesetz durch den Schachzug des Glücksheimer Rates wirkungslos oder ändert sich der Wasserverbrauch in Glücksheim?

Begründen Sie Ihre Antwort!

Aufgabe 5

Was kann man über die beiden Güter aussagen oder wie kann man sie klassifizieren, wenn die Einkommens-Konsum-Kurve im Güterdiagramm ansteigt?

Aufgabe 6

Ein Haushalt mit der Budgetgerade B_1 befindet sich auf der Indifferenzkurve I_1 im Punkt P im Gleichgewicht.

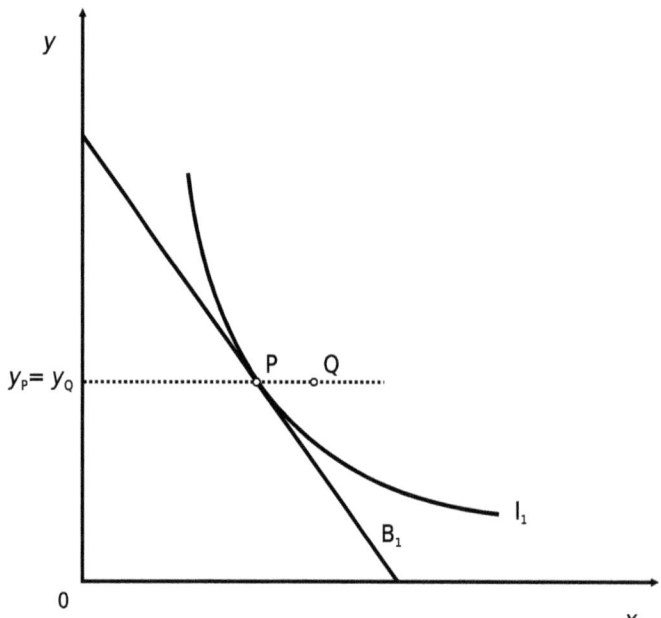

Welche der folgenden fünf Aussagen sind wahr?

1. »Man kann ausschließen, dass der Haushalt das Güterbündel Q wählen würde, wenn der Preis des Gutes X fällt.«
2. »Man kann ausschließen, dass der Haushalt das Güterbündel Q wählen würde, wenn Gut Y billiger wird.«
3. »Man kann ausschließen, dass der Haushalt das Güterbündel Q wählen würde, wenn sein Einkommen steigt.«
4. »Man kann ausschließen, dass der Haushalt infolge einer Preissenkung bei Gut X das Güterbündel Q wählen würde, wenn beide Güter superior sind.«
5. »Man kann ausschließen, dass der Haushalt infolge einer Preissenkung bei Gut Y das Güterbündel Q wählen würde, wenn beide Güter superior sind.«

Aufgabe 7

Suchen Sie eine Nachfragefunktion, die unabhängig vom Verlauf der Angebotsfunktion immer einen Umsatz von 1.000.000 Euro generiert, wenn sich ein Marktgleichgewicht einstellt!

Die von Ihnen gefundene Funktion besitzt eine Elastizität von eins. Warum?

Aufgabe 8

»Ein Giffen-Gut ist immer auch ein inferiores Gut.«

»Ein inferiores Gut ist immer auch ein Giffen-Gut.«

Richtig oder falsch?

Aufgabe 9

Auf Luxuslimousinen, teuren Schmuck, Villen, elegante Mode, neueste Technik oder Kunst mag zutreffen, dass sich die Käufer am Neid derer ergötzen, für die diese Waren unerschwinglich sind. Die Güter sind damit Kandidaten für den sogenannten »Veblen-Effekt«, bei dem wie im Giffen-Fall eine positive direkte Preiselastizität der Nachfrage beobachtet werden kann.

Warum kann man dennoch sicher sein, dass es sich bei den erwähnten Gütern nicht um Giffen-Güter handelt?

Lösungen

Lösung Aufgabe 1

Der Arbeitsplatz kann vielleicht gerettet werden. Das läge im Interesse der Bibliothekarin, im Interesse des Bürgermeisters und eventuell auch im Interesse der Allgemeinheit. Darauf zielt die Aufgabe aber gar nicht ab, die Sie nicht ohne Grund im Kapitel über »Nachfragefunktionen« finden.

Der Bürgermeister stellt eine »Milchmädchenrechnung« an. Er missachtet das Gesetz der Nachfrage. Die Zahl der Entleihungen müsste vollkommen unelastisch auf die Leihgebühr reagieren, damit seine Rechnung stimmt. Das ist ausgesprochen unwahrscheinlich.

Lösung Aufgabe 2

Natürlich ist das möglich. Die beschriebene Änderung der Konsumstruktur ist mit den Präferenzaxiomen vereinbar. Das betreffende Gut ist in diesem Fall superior, während das andere Gut absolut inferior ist. Da die Ausgaben stärker zunehmen als das Einkommen, liegt die Einkommenselastizität der Nachfrage für das betreffende Gut über eins. Es handelt sich also um ein Luxusgut.

Beachten Sie bitte, dass der Begriff »superior« in der Literatur nicht ganz einheitlich verwendet wird. In diesem Buch wird »superior« mit einer positiven Einkommenselastizität der Nachfrage gleichgesetzt. Es ist ebenfalls üblich, »superior« mit einer Einkommenselastizität der Nachfrage größer eins zu definieren (»Luxusgut«).

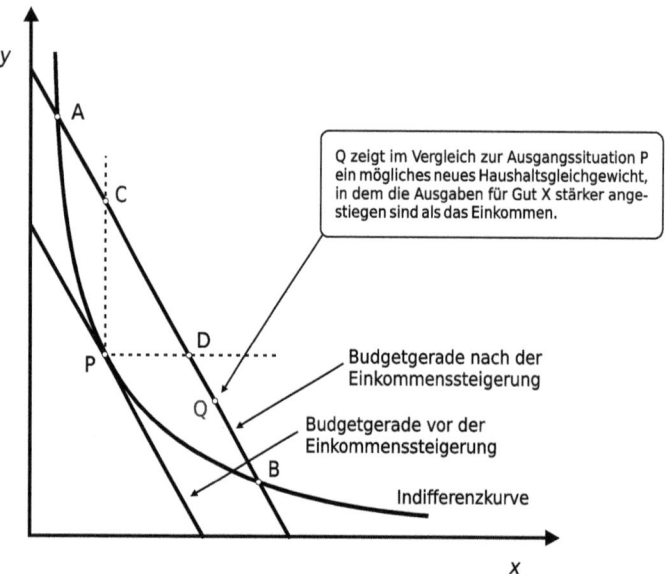

In der Abbildung sehen Sie als Ausgangssituation ein Haushaltsgleichgewicht in Punkt P. Ein Einkommensanstieg verschiebt die Budgetgerade parallel nach außen.

Alle denkbaren neuen Haushaltsgleichgewichte, die mit den Präferenzaxiomen vereinbar sind, liegen zwischen den Güterbündeln A und B. Zwischen C und D würde der Haushalt für beide Güter mehr ausgeben, da beide Gütermengen im Vergleich zu P zunehmen. Im Punkt D (C) blieben die Menge und die Ausgaben für Gut Y (X) konstant.

Zwischen D und B geht im Vergleich zur Ausgangssituation der Konsum von Gut Y absolut zurück. Hier besitzt Gut Y eine negative Einkommenselastizität der Nachfrage. Also wird – die Preise haben sich nicht verändert – für Y absolut weniger ausgegeben. Folglich müssen die Ausgaben für Gut X um einen größeren Betrag gestiegen sein als das Einkommen.

Die Summe der mit den Ausgabenanteilen gewichteten Einkommenselastizitäten ist eins

Aus der Budgetgleichung folgt bei konstanten Preisen der Güter für eine Veränderung des Einkommens dE, dass sie sich in einer Veränderung der Mengen der Güter dx und dy niederschlagen muss:

$$dE = p_x \cdot dx + p_y \cdot dy$$

Die Einkommensänderung ist gleich der Summe der Änderungen der Ausgaben für die beiden Güter.

Wenn Sie die Gleichung geschickt erweitern (die beiden Terme auf der rechten Seite je zwei Mal mit eins multiplizieren)

$$dE = p_x \cdot dx \cdot \frac{x}{x} \cdot \frac{E}{E} + p_y \cdot dy \cdot \frac{y}{y} \cdot \frac{E}{E}$$

und anschließend noch durch dE teilen, folgt:

$$1 = p_x \cdot \frac{dx}{dE} \cdot \frac{x}{x} \cdot \frac{E}{E} + p_y \cdot \frac{dy}{dE} \cdot \frac{y}{y} \cdot \frac{E}{E}$$

$$1 = \underbrace{\frac{p_x x}{E}}_{\text{Ausgaben-anteil Gut X}} \cdot \underbrace{\frac{dx}{dE} \cdot \frac{E}{x}}_{\varepsilon_{x,E}} + \underbrace{\frac{p_y y}{E}}_{\text{Ausgaben-anteil Gut Y}} \cdot \underbrace{\frac{dy}{dE} \cdot \frac{E}{y}}_{\varepsilon_{y,E}}$$

In Worten: Die Summe der mit den Ausgabenanteilen gewichteten Einkommenselastizitäten ergibt eins.

Lösung Aufgabe 3

Das ist Unfug. Wer meint, die Aussage träfe zu, muss sich dennoch keine großen Sorgen machen, wenn er sich seit ein paar Monaten intensiv mit Mikroökonomik beschäftigt. In dieser Phase kann der Blick für die Realitäten schon mal verloren gehen.

✓ Wer sich noch gar nicht mit Mikroökonomik befasst hat, erkennt in der Regel sofort, dass eine Theorie, die diese Prognose für irgendeinen Haushalt abgibt, nicht viel taugen kann.

✓ Wer sich seit Kurzem mit Mikroökonomik befasst, hat eventuell noch Probleme, die Begriffe Homo oeconomicus und Ceteris-paribus-Bedingung richtig einzuordnen, und lässt sich vielleicht von der Vermutung leiten, einfache (Modell-)Annahmen über die Präferenzen der Haushalte könnten nur zu ebenso einfachen Aussagen führen.

✓ Wer sich schon länger mit Mikroökonomik beschäftigt, sollte erkennen, dass die Aussage nur für den sehr speziellen Fall gilt, in dem für alle Güter eine Einkommenselastizität von eins gilt.

Wenn die Nutzenfunktion des Haushalts – wie oft in Zahlenbeispielen – vom Cobb-Douglas-Typ ist, ist der Einkommensexpansionspfad eine Gerade durch den Ursprung und die Einkommenselastizität der Nachfrage beträgt für alle Güter eins.

Lösung Aufgabe 4

Der Wasserverbrauch in Glücksheim wird sinken. Zwar kann sich jeder Glücksheimer Haushalt genau den gleichen Konsum wie vor Einführung der Abwassergebühren leisten. Weil Wasser aber relativ zu anderen Gütern teurer geworden ist, greift das Gesetz der Nachfrage: Der Glücksheimer Rat schaltet durch die pauschale Zahlung an die Haushalte den Einkommenseffekt der Preissteigerung gerade aus. Übrig bleibt der Substitutionseffekt, der in Richtung eines geringeren Wasserverbrauchs wirkt.

Lösung Aufgabe 5

Wenn die Einkommens-Konsum-Kurve im Güterdiagramm ansteigt, sind beide Güter superior. Gleichbedeutend damit ist die Aussage, dass beide Güter eine positive Einkommenselastizität der Nachfrage aufweisen. In Bereichen, in denen die Einkommens-Konsum-Kurve fällt, ist eines der beiden Güter absolut inferior, das andere muss dann eine Einkommenselastizität der Nachfrage von über eins aufweisen, da die Ausgaben für dieses Gut stärker ansteigen als das Einkommen. Sonst könnten die Ausgaben für das andere Gut nicht sinken.

Lösung Aufgabe 6

Nur die fünfte Aussage trifft zu.

Im Grunde reduziert sich die gesamte Aufgabe bei allen Teilfragen jeweils auf die Beantwortung der Frage, ob im Fall der genannten Veränderung die Nachfragemenge y konstant bleiben kann. Dass die Nachfragemenge x jeweils zunehmen kann, ist mehr oder weniger offensichtlich.

1. Nein, das kann man nicht ausschließen. Nichts spricht dagegen, dass der Haushalt seinen Konsum x erhöht, wenn Gut X günstiger wird. Auf den Konsum von Gut Y kann, muss das aber keine Auswirkungen haben. Hier hat es keine Auswirkungen.

2. Nein, das kann man nicht ausschließen. Wenn Gut Y günstiger wird, muss es deswegen nicht vermehrt nachgefragt werden. Hier ist Gut Y inferior und Preis- und Einkommenseffekt heben sich gerade gegeneinander auf. Das kann nicht ausgeschlossen werden.

3. Nein, das kann man nicht ausschließen. Der Haushalt reagiert auf den Einkommensanstieg mit einer Erhöhung des Konsums x. Gut Y besitzt hier eine Einkommenselastizität der Nachfrage von null. Das ist ohne Weiteres möglich.

4. Nein, das kann man nicht ausschließen. Gut X muss vermehrt nachgefragt werden. Weil es superior ist, wirken Preis- und Einkommenseffekt in dieselbe Richtung. Die Nachfrage y kann konstant bleiben. Der Substitutionseffekt wirkt auf die Nachfrage y negativ, denn Gut Y ist relativ teurer geworden. Das gleicht der Einkommenseffekt hier gerade aus.

5. Die Aussage trifft zu. Wenn Gut Y superior ist, muss bei einer Preissenkung die Nachfrage nach Gut Y steigen, weil es relativ günstiger wird (der Substitutionseffekt lässt die Nachfrage steigen) und das reale Einkommen steigt (der Einkommenseffekt führt ebenfalls zu steigender Nachfrage nach dem superioren Gut Y). Wenn der Preis eines superioren Gutes sinkt, muss die Nachfrage nach diesem Gut ansteigen. Sonst wäre das Gesetz der Nachfrage verletzt.

Lösung Aufgabe 7

Der Umsatz U ist Preis p mal Menge x. Also muss für das Zahlenbeispiel gelten:

$$1.000.000 = p \cdot x$$

Diesen Ausdruck müssen Sie nur noch nach x auflösen, um die gesuchte Nachfragefunktion zu finden (siehe Abbildung):

$$x = \frac{1.000.000}{p}$$

Unabhängig vom Verlauf der Angebotsfunktion ergibt sich immer ein Umsatz von einer Million Euro, da die gleichgewichtige Preis-Mengen-Kombination auf jeden Fall ein Punkt auf der Nachfragefunktion sein muss. Die Fläche jedes Umsatzrechtecks mit einem rechten oberen Eckpunkt auf dieser Hyperbel entspricht einer Million Euro. In der Abbildung ist beispielhaft eine Angebotsfunktion mit dem zugehörigen Umsatzrechteck eingezeichnet.

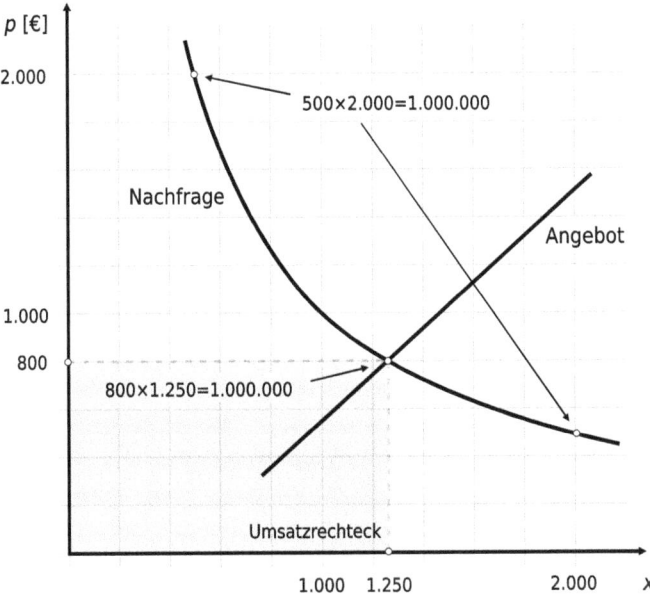

Wenn der Preis um ein Prozent steigt, muss die Menge (näherungsweise) um ein Prozent sinken, damit der Umsatz konstant bleibt (siehe im Top-Ten-Teil den Mathetipp »Überschlägig rechnen mit Wachstumsraten«). Das Verhältnis dieser beiden prozentualen Änderungen liefert aber gerade die direkte Preiselastizität der Nachfrage, also die Elastizität der Nachfragefunktion (= prozentuale Mengenänderung durch prozentuale Preisänderung).

Streng genommen ist die Elastizität minus eins, aber wie Sie bestimmt wissen, ist es unüblich, das negative Vorzeichen mitzusprechen.

Lösung Aufgabe 8

»Ein Giffen-Gut ist immer auch ein inferiores Gut.« Diese Aussage trifft zu, weil nur bei Inferiorität der Einkommenseffekt dem Substitutionseffekt entgegenläuft. Wenn beide Effekte in dieselbe Richtung wirken (das ist der Fall, wenn das Gut eine positive Einkommenselastizität der Nachfrage besitzt), kann der Giffen-Fall nicht eintreten. Inferiorität ist somit eine notwendige Voraussetzung für den Giffen-Fall.

»Ein inferiores Gut ist immer auch ein Giffen-Gut.« Diese Aussage ist falsch. Auch für inferiore Güter gilt in der Regel das Gesetz der Nachfrage. Nur wenn der Einkommenseffekt einer Preisänderung größer als der Substitutionseffekt ausfällt, ist ein inferiores Gut ein Giffen-Gut. Ein inferiores Gut kann ein Giffen-Gut sein, muss es aber nicht.

Lösung Aufgabe 9

Notwendige Voraussetzung für ein Gut, als Giffen-Gut überhaupt infrage zu kommen, ist dessen Inferiorität. Luxusgüter besitzen aber eine Einkommenselastizität der Nachfrage größer eins. Ihr Konsum nimmt mit dem Einkommen überproportional zu. Bei den erwähnten Gütern handelt es sich eindeutig um Luxusgüter. Sie können mithin keine Giffen-Güter sein.

> **IN DIESEM KAPITEL**
>
> Kurzfristiges und langfristiges Arbeitsangebot
>
> Konstruktion der Budgetrestriktion im Konsum-Freit-Diagramm, Reservationslohn und rückwärts geneigte Arbeitsangebotsfunktion

Kapitel 9
Das Arbeitsangebot der Haushalte

Auf den bisher betrachteten Gütermärkten sind die Unternehmen Anbieter und die Haushalte Nachfrager. Auf dem Arbeitsmarkt verhält es sich umgekehrt: Die Haushalte bieten den Produktionsfaktor Arbeit an. Die Unternehmen fragen Arbeit nach.

Die Arbeitsangebotstheorie konzentriert sich auf zwei Fragen:

- Welche **Quantität** (= Menge) an Arbeit bieten die Haushalte pro Periode (Tag, Woche, Monat oder Jahr) an?
- Welche **Qualität** des Faktors Arbeit bieten die Haushalte an?

Das kurzfristige Arbeitsangebot: Arbeit oder Freizeit?

Man kann darüber streiten, ob die »Arbeitsangebotstheorie« ihren Namen verdient. Denn tatsächlich handelt es sich um eine »Theorie der Freizeitnachfrage«, bei der die Erklärung des Arbeitsangebots als Nebenprodukt anfällt. Zur Analyse der Freizeitnachfrage können Sie auf bekannte Modellbausteine zurückgreifen: die Budgetgerade und Indifferenzkurven.

Konstruktion der Indifferenzkurven

Für die Konstruktion der Indifferenzkurven nehmen Sie an, ein Haushalt besitzt die Nutzenfunktion:

(1) $U = U(C, F)$

Dabei steht C für die Menge an Gütern, die der Haushalt konsumiert, und F für die (hier im Folgenden in Stunden gemessene) Freizeit, die ihm zur Verfügung steht.

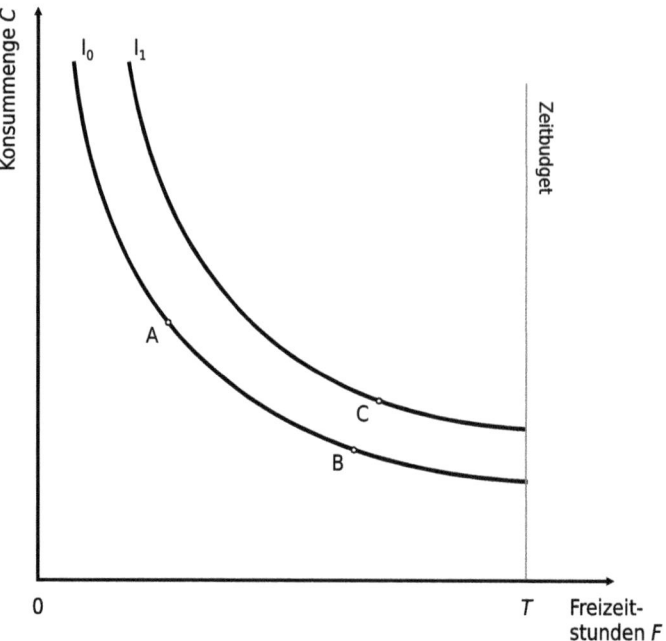

Abbildung 9.1: Die Indifferenzkurven über Konsum und Freizeit enden beim Zeitbudget T

Der Haushalt in Abbildung 9.1 ist zwischen den Güter-Freizeit-Kombinationen A und B unentschieden. Er ist also bereit, Freizeit für Konsum oder Konsum für Freizeit aufzugeben. Die Kombination C zieht er gegenüber A und B vor. Abbildung 9.1 besitzt im Vergleich mit einem gewöhnlichen Güterdiagramm eine einzige Besonderheit: Beim **Zeitbudget** T ist Schluss. Beträgt die Analyseperiode zum Beispiel eine Woche, kann ein (Einpersonen-) Haushalt maximal 168 (= 7 × 24) Stunden Freizeit nachfragen.

Konstruktion der Budgetrestriktion

Würde er tatsächlich das gesamte Zeitbudget als Freizeit nachfragen, blieben für sein Arbeitsangebot null Stunden übrig. Er böte keine Arbeit an und zählte folglich zu den Nichterwerbspersonen. Der entgegengesetzte, rein theoretische Grenzfall bestünde in einem Arbeitsangebot von T (= 168) Stunden. Dieser Grenzfall mit einer Freizeitnachfrage von null bestimmt das sogenannte **volle Einkommen** Y des Haushalts:

(2) $Y = W \cdot T + S$

Dabei steht W für den Nominallohnsatz und S für das **Nichtarbeitseinkommen**, das dem Haushalt in der betrachteten Zeitspanne zufließt (zum Beispiel in Form von staatlichen Transferzahlungen oder Kapitalerträgen).

Was unterscheidet den »nominalen« vom »realen« Lohnsatz? Der **Reallohn** w ist die in Gütermenge ausgedrückte Entlohnung. *Beispiel:* Der **Nominallohn** W, der im Arbeitsvertrag steht, betrage 21 Euro je Stunde. Wenn der Preis p der Konsumgüter 3 Euro beträgt, berechnen Sie den **Reallohn** w zu sieben (= W/p) Gütereinheiten je Stunde. Mit dem Lohn für eine Stunde Arbeit kann man sich sieben Gütereinheiten kaufen.

Das volle Einkommen kann der Haushalt entweder für Konsumgüter C oder für Freizeit F ausgeben.

$$(3)\quad Y = WT + S = p \cdot C + W \cdot F$$

Mit p als Preis für eine Konsumgütereinheit betragen die Ausgaben des Haushalts für Konsumgüter p×C. Der Preis, den der Haushalt für eine Freizeitstunde »bezahlt«, ist der Nominallohnsatz W. Denn jede zusätzliche Stunde Freizeit F bedeutet eine Stunde weniger Arbeitszeit A und somit »Verzichtskosten« in Höhe von W.

Die Summe aus Arbeitszeit A und Freizeit F ergibt das Zeitbudget T. Weitere Verwendungsmöglichkeiten von Zeit soll es nicht geben.

$$(4)\quad T = A + F$$

Wenn Sie die Budgetrestriktion (3) nach C auflösen, können Sie sie in das Indifferenzkurvendiagramm (Abbildung 9.1) einzeichnen:

$$(5)\quad C = \frac{Y}{p} - \frac{W}{p} \cdot F = \frac{W \cdot T + S}{p} - \frac{W}{p} \cdot F$$

In Abbildung 9.2 zeigt Y/p die Gütermenge, die der Haushalt von seinem vollen Einkommen kaufen könnte. S/p (= C_0) ist die Gütermenge, die er sich von seinem sonstigen Einkommen leisten könnte, ohne zu arbeiten. F^* zeigt seine Freizeitnachfrage im Haushaltsoptimum B. Die verbleibende Zeit $T - F^*$ ist sein Arbeitsangebot. In dieser Zeit erzielt er ein reales Arbeitseinkommen in Höhe von $C^* - C_0$. Die Steigung der Budgetgerade entspricht dem Reallohn w (= W/p).

Im Haushaltsgleichgewicht gilt nach dem zweiten Gossenschen Gesetz, dass das Grenznutzenverhältnis zweier Güter ihrem Preisverhältnis entspricht.

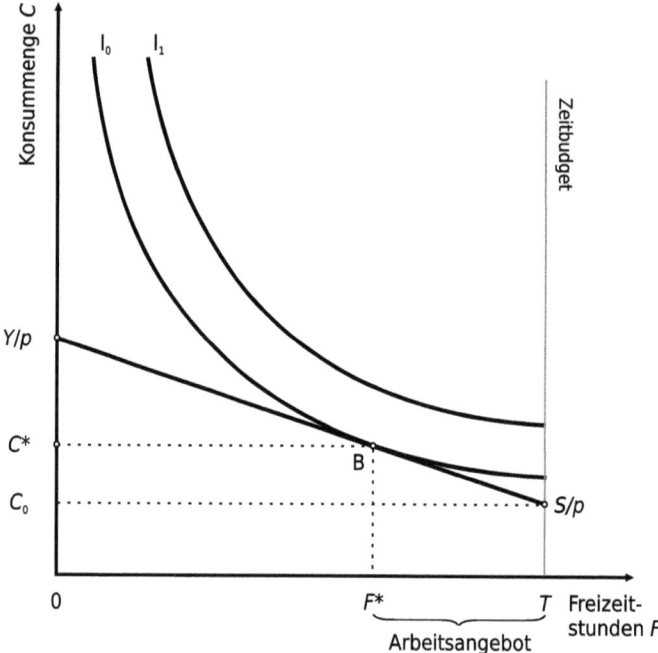

Abbildung 9.2: Das optimale Arbeitsangebot

Da der Preis einer Freizeitstunde der entgangene Arbeitslohn ist, gilt als Optimalbedingung für das Arbeitsangebot (oder die Freizeitnachfrage):

$$(6) \quad \frac{\text{Grenznutzen der Freizeit}}{\text{Grenznutzen der Konsumgüter}} = \frac{\text{Nominallohnsatz}}{\text{Konsumgüterpreis}} \quad \left[\frac{\frac{\partial U}{\partial F}}{\frac{\partial U}{\partial C}} = \frac{W}{p}\right]$$

 Schlagen Sie noch einmal unter dem Stichwort »zweites Gossensches Gesetz« in Kapitel 6 und Kapitel 7 nach. Sie müssen dort lediglich die Gütermenge x durch Freizeit F und die Gütermenge y durch die Konsumgütermenge C ersetzen, um die Optimalbedingung für das Arbeitsangebot zu erhalten. Sie verschaffen sich ein Aha-Erlebnis, indem Sie Freizeit als ein Gut erkennen, das Sie zum Lohnsatz »kaufen« können.

Der Reservationslohn

Nicht jeder Haushalt will und wird Arbeit anbieten. Auch Sie werden vermutlich nicht für jeden Lohn arbeiten wollen. Der Lohnsatz, bei dem Sie gerade so bereit wären, Ihre Arbeit anzubieten, ist Ihr persönlicher **Reservationslohnsatz**.

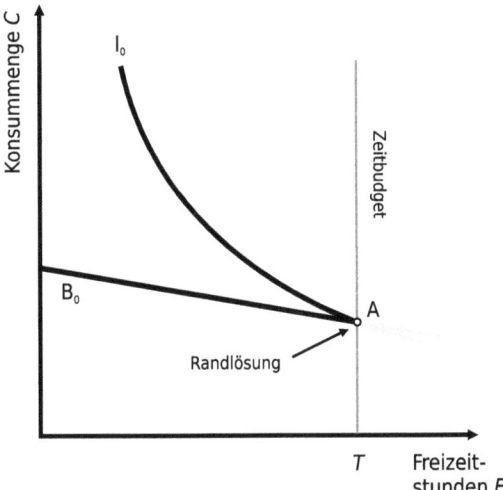

Abbildung 9.3: Eine Nichterwerbsperson: Der Reallohn auf dem Arbeitsmarkt liegt unter dem Reservationslohn des Haushalts.

In Abbildung 9.3 bleibt der (Markt-)Lohnsatz (= Steigung der Budgetgerade B_0) hinter dem Reservationslohn zurück. Dieser stimmt mit der Steigung der Indifferenzkurve im Punkt A überein. Es kommt zu einer Randlösung, bei der der Haushalt die höchste Indifferenzkurve erreicht, wenn seine Freizeitnachfrage mit dem Zeitbudget übereinstimmt. Erst ein höherer Reallohn, der die Budgetgerade um den Punkt A im Uhrzeigersinn drehen würde, könnte den Haushalt zur Arbeitsaufnahme bewegen.

Die rückwärts geneigte Arbeitsangebotsfunktion

Bei steigenden Löhnen ist damit zu rechnen, dass Haushalte mehr Arbeit anbieten möchten. Die individuellen **Arbeitsangebotsfunktionen** werden also steigenden Verlauf zeigen. Allerdings nur zunächst. Denn bei sehr hohen Löhnen werden die Haushalte ihr Arbeitsangebot wieder einschränken. Ihre Arbeitsangebotsfunktionen verlaufen daher **teilweise »rückwärts geneigt«**.

Der für eine Angebotsfunktion atypische Verlauf oberhalb des kritischen Lohnsatzes in Abbildung 9.4 ist eine Folge des *direkten* Einkommenseffekts, der bei einer Lohnerhöhung auftritt. Wenn der Lohn steigt, nimmt das nominelle Einkommen zu – mit einer Ausnahme: man hat bisher gar nicht gearbeitet. Je mehr Arbeitsstunden angeboten werden und je höher der Lohn, umso stärker fällt dieser Effekt ins Gewicht. *Beispiel:* Wenn Sie zehn Stunden arbeiten und der Lohn steigt von 10 auf 12 Euro pro Stunde, dann steigt Ihr Einkommen von 100 auf 120 Euro. Die Lohnsteigerung bewirkt einen direkten Einkommenseffekt.

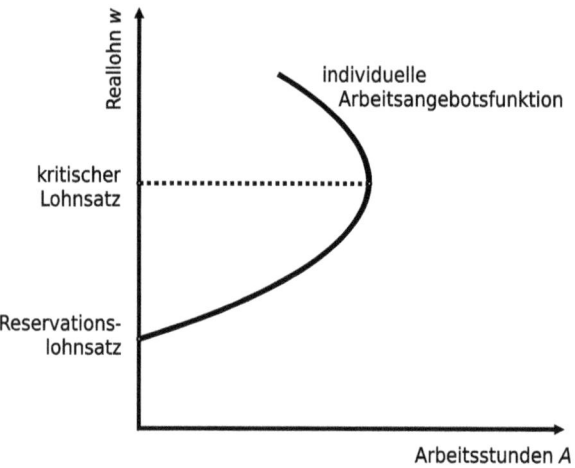

Abbildung 9.4: Rückwärts geneigte Arbeitsangebotsfunktion

Mit der Höhe des Einkommens steigt jedoch *ceteris paribus* die Nachfrage nach (der superioren) Freizeit. Ab dem kritischen Lohnsatz überwiegt dieser Einkommenseffekt den Substitutionseffekt der Lohnsteigerung (Freizeit wird teurer). Nicht ganz so technisch formuliert: Wenn Sie infolge eines hohen Stundenlohns ein hohes Einkommen beziehen, können Sie sich viel leisten, zum Beispiel ein teures Hobby wie Golf. Hobbys erfordern wie andere Konsumaktivitäten Zeit. Wenn Ihr Stundenlohn ansteigt, können Sie sich mehr Konsumaktivitäten leisten. Deswegen steigt Ihre Nachfrage nach Freizeit. Ihr Arbeitsangebot nimmt ab.

Das langfristige Arbeitsangebot: Investitionen in Humankapital

Die kurzfristige Arbeitsangebotstheorie geht von einer gegebenen »Qualität« (oder Produktivität) der Arbeit aus. Auf unterschiedlichen Arbeitsmärkten werden unterschiedliche Qualitäten »gehandelt«. Ein Lehrling wird in der Regel eine geringere Produktivität haben als ein Geselle, ein Geselle eine geringere als ein Meister. Die Arbeitskräfte unterscheiden sich nicht nur hinsichtlich ihrer Stellung im Beruf, sondern natürlich auch nach der Art ihrer Qualifikation. Ein Bäcker wird nicht – jedenfalls nicht ohne Weiteres und in gleicher Qualität – die Arbeit eines Programmierers verrichten können und umgekehrt.

Wie auf Gütermärkten Angebot und Nachfrage den Preis bestimmen, bestimmen Arbeitsangebot und -nachfrage auf Arbeitsmärkten den Lohn. Deswegen können unterschiedliche Löhne auf unterschiedlichen Arbeitsmärkten niemanden ernsthaft überraschen. Für einen erheblichen Teil der Lohnunterschiede von abhängig Beschäftigten ist deren Qualifikation verantwortlich, die sie durch formelle (Schule, Ausbildung, Studium, Weiterbildung) oder informelle (»Learning by Doing«) Ausbildung erworben haben. Daneben geht bekanntermaßen von weiteren Größen ein Einfluss auf die Höhe der Entlohnung aus:

- ✓ körperliche und geistige Anstrengung bei der Arbeit,
- ✓ Übernahme von Verantwortung,
- ✓ Risiko, bei der Arbeit zu verunglücken,
- ✓ »Vitamin B« und Diskriminierung,
- ✓ Talent und Begabung und
- ✓ nicht zuletzt der Zufall.

Ihnen fallen bestimmt noch weitere Faktoren ein. Aber Sie werden kaum einen weiteren Grund finden, der ähnlich bedeutsam für die Höhe des Einkommens ist wie die Qualifikation. Je besser qualifiziert eine Arbeitskraft ist, desto produktiver ist sie in der Regel und umso höher fällt ihre Entlohnung aus. Die Wirkungskette »Bildung → Qualifikation → Produktivität → Lohn« ist der Grundgedanke der **Humankapitaltheorie**.

Hinsichtlich ihres Qualifikationserwerbs stehen die Menschen vor einem typischen mikroökonomischen Entscheidungsproblem: Welche Art und Menge an Ausbildung ist für mich optimal? Abstrakter formuliert: Wie viel soll ich in welche Art von **Humankapital** investieren?

Unter Humankapital versteht man die aufsummierten Ausgaben für Bildung, die eine Person in der Vergangenheit getätigt hat. Im Wesentlichen handelt es sich dabei nicht um direkte Ausgaben, sondern um **entgangenes Einkommen** (Opportunitätskosten). Die Entscheidung für eine längere Ausbildung ist zugleich eine Entscheidung für eine spätere Aufnahme der Erwerbstätigkeit. Deswegen kostet eine Humankapitalinvestition indirekt Einkommen. Die Entscheidung für ein fünfjähriges Masterstudium kostet im Vergleich zu der für ein dreijähriges Bachelorstudium das Arbeitseinkommen zweier Jahre. Dem steht aber – *ceteris paribus* – im Berufsleben ein höheres Jahreseinkommen bei der Entscheidung für das fünfjährige Studium gegenüber. Die Kosten für die Ausbildung fallen in der Gegenwart an, während die Erträge aus der gesteigerten Produktivität in der Zukunft liegen. Es handelt sich also um ein typisches **Investitionsproblem**: Rechnet sich der gegenwärtige Lohnverzicht in Anbetracht des zu erwartenden höheren zukünftigen Einkommens?

Das zentrale Ergebnis der Humankapitaltheorie können Sie mit einem einfachen Gedankenexperiment ableiten: Gehen Sie von vollkommenen Märkten aus und stellen Sie sich zwei Menschen vor, die von Geburt aus vollkommen gleich sind – wenn Sie möchten, eineiige Zwillinge. Wenn Sie nun noch annehmen, beide wollen ihr Lebenseinkommen maximieren, dann **muss** derjenige von beiden, der sich für eine längere Ausbildung entscheidet, im späteren Berufsleben ein höheres laufendes Einkommen erzielen als derjenige, der sich für eine kürzere Ausbildung entscheidet. Die höheren Kosten, die mit einer längeren Ausbildung verbunden sind, müssen wieder »reinkommen«, sonst würde sich niemand für eine längere Ausbildung entscheiden. *Quintessenz:* Eine längere Ausbildungsdauer führt zu einem höheren Lohn. Selbstverständlich kommt es neben der Dauer der Ausbildung auch auf die Qualität der Ausbildung, die Art der Ausbildung und vieles mehr an. Das ändert jedoch nichts daran, dass der positive Zusammenhang von Ausbildungsdauer und Einkommenshöhe zu den gesichertsten sozialwissenschaftlichen Erkenntnissen überhaupt zählt.

Aufgaben

Aufgabe 1

Stellen Sie sich vor, Sie haben die Wahl zwischen zwei Jobs. Beide sind in jeder Hinsicht gleich attraktiv – mit einem Unterschied: Bei dem einen Unternehmen handelt es sich um einen Hersteller von Zubehör für Jachten im Hochpreissegment, bei dem anderen um einen Zulieferer für die Lebensmittelindustrie.

Ein wesentlicher Aspekt Ihrer Wahl ist die Sicherheit des Arbeitsplatzes. Für welchen Job entscheiden Sie sich?

Aufgabe 2

Warum begegnen Ihnen an Hochschulen vor allem junge Studentinnen und Studenten, aber kaum Studierende jenseits der Vierzig?

Aufgabe 3

Wie wirkt die Einführung eines Mindesteinkommens auf das Arbeitsangebot der Haushalte? Verwenden Sie das folgende Modell:

Zeitrestriktion: $\underbrace{24}_{\text{Zeitbudget}} = \underbrace{A}_{\text{Arbeitszeit}} + \underbrace{F}_{\text{Freizeit}}$

Nutzenfunktion: $U = U(C, F)$

Einkommensrestriktion: $\underbrace{p \cdot C}_{\text{Ausgaben}} = \underbrace{W \cdot A}_{\text{Lohneinkommen}} + \underbrace{S}_{\text{sonstiges Einkommen}}$

mit p als Preis der Konsumgüter C und W als (Nominal-)Lohnsatz. Das Zeitbudget entspricht den Stunden eines Tages ($T = 24$). Die Präferenzen des Haushalts sind durch die vorgegebenen Indifferenzkurven in der Abbildung gegeben.

Finden Sie mithilfe des Diagramms zeichnerisch Lösungen für die beiden folgenden Probleme:

1. In der Ausgangssituation erzielt der Haushalt kein sonstiges Einkommen. Der Lohnsatz beträgt 4 Euro pro Stunde, der Preis der Konsumgüter je Einheit 2 Euro. Wie viele Stunden Arbeit bietet der Haushalt an? Denken Sie auch an eine Beschriftung der Achsen!

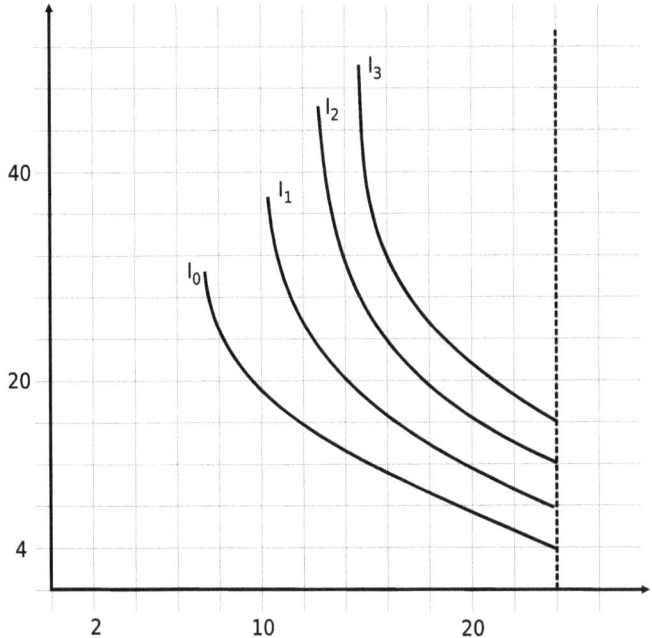

2. Ein neues Gesetz garantiert jedem Haushalt ein Mindesteinkommen (staatliche Transferzahlung) in Höhe von 24 Euro pro Tag. Wer das Mindesteinkommen in Anspruch nimmt, darf weiterhin Arbeitseinkommen erzielen. Allerdings werden 75 Prozent vom Lohn abgezogen. Von einem Arbeitseinkommen in Höhe von 10 Euro dürfte ein Bezieher von Mindesteinkommen also nur 2,50 Euro behalten.

Ergänzen Sie das Diagramm um die neue Situation! Wie wirkt sich das neue Gesetz auf das Arbeitsangebot des Haushalts mit den gegebenen Präferenzen aus?

Aufgabe 4

Der schöne Franz ist ein armer Junggeselle mit der Nutzenfunktion $U = C^{0,5} F^{0,5}$, in der C für seine Konsumgütermenge und F für Freizeitstunden steht.

Der Preis einer Einheit des repräsentativen Konsumgutes beträgt zehn Geldeinheiten, der Lohnsatz pro Zeiteinheit zwanzig Geldeinheiten. Für seinen Schönheitsschlaf benötigt der schöne Franz jeden Tag acht Stunden.

1. Wie viele Stunden Arbeit bietet Franz täglich, das heißt bei einem (Netto-)Zeitbudget von 16 Stunden, an?
2. Franz hat mittlerweile reich eingeheiratet. Seine vermögende Frau zahlt ihm zusätzlich zu seinem Arbeitseinkommen täglich achtzig Geldeinheiten Taschengeld. Wie ändert sich Franz' Arbeitsangebot?
3. Wie kann Freizeit für Franz klassifiziert werden?

Aufgabe 5

Auf der Insel Eiland liegen die beiden Staaten A-Land und B-Land. Wanderungsbewegungen der Arbeitskräfte und ihrer Familien haben über lange Zeit zu etwa gleichen Löhnen in A-Land und B-Land geführt. Da sich aber abzeichnet, dass in A-Land das Militär putschen wird und viele Menschen Unterdrückung fürchten, kommt es zu einer größeren Wanderungswelle in Richtung B-Land.

Zeigen Sie mithilfe einer aussagekräftigen Skizze für den Arbeitsmarkt in B-Land, wie sich dort Löhne und Beschäftigung entwickeln werden.

Lösungen

Lösung Aufgabe 1

Für welchen Job Sie sich persönlich entscheiden – wer soll das wissen? Aber wenn es Ihnen tatsächlich in erster Linie auf einen sicheren Arbeitsplatz ankommt, entscheiden Sie sich ceteris paribus für den Zulieferer für die Lebensmittelindustrie. In diesem Unternehmen können Sie von einer geringeren Konjunkturanfälligkeit des Absatzes ausgehen.

Mit der Konjunktur schwankt das Einkommen. Luxusgüter wie Jachten besitzen eine hohe Einkommenselastizität der Nachfrage. Deswegen schwankt die Nachfrage nach ihnen im Konjunkturverlauf stärker als die Nachfrage nach Grundbedarfsgütern (Lebensmitteln). Arbeitsplätze bei Unternehmen, die Luxusgüter herstellen, sind also konjunkturanfälliger.

> ### Kompensierende Lohndifferenziale
>
> Die Konjunkturanfälligkeit der Beschäftigung stellt für die Arbeitskräfte einen Nachteil dar, den die Unternehmen ausgleichen müssen, sofern der Wettbewerb auf den Arbeitsmärkten funktioniert. Sonst würden die Arbeitskräfte systematisch eine Beschäftigung in weniger konjunkturanfälligen Branchen bevorzugen. Entsprechende Ausgleichszahlungen für schlechte Arbeitsbedingungen nennt man »kompensierende Lohndifferenziale«. Dabei denkt man meistens eher an arbeitsspezifische Unfallgefahren, Nachtarbeit oder unangenehme Tätigkeiten als an Beschäftigungsunsicherheit. Doch die Sicherheit des Arbeitsplatzes liefert eine, wenn nicht die Erklärung, warum es sich der Staat als Arbeitgeber erlauben kann, gut qualifizierten Arbeitskräften vergleichsweise niedrige Löhne zu zahlen. Zumindest wird das Argument der Beschäftigungssicherheit bei Tarifverhandlungen im öffentlichen Dienst immer wieder vorgebracht.

Lösung Aufgabe 2

Bildung besitzt sowohl einen Investitions- als auch einen Konsumcharakter. Das Motiv, in Humankapital zu investieren, liegt in den zu erwartenden zukünftigen höheren Einkommen. Der Konsumcharakter ist im Unterhaltungswert der Bildung zu finden und in der Befriedigung, die man durch die Erweiterung des eigenen Horizonts erfährt.

Die relativ geringe Zahl »älterer Semester« an Hochschulen liefert einen Hinweis, dass dem Investitionsmotiv die größere Bedeutung zukommt. Je später sich ein Studierender in einen Studiengang einschreibt, desto geringer fällt der Zeitraum aus, in dem Erträge aus der Investition anfallen. Für Rentnerinnen und Rentner im Seniorenstudium steht das Konsummotiv im Vordergrund, denn eine Investition in Humankapital wird sich für sie – finanziell betrachtet – nicht amortisieren.

Zudem steigen die Stundenlöhne regelmäßig mit der Dauer der gesammelten Berufserfahrung (Learning by doing). Studieren ist daher infolge der höheren Opportunitätskosten der Zeit (höhere Stundenlöhne) für Menschen, die schon mitten im Erwerbsleben stehen, teurer als für ihre jüngeren Kommilitonen.

Lösung Aufgabe 3

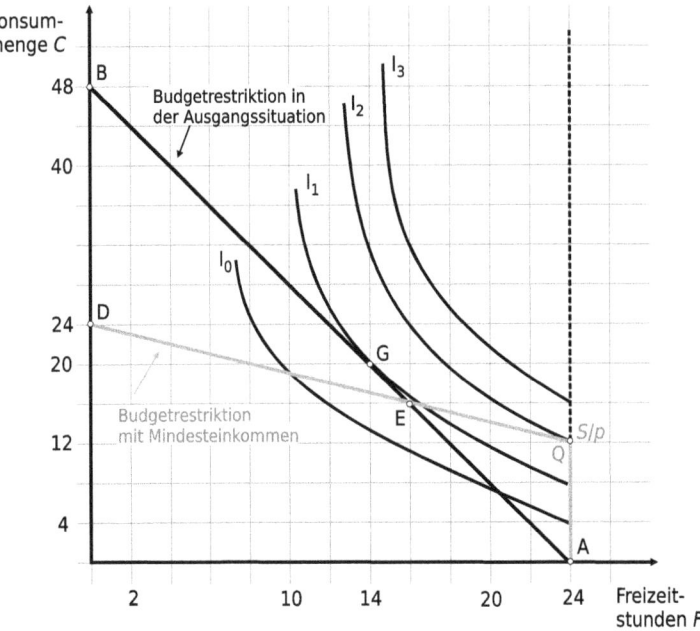

1. Der Haushalt hat Präferenzen über Konsum und Freizeit. Da die Indifferenzkurven bei einem Abszissenwert von 24 enden, sind die Freizeitstunden wie in Konsum-Freizeit-Diagrammen üblich an der Abszisse abgetragen. Für die grafische Ermittlung des Haushaltsgleichgewichts benötigen Sie neben der gegebenen Indifferenzkurvenschar die Budgetrestriktion des Haushalts. Wenn er 24 Stunden Freizeit nachfragt, kann er sich in der Ausgangssituation keine Konsumgüter leisten, da er über kein sonsti-

ges Einkommen verfügt. A ist somit ein Punkt auf seiner Budgetgerade. Den anderen Endpunkt B finden Sie mit folgender Überlegung: Bei einem Lohnsatz von 4 Euro pro Stunde beträgt das »volle Einkommen« nominal 96 Euro. Da eine Konsumgütereinheit 2 Euro kostet, kann der Haushalt mit seinem vollen Einkommen real maximal 48 Konsumgütereinheiten kaufen. Die höchste erreichbare Indifferenzkurve ist I_1. Das Haushaltsgleichgewicht ist mit G gekennzeichnet. Der Haushalt fragt 14 Stunden Freizeit nach, bietet also 10 Stunden Arbeit an.

2. Das Mindesteinkommen in Höhe von 24 Euro stellt für den Haushalt sonstiges Einkommen (»Nichtarbeitseinkommen«) dar. Wenn er keine Arbeit anbietet, kann er sich zwölf Konsumgütereinheiten leisten (Punkt Q). Da er von einem möglichen Zuverdienst nur 25 Prozent behalten darf, beträgt sein Nettostundenlohn 1 Euro pro Stunde. Er muss nun zwei Stunden für eine Konsumgütereinheit arbeiten (= Anstieg der Budgetgerade bei Bezug von Mindesteinkommen). Die neue Budgetgerade verläuft somit von A über Q nach D. Der Schnittpunkt der beiden Budgetgeraden zeigt, dass sich der Haushalt bei einem Verzicht auf das Mindesteinkommen mehr Güter leisten könnte, wenn er mehr als 8 Stunden am Tag arbeiten würde. Das wird er allerdings nicht tun. Die höchste Indifferenzkurve (I_2) erreicht er in der Randlösung Q, wenn er 24 Stunden Freizeit nachfragt. Das Mindesteinkommen führt also zu einem Rückzug des Haushalts aus dem Arbeitsmarkt.

Ergänzende Überlegung: Um ihn zu bewegen, wieder Arbeit anzubieten, kämen grundsätzlich drei Maßnahmen infrage: Entweder muss 1. der Reallohn steigen, den er auf dem regulären Arbeitsmarkt erzielen kann, oder 2. das Mindesteinkommen abgesenkt werden oder 3. die Hinzuverdienstmöglichkeit verbessert, das heißt der Anrechnungssatz vermindert werden.

Lösung Aufgabe 4

1. Franz' Budgetrestriktion lautet $PC = W \cdot (T - F) + S$, wobei T für sein Zeitbudget, W für den (Nominal-)Lohnsatz und S für sein Nichtarbeitseinkommen stehen. p ist der Preis einer Konsumgütereinheit. Einsetzen der gegebenen Werte liefert $10C = 20 \cdot (16 - F) + 0$, solange Franz kein sonstiges Einkommen (Taschengeld) bezieht. Aufgelöst nach C ergibt sich

$$(1) \quad C = 32 - 2F$$

Das Verhältnis der Grenznutzen von Konsum und Freizeit muss dem Reallohn W/p entsprechen (Reallohn = in Gütereinheiten angegebener Lohnsatz, der hier 2 beträgt; »Opportunitätskosten der Freizeit«):

$$(2) \quad \frac{\partial U / \partial F}{\partial U / \partial C} = \frac{W}{p}$$

Das ist die gewöhnliche Bedingung für ein Haushaltsoptimum: Das Verhältnis der Preise zweier Aktivitäten muss dem Verhältnis ihrer Grenznutzen entsprechen (»zweites Gossensches Gesetz«).

Mit Franz' Nutzenfunktion ergibt sich

$$(3)\quad \frac{0{,}5 \cdot C^{0{,}5} F^{-0{,}5}}{0{,}5 \cdot C^{-0{,}5} F^{0{,}5}} = \frac{20}{10} \quad \Rightarrow \quad \frac{C}{F} = 2$$

Mit der Budgetrestriktion (1) und dem Zeitbudget berechnen Sie, dass Franz am Tag acht Stunden arbeitet und sich 16 Konsumgütereinheiten C leisten kann.

2. Die Budgetrestriktion ändert sich durch das Taschengeld zu $10C = 20 \cdot (16 - F) + 80$. Der Berechnungsweg stimmt ansonsten mit dem unter 1. überein. Franz bietet nun nur noch sechs Stunden Arbeit an und kann sich zwanzig Gütereinheiten C kaufen. Erwartungsgemäß wirkt sich das Taschengeld negativ auf sein Arbeitsangebot aus.

3. Freizeit ist für Franz – wie für andere Menschen auch, solange es sich nicht um »Workaholics« handelt – ein superiores Gut, für das der Einkommenseffekt positiv ist. Das Taschengeld lässt das Einkommen steigen. Daher fragt Franz mehr Freizeit nach. Sein Arbeitsangebot sinkt.

Dieser Einkommenseffekt liefert in Verbindung mit dem Umstand, dass Freizeit für die meisten Menschen superior ist, die theoretische Grundlage für die Vermutung, dass eine Steigerung von Lohnersatzleistungen das Arbeitsangebot der Menschen sinken lässt.

Lösung Aufgabe 5

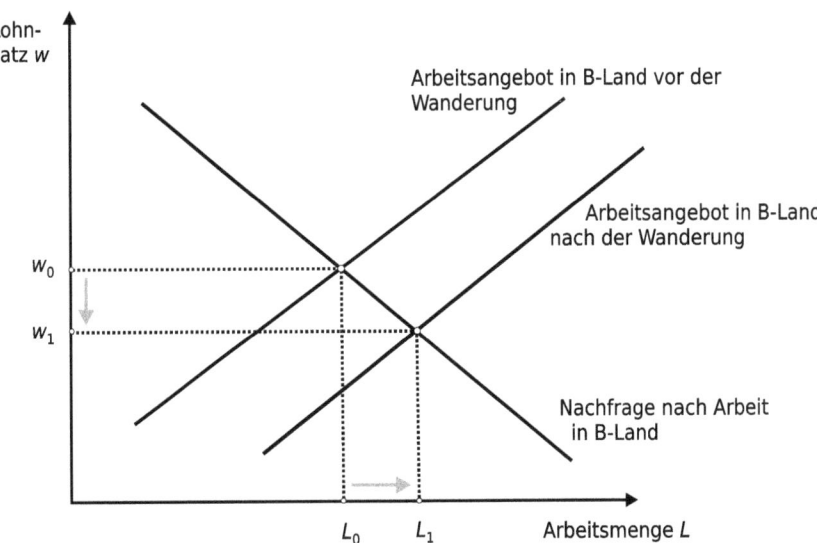

Der Index 0 kennzeichnet die Gleichgewichtswerte vor, der Index 1 die Gleichgewichtswerte nach der Wanderung.

Häufige Fehler:

✓ Arbeitsangebot und -nachfrage werden verwechselt. Zwar suchen Haushalte Beschäftigungsmöglichkeiten (»Ich suche Arbeit.«), aber sie sind dennoch die *Anbieter* des Faktors Arbeit. Sie »verkaufen« ihre Arbeitskraft auf dem

Arbeitsmarkt. Unternehmen bieten keine Arbeit an, sondern fragen sie auf dem Faktormarkt nach. Nur umgangssprachlich bieten Unternehmen »Arbeit« an – tatsächlich bieten sie Arbeitsmöglichkeiten (»freie Stellen«) an.

✔ Neben der Angebots- wird die Nachfragekurve nach rechts verschoben. Das könnte der Fall sein, allerdings nur indirekt: Bei einer starken Wanderungswelle stiege die Nachfrage nach Gütern in B-Land. Das ließe die Güterpreise steigen. Die Unternehmen würden daraufhin die Produktion ausdehnen und vermehrt Arbeitskräfte nachfragen. Dieser Effekt kann den lohnsenkenden Effekt der Wanderungsbewegung (kurzfristig) nicht ausgleichen.

Teil III
Die Entscheidungen der Unternehmen

IN DIESEM TEIL ...

Der dritte Teil untersucht die Angebotsentscheidungen von Unternehmen auf vollkommenen Konkurrenzmärkten. Er beleuchtet zunächst die technische Seite der Unternehmen:

- ✔ kurzfristige und langfristige Produktionsfunktionen
- ✔ Grenzprodukt und Durchschnittsprodukt
- ✔ Skalenerträge und Skalenelastizität

Anschließend werden die Kostenfunktionen und der optimale Faktormix betrachtet. Den Schwerpunkt dieses Teils bilden Aufgaben zur kurz- und langfristigen Gewinnmaximierung. Das abschließende Kapitel enthält Übungen zur Faktornachfrage der Unternehmen.

> **IN DIESEM KAPITEL**
>
> Produktionsfaktoren
>
> Das klassische Ertragsgesetz
>
> Die Cobb-Douglas-Produktionsfunktion
>
> Die Leontief-Produktionsfunktion

Kapitel 10
Die technische Seite der Unternehmung

Die traditionelle Mikroökonomik reduziert die Unternehmung auf ihre technischen Aspekte. Sie fasst Betriebe gleichsam als Maschinen auf, die aus Produktionsfaktoren Güter erzeugen. In der Regel werden Einproduktunternehmen betrachtet, deren Technik sich mit Produktionsfunktionen wie in Gleichung (1) beschreiben lässt.

Produktionsfaktoren

Zur Erstellung des Produkts (»Output«) setzt das Unternehmen Arbeit und Kapital (»Inputs«) ein. Da sich alle wichtigen Aussagen aus Modellen mit zwei Faktoren ableiten lassen, werden weitere Faktoren (zum Beispiel Boden, Wissen, Energie) in der Regel nicht betrachtet.

$$(1) \quad \text{Outputmenge} = f\left(\text{Arbeitseinsatz, Kapitaleinsatz}\right)$$

Arbeit wird als **kurzfristig variabler** Produktionsfaktor aufgefasst. Der **Kapitaleinsatz** lässt sich nur **auf lange Sicht** anpassen. *Beispiel*: Der Bauer entscheidet von jetzt auf gleich, wie viele Erntehelfer (variabler Faktor) er beschäftigt. Hingegen handelt es sich beim Kauf oder bei der Pacht zusätzlicher Felder sowie bei der Veräußerung von Anbauflächen um langfristige Entscheidungen. Auch wenn es sich bei den Feldern im engeren Sinne um »Boden« handelt, würden sie in einem Zwei-Faktoren-Modell als Kapital aufgefasst.

Die Produktion auf kurze Sicht

Da das Kapital als der kurzfristig fixe Produktionsfaktor angenommen ist, hängt die Produktionsmenge x nur noch vom Arbeitseinsatz L ab. Die kurzfristige Produktionsfunktion kann daher als

$$(2) \quad x = f(L)$$

angegeben werden.

Das klassische Ertragsgesetz

Als bekannteste Produktionsfunktion darf das **klassische Ertragsgesetz** gelten. Seine Gestalt ähnelt einem zur Seite geneigten S (siehe Abbildung 10.1). Die Zahlenwerte dienen lediglich zur Illustration. *Ablesebeispiel:* In der Betrachtungsperiode kann das Unternehmen mit einem Einsatz von vierzig Arbeitskräften dreitausend Einheiten des Gutes x produzieren.

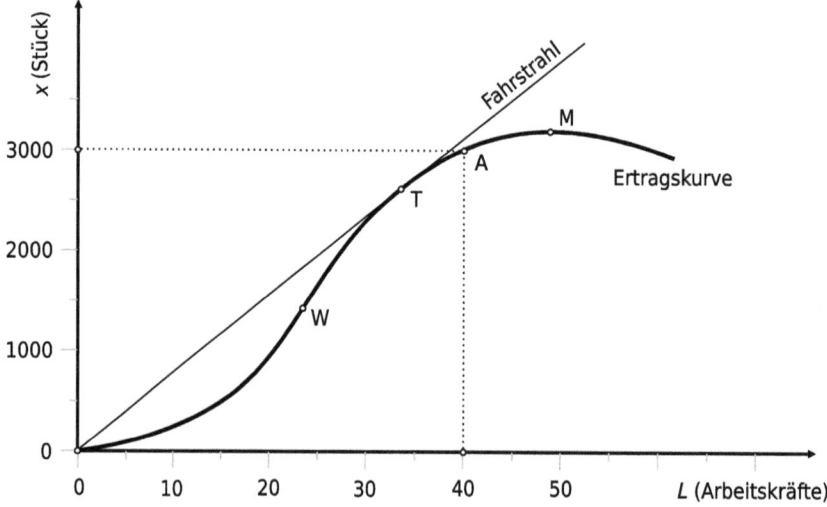

Abbildung 10.1: Das klassische Ertragsgesetz

Wichtige Begriffe

Durchschnittsprodukt (oder Durchschnittsertrag): Das Durchschnittsprodukt gibt an, wie viele Outputeinheiten im Durchschnitt auf eine eingesetzte Faktoreinheit entfallen.

Beispiel: Wenn fünf Erntehelfer am Tag 400 Kilogramm Spargel stechen, beträgt das Durchschnittsprodukt (oder auch die »Durchschnittsproduktivität«) 80 Kilogramm Spargel pro Arbeitskraft (und Tag).

Ertragsgesetz: Über den Tangentialpunkt T, den ein Fahrstrahl aus dem Ursprung mit der Ertragskurve bildet, finden Sie den Arbeitseinsatz mit dem höchsten Durchschnittsprodukt. Der Anstieg des Fahrstrahls entspricht dem Durchschnittsprodukt.

Als Formel:

$$\text{Durchschnittsertrag} = \frac{x}{L}$$

Grenzprodukt (oder Grenzertrag): Das Grenzprodukt gibt an, wie viele Outputeinheiten auf eine zusätzlich eingesetzte Faktoreinheit entfallen.

Beispiel: Wenn durch einen sechsten Erntehelfer die geerntete Spargelmenge von 400 auf 460 Kilogramm steigt, beträgt das Grenzprodukt (oder auch die »Grenzproduktivität«) der sechsten Arbeitskraft 60 Kilogramm Spargel.

Ertragsgesetz: Der Grenzertrag entspricht dem Anstieg der Ertragskurve in Abbildung 10.1. Die Grenzerträge steigen mit zusätzlichem Arbeitseinsatz zunächst an. Sie erreichen ihr Maximum im Wendepunkt W und nehmen anschließend ab. Im Maximum M der Ertragskurve ist der Grenzertrag null. Anschließend wird der Grenzertrag negativ. In T stimmt der Grenzertrag (= Anstieg der Ertragskurve) mit dem dort maximalen Durchschnittsertrag (= Anstieg des Fahrstrahls) überein.

Formal: Der Grenzertrag ist der Wert der ersten Ableitung der Produktionsfunktion.

Als Formel:

$$\text{Grenzertrag} = \frac{dx}{dL}$$

Gesetz vom abnehmenden Grenzertrag: Bezeichnung für die Gesetzmäßigkeit, dass die Produktionsmenge bei einer (stetigen) Ausdehnung des Faktoreinsatzes (irgendwann) nur noch unterproportional mitwächst. Es ist auch als »Gesetz von den abnehmenden Ertragszuwächsen« bekannt.

Beispiel: Lässt der sechste Erntehelfer die geerntete Spargelmenge noch von 400 auf 460 Kilogramm steigen (Grenzertrag = 60 Kilogramm), steigt es durch den siebten zum Beispiel nur noch von 460 auf 500 Kilogramm (Grenzertrag = 40 Kilogramm).

Ertragsgesetz: In Abbildung 10.1 gilt das Gesetz ab dem Wendepunkt W. Davor liegen zunehmende Grenzerträge vor. Der Bereich zwischen W und M mit positivem, aber abnehmendem Grenzprodukt heißt **neoklassischer Bereich**. Eine Produktionsfunktion, die durchgängig abnehmende positive Grenzerträge aufweist, heißt neoklassische Produktionsfunktion.

Formal: Die zweite Ableitung der Produktionsfunktion ist negativ.

Als Formel:

$$\frac{d^2x}{dL^2} < 0 \quad \rightarrow \quad \text{abnehmender Grenzertrag}$$

Das Gesetz vom abnehmenden Grenzertrag findet in der Haushaltstheorie im Gesetz vom abnehmenden Grenznutzen (erstes Gossensches Gesetz) sein Pendant.

Die Produktion auf lange Sicht

Langfristig kann die Unternehmung den Einsatz aller Produktionsfaktoren anpassen. Im »Zwei-Faktoren-Modell« mit Arbeit und Kapital rückt die Frage nach dem optimalen Einsatzverhältnis der beiden Faktoren ins Zentrum des Interesses.

Wichtige Begriffe

- ✔ **Kapitalintensität:** Kapitaleinsatz pro Arbeitseinheit, zum Beispiel gemessen als Euro pro Arbeitskraft.

- ✔ **Arbeitsintensität:** Kehrwert der Kapitalintensität. Bildlich gesprochen: Wie viele Arbeitskräfte stehen an einer Maschine?

- ✔ **Substitutionale Produktion:** Die Faktoren lassen sich vollständig oder in Grenzen gegeneinander austauschen. *Beispiel:* Kartoffeln können ohne nennenswerten Kapitaleinsatz nur von Arbeitskräften, aber auch kapitalintensiv mit Erntemaschinen nahezu ohne Arbeitseinsatz geerntet werden.

- ✔ **Limitationale Produktion:** Die Faktoren werden in einem festen Einsatzverhältnis benötigt. *Beispiel:* Bei der Produktion von Autos ist das Einsatzverhältnis eins zu vier von Karossen zu Rädern unveränderlich.

Die Cobb-Douglas-Produktionsfunktion

Zur Darstellung substitutionaler Produktionsprozesse eignet sich die **Cobb-Douglas-Funktion**:

$$(3) \quad x = \gamma K^\alpha L^\beta$$

L steht weiterhin für den Arbeitseinsatz, K für die eingesetzte Menge Kapital. Die kleinen griechischen Buchstaben sind die Parameter der Funktion:

- ✔ γ ist ein Effizienzparameter, der sich zur Modellierung technischen Fortschritts eignet. *Beispiel:* Steigt der Wert von γ von 2,0 auf 2,1, nimmt die Produktionsmenge x bei gleichen Einsatzmengen von Arbeit und Kapital um fünf Prozent zu.

✓ α und β sind die partiellen **Produktionselastizitäten** des Kapitals und der Arbeit. *Beispiel*: Ist α 0,3, dann führt eine einprozentige Erhöhung des Kapitaleinsatzes zu einem Anstieg der Produktionsmenge x um 0,3 Prozent. Lesen Sie dazu im Top-Ten-Teil den Mathetipp »Die Elastizität der Funktion $y = \beta x^\alpha$«.

✓ Die Summe α + β entspricht der **Skalenelastizität**, die weiter hinten in diesem Kapitel im Zusammenhang mit der Niveauproduktionsfunktion erklärt wird. Die Skalenelastizität einer Cobb-Douglas-Funktion stimmt mit der Summe der partiellen Produktionselastizitäten der Faktoren überein. *Beispiel*: Ist α 0,7 und β 0,4, dann bewirkt eine Steigerung des Einsatzes aller Faktoren um zehn Prozent (hier also der beiden Faktoren Kapital und Arbeit um je zehn Prozent) eine Zunahme der Produktionsmenge x um elf Prozent.

Für gegebene Produktionsmengen x lässt sich die substitutionale Technologie der Cobb-Douglas-Funktion mithilfe von **Isoquanten** (= Orte gleicher Produktionsmengen) veranschaulichen. Abbildung 10.2 zeigt ein Beispiel, in dem mit unterschiedlichen Faktorkombinationen A und B dieselbe Produktionsmenge erzeugt wird. Von A nach B lassen sich zwanzig Kapitaleinheiten durch vierzig Arbeitseinheiten substituieren (= ersetzen).

 »Technisch betrachtet« nehmen sich Indifferenzkurven in der Haushaltstheorie und Isoquanten in der Unternehmenstheorie wenig.

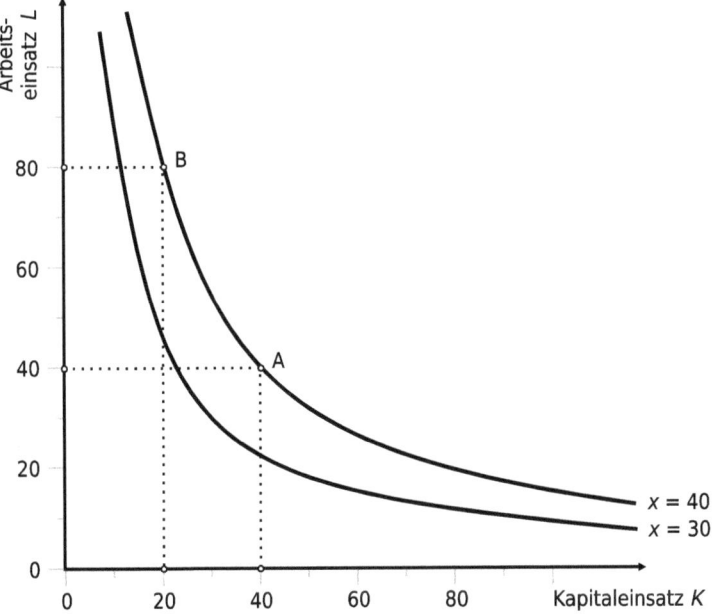

Abbildung 10.2: Isoquanten der Cobb-Douglas-Produktionsfunktion $x = K^{0,5} L^{0,5}$

Die Leontief-Produktionsfunktion

Die **Leontief-Produktionsfunktion** beschreibt linear-limitationale Produktionsprozesse:

✓ *Limitational:* Die Faktoren werden zueinander in einem konstanten Verhältnis benötigt.

✓ *Linear:* Es besteht eine lineare Abhängigkeit zwischen Faktoreinsatz und Produktionsmenge. *Beispiel:* Eine Verdopplung aller Faktoreinsätze führt zu einer Verdopplung des Outputs. Es liegen lineare oder »konstante Skalenerträge« vor, die gegen Ende dieses Kapitels näher erläutert werden.

Abbildung 10.3 zeigt die linear-limitationale Produktion von Autos mithilfe von Rädern und Karossen. Den limitationalen (= begrenzenden) Charakter der Technik erkennen Sie am Übergang von Punkt T nach Punkt S. Die Zahl von 160 Rädern »limitiert« die Produktionsmenge auf 40 Autos. Räder sind bei der Faktorausstattung S der »Engpassfaktor«. Den linearen Charakter der Technik erkennen Sie am Übergang von Punkt U nach Punkt T. Eine Verdopplung der Zahl der Räder und Karossen verdoppelt die Zahl der Autos.

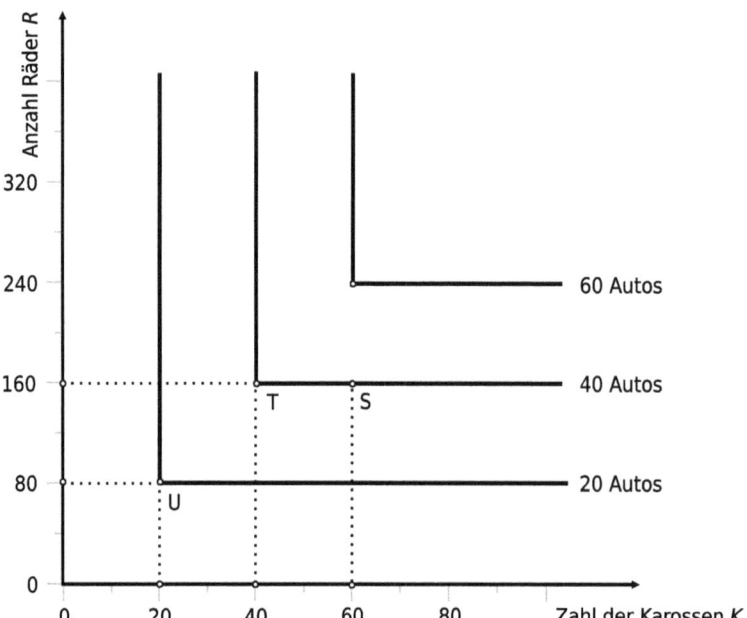

Abbildung 10.3: Isoquanten einer Leontief-Produktionsfunktion für Autos;

$$\text{Menge an Autos} = \min\left(\text{Anzahl Karossen}, \frac{\text{Anzahl Räder}}{4}\right)$$

Weitere wichtige Begriffe

✓ Die Steigung der Isoquante heißt **Grenzrate der technischen Substitution**. Sie wird auch »Grenzrate der Faktorsubstitution« genannt und liefert folgende Auskunft: Wenn von dem einen Faktor eine (marginale) Einheit weniger eingesetzt wird, wie viele Einheiten des anderen Faktors müssen dann gerade mehr eingesetzt werden, damit die aktuelle Produktionsmenge beibehalten werden kann? *Kurz:* Die Grenzrate der technischen Substitution ist das Austauschverhältnis der Faktoren bei konstanter Produktion.

Die Grenzrate der technischen Substitution unterscheidet sich in formaler Hinsicht nicht von der Grenzrate der Substitution in der Haushaltstheorie.

✔ Bildlich gesprochen handelt es sich bei **Faktorvariationen** um Bewegungen im Faktordiagramm. Sie können vier Arten unterscheiden:

- **Partielle** Faktorvariation: Nur einer der beiden Produktionsfaktoren wird angepasst. Die »Produktion auf kurze Sicht«, bei der nur der Faktor Arbeit angepasst wird, zählt zur partiellen Faktorvariation. *Beispiel:* Ein Bauer stellt mehr Erntehelfer ein.

- **Isoquante** Faktorvariation: Die Faktoren werden so gegeneinander substituiert, dass die Produktionsmenge konstant bleibt (= Bewegung auf einer Isoquante). *Beispiel:* Der Bauer kalkuliert, dass er zehn Erntehelfer durch einen Kartoffelvollernter ersetzen könnte.

- **Totale** (oder proportionale) Faktorvariation: Beide (wenn mehr als zwei Faktoren betrachtet werden: alle) Produktionsfaktoren werden angepasst, während die Kapitalintensität (= Faktoreinsatzverhältnis) konstant gehalten wird. Das ganze Unternehmen »wird in seiner Größe skaliert«. *Beispiel:* Ein Bauer heiratet die Bäuerin vom Nachbarhof, der zufällig mit seinem eigenen identisch ist. Sie legen ihre Betriebe zusammen. Der Skalierungsfaktor wäre in diesem Fall zwei.

- **Isokline** Faktorvariation: Der Faktoreinsatz wird so geändert, dass die Grenzrate der technischen Substitution konstant bleibt. *Beispiel:* Auf dem durch die Heirat vergrößerten Betrieb ließen sich weiterhin zehn Arbeitskräfte durch die Anschaffung eines Kartoffelvollernters einsparen. (Beachten Sie, dass das so sein kann, aber nicht so sein muss: Die Grenzrate der Faktorsubstitution muss nicht betriebsgrößenunabhängig sein.)

✔ Eine **Niveauproduktionsfunktion** beschreibt das Produktionsergebnis in Abhängigkeit von der Faktoreinsatzmenge bei konstanter Faktorintensität. Die Niveauproduktionsfunktion können Sie als eine »ganz normale« Produktionsfunktion auffassen, bei der anstatt eines Faktors alle Faktoren »im Paket« eingesetzt werden. Eine Niveauproduktionsfunktion ist eine Produktionsfunktion bei totaler Faktorvariation. *Beispiel:* Ein Faktorpaket P bestehe beim Bau von Autos A aus einer Karosse und vier Rädern. Dann lautet die Niveauproduktionsfunktion »Autos = eins mal Zahl der Faktorpakete« $(A = 1 \cdot P)$.

✔ Die Elastizität der Niveauproduktionsfunktion heißt **Skalenelastizität**.

- Bei der Cobb-Douglas-Funktion (3) können Sie die Skalenelastizität direkt als Summe der Exponenten $\alpha + \beta$ ablesen.

- Die Skalenelastizität von Leontief-Produktionsfunktionen ist eins. *Beispiel:* Wenn Sie die Zahl von Karossen und Reifen um zehn Prozent erhöhen, steigt die Zahl der produzierten Autos ebenfalls um zehn Prozent.

✔ An der Veränderung des Anstiegs der Niveauproduktionsfunktion erkennen Sie den **Skalenertrag**. Die folgenden grundlegenden Fälle sind denkbar:

- **Konstante Skalenerträge:** Die Produktionsmenge steigt proportional mit dem Faktoreinsatz. Die Skalenelastizität ist eins. *Beispiel:* Die Leontief-Produktionsfunktion zeigt durchgängig konstante Skalenerträge. Wenn Sie das klassische Ertragsgesetz in Abbildung 10.1 als Niveauproduktionsfunktion auffassen, liegen konstante Skalenerträge nur in Punkt T vor.

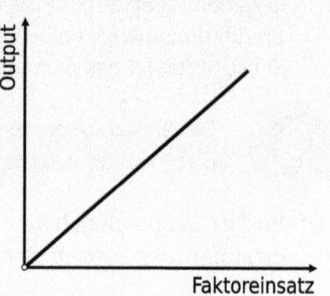

- **Steigende Skalenerträge:** Die Produktionsmenge steigt relativ stärker als der Faktoreinsatz. Die Skalenelastizität ist größer als eins. *Beispiel:* Mit der Unternehmensgröße nimmt die Durchschnittsproduktivität infolge von Effizienzvorteilen zu (»Gesetz der Massenproduktion«, »natürliches Monopol«). Das klassische Ertragsgesetz in Abbildung 10.1 zeigt im Bereich vom Ursprung bis zum Punkt T steigende (oder zunehmende) Skalenerträge.

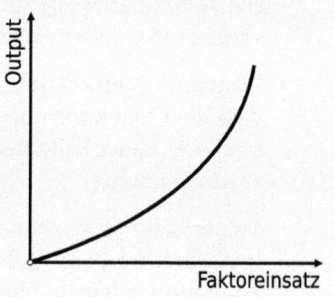

- **Sinkende Skalenerträge:** Die Produktionsmenge steigt relativ schwächer als der Faktoreinsatz. Die Skalenelastizität liegt unter eins. Sinkende Skalenerträge der Niveauproduktionsfunktion sind das Pendant zum Gesetz vom abnehmenden Grenzertrag für einen einzelnen Produktionsfaktor. Das klassische Ertragsgesetz in Abbildung 10.1 zeigt ab T sinkende (oder abnehmende) Skalenerträge.

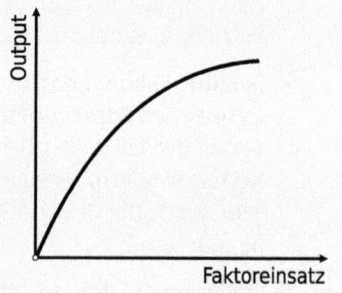

Aufgaben

Aufgabe 1

Was unterscheidet Grenzerträge von Skalenerträgen?

Aufgabe 2

Herr K. füllt an Werktagen morgens fünf gestrichene Messlöffel Kaffeemehl in seine Kaffeemaschine, um damit sechs Tassen Kaffee zu kochen. Sonntags nimmt er sechs Löffel für acht Tassen. Aus Erfahrung weiß er, dass die Kaffeequalität (»Stärke«) dann konstant bleibt.

Welche der folgenden Aussagen treffen zu? Kreuzen Sie die korrekten Antworten an!

- ☐ Werktags beträgt der Durchschnittsertrag eines Löffels 1,2 Tassen.
- ☐ Der Grenzertrag des sechsten Löffels beträgt zwei Tassen.
- ☐ Die Kaffeemenge reagiert auf den Kaffeemehleinsatz elastisch.
- ☐ Grenzertrag durch Durchschnittsertrag ergibt die Elastizität der Kaffeemenge bezüglich des Kaffeemehls.
- ☐ Alle vorstehenden Aussagen sind falsch.

Aufgabe 3

»Zeigen alle Faktoren abnehmende Grenzerträge, dann wird bei sinkenden Skalenerträgen produziert.«

Nehmen Sie Stellung am Beispiel einer Cobb-Douglas-Produktionsfunktion $x = K^\alpha L^\beta$ mit $0 < \alpha, \beta < 1$!

Aufgabe 4

Stellen Sie die Grenzrate der technischen Substitution für die Produktionsfunktion $x = f(K, L)$ als Ausdruck in den Grenzproduktivitäten der Faktoren Kapital K und Arbeit L dar!

Aufgabe 5

Ordnen Sie die Aussagen (1) bis (4) einer partiellen, einer totalen, einer isoquanten und einer isoklinen Faktorvariation zu!

(1) Infolge steigender Löhne hat der Hersteller die Produktion bei konstanten Stückzahlen zunehmend automatisiert.

(2) Die Unternehmung hat die Produktion in zwei weiteren Betrieben gestartet.

(3) Durch eine Personalaufstockung konnte die Produktion gesteigert werden.

(4) Wie die Unternehmensleitung mitteilt, wird inzwischen sowohl eine größere Menge als auch kapitalintensiver produziert. Nach wie vor seien aber zwanzig Überstunden notwendig, um einen einstündigen Ausfall einer Maschine zu kompensieren.

Aufgabe 6

Das Produkt X wird mit Kapital K und Arbeit L nach Maßgabe der Produktionsfunktion

$$x = 10\sqrt{K} + 20\sqrt{L}$$

hergestellt.

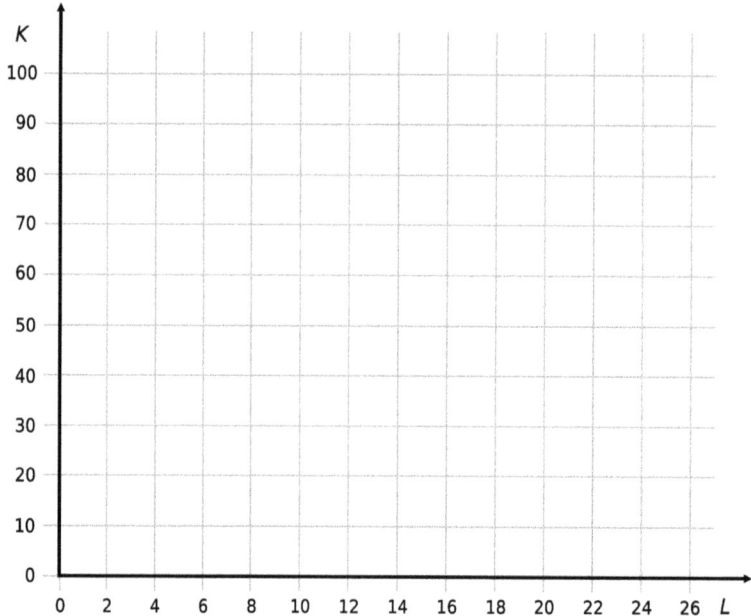

1. Verwenden Sie das vorbereitete Diagramm, um die Isoquante für eine Produktionsmenge von 100 Einheiten zu konstruieren. *Tipp:* Berechnen Sie nur Stützpunkte für $L = 0, 1, 4, 9, 16$ und 25. Dann klappt's auch ohne Taschenrechner.

2. Bestimmen Sie die Niveauproduktionsfunktion $x = f(L)$ für eine Kapitalintensität (= Einsatzverhältnis von Kapital zu Arbeit) von $\frac{K}{L} = \frac{1}{4}$!

Aufgabe 7

Betrachten Sie die drei folgenden Produktionsfunktionen. Wie üblich steht x für die Produktionsmenge und K und L sind die Faktoreinsatzmengen an Kapital und Arbeit.

(1) $x = 0,2K + 0,4L$

(2) $x = K^{0,2} L^{0,4}$

(3) $x = \min(0,2K;\ 0,4L)$

1. Skizzieren Sie für alle drei Fälle eine typische Isoquante!
2. Wie hoch ist jeweils die Grenzrate der technischen Substitution?
3. Was können Sie jeweils über die Skalenerträge aussagen?
4. Was können Sie jeweils über das Grenzprodukt des Faktors Arbeit aussagen?

Lösungen

Lösung Aufgabe 1

Grenzerträge beziehen sich auf die Variation eines Produktionsfaktors, während bei Skalenerträgen eine gleichmäßige Veränderung des Einsatzes aller Produktionsfaktoren betrachtet wird:

Der Grenzertrag ist die Zunahme der Produktion bei einer *partiellen* Faktorvariation eines Produktionsfaktors. *Beispiel:* Der Grenzertrag misst die Zunahme der pro Tag geklebten Tüten, wenn in der Gefängniswerkstatt ein Gefangener mehr eingesetzt wird.

Der Skalenertrag misst die Zunahme der Produktion bei einer *totalen* Faktorvariation, das heißt alle Faktoreinsätze werden gesteigert, während die Faktorintensitäten (= Einsatzverhältnis der Faktoren zueinander) konstant bleiben. *Beispiel:* Der Skalenertrag misst die Zunahme der pro Tag geklebten Tüten, wenn eine weitere Gefängniswerkstatt eingerichtet wird.

Um die beiden Größen dimensionslos zu messen, können Sie die partiellen Produktionselastizitäten für die Grenzerträge der Faktoren und die Skalenelastizität für die Skalenerträge verwenden. Partielle Produktionselastizitäten sind in aller Regel kleiner als eins (die Produktionsmenge steigt relativ schwächer als der Faktoreinsatz), während einiges dafür spricht, dass sich Skalenelastizitäten nahe bei eins bewegen (die Produktionsmenge wächst proportional zur Unternehmensgröße: Wenn die Zahl vergleichbarer Betriebsstätten eines Unternehmens von zehn auf elf steigt, ist mit einem Anstieg der unternehmensweiten Produktion um zehn Prozent zu rechnen.).

Lösung Aufgabe 2

- ☒ Werktags ist der Durchschnittsertrag eines Löffels 1,2 Tassen.
- ☒ Der Grenzertrag des sechsten Löffels beträgt zwei Tassen.
- ☒ Die Kaffeemenge reagiert auf den Kaffeemehleinsatz elastisch. (Der prozentuale Anstieg der Tassenzahl von sechs auf acht (= 33,3̄ Prozent) liegt über dem prozentualen Anstieg der Löffelzahl von fünf auf sechs (= 20 Prozent).)
- ☒ Grenzertrag durch Durchschnittsertrag ergibt die Elastizität der Kaffeemenge bezüglich des Kaffeemehls. $\left(\frac{\text{Grenzertrag}}{\text{Durchschnittsertrag}} = \frac{2}{1,2} = 1,6\bar{6}; \varepsilon_{\text{Kaffeemenge, Kaffeemehl}} = \frac{33,\bar{3}}{20} = 1,6\bar{6}\right)$
- ☐ Alle vorstehenden Aussagen sind falsch.

Erklärung:

Der Durchschnittsertrag gibt an, wie viele Tassen auf einen Löffel Kaffeemehl entfallen:

$$\text{Durchschnittsertrag} = \frac{\text{Kaffeetassen}}{\text{Messlöffel}} = \frac{6}{5} = 1,2 \, [\text{Tassen / Löffel}]$$

Der Grenzertrag gibt an, wie viele Tassen mit einem weiteren Löffel Kaffeemehl produziert werden können:

$$\text{Grenzertrag} = \frac{\Delta \text{Kaffeetassen}}{\Delta \text{Messlöffel}} = \frac{8-6}{6-5} = 2 \left[\text{Tassen / Löffel}\right]$$

Die »partielle Produktionselastizität« des Kaffeemehls gibt an, um wie viel Prozent die Tassenzahl steigt, wenn der Kaffeemehleinsatz um ein Prozent gesteigert wird:

$$\text{Elastizität} = \frac{\text{prozentuale Änderung der Tassenzahl}}{\text{prozentuale Änderung der Löffel}} = \frac{\frac{8-6}{6} \cdot 100}{\frac{6-5}{5} \cdot 100} = \frac{2/6}{1/5} = \frac{10}{6} = 1,\overline{66}$$

Die »partielle Produktionselastizität« ist immer gleich dem Verhältnis von Grenz- zu Durchschnittsertrag:

$$\text{Elastizität} = \frac{\text{prozentuale Änderung der Tassenzahl } T}{\text{prozentuale Änderung der Löffelzahl } L}$$

$$\text{Elastizität} = \frac{\frac{\Delta T}{T} \cdot 100}{\frac{\Delta L}{L} \cdot 100} = \frac{\frac{\Delta T}{\Delta L}}{\frac{T}{L}} = \frac{\text{Grenzertrag}}{\text{Durchschnittsertrag}} = \frac{2}{1,2} = 1,\overline{66}$$

Wenn der Grenz- und der Durchschnittsertrag eines Faktors übereinstimmen, beträgt seine partielle Produktionselastizität gerade eins (und der Durchschnittsertrag ist maximal).

Lösung Aufgabe 3

Die Aussage ist falsch.

Der Grenzertrag eines Faktors misst den Anstieg des Outputs, der durch eine zusätzlich eingesetzte Einheit des Faktors ausgelöst wird. Näherungsweise lässt sich der Grenzertrag eines Faktors durch die entsprechende erste partielle Ableitung der Produktionsfunktion berechnen. Der Grenzertrag nimmt folglich ab, wenn die zweite partielle Ableitung der Produktionsfunktion negativ ist. Das trifft für die gegebene Cobb-Douglas-Produktionsfunktion zu. Am Beispiel von K:

$$\frac{\partial x}{\partial K} = \underbrace{\alpha}_{+} \cdot \underbrace{K^{\alpha-1}}_{+} \cdot \underbrace{L^{\beta}}_{+} > 0 \quad \text{und} \quad \frac{\partial^2 x}{\partial K^2} = \underbrace{(\alpha-1)}_{-} \cdot \underbrace{\alpha}_{+} \cdot \underbrace{K^{\alpha-2}}_{+} \cdot \underbrace{L^{\beta}}_{+} < 0$$

Skalenerträge werden mithilfe der Skalenelastizität klassifiziert. Diese misst bei konstanten Faktoreinsatzverhältnissen (»Faktorintensitäten«) die prozentuale Zunahme des Outputs bei einer einprozentigen Erhöhung der Inputs (»totale Faktorvariation«). Der »kritische« Wert der Skalenelastizität ist eins:

✓ Skalenelastizität > 1 → steigende/zunehmende Skalenerträge

✓ Skalenelastizität = 1 → konstante Skalenerträge

✓ Skalenelastizität < 1 → sinkende/abnehmende Skalenerträge

Mit der Cobb-Douglas-Funktion lässt sich ein Gegenbeispiel für die Aussage in der Aufgabenstellung finden. Zu diesem Zweck wird die Produktionsmenge y berechnet, die sich ergibt, wenn alle Faktoren »verlambdafacht« eingesetzt werden:

$$y = (\lambda K)^\alpha (\lambda L)^\beta = \lambda^\alpha K^\alpha \lambda^\beta L^\beta = \lambda^{\alpha+\beta} \left(K^\alpha L^\beta \right) = \lambda^{\alpha+\beta} x$$

Die Menge y wäre also $\lambda^{\alpha+\beta}$-mal so groß wie die Menge x. Ist $\alpha + \beta = 1$, so liegen konstante Skalenerträge vor, da sich die Produktionsmenge proportional zu den Faktoreinsätzen verhielte. Sie würde sich gerade »verlambdafachen«. Sind α und β in der Summe aber größer als eins, liegen zunehmende Skalenerträge bei abnehmenden Grenzerträgen vor. (Die Elastizität von y bezüglich λ beträgt $\alpha+\beta$. Mehr dazu finden Sie im Top-Ten-Teil im Matetipp »Die Elastizität der Funktion $y = \beta x^\alpha$«.)

Lösung Aufgabe 4

Die Grenzrate der technischen Substitution $\frac{\mathrm{d}K}{\mathrm{d}L}$ ist die Steigung der Isoquante im Kapital-Arbeits-Diagramm. Sie entspricht dem umgekehrten negativen Verhältnis der Grenzproduktivitäten:

$$\frac{\mathrm{d}K}{\mathrm{d}L} = -\frac{\frac{\partial x}{\partial L}}{\frac{\partial x}{\partial K}}$$

Interpretationsbeispiel: Wenn die Grenzproduktivität der Arbeit steigt, kann durch eine zusätzliche Arbeitskraft mehr Kapital eingespart werden als zuvor.

Auf einer Isoquante ist die Veränderung der Produktionsmenge dx null. Die Veränderung der Produktionsmenge liefert das totale Differenzial der Produktionsfunktion:

$$\mathrm{d}x = \frac{\partial x}{\partial K} \cdot \mathrm{d}K + \frac{\partial x}{\partial L} \cdot \mathrm{d}L \overset{!}{=} 0$$

Diesen Ausdruck müssen Sie nur noch umstellen, um die obige Aussage zu bestätigen.

Lösung Aufgabe 5

(1) Es handelt sich um eine Bewegung auf einer Isoquante und damit um eine isoquante Faktorvariation.

(2) Unterstellt, dass sich die Betriebe nicht voneinander unterschieden, handelt es sich um eine totale (oder proportionale) Faktorvariation, bei der sich die Faktorintensitäten (Einsatzverhältnisse der Faktoren zueinander) nicht verändern. Das Unternehmen hat sich

im Faktordiagramm auf einem Fahrstrahl durch den Ursprung auf eine höhere Isoquante bewegt. (Es könnte sich zugleich um eine isokline Faktorvariation handeln. Das muss aber nicht der Fall sein.)

(3) Es handelt sich um eine partielle Faktorvariation. Bei Konstanz der anderen Produktionsfaktoren erreicht das Unternehmen eine höhere Isoquante. (Wiederum könnte zugleich eine isokline Faktorvariation vorliegen. Das muss aber nicht der Fall sein.)

(4) Da sich die Kapitalintensität verändert hat, können Sie eine proportionale Faktorvariation ausschließen. Da die Produktion zugenommen hat, können Sie zudem eine isoquante Faktorvariation ausschließen. Eine partielle Faktorvariation – vermehrter Kapitaleinsatz – kann nicht ausgeschlossen werden. Weil die Grenzrate der Substitution aber konstant geblieben ist, liegt auf jeden Fall eine isokline Faktorvariation vor.

Lösung Aufgabe 6

1. Zur Konstruktion der Isoquante müssen Sie Faktorkombinationen ermitteln, die eine Produktionsmenge $x = 100$ ergeben:

$$100 = 10\sqrt{K} + 20\sqrt{L}$$
$$\sqrt{K} = 10 - 2\sqrt{L}$$
$$K = \left(10 - 2\sqrt{L}\right)^2$$

Wenn Sie dem Tipp folgend für L nur Quadratzahlen einsetzen, können Sie die zugehörigen Werte für K im Kopf berechnen und die sechs Stützpunkte im Diagramm einzeichnen (siehe Abbildung).

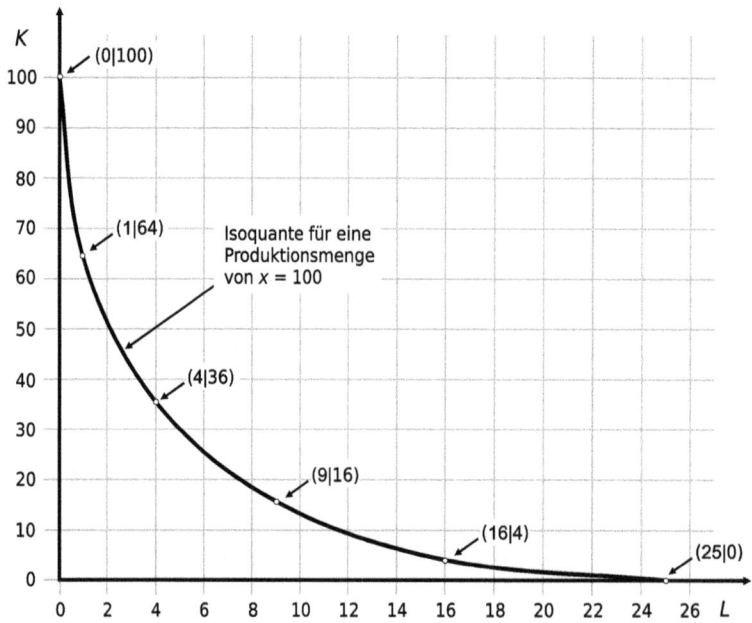

2. Zur Bestimmung der Niveauproduktionsfunktion müssen Sie lediglich K in der Produktionsfunktion entsprechend der vorgegebenen Kapitalintensität durch $L/4$ ersetzen:

$$x = 10\sqrt{K} + 20\sqrt{L}$$
$$x = 10\sqrt{\frac{L}{4}} + 20\sqrt{L}$$
$$x = \frac{1}{2} \cdot 10\sqrt{L} + 20\sqrt{L}$$
$$x = 25\sqrt{L}$$

Die Niveauproduktionsfunktion ließe sich auch in Abhängigkeit vom Kapitaleinsatz darstellen. Sie lautete in diesem Fall $x = 50\sqrt{K}$.

Lösung Aufgabe 7

1. Skizze typischer Isoquanten für die drei gegebenen Fälle:

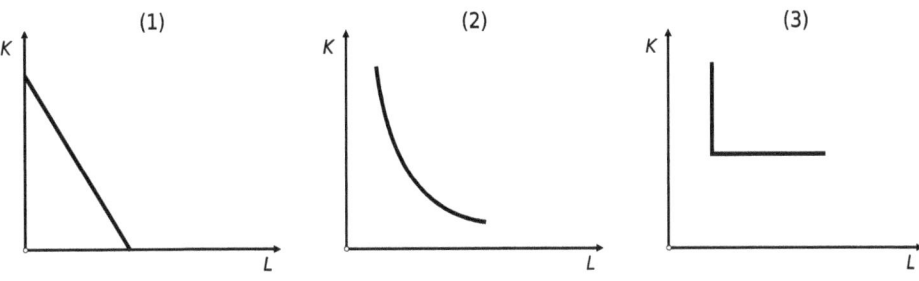

2. Die Grenzrate der technischen Substitution von Kapital durch Arbeit entspricht dem negativen umgekehrten Verhältnis der Grenzproduktivitäten:

$$\text{GRS}_{K,L} = -\frac{\frac{\partial x}{\partial L}}{\frac{\partial x}{\partial K}}$$

Sie gibt an, wie viele Einheiten Kapital notwendig sind, um eine Einheit Arbeit (bei konstanter Produktionsmenge) zu ersetzen. Grafisch entspricht sie der Steigung der Isoquante.

(1) $\text{GRS}_{K,L} = -\dfrac{0,4}{0,2} = -2$

(2) $\text{GRS}_{K,L} = -\dfrac{0,4 \cdot K^{0,2} L^{-0,6}}{0,2 \cdot K^{-0,8} L^{0,4}} = -2\dfrac{K}{L}$

(3) $\text{GRS}_{K,L} = \text{unbestimmt}$

Im ersten Fall müssen zwei Einheiten Kapital mehr eingesetzt werden, wenn der Arbeitseinsatz um eine Einheit vermindert wird. Im zweiten Fall (Cobb-Douglas-Produktionsfunktion) hängt die Grenzrate der Substitution von der Kapitalintensität ab. Im dritten Fall (Leontief-Produktionsfunktion) ist die Grenzrate infolge des Knickpunktes in der Isoquante für effiziente Faktorkombinationen unbestimmt. Im Zahlenbeispiel sind alle Faktorkombinationen mit einer Kapitalintensität von 2 effizient. Wenn einer der beiden Faktoren die Produktion limitiert, beträgt die Grenzrate der Substitution entweder minus unendlich oder null.

3. Die Funktionen in den Fällen (1) und (3) weisen konstante Skalenerträge auf. Eine Erhöhung der Faktoreinsätze um ein Prozent führt zu einer Zunahme der Produktionsmenge um ein Prozent. Die Skalenelastizität beträgt eins. Im zweiten Fall liegen mit einer Skalenelastizität von 0,6 abnehmende Skalenerträge vor:

$$(1) \quad 0,2(\lambda K) + 0,4(\lambda L) = \lambda \cdot \underbrace{(0,2K + 0,4L)}_{x}$$

$$(2) \quad (\lambda K)^{0,2} (\lambda L)^{0,4} = \lambda^{0,2} K^{0,2} \lambda^{0,4} L^{0,4} = \lambda^{0,6} \cdot \underbrace{\left(K^{0,2} L^{0,4}\right)}_{x}$$

$$(3) \quad \min\left(0,2(\lambda K); 0,4(\lambda L)\right) = \lambda \cdot \underbrace{\min\left(0,2K; 0,4L\right)}_{x}$$

Eine Erklärung der Bestimmung der Elastizität im Fall (2) finden Sie unter der Überschrift »Die Elastizität der Funktion $y = \beta x^\alpha$« in den Mathetipps im Top-Ten-Teil.

4. (1) Das Grenzprodukt des Faktors L ist konstant 0,4 (Gütereinheiten je L).

(2) Das Grenzprodukt des Faktors L beträgt:

$$\frac{\partial x}{\partial L} = 0,4 \cdot \frac{K^{0,2}}{L^{0,6}}$$

Es ist positiv und nimmt mit zusätzlichem Arbeitseinsatz ab (»Gesetz vom abnehmenden Grenzertrag«).

(3) Hier ist eine Fallunterscheidung notwendig: Das Grenzprodukt des Faktors Arbeit beträgt 0,4, sofern der Faktor Kapital nicht limitierend wirkt, das heißt solange die Kapitalintensität (K/L) über 2 liegt. Sonst ist das Grenzprodukt der Arbeit null, da die Produktion infolge des Engpassfaktors Kapital durch vermehrten Arbeitseinsatz nicht steigt.

IN DIESEM KAPITEL

Von der Produktions- zur Kostenfunktion

Isokostengerade und Kostenfunktion

Kapitel 11
Die Kosten der Produktion

Für die Produktion von Gütern benötigen Unternehmen die Produktionsfaktoren Kapital und Arbeit, die sie von den Haushalten beziehen. Im Gegenzug zahlen sie den Haushalten Zinsen und Löhne.

Zunächst sei der Kapitaleinsatz als kurzfristig fix angenommen. Nur der Arbeitseinsatz kann variiert werden. Für diesen Fall liegen die notwendigen Schritte zur Ermittlung der Kostenfunktion auf der Hand:

1. Sie ermitteln für jede Produktionsmenge, welcher Arbeitseinsatz mindestens benötigt wird.

2. Den ermittelten Arbeitseinsatz bewerten Sie mit dem Lohnsatz. Damit stehen die variablen Kosten C^{var} fest.

3. Sie rechnen die fixen Kosten C^{fix} hinzu, die der kurzfristig fixe Kapitaleinsatz verursacht.

Die **Kostenfunktion** in Gleichung (1) zeigt den Zusammenhang zwischen der produzierten Gütermenge x und den dafür anfallenden geringstmöglichen Kosten C.

$$(1) \quad C(x) = C^{\text{fix}} + C^{\text{var}}(x)$$

In der langfristigen Perspektive kommt ein weiterer Schritt hinzu: Sie müssen ermitteln, mit welcher **Faktorkombination** (»Arbeit-Kapital-Mix«) sich eine gegebene Gütermenge kostenminimal herstellen lässt. Die Vorgehensweise erklärt der Abschnitt »Die Minimalkostenkombination« weiter hinten in diesem Kapitel.

Von der Produktions- zur Kostenfunktion

Abbildung 11.1 zeigt im linken Diagramm ein maßstabsgetreues Beispiel für die **neoklassische Produktionsfunktion** $x = K^{0,3\overline{3}} L^{0,6\overline{6}}$. Der Kapitaleinsatz K ist mit 64 Einheiten als kurzfristig fix angenommen. Der Preis einer Kapitaleinheit (= Zinssatz) r beträgt 4 Euro, der Lohnsatz w 8 Euro. Die zugehörige Kostenfunktion $C = 256 + x^{1,5}$ sehen Sie im rechten Diagramm.

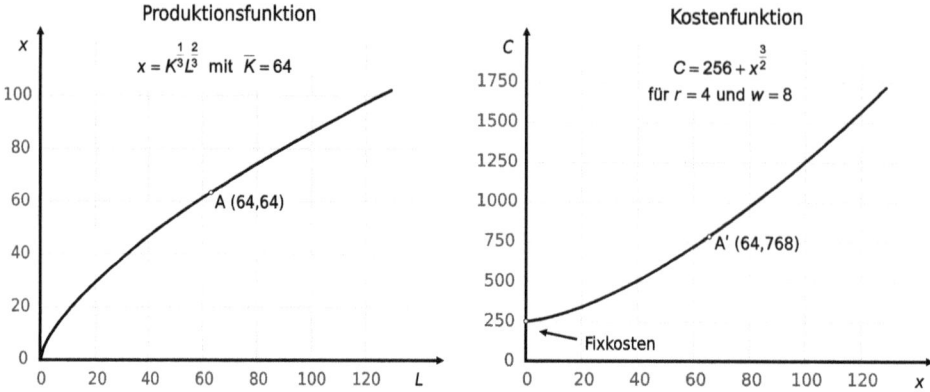

Abbildung 11.1: Neoklassische Produktions- und zugehörige Kostenfunktion

Für den Kapitaleinsatz fallen fixe Kosten in Höhe von 256 Euro an. Mit dem Punkt A im Produktionsdiagramm korrespondiert der Punkt A' im Kostendiagramm: Mit je 64 Einheiten Kapital und Arbeit werden 64 Gütereinheiten x erzeugt. Die Kosten für diese Produktionsmenge belaufen sich auf 768 Euro.

Wichtige Begriffe

✔ **Variable Kosten** schwanken mit der Produktionsmenge. Wird nicht produziert, fallen keine variablen Kosten an. *Beispiel:* Bei der Herstellung von Fahrrädern sind unter anderem die Kosten für Sättel und Dynamos variable Kosten. Wenn keine Fahrräder produziert werden, werden keine Sättel und Dynamos bezogen.

✔ **Fixe Kosten** fallen unabhängig von der Produktionsmenge an. *Beispiel:* Die Pacht für Produktionsstätten wird auch fällig, wenn vorübergehend keine Güter produziert werden.

✔ **Durchschnittskosten** (auch Stückkosten) sind die Kosten, die je erzeugter Gütereinheit anfallen. *Beispiel:* Bei der in Abbildung 11.1 wiedergegebenen Kostenfunktion betragen die Durchschnittskosten (768 ÷ 64 =) 12 Euro, wenn die Menge x = 64 hergestellt wird.

✔ **Grenzkosten** sind die Zunahme der Kosten, die durch die Produktion einer weiteren Gütereinheit entstehen. Berechnen lassen sich die Grenzkosten (näherungsweise) als Wert der ersten Ableitung der Kostenfunktion. Grafisch entsprechen sie dem Anstieg der Kostenfunktion. *Beispiel:* Bei der in Abbildung 11.1 wiedergegebenen Kostenfunktion betragen die Grenzkosten 12 Euro, wenn 64 Gütereinheiten hergestellt werden ($C' = \frac{3}{2} x^{\frac{1}{2}}$).

Grenzkosten: Zunahme der Kosten bei einer Erhöhung der Produktion um eine Gütereinheit

(C' oder $\frac{dC}{dx}$).

Durchschnittskosten: Kosten je Gütereinheit $\left(\frac{C}{x}\right)$.

Zeichnen Sie in Abbildung 11.1 einen Fahrstrahl aus dem Ursprung in den Punkt A' der Kostenfunktion, um ohne Berechnung erkennen zu können, dass Grenz- und Durchschnittskosten bei einer Menge x von 64 Einheiten übereinstimmen (»Betriebsoptimum«).

Die Grenzkosten werden (wie die Grenzerträge und der Grenznutzen) nicht einheitlich definiert. Sie können darunter die Kosten verstehen, die durch die Produktion einer weiteren Gütereinheit anfallen, oder den Anstieg der Kostenfunktion. Wenn die Einheit, in der die Güter gemessen werden, »winzig klein« gewählt wird, macht es keinen Unterschied, für welche der beiden Definitionen Sie sich entscheiden. Anstelle der hier gewählten Beschreibung, dass sich die Menge um eine »winzig kleine Einheit« ändert, finden Sie meist die Begriffe »marginale« oder »infinitesimale Änderung«.

Das Doppeldiagramm in Abbildung 11.1 verdeutlicht, wie sich die *abnehmenden* Ertragszuwächse in der Produktion (= abnehmender Anstieg der Produktionsfunktion) in *steigenden* Grenzkosten (= zunehmender Anstieg der Kostenfunktion) widerspiegeln.

Bereits für neoklassische Produktionsfunktionen ist die Ermittlung von Kostenfunktionen ziemlich aufwendig. Für kompliziertere Produktionsfunktionen wie das **klassische Ertragsgesetz** lässt sich eine Kostenfunktion unter Umständen gar nicht algebraisch herleiten, sondern nur numerisch schätzen. Auch im Fall des klassischen Ertragsgesetzes spiegelt sich dessen typischer s-förmiger Verlauf in einem umgekehrt s-förmigen Verlauf der zugehörigen Kostenfunktion wider, wie ihn das linke Diagramm in Abbildung 11.2 zeigt. Das rechte Diagramm mit gleicher Mengenachse zeigt die typischen Verläufe der zugehörigen Stück- und Grenzkosten.

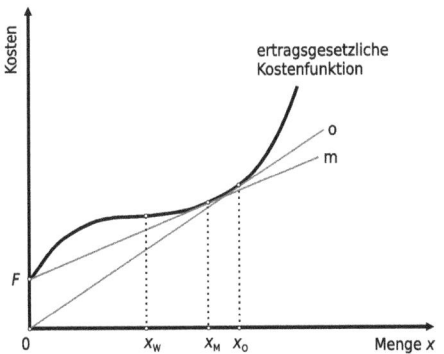
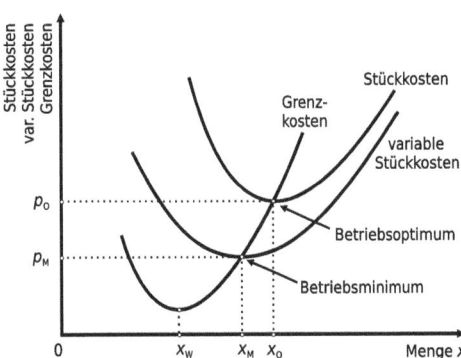

Abbildung 11.2: Ertragsgesetzliche Kostenverläufe (Skizze)

✔ Das Minimum der Stückkostenfunktion heißt **Betriebsoptimum**. Sie finden die zugehörige Menge x_O, indem Sie aus dem Ursprung einen Fahrstrahl an die Kostenfunktion legen (Hilfslinie o in Abbildung 11.2). Auf Dauer können Unternehmen Marktpreise ihrer Produkte unterhalb von p_O nicht verkraften. Kein Unternehmen kann langfristig unter Stückkosten verkaufen (sofern es nicht zum Beispiel durch staatliche Subventionen künstlich am Leben gehalten wird).

✓ Das Minimum der variablen Stückkosten heißt **Betriebsminimum**. Ein Fahrstrahl, den Sie an der Ordinate in Höhe der Fixkosten F beginnen lassen und an die Kostenfunktion anlegen (Hilfslinie m in Abbildung 11.2), liefert Ihnen die zugehörige Menge. Auf kurze Sicht rechnet es sich für das Unternehmen, die Produktion bei Preisen zwischen p_M und p_O aufrechtzuerhalten. Der Preis deckt zwar nicht die gesamten Stückkosten, immerhin jedoch die variablen Stückkosten ab. Zwar wird mit Verlust produziert, dieser ist aber geringer als ein Verlust in Höhe der fixen Kosten bei kurzfristiger Einstellung der Produktion. Betrüge der Preis p_M, würde das Unternehmen bei Produktion der Menge x_M einen Verlust in Höhe der fixen Kosten machen. Es wäre dann unentschieden, ob es die Produktion kurzfristig aufrechterhält oder einstellt.

Die Minimalkostenkombination

Zur Ermittlung der langfristigen Kostenfunktion müssen Sie zunächst für jede Produktionsmenge die kostenminimale Faktorkombination bestimmen – im Zwei-Faktoren-Modell mit Kapital und Arbeit also die kostenminimale Kapitalintensität. Das Problem können Sie angehen, indem Sie eine der beiden Ausprägungen des ökonomischen Prinzips anwenden:

1. Entweder beantworten Sie die Frage, mit welchen Faktoreinsatzmengen Sie eine gegebene Produktionsmenge zu minimalen Kosten herstellen können (»Minimalprinzip«).

2. Oder Sie beantworten die Frage, welche maximale Produktionsmenge Sie bei gegebenen Kosten erzeugen können (»Maximalprinzip«).

Beide Wege führen zum gleichen Ergebnis. Sie sind zwei Seiten einer Medaille. Mithilfe des Konzepts der Isokostengerade wird hier der zweite Weg beschritten, indem durch sie die Kosten vorgegeben werden. Sie werden gleich in Abbildung 11.3 sehen, dass die Vorgehensweise grafisch darauf hinausläuft, die höchste Isoquante für eine gegebene Isokostengerade (= vorgegebene Kosten) zu suchen. Umgekehrt ließe sich die »tiefste« Isokostengerade für eine gegebene Isoquante (= vorgegebene Produktionsmenge) ermitteln. Das ist vergleichbar mit folgendem praktischen Problem: Sie möchten den Materialverbrauch für zylindrische Konservendosen minimieren. Entweder minimieren Sie die Oberfläche der Dose für ein vorgegebenes Volumen oder Sie maximieren das Volumen für eine gegebene Oberfläche. Beide Überlegungen führen zu dem Ergebnis, dass Durchmesser und Höhe der Dose übereinstimmen müssen (siehe im Top-Ten-Teil den Mathetipp zur Lagrange-Methode).

Isokostengerade

Eine **Isokostengerade** zeigt, welche Kombinationen von Produktionsfaktoren ein Unternehmen bei gegebenen Kosten einsetzen kann. Die gesamten Kosten C ergeben sich aus den Kosten für beide Produktionsfaktoren Kapital und Arbeit, deren Mengen mit K und L gemessen werden. Mit r als Zins- und w als Lohnsatz gilt:

$$(2) \quad C = rK + wL$$

Aufgrund der langen Frist sind alle Faktoren variabel – hier also Kapital und Arbeit, weil nur diese beiden betrachtet werden. Fixe Kosten fallen daher nicht an.

Umgestellt nach dem Arbeitseinsatz L können Sie die Funktion für einen vorgegebenen Kostenwert $\bar{C}$ in das Isoquantendiagramm einzeichnen. Abbildung 11.3 zeigt ein Zahlenbeispiel für Kosten in Höhe von 360.

$$(3) \quad L = \frac{\bar{C}}{w} - \frac{r}{w} K$$

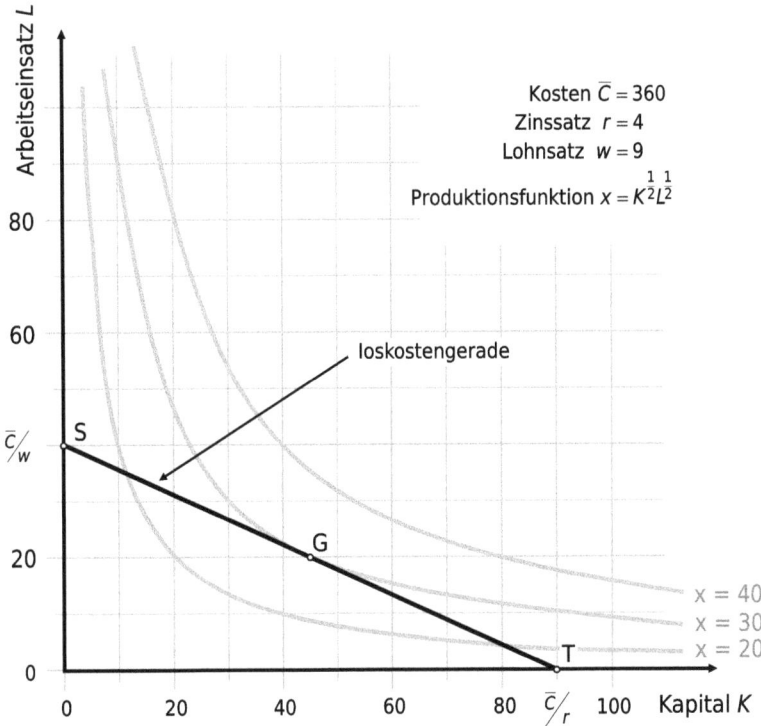

Abbildung 11.3: Isokostengerade

Die Isokostengerade in Abbildung 11.3

- ✔ verschiebt sich parallel nach außen, wenn höhere Kosten $\bar{C}$ vorgegeben werden;
- ✔ dreht sich im Uhrzeigersinn um den Punkt S, wenn der Zinssatz r steigt;
- ✔ dreht sich im Uhrzeigersinn um den Punkt T, wenn der Lohnsatz w sinkt;
- ✔ besitzt eine Steigung von $\frac{dL}{dK} = -r/w$, das heißt in Höhe der Zins-Lohn-Relation.

Punkt G zeigt die **Minimalkostenkombination**.

- ✔ *Grafisch:* Die Minimalkostenkombination ist der Tangentialpunkt der Isokostengerade mit der höchsten erreichbaren Isoquante.
- ✔ *Analytisch:* In der Minimalkostenkombination entspricht die Grenzrate der technischen Substitution (= Steigung der Isoquante) dem (negativen,

umgekehrten) Faktorpreisverhältnis (= Steigung der Isokostengerade). Das Verhältnis der Grenzproduktivitäten der beiden Faktoren entspricht dem Verhältnis ihrer Preise.

Im Beispiel in Abbildung 11.3 können mit den gegebenen Kosten von 360 Euro maximal 30 Einheiten des Gutes X hergestellt werden. *Die Medaille von der anderen Seite betrachtet:* Die Produktion von 30 Einheiten des Gutes X kostet bei den gegebenen Faktorpreisen mindestens 360 Euro.

Die Bedingung für die Minimalkostenkombination in der Produktionstheorie unterscheidet sich von der Bedingung für das Haushaltsoptimum in der Konsumtheorie in formaler Hinsicht nicht:

- ✔ Produktion: Das Verhältnis der Grenzproduktivitäten je zweier Faktoren muss dem Verhältnis ihrer Preise entsprechen.

- ✔ Konsum: Das Verhältnis der Grenznutzen je zweier Güter muss dem Verhältnis ihrer Preise entsprechen.

Die **Lohn-Zins-Relation** bestimmt somit den Faktormix im Unternehmen. Steigende Zinsen würden die Isokostengerade in Abbildung 11.3 steiler stellen (der Punkt T würde in Richtung Ursprung gerückt). Das Unternehmen würde darauf mit einer Zunahme der Arbeitsintensität reagieren. In Unternehmen mit einer limitationalen Technologie kann dieser Effekt infolge der fehlenden Substituierbarkeit der Faktoren natürlich nicht auftreten.

Langfristige Kostenfunktion

Von der Minimalkostenkombination zur **langfristigen Kostenfunktion** ist es nur ein kleiner Schritt. Zunächst werden die Minimalkostenkombinationen für unterschiedliche Produktionsmengen ermittelt. Das geschieht grafisch, indem bei einer Parallelverschiebung der Isokostengerade festgehalten wird, welche Kosten zur Erzeugung einer bestimmten Produktionsmenge mindestens aufgewandt werden müssen. Die Verbindungslinie dieser »isoklinen Faktorvariation« heißt **Expansionspfad** (siehe Abbildung 11.4).

Der Expansionspfad muss keine Gerade sein. Bei einer Cobb-Douglas-Produktionsfunktion ist das jedoch immer der Fall.

Wenn Sie sich vorstellen, den Expansionspfad in Abbildung 11.4 in aufsteigender Richtung abzuwandern und an den eingezeichneten Punkten F bis J jeweils eine kurze Rast einzulegen, haben Sie die langfristige Kostenfunktion gefunden: Bei jeder Rast F bis J notieren Sie die Produktionsmenge, indem Sie schauen, auf welcher Isoquante Sie sich gerade befinden. Außerdem sehen Sie nach, auf welcher Isokostengerade sich Ihr Rastpunkt befindet, und notieren die Höhe der zugehörigen Kosten. Die so gewonnenen Menge-Kosten-Koordinaten sind Punkte der langfristigen Kostenfunktion.

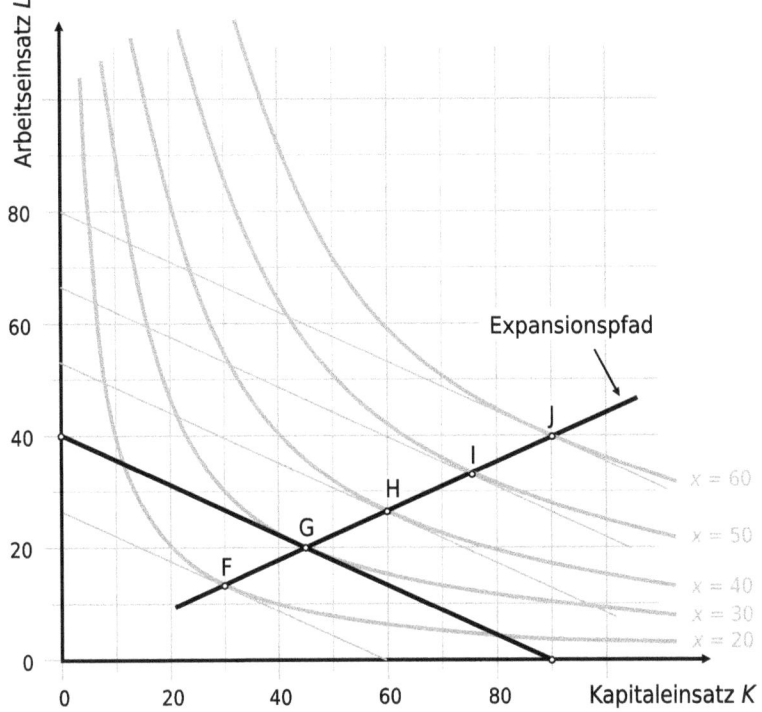

Abbildung 11.4: Der Expansionspfad verbindet alle Minimalkostenkombinationen für ein gegebenes Faktorpreisverhältnis

Eigenschaften langfristiger Kostenfunktionen

✓ Für unterschiedliche Faktorpreise ergeben sich unterschiedliche langfristige Kostenfunktionen (weil sich die Preise und bei substitutionaler Technik auch der Expansionspfad ändern).

✓ Langfristige Kostenfunktionen beginnen im Ursprung des Kostendiagramms, da sämtliche Faktoreinsätze »auf null gefahren« werden, wenn die Produktion dauerhaft eingestellt wird.

✓ Die langfristige Kostenfunktion ist die »untere Umhüllende« aller kurzfristigen Kostenfunktionen. (Mit anderen Worten: Wenn Sie für eine größere Zahl unterschiedlicher Kapitalausstattungen kurzfristige Kostenfunktionen zeichnen, bildet deren gemeinsamer unterer Rand die langfristige Kostenfunktion.) Der Wert der langfristigen Kosten stimmt mit den kurzfristigen Kosten überein, wenn die Kosten durch eine isoquante Faktorvariation (= eine Bewegung auf der Isoquante) nicht vermindert werden können.

✔ Die langfristige Kostenfunktion verläuft

- **linear**, wenn die Skalenerträge in der Produktion konstant sind. *Folge:* Konstante langfristige Durchschnittskosten. *Grund:* Die langfristigen Grenzkosten sind konstant, weil für jede weitere Gütereinheit immer dieselbe Menge an Faktoren benötigt wird. Deswegen sind auch die langfristigen Durchschnittskosten konstant.

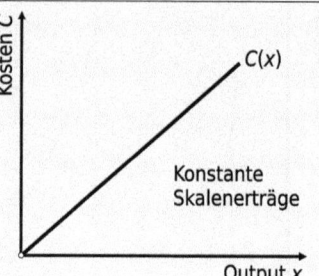

- **überproportional steigend**, wenn die Skalenerträge abnehmen. *Folge:* Steigende langfristige Durchschnittskosten. *Grund:* Die langfristigen Grenzkosten steigen stetig an, weil für jede weitere Gütereinheit immer mehr Faktoren benötigt werden. Wenn jede weitere Einheit immer höhere Kosten verursacht, steigen die Durchschnittskosten an.

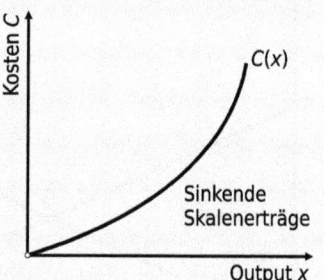

- **unterproportional steigend**, wenn die Skalenerträge zunehmen. *Folge:* Sinkende langfristige Durchschnittskosten (»natürliches Monopol«). *Grund:* Die langfristigen Grenzkosten sinken, weil für jede weitere Gütereinheit immer weniger Faktoren benötigt werden. Wenn jede weitere Einheit immer geringere Kosten verursacht, nehmen die Durchschnittskosten ab.

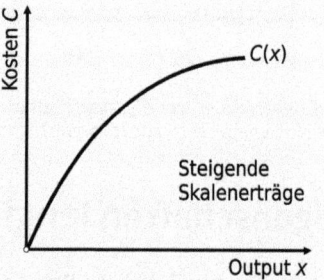

Zusammenhang zwischen Durchschnitts- und Grenzkosten

Wenn die Grenzkosten über den Durchschnittskosten (= Stückkosten) liegen, steigen die Durchschnittskosten an (und umgekehrt). *Zahlenbeispiel:* Angenommen, bei einer Produktionsmenge von neun Stück haben Sie Stückkosten von 10 Euro, also Gesamtkosten in Höhe von 90 Euro. Fallen für das zehnte Stück Grenzkosten in Höhe von 11 Euro an, steigen Stückkosten auf 10,10 Euro (da die Gesamtkosten 101 Euro betragen). Beliefen sich die Grenzkosten des zehnten Stücks hingegen auf weniger als 10 Euro, würden die Stückkosten sinken.

Da die Stückkosten sinken, wenn sie über den Grenzkosten liegen, und steigen, wenn sie unter den Grenzkosten liegen, haben sie ihr Minimum, wenn sie mit den Grenzkosten übereinstimmen (siehe Abbildung 11.2).

Aufgaben

Aufgabe 1

Die Grenzkosten …

☐ geben die Zunahme der Kosten an, die durch die Produktion einer weiteren Gütereinheit entstehen.

☐ entsprechen näherungsweise dem Wert der ersten Ableitung der Kostenfunktion.

☐ sind die spezifischen Kosten infolge grenzüberschreitenden Handels.

Kreuzen Sie die zutreffende(n) Aussage(n) an und begründen Sie Ihre Auswahl!

Aufgabe 2

Sind Löhne fixe Kosten?

Aufgabe 3

Das nachstehende Diagramm zeigt den Stückkostenverlauf einer repräsentativen Unternehmung in der X-Industrie. Bei X handelt es sich um ein standardisiertes Produkt, mit dem auch zahlreiche Konkurrenten auf dem Markt vertreten sind. Derzeit beträgt der Marktpreis für das Gut 6 Euro.

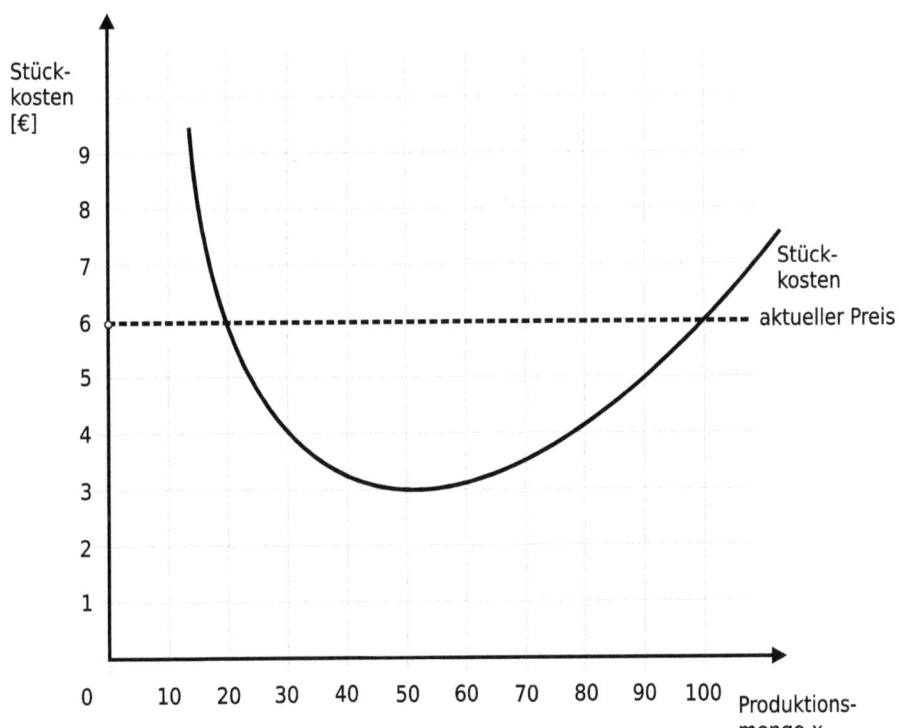

Interpretieren Sie die wiedergegebene Situation und geben Sie eine Prognose ab, welche Entwicklungen auf einem vollkommenen Konkurrenzmarkt zu erwarten sind!

Aufgabe 4

Was unterscheidet Fixkosten von »versunkenen Kosten«?

Aufgabe 5

Alle Fragen beziehen sich auf das Diagramm, das eine ertragsgesetzliche Kostenfunktion einer Unternehmung auf einem vollkommenen Konkurrenzmarkt zeigt.

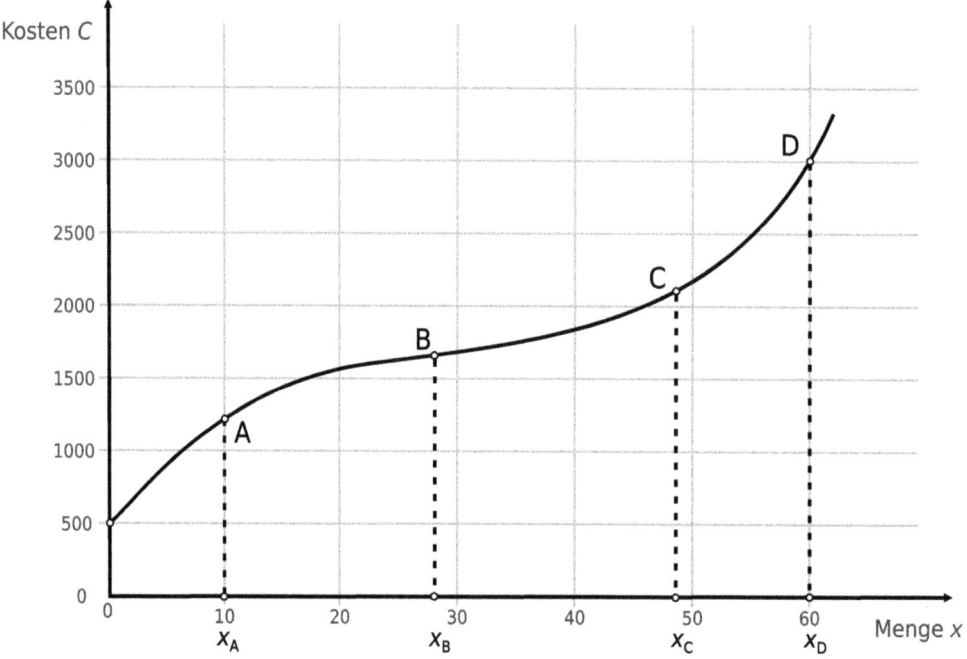

1. Bei welcher Menge sind die (totalen) durchschnittlichen Kosten minimal?
2. Zwischen welchen der vier eingezeichneten Mengen sind die durchschnittlichen variablen Kosten minimal?
3. Bei welcher weiteren Menge stimmen die durchschnittlichen variablen Kosten mit denen bei der Menge x_D überein?
4. Bei welcher Menge stimmen die Grenz- mit den Durchschnittskosten überein?
5. Bei welcher der vier eingezeichneten Mengen nehmen die Grenzkosten ihren kleinsten Wert an?
6. Wie hoch sind die durchschnittlichen fixen Kosten, wenn das Unternehmen die Menge x_A herstellt?
7. Welchen Gewinn würde das Unternehmen bei einer Produktion von 60 Stück erzielen, wenn der Preis des Gutes 50 Euro beträgt?

8. Wenn der Preis des Gutes 50 Euro beträgt, produziert das Unternehmen 60 Stück. Richtig oder falsch?

Aufgabe 6

Welche Aussagen beschreiben den Begriff »Fixkostendegression« zutreffend?

1. Fixkostendegression bezeichnet die Gesetzmäßigkeit, dass die Fixkosten tendenziell mit der Größe des Unternehmens sinken.

2. Als Fixkostendegression bezeichnet man die Abnahme der durchschnittlichen fixen Kosten bei zunehmender Produktionsmenge.

3. Mit F als fixe Kosten und x als Produktionsmenge versteht man unter Fixkostendegression, dass $\frac{d\left(\frac{F}{x}\right)}{dx} < 0$ gilt.

4. Fixkostendegression beschreibt die Abnahme der fixen Kosten bei einem Anstieg der Produktion.

5. Keine der vorstehenden Aussagen trifft zu, weil es überhaupt keine »Fixkostendegression« gibt.

Aufgabe 7

Das obere Diagramm zeigt die Kostenfunktion eines Anbieters auf einem Konkurrenzmarkt. Es sei bekannt, dass die geringste Steigung der Kostenfunktion 3 Euro je Gütereinheit beträgt.

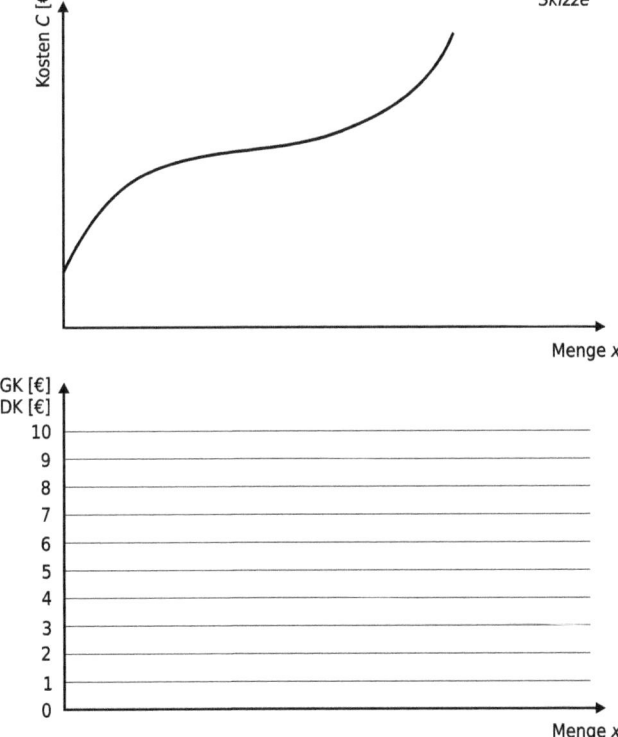

Ermitteln Sie grafisch einen typischen Verlauf von Grenzkostenfunktion und Durchschnittskostenfunktion (= Stückkostenfunktion)! Achten Sie bei Ihrer Skizze darauf, dass die wesentlichen Eigenschaften und Zusammenhänge erkennbar sind!

Aufgabe 8

Was zeigt die Fläche unter der Grenzkostenfunktion? Nehmen Sie als Beispiel die Kostenfunktion $C = 10 + 2x$ (mit C als Kosten und x als Produktionsmenge) und betrachten Sie die Fläche unter der Grenzkostenfunktion von $x_0 = 0$ bis $x_1 = 20$!

Aufgabe 9

»Fahrerlose Züge ... haben eine Reihe von Vorteilen: Sie sind energieeffizienter und erlauben eine dichtere Zugfolge – keine unwichtigen Aspekte für einen Netzbetreiber. Nur: Die Fahrgäste sind skeptisch. Auch wenn der ›Faktor Mensch‹ im Schienenverkehr das größte Risiko ist, fühlen sich die Kunden mit Lokführer sicherer, gerade in Fernzügen. Auch deshalb hält die Bahn an ihren Lokführern fest. Führerlose Züge seien ›derzeit keine Option‹, heißt es.« – so Nikolaus Doll in der Welt am Sonntag vom 12.10.2014 (S. 29).

Dieselbe Zeitung titelt am 10.6.2016 in ihrem Onlineangebot: »Deutsche Bahn will automatisierte Züge ohne Lokführer durchs Land rollen lassen.« Spätestens 2023 solle es so weit sein.

Wie sind diese Aussagen im Hinblick auf die Löhne von Lokführern zu interpretieren? Denken Sie bei Ihrer Antwort an Isoquanten!

Aufgabe 10

Das Diagramm ist konstruiert auf Grundlage der Kostenfunktion $C = 162 + 2x^2$. Es ist maßstabsgetreu.

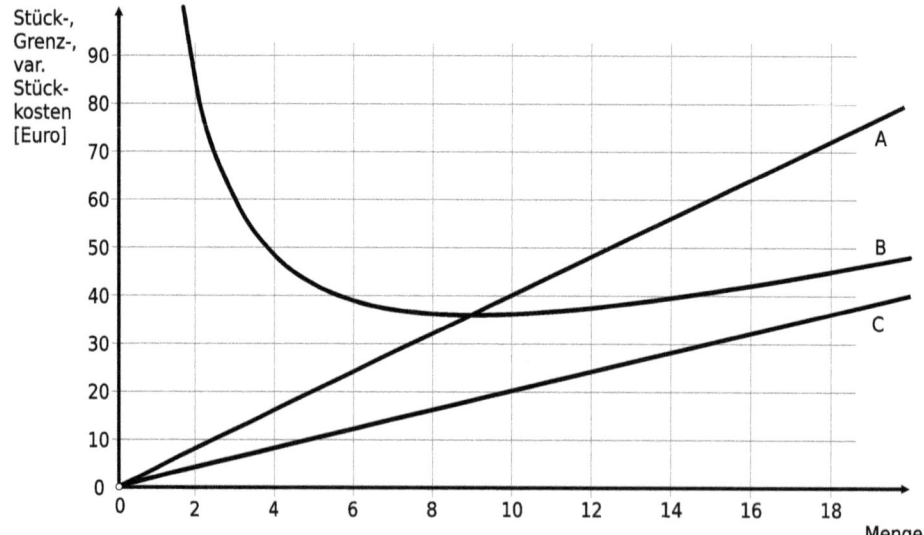

1. Ordnen Sie die Buchstaben A, B und C im Diagramm den Begriffen Durchschnittskosten, variable Durchschnittskosten und Grenzkosten zu!

2. Was misst der senkrechte Abstand zwischen den Kurven B und C? Wie hoch ist er genau, wenn sechs Stück hergestellt werden?

3. Welchen Preis muss das Unternehmen mindestens erzielen, um nicht mit Verlust zu produzieren?

Lösungen

Lösung Aufgabe 1

Die Grenzkosten ...

- ☒ geben die Zunahme der Kosten an, die durch die Produktion einer weiteren Gütereinheit entstehen.
- ☒ entsprechen näherungsweise dem Wert der ersten Ableitung der Kostenfunktion.
- ☐ sind die spezifischen Kosten infolge grenzüberschreitenden Handels.

Die Kostensteigerung, die durch die Produktion einer weiteren Gütereinheit ausgelöst wird, ist als Grenzkosten definiert. *Beispiel:* Ein Unternehmen produziert in dieser Periode 100 Stück zu Gesamtkosten in Höhe von 950 Euro. In der nächsten Periode stellt es 101 Stück zu Gesamtkosten von 974 Euro her. Wenn sich sonst nichts Entscheidendes verändert hat (»ceteris paribus«), betragen die Grenzkosten bei der aktuellen Produktionsmenge (= für das 101. Stück) 24 Euro. Die erste Aussage trifft also zu.

Grafisch betrachtet handelt es sich bei den Grenzkosten um den Wert der ersten Ableitung der Kostenfunktion. Die Steigung der Funktion stimmt näherungsweise mit den Kosten überein, die durch die Produktion der nächsten Einheit zusätzlich anfallen. Die zweite Aussage trifft somit zu.

Warum zeigt die erste Ableitung die Grenzkosten nur »näherungsweise« an? Weil die Kostenfunktion in der Regel stetig (»glatt«, »Teilbarkeitsannahme«) angegeben wird, während die Grenzkosten für eine diskrete Änderung (»sprunghaft«, »ein Stück«) definiert sind. *Beispiel:* Die Steigung der Kostenfunktion $C(x) = 2x^2$ an der Stelle $x = 100$ beträgt $C'(x = 100) = 4x = 400$, während die »zu Fuß« berechneten Grenzkosten der 101. Gütereinheit

$$C(x = 101) - C(x = 100) = 2 \cdot 101^2 - 2 \cdot 100^2 = 402$$

betragen.

Die dritte Aussage ist falsch. Grenzkosten haben mit den Kosten von Im- und Exporten nichts zu tun.

Lösung Aufgabe 2

Wie so oft lautet die beste Antwort, die Sie auf diese Frage geben können: »Es kommt darauf an.«

In der einfachen mikroökonomischen, transaktionskostenlosen Modellwelt sind Löhne üblicherweise als variable Kosten angenommen. Das liegt aber im Wesentlichen daran, dass die (Lehrbuch-)Modelle mit nur zwei Produktionsfaktoren auskommen müssen, weil man die Funktionen sonst nicht grafisch darstellen kann. Zwangsläufig muss einer der beiden Faktoren variabel und der andere fix sein, wenn zwischen kurzer und langer Frist unterschieden werden soll. Als fixer Faktor wird regelmäßig das Kapital (Fabrik, Maschinen, Grundstücke) und als variabler Faktor die Arbeit vereinbart. Das ist so üblich, dass meist gar nicht ausdrücklich darauf hingewiesen wird.

Im wahren Leben ist es komplizierter: Wenn zum Beispiel ein Unternehmen mit einer Gewerkschaft eine Beschäftigungssicherung über eine Laufzeit von zwei Jahren vereinbart hat, kann es den Arbeitseinsatz zwar erhöhen, aber nicht vermindern. Für die Dauer der Vereinbarung – auf »kurze Sicht« – haben die Löhne somit Fixkostencharakter. Sie müssen für die Laufzeit der Vereinbarung gezahlt werden, auch wenn die Produktion zurückgefahren oder sogar eingestellt wird.

Daneben besitzen Löhne »quasi-fixen« Charakter. Verantwortlich dafür sind Kosten der Beschäftigung, die nur sehr mittelbar mit der Produktion und dem damit verbundenen Arbeitseinsatz schwanken. Das können zum Beispiel Leasingraten für Dienstwagen, Kosten für einen Betriebskindergarten, Einstellungs-, Entlassungs- und Ausbildungskosten oder Kosten für den Betriebsrat sein. Für einen Teilzeitbeschäftigten fallen die Kosten der Führung der Personalunterlagen ebenso an wie für einen Vollzeitbeschäftigten. Ceteris paribus produziert ein Teilzeitbeschäftigter aber weniger als eine Vollzeitkraft.

Auf lange Sicht sind sämtliche Kosten variabel. Das gilt auch für die Arbeitskosten. Wenn die Produktion langfristig eingestellt wird, sinken die Lohnkosten auf null.

Lösung Aufgabe 3

Derzeitige Situation: Bei einem Preis von 6 Euro erzielt das Unternehmen Gewinn, sofern es eine Produktionsmenge zwischen 20 und 100 Stück wählt. In diesem Bereich liegt der Preis für jede Menge über den Stückkosten.

Langfristige Entwicklung: Die Gewinne locken Wettbewerber in den Markt (freier Marktzugang bei vollkommener Konkurrenz). Das zunehmende Angebot drückt den Preis auf lange Sicht bis in das Minimum der Stückkosten (»Betriebsoptimum«). Der Unternehmung bleibt infolge des Wettbewerbsdrucks langfristig keine andere Wahl, als zu den geringstmöglichen Stückkosten in Höhe von 3 Euro zu produzieren. Das gelingt nur bei einer Produktion von 50 Stück pro Periode (x^{opt}).

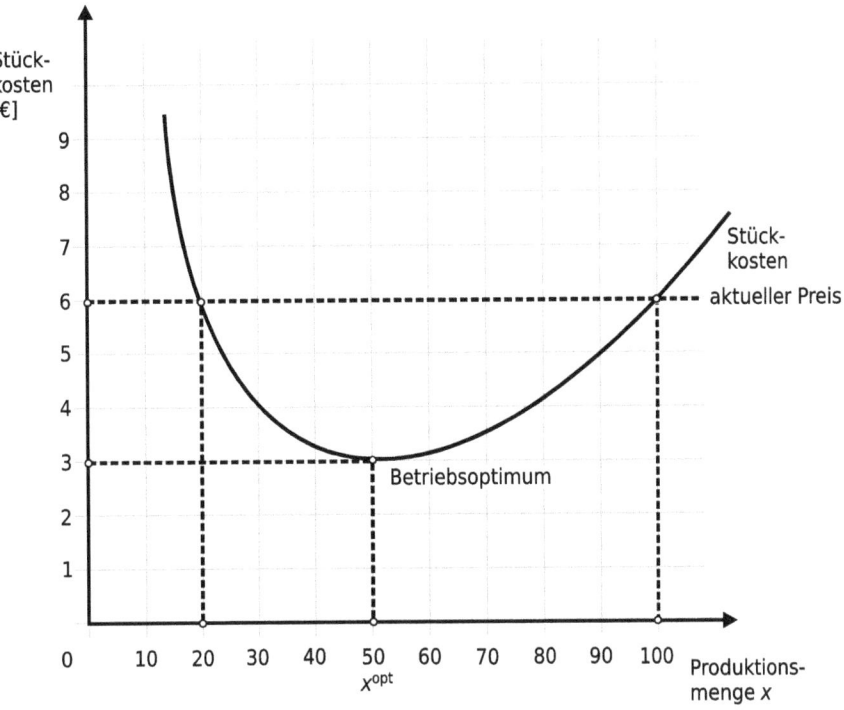

Fehlerquelle:

Die Antwort »Das Unternehmen produziert 50 Stück und macht einen Gewinn von 150 Euro« ist falsch. Die Produktionsmenge einer gewinnmaximierenden Konkurrenzunternehmung können Sie nicht an deren Stückkostenfunktion ablesen. Für die Unternehmung besteht kein Anreiz, im Stückkostenminimum zu produzieren. Das wäre nur gewinnmaximierend, wenn der Preis des Produkts 3 Euro betrüge.

 Viele Betrachter vermuten, ein Unternehmen maximiert seinen Gewinn, wenn es sich für die Produktionsmenge entscheidet, bei der die Stückkosten minimal sind (»Betriebsoptimum«). Das trifft in der Regel nicht zu! Ein Unternehmen entscheidet sich aus freien Stücken nicht für die Produktionsmenge, die die Stückkosten minimiert, solange es am Markt einen Preis erlösen kann, der oberhalb der minimalen Stückkosten liegt. Die gewinnmaximierende Menge wird durch die Grenzkosten bestimmt (»Preis-Grenzkosten-Regel«).

Warum kann x^{opt} nicht die gewinnmaximierende Menge sein, wenn der Preis 6 Euro beträgt? Aus der Grafik können Sie ablesen, dass die Produktion der 51. Gütereinheit den Gewinn steigen lässt, wenn das Produkt zum Preis von 6 Euro verkauft werden kann. Im Minimum der Stückkosten stimmen diese mit den Grenzkosten überein. Daher lässt die Produktion der 51. Gütereinheit die Kosten nur um etwa 3 Euro ansteigen. Da der Verkauf der 51. Gütereinheit den Umsatz aber um 6 Euro zunehmen lässt, steigt der Gewinn an. Wenn der Gewinn mit der 51. Einheit steigt, kann die Produktion von 50 Einheiten nicht gewinnmaximierend sein. Die Antwort auf die Frage, welche Menge das Unternehmen bei einem Preis von 6 Euro produzieren würde, liefert die »Preis-Grenzkosten-Regel«, mit der sich das nächste Kapitel eingehender befasst.

Lösung Aufgabe 4

Versunkene Kosten (»sunk costs«) variieren wie fixe Kosten nicht mit der Produktionsmenge (oder in der Konsumtheorie mit der durchgeführten (Konsum-)Aktivität), sind aber im Unterschied zu diesen unwiederbringlich verloren.

Beispiele:

✓ *Aus dem Bereich der Produktion:* Ein Start-up im Publishing-Bereich kauft eine Druckmaschine und schaltet in großem Stil Anzeigen, um Kunden zu gewinnen. Doch das Geschäft läuft nicht wie erhofft. Die Existenzgründerin entscheidet sich, ihre Geschäftsidee zu beerdigen. Die Druckmaschine kann sie veräußern. Die Kosten der Druckmaschine sind »normale« Fixkosten. Die Kosten der Anzeigenkampagne (»Markteintrittskosten«) sind hingegen »versunken« und lassen sich nicht wieder heben.

✓ *Aus dem Bereich des Konsums:* Sie besuchen einen Vergnügungspark. Mit wenigen Ausnahmen, zum Beispiel für Getränke, sind mit dem Eintrittspreis sämtliche Kosten abgedeckt. Der ist dafür im Gegenzug »ganz schön happig«.

Wider Erwarten ziehen Wolken auf und es beginnt, in Strömen zu regnen. »Bei diesem Sauwetter würde ich eigentlich lieber wieder gehen. Da ist es zu Hause viel schöner. Aber wo ich den Eintritt nun schon mal bezahlt habe...«, denken Sie sich. Wenn dem so wäre, hätten Sie nicht erkannt, dass es sich bei dem pauschalen Eintritt um versunkene Kosten handelt. Eine rationale Entscheidung, zu gehen oder zu bleiben, kann nicht von unwiederbringlich in der Vergangenheit angefallenen Kosten abhängen. Wenn Sie bei dem Schietwetter lieber zu Hause wären als im Vergnügungspark und sich den Aufenthalt dort dennoch antun, verhalten Sie sich nicht wie ein Homo oeconomicus.

Lösung Aufgabe 5

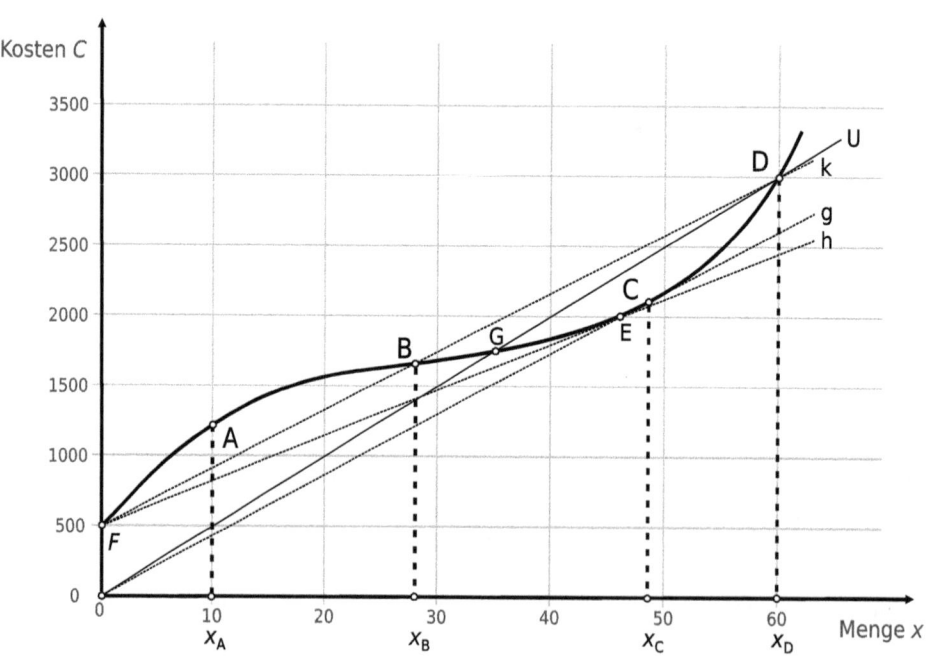

1. Die durchschnittlichen Kosten sind minimal (»Betriebsoptimum«), wenn das Unternehmen die Menge x_C herstellt. *Erklärung:* Die Steigung eines Fahrstrahls aus dem Ursprung an die Funktion (Hilfslinie g) nimmt den kleinsten Wert an, wenn der Fahrstrahl die Funktion in Punkt C tangiert.

2. Zwischen x_B und x_C nehmen die durchschnittlichen variablen Kosten ihr Minimum an. *Erklärung:* Die Steigung des Fahrstrahls (Hilfslinie h) aus F (= Höhe der fixen Kosten) an die Funktion ist am geringsten, wenn der Fahrstrahl die Funktion in Punkt E tangiert.

3. Bei den Mengen x_B und x_D stimmen die durchschnittlichen variablen Kosten überein. *Erklärung:* Die Steigung des Fahrstrahls aus F in den Punkt D (Hilfslinie k) stimmt mit der Steigung des Fahrstrahls in den Punkt B (ebenfalls Hilfslinie k) überein.

4. Bei der Menge x_C stimmen die Grenz- mit den Durchschnittskosten überein. *Erklärung:* Die Steigung des Fahrstrahls aus dem Ursprung (= Höhe der durchschnittlichen Kosten) stimmt mit der Steigung der Kostenfunktion (= Grenzkosten) überein. Der Fahrstrahl wird zur Tangente an die Funktion (Hilfslinie g).

5. Bei der Menge x_B nehmen die Grenzkosten ihren kleinsten Wert an. *Erklärung:* Die Steigung der Kostenfunktion (= Grenzkosten) ist in B (Wendepunkt der Funktion) am geringsten.

6. Die durchschnittlichen fixen Kosten betragen 50 Euro, wenn das Unternehmen die Menge x_A herstellt. *Erklärung:* Die fixen Kosten betragen 500 Euro (Achsenabschnitt F der Kostenfunktion an der Ordinate). Die Menge beträgt zehn Stück. Also entfallen auf ein Stück 50 Euro fixe Kosten.

7. Das Unternehmen erzielt bei einer Produktion von 60 Stück einen Gewinn in Höhe von null, wenn der Preis des Gutes 50 Euro beträgt. *Erklärung:* Die Kosten können Sie im Diagramm ablesen. Sie betragen 3.000 Euro. Der Umsatz beträgt ebenfalls 3.000 Euro (= 50 × 60).

8. Die Aussage ist falsch. Wenn der Preis 50 Euro beträgt, produziert das Unternehmen eine geringere Menge als 60 Stück. *Erklärung:* Die Umsatzgerade U verläuft zwischen den Punkten G und D oberhalb der Kostenfunktion. Wählt das Unternehmen eine Menge aus diesem Bereich, erzielt es Gewinn. Bei der Menge x_D wäre der Gewinn jedoch null (vorige Frage).

Lösung Aufgabe 6

1. Die Aussage ist *falsch*. Im Gegenteil steigen die Fixkosten mit der Unternehmensgröße tendenziell an. Die Fixkosten eines Automobilproduzenten liegen sicher über denen des Friseurladens, dem Sie Ihr Vertrauen schenken.

2. Die Aussage ist *richtig*. Wenn sich die Produktionsmenge verdoppelt, halbieren sich die Fixkosten, die auf eine Produktionseinheit entfallen. Wenn sich die Produktionsmenge verzehnfacht, zehnteln sich die Fixkosten pro Stück. Die Funktion der Fixkosten pro Stück beschreibt eine Hyperbel, die sich asymptotisch den Achsen annähert (siehe Skizze).

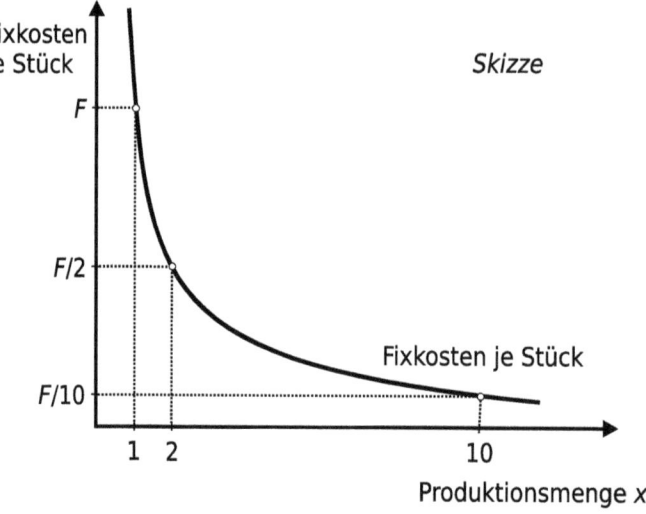

3. Die Aussage ist *richtig*. Die Formel ist in Worte gefasst identisch mit Aussage 2.

4. Die Aussage ist *falsch*. Die Fixkosten ändern sich nicht mit der Produktion. Sonst würden sie nicht *Fix*kosten heißen.

5. Die Aussage ist *falsch*. Der Begriff Fixkostendegression ist üblich, allerdings darf man ihn nicht wörtlich nehmen. Treffender wäre »Stückfixkostendegression«, denn unter Fixkostendegression versteht man, dass die durchschnittlichen Fixkosten (Fixkosten pro Stück) mit steigender Produktionsmenge sinken. »Stückfixkostendegression« hört sich aber komisch an.

Lösung Aufgabe 7

Wie Ihre fertige Skizze aussehen sollte, sehen Sie auf der gegenüberliegenden Seite.

Darauf müssen Sie bei der Lösung achten:

✓ Das Minimum der Grenzkosten (GK) finden Sie bei der Menge x_w, bei der die Kostenfunktion den geringsten Anstieg zeigt (Punkt W). Der Anstieg ist in der Aufgabe mit 3 Euro je Stück vorgegeben. Deswegen kann der zugehörige Punkt im unteren Teildiagramm – als einziger in dieser Aufgabe – der Höhe nach exakt positioniert werden.

✓ Das Minimum der Durchschnittskosten (DK) finden Sie, indem Sie einen Fahrstrahl aus dem Ursprung als Tangente an die Kostenfunktion konstruieren. Kleiner ist das Verhältnis der Kosten zur Produktionsmenge in keinem anderen Punkt der Kostenfunktion. Bildlich gesprochen: In jeden anderen Punkt der Kostenfunktion wäre ein

Fahrstrahl steiler als der eingezeichnete. Das Minimum BO der Durchschnittskostenfunktion, das Betriebsoptimum, liegt auf der Grenzkostenfunktion, da im oberen Diagramm die Steigung der Kostenfunktion (= Grenzkosten) mit der Steigung des Fahrstrahls (= Durchschnittskosten) übereinstimmt.

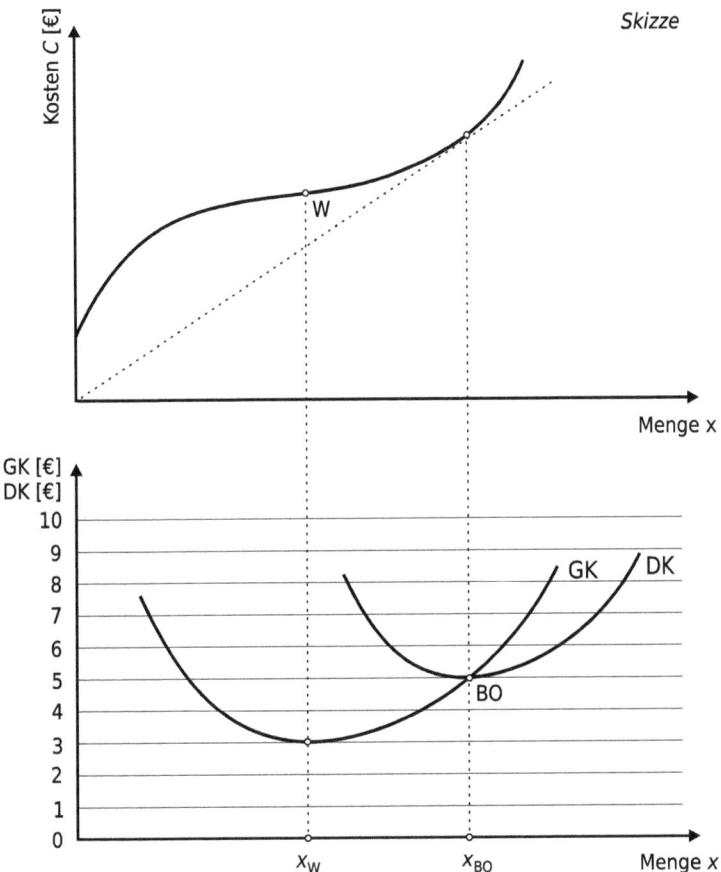

Zusammengefasst: Ihre Lösung ist stimmig, wenn Sie

- ✔ beide Funktionen u-förmig gezeichnet haben,
- ✔ das Minimum der Grenzkosten genau wie hier positioniert haben und
- ✔ Ihre Grenzkostenfunktion die Durchschnittskostenfunktion in deren Minimum schneidet.

Lösung Aufgabe 8

Die Fläche unter der Grenzkostenfunktion zeigt die variablen Kosten.

Technische Erklärung

Die Gesamtkosten C setzen sich zusammen aus den variablen Kosten VC und den fixen Kosten F. Die erste Ableitung der Kostenfunktion $C(x)$ liefert die Grenzkostenfunktion. Die konstanten Fixkosten F gehen bei der Ableitung verloren.

$$(1) \quad C(x)' = \big(VC(x) + F\big)' = VC(x)' + F' = VC(x)' + 0 \quad [= \text{Grenzkosten}]$$

Wird die Grenzkostenfunktion nun integriert, fehlen die Fixkosten.

$$(2) \quad \int_0^{x_1} VC(x)' \, dx = VC(x_1) - VC(0) = VC(x_1)$$

Wenn nichts produziert wird, fallen keine variablen Kosten an ($VC(0) = 0$).

Erklärung ohne Formeln zum Mitdenken

Die Grenzkosten zeigen die Zunahme der Kosten durch die Produktion einer weiteren Gütereinheit. Im Zahlenbeispiel in der Skizze sind die Grenzkosten konstant 2. Die fixen Kosten, die im Beispiel 10 betragen, fallen unabhängig von der Produktion an. Addieren Sie nun die Grenzkosten aller 20 Gütereinheiten, die jeweils 2 betragen, auf, kommen Sie auf die variablen Kosten (= graue Fläche im Diagramm). Die Fixkosten haben bei der Bestimmung der Grenzkosten keine Rolle gespielt. Deswegen können Sie die Fixkosten in der Grenzkostenkurve nicht erkennen.

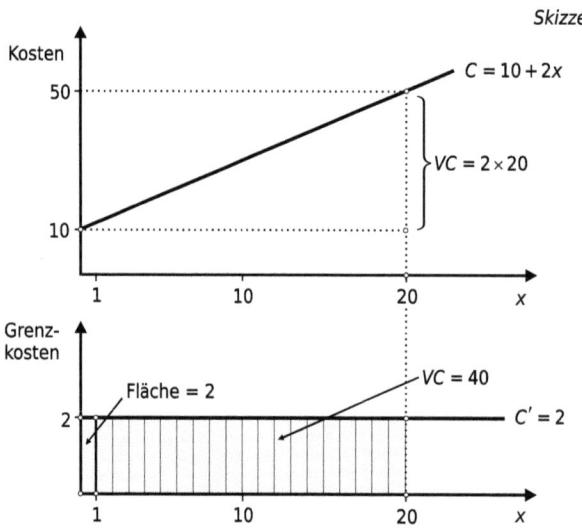

Lösung Aufgabe 9

Angesprochen ist bildlich die Krümmung der Isoquante im Faktordiagramm mit Arbeit (= Mensch) und Kapital (= Maschine) an den Achsen. Die Krümmung können Sie mit der sogenannten *Substitutionselastizität* messen (= relative Veränderung des Faktoreinsatzverhältnisses bezogen auf eine relative Veränderung des Faktorpreisverhältnisses). Je geringer die Substitutionselastizität zwischen Arbeit und Kapital ausfällt, desto unelastischer reagiert die Nachfrage nach Arbeit. Hierbei handelt es sich um eine der vier sogenannten *Marshall-Hicks-Regeln*, die die Nachfrageelastizität nach Arbeit erklären. Die weiteren Einflussgrößen sind

✔ die direkte Preiselastizität der Nachfrage nach dem Endprodukt,

✔ die Angebotselastizität des substitutionalen Faktors und

✔ der Anteil der Lohnkosten an den Gesamtkosten.

So aufwendig die Herleitung der Regel ist, so einleuchtend ist ihre Interpretation. In einfache Worte gefasst: Auf einen steigenden Arbeitslohn reagiert ein gewinnmaximierendes Unternehmen mit einer Erhöhung seiner Kapitalintensität. Es ersetzt Arbeitskräfte – so gut es geht – durch Maschinen.

Auf das »so gut es geht« kommt es an:

✔ Was ist technisch möglich?

✔ Was ist rechtlich zulässig?

✔ Was kann man den Kunden zumuten?

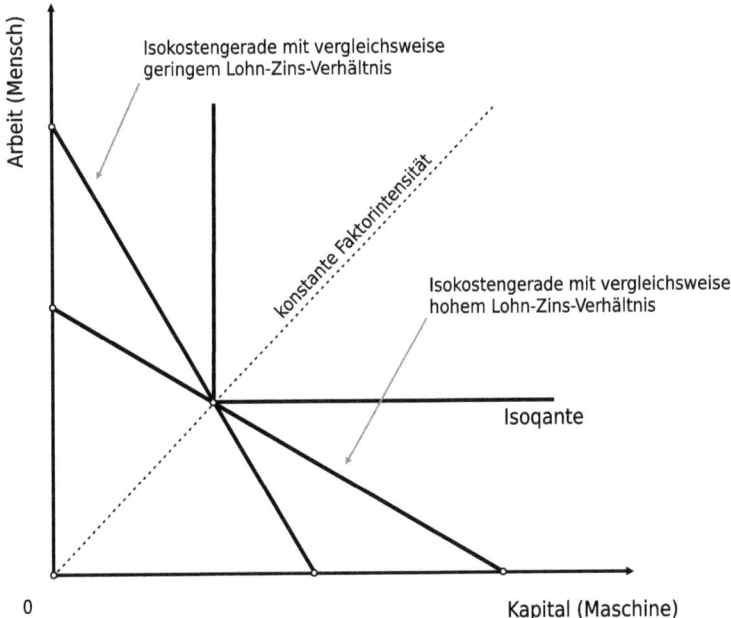

Das Zitat aus dem Jahr 2014 macht die Fahrgäste dafür verantwortlich, dass sich Lokführer nicht substituieren lassen und somit als Produktionsfaktor einen limitierenden Charakter besitzen. Solange führerlose Züge keine Option darstellen, kann die Bahn die Züge nicht ausschließlich computergesteuert fahren lassen. Jeder Zug benötigt (mindestens) einen Lokführer. Die Substitutionselastizität ist damit null. Die Isoquanten weisen einen rechten Winkel auf. Die Technik wird durch die Kundenwünsche praktisch limitational.

Wie das Diagramm zeigt, wirkt sich in diesem Fall eine Änderung der Lohn-Zins-Relation (= Steigung der Isokostengerade) nicht auf das Faktoreinsatzverhältnis aus. Der »Tangentialpunkt« von Isokostengerade und Isoquante liegt unabhängig von der Steigung der Isokostengerade immer im Eckpunkt einer Isoquante, bleibt also ohne Einfluss auf die Faktorintensität.

Die Folge ist eine starke Verhandlungsmacht der Gewerkschaft der Lokführer. Sie sieht sich ähnlich einem Monopolisten auf einem Gütermarkt einer (relativ) unelastischen Nachfrage nach dem von ihr »angebotenen Produkt«, den Lokführern, gegenüber. Auf dem Gütermarkt signalisiert eine unelastische Nachfrage, dass die Konsumenten auf das Produkt angewiesen sind. Sie haben keine oder nur mäßige Alternativen. Ähnlich geht es der Bahn. Sie ist auf Lokführer angewiesen.

Das Zitat aus dem Jahr 2016 können Sie als Drohung an die Gewerkschaften auffassen. Wenn allein die Maßstäbe des technisch Machbaren angelegt werden, haben die Isoquanten ihren Knickpunkt längst verloren. Der Produktionsfaktor Mensch lässt sich zunehmend besser durch Maschinen (»Autopilot«) ersetzen. Mit dem technischen Fortschritt nimmt die Substitutionselastizität der Faktoren zu. Hinsichtlich der Übernahme von Verantwortung haben Maschinen allerdings noch ein Problem.

Was für Lokführer gilt, gilt auch für Piloten. Dass Flugzeuge die Passagiere technisch ohne Piloten sicher von A nach B bringen können, ist unerheblich, solange aufgrund von Vorschriften oder Kundenwünschen kein Flugzeug ohne Piloten abhebt: »Hier spricht Ihr Autopilot. Ich begrüße Sie auf dem Flug von Hannover nach . . .«

Lösung Aufgabe 10

1. Kurve A zeigt die Grenzkosten, B die Durchschnittskosten und C die variablen Durchschnittskosten. Das können Sie ohne Berechnung feststellen. Da die Grenzkosten A über den variablen Durchschnittskosten liegen, steigen die variablen Durchschnittskosten an. Wenn die Grenzkosten unter den variablen Durchschnittskosten lägen, müssten diese fallen. Das ist erkennbar nicht der Fall. Der zunächst fallende Verlauf der Durchschnittskosten B wird durch die mit steigender Menge sinkenden durchschnittlichen fixen Kosten verursacht (»Fixkostendegression«). Mit steigender Menge nähert sich die Kurve der Durchschnittskosten der Kurve der variablen Durchschnittskosten an, da die durchschnittlichen Fixkosten immer weniger ins Gewicht fallen.

2. Die Differenz (senkrechter Abstand) zwischen den beiden Kurven B und C entspricht der Höhe der durchschnittlichen Fixkosten. Da Sie diese aus der Grafik nicht exakt ablesen können, müssen Sie sie berechnen: Die fixen Kosten sind mit 162 Euro gegeben. Bei einer Menge von sechs betragen sie pro Stück 27 (= 162/6) Euro.

3. Das Unternehmen muss mindestens einen Preis erzielen, mit dem es seine durchschnittlichen Kosten decken kann. Um das Minimum der Durchschnittskosten (= Betriebsoptimum) zu bestimmen, berechnen Sie den Schnittpunkt von Grenz- und Durchschnittskostenfunktion:

$$\text{Durchschnittskosten} = \text{Grenzkosten}$$

$$\frac{C}{x} = C'$$

$$\frac{162}{x} + 2x = 4x$$

$$162 + 2x^2 = 4x^2$$

$$162 = 2x^2$$

$$81 = x^2$$

$$x = 9$$

Die durchschnittlichen Kosten sind bei einer Produktionsmenge von neun Stück minimal und betragen:

$$\frac{C}{x}(x=9) = C'(x=9) = 4 \cdot 9 = 36$$

Das Unternehmen muss mindestens einen Preis in Höhe von 36 Euro pro Stück erlösen, um keinen Verlust zu machen.

> **IN DIESEM KAPITEL**
>
> Die Outputregel: »Preis gleich Grenzkosten«
>
> Die Inputregel: »Faktorpreis gleich Wertgrenzprodukt«

Kapitel 12
Gewinnmaximierung auf Konkurrenzmärkten

Unternehmen verfolgen das Ziel der **Gewinnmaximierung**:

- ✔ Zum einen ist diese Hypothese mit der Annahme des Homo oeconomicus kompatibel. Auch Unternehmerinnen und Unternehmer »gieren« nach größtmöglichem Nutzen. Ein hohes Einkommen unterstützt sie dabei.
- ✔ Zum anderen bleibt den Unternehmen bei vollkommener Konkurrenz gar keine andere Wahl. Unternehmen, die ihren Gewinn nicht maximieren, können bei dieser Marktform auf Dauer nicht überleben. *Begründung:* Infolge des freien Marktzugangs können Gewinne nicht dauerhaft bestehen. Die Unternehmen werden in ihr Betriebsoptimum gezwungen. Die, die ihren Gewinn in dieser Situation nicht maximieren, können ihre Kosten nicht decken.

Die Gewinnmaximierung lässt sich aus zwei Perspektiven betrachten und analysieren:

1. Sie nehmen die Gütermenge in den Blick, die den Gewinn maximiert.
2. Sie richten Ihr Augenmerk auf die Faktormengen, mit denen das Unternehmen seinen Gewinn maximiert.

Ergebnis der beiden Betrachtungen sind die »Output-« und die »Inputregel«, die die Gliederung dieses Kapitels vorgeben.

Die Outputregel: »Preis gleich Grenzkosten«

»Quasi mathematisch« finden Sie die Regel für den gewinnmaximierenden Output einer Unternehmung bei vollkommener Konkurrenz wie folgt: Der Gewinn G berechnet sich als Differenz aus Umsatz U und Kosten C. Für eine gegebene Menge x_0 berechnen Sie den Umsatz eines Unternehmens auf dem Konkurrenzmarkt als Marktpreis p mal Menge x_0.

$$(1) \quad G(x_0) = U(x_0) - C(x_0) = p \cdot x_0 - C(x_0)$$

Das Unternehmen kann den Marktpreis mangels Marktmacht nicht beeinflussen (»Jevons' Gesetz vom einheitlichen Preis«). Ihm steht also als Aktionsvariable nur die Produktionsmenge x zur Verfügung (»Mengenanpasser«).

Wie ändert sich der Gewinn, wenn das Unternehmen eine Gütereinheit mehr produziert, also anstelle der Menge x_0 die Menge $x_0 + 1$? Der Umsatz steigt mit jeder zusätzlichen Gütereinheit um den Preis, weil eine Einheit mehr zum gegebenen Preis verkauft wird. Die Veränderung der Kosten durch eine weitere Gütereinheit heißt **Grenzkosten** (siehe Kapitel 11). Der Gewinn nimmt also zu, wenn der Preis die Grenzkosten übersteigt. Umgekehrt ist die Gewinnänderung negativ, wenn die Grenzkosten den Preis übersteigen. Somit folgen als Verhaltensregeln für den Gewinnmaximierer:

✔ Dehne die Produktion aus, wenn der Preis über den Grenzkosten liegt $(p > C')$.

✔ Schränke die Produktion ein, wenn der Preis unter den Grenzkosten liegt $(p < C')$.

Damit folgt als **Outputregel** der Gewinnmaximierung der Konkurrenzunternehmung auf dem vollkommenen Markt die

Preis-Grenzkosten-Regel: Bei der gewinnmaximalen Produktionsmenge stimmen die Grenzkosten der Produktion mit dem Preis des Gutes überein $(p = C')$.

Abbildung 12.1 veranschaulicht die Überlegung am Beispiel einer neoklassischen Kostenfunktion. Der Gewinn ist der senkrechte Abstand zwischen Umsatz- und Kostenfunktion. Bei den Mengen x_1 und x_2 beträgt der Gewinn jeweils null. Die gewinnmaximierende Produktionsmenge x^* finden Sie, wo die Steigungen von Umsatzfunktion (= Preis) und Kostenfunktion (= Grenzkosten) übereinstimmen.

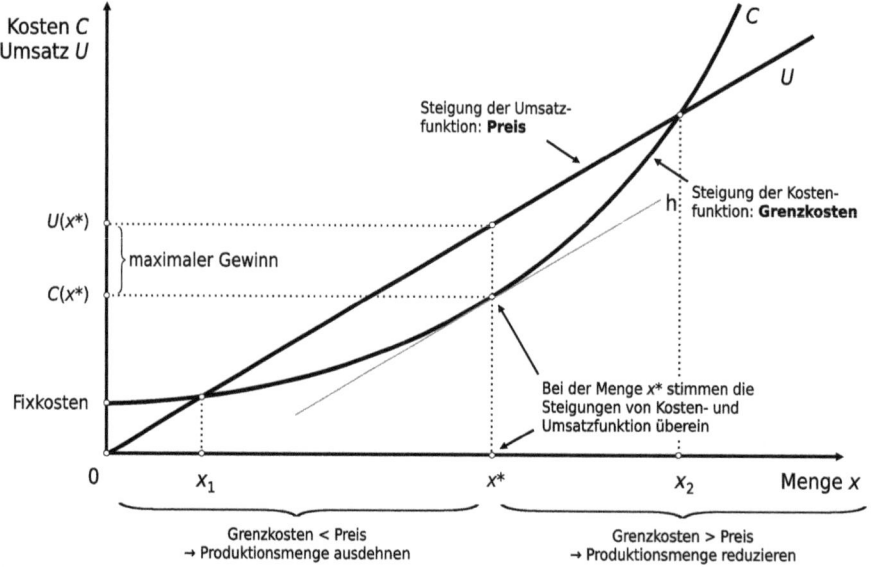

Abbildung 12.1: Preis-Grenzkosten-Regel

Notwendige und hinreichende Bedingung

Die Beachtung der Preis-Grenzkosten-Regel allein reicht nicht aus, um ein Gewinnmaximum sicherzustellen. Sie ist **notwendig**, aber nicht **hinreichend**. Das bedeutet:

- ✔ Sie *muss* erfüllt sein: Andernfalls liegt kein Gewinnmaximum vor.
- ✔ Sie *kann* erfüllt sein: Dennoch liegt kein Gewinnmaximum vor. Es kann ein »Verlustmaximum« vorliegen; siehe das rechte Diagramm in Abbildung 12.2.

Erst gemeinsam mit der **hinreichenden Bedingung** stellt sie ein Gewinnmaximum sicher. Die hinreichende Bedingung lautet: Die Grenzkosten müssen bei einer Ausdehnung der Produktionsmenge steigen. *Kurz:* **Steigende Grenzkosten**.

Abbildung 12.2 vermittelt Ihnen einen Einblick, warum es zu **Randlösungen** kommt, wenn die hinreichende Bedingung nicht erfüllt ist. Im linken Diagramm ist das aufgrund konstanter, im rechten aufgrund sinkender Grenzkosten der Fall. Jeweils ab der Menge x_S sind die Gewinne positiv und wachsen anschließend unaufhörlich an. Die Unternehmen erreichen den maximalen Gewinn G^* jeweils an ihrer Kapazitätsgrenze x_{KAP}. Eine sture Anwendung der Preis-Grenzkosten-Regel ohne Beachtung der hinreichenden Bedingung würde das Unternehmen im Fall sinkender Grenzkosten zur Menge x_V wählen lassen, die mit dem größtmöglichen Verlust V^* verbunden wäre.

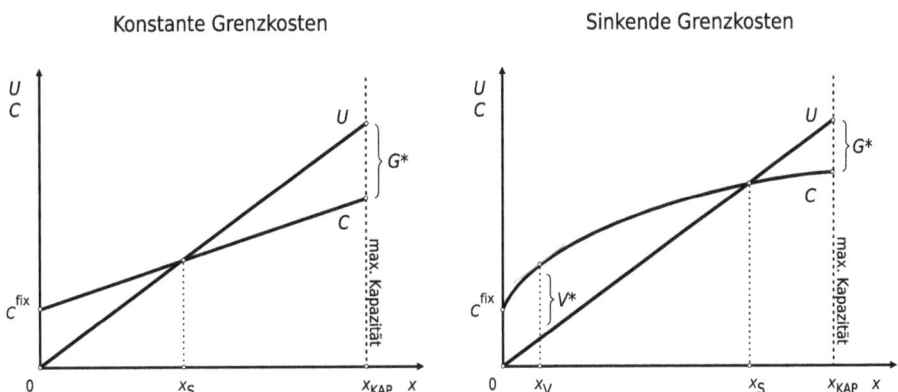

Abbildung 12.2: Randlösungen bei nicht erfüllter hinreichender Bedingung

Neben einer Produktion an der Kapazitätsgrenze kann der entgegengesetzte Fall eintreten, dass die Unternehmen gar nicht produzieren. Sind die Grenzkosten konstant und höher als der Preis, nimmt das Unternehmen die Produktion gar nicht erst auf.

Die Angebotsfunktion

Die Outputregel liefert die Angebotsfunktion des Unternehmens. Abbildung 12.3 zeigt dies am Beispiel eines Unternehmens mit einem typischen u-förmigen Durchschnittskostenverlauf. Produktionsmengen, die kleiner als x_G sind, kommen als Teil der Angebotsfunktion nicht infrage, da die hinreichende Bedingung steigender Grenzkosten in diesem Bereich nicht erfüllt ist. Der gestrichelte Bereich der Grenzkostenkurve mit negativer Steigung ist also kein Teil der Angebotsfunktion.

Auch ein Teil des ansteigenden Bereichs der Grenzkostenfunktion fällt als Angebotsfunktion des Unternehmens aus. Wenn nicht mindestens ein Preis p_{BO} in Höhe des Betriebsoptimums erzielt wird, kann das Unternehmen die Kosten nicht decken (langfristig fallen Betriebsoptimum und -minimum zusammen). Es bietet das Gut folglich nicht an.

Die Angebotsfunktion folgt somit dem in Abbildung 12.3 fett dargestellten Verlauf. Bei Preisen unter p_{BO} bietet die Unternehmung nichts an. Zum Preis p_0 würde das Unternehmen die Menge x_0 anbieten, denn nur diese Menge führt zu Grenzkosten in Höhe des Preises p_0 und erfüllt damit die Preis-Grenzkosten-Regel. Die hinreichende Bedingung ist erfüllt, weil die Grenzkostenkurve bei der Menge x_0 ansteigt.

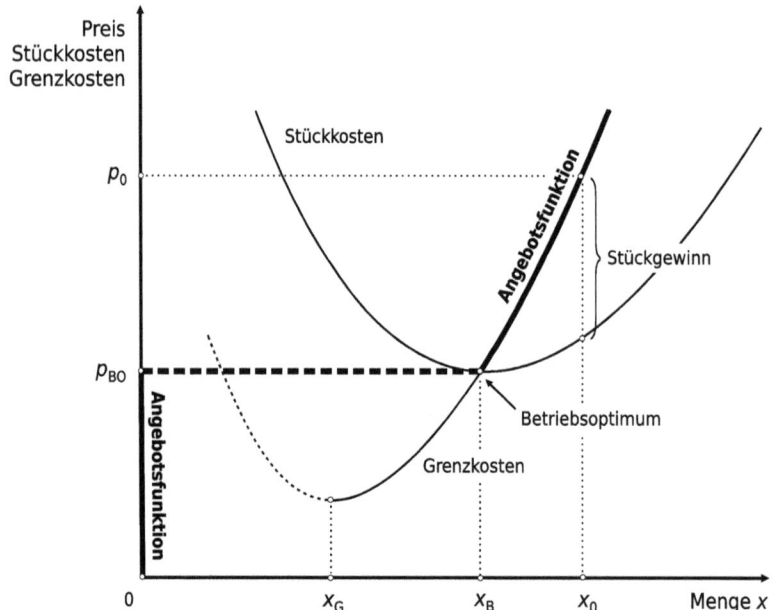

Abbildung 12.3: Angebotsfunktion eines Konkurrenzunternehmens

Die **Angebotsfunktion** ist der aufsteigende Ast der Grenzkostenfunktion beginnend im Betriebsoptimum. Die Preisuntergrenze der kurzfristigen Angebotsfunktion wird durch das Betriebsminimum bestimmt.

Weitere wichtige Begriffe

- **Marktangebot** (aggregierte Angebotsfunktion): Die gemeinsame Angebotsfunktion aller Unternehmen eines Marktes finden Sie, indem Sie deren individuelle Angebotsmengen zu alternativen Preisen einfach aufaddieren.

- **Gesetz des Angebots:** Ein steigender Preis führt zu einer steigenden Angebotsmenge. *Begründung:* Die Angebotsfunktion ist der *aufsteigende* Teil der Grenzkostenfunktion (= hinreichende Bedingung).

Die Inputregel: »Faktorpreis gleich Wertgrenzprodukt«

 Für das Verständnis dieses Abschnitts ist eine kurze Erinnerung an zwei Begriffe aus der Produktionstheorie (siehe Kapitel 10) hilfreich:

Das **Grenzprodukt** (auch Grenzproduktivität oder Grenzertrag) gibt die Zunahme der Produktionsmenge infolge einer Erhöhung eines Faktoreinsatzes um eine (marginale) Einheit an. Das Grenzprodukt entspricht dem Anstieg der Produktionsfunktion und kann über deren erste Ableitung berechnet werden.

Dem **Gesetz vom abnehmenden Grenzertrag** zufolge kann regelmäßig beobachtet werden, dass das Grenzprodukt eines Faktors sinkt, wenn er vermehrt eingesetzt wird.

Die Nachfrage eines Unternehmens nach Produktionsfaktoren ist abhängig von

- ✔ der Technologie, mit der es produziert,
- ✔ von seiner Situation auf dem Absatzmarkt und
- ✔ selbstverständlich von den Preisen der eingesetzten Produktionsfaktoren.

Am Beispiel des Faktors Arbeit:

- ✔ vom Grenzprodukt der Arbeit,
- ✔ vom Preis des hergestellten Gutes und
- ✔ vom Lohnsatz.

Wenn Sie das (physische) Grenzprodukt GP_L der Arbeit L mit dem Güterpreis p_x multiplizieren, erhalten Sie das Wertgrenzprodukt der Arbeit WGP_L:

$$(2) \quad WGP_L = p_x \times GP_L$$

Das Wertgrenzprodukt einer Arbeitseinheit, zum Beispiel einer Arbeitsstunde, ist – wie sein Name sagt – das mit dem Güterpreis bewertete physische Grenzprodukt einer Arbeitsstunde. Es ist gleich der Zunahme des Umsatzes des Unternehmens infolge einer Ausdehnung seiner Beschäftigung um eine Arbeitsstunde.

Die Umsatzfunktion in Abbildung 12.4 ist die mit dem Güterpreis multiplizierte Produktionsfunktion der Unternehmung:

$$(3) \quad \underbrace{x = x(L)}_{\text{Produktionsfunktion}} \quad \rightarrow \quad \underbrace{U = p_x \cdot x(L)}_{\text{Umsatzfunktion}}$$

Die Kostenfunktion in der Abbildung zeigt die Kosten in Abhängigkeit vom Arbeitseinsatz L. Neben den fixen Kosten für den Kapitaleinsatz F fallen in Abhängigkeit von der Höhe des Lohnsatzes w Lohnkosten für den Arbeitseinsatz an:

$$(4) \quad C = F + w \cdot L$$

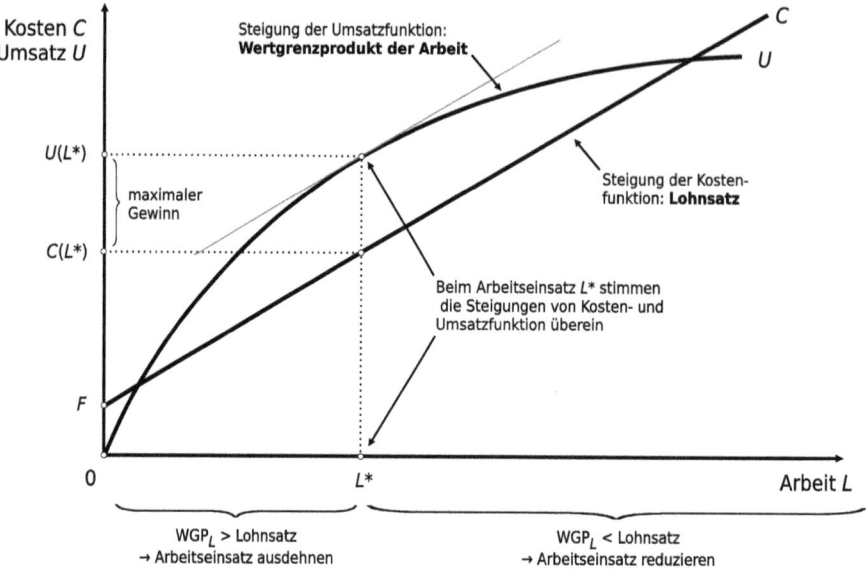

Abbildung 12.4: Bestimmung der optimalen Beschäftigung mithilfe der Wertgrenzproduktregel

Abbildung 12.4 illustriert die »Inputregel der Gewinnmaximierung« einer Unternehmung bei vollkommener Konkurrenz. Der Gewinn (senkrechter Abstand zwischen Umsatz- und Kostenkurve) wird maximal, wenn sich das Unternehmen für eine Beschäftigung in Höhe L^* entscheidet.

Wertgrenzproduktregel: Das Unternehmen maximiert den Gewinn mit dem Arbeitseinsatz, bei dem das Wertgrenzprodukt (= Steigung der Umsatzfunktion) mit dem Lohnsatz (= Steigung der Kostenfunktion) übereinstimmt.

Die Wertgrenzproduktregel ist eine notwendige Bedingung für die Gewinnmaximierung. Wie bei der Outputregel müssen Sie zudem die **hinreichende Bedingung** beachten: Das Wertgrenzprodukt der Arbeit muss sinken. Bildlich gesprochen muss die Steigung der Umsatzfunktion mit zunehmendem Arbeitseinsatz abnehmen. Bei einem konstanten oder einem steigenden Wertgrenzprodukt käme es zu Randlösungen. Das Unternehmen produziert in diesen Fällen entweder an seiner Kapazitätsgrenze oder nichts.

Was passiert unter normalen Bedingungen (= abnehmendes Grenzprodukt der Arbeit), wenn ...

- ✔ **der Güterpreis steigt?** Die Umsatzfunktion in Abbildung 12.4 verlagert sich um den Prozentsatz der Preissteigerung nach oben. Das Unternehmen reagiert mit einem höheren Arbeitseinsatz (**abgeleitete Nachfrage** – Preissignale des Gütermarktes wirken sich auf die Nachfrage nach den Produktionsfaktoren aus).

- ✔ **der Lohnsatz steigt?** Die Kostengerade in Abbildung 12.4 dreht sich gegen den Uhrzeigersinn um ihren Schnittpunkt in Höhe der Fixkosten F mit der Ordinate. Das Unternehmen reagiert mit einer Reduktion der Beschäftigung.

✓ **die Arbeitsproduktivität zunimmt?** Wie im Fall eines Anstiegs des Güterpreises verlagert sich die Umsatzfunktion um den Prozentsatz der Produktivitätssteigerung nach oben. Das Unternehmen reagiert mit einem höheren Arbeitseinsatz.

Aufgaben

Aufgabe 1

»Wenn Kosten und Umsatz jeweils um zehn Prozent steigen, bleibt der Gewinn konstant.«

Richtig oder falsch?

Aufgabe 2

Die Grenzkosten eines Anbieters bei vollkommener Konkurrenz betragen für 200 Produkteinheiten 20 Euro und für 201 Produkteinheiten 20,20 Euro. Der Marktpreis beträgt 20 Euro.

Welche der drei folgenden Aussagen treffen zu?

1. Die Menge von 200 ist gewinnmaximal.
2. Der Gewinn sinkt durch die Produktion des 201. Stücks.
3. Die hinreichende Bedingung für Gewinnmaximierung ist erfüllt.

Aufgabe 3

Bestimmen Sie die kurzfristigen Angebotsfunktionen der Unternehmungen mit den Kostenfunktionen

1. $C = 100 + x$,
2. $C = 10 + 0{,}5x^2$,
3. $C = 100 + x - 0{,}6x^2 + 0{,}1x^3$.

Aufgabe 4

Eintausend identische Unternehmungen $i = 1, \ldots 1000$ besitzen jeweils die Kostenfunktion $C_i = 80 + 4x_i + 0{,}05x_i^2$. Dabei steht ein kleines x_i für die Produktionsmenge der i-ten Unternehmung und C_i für dessen Kosten. Zudem ist bekannt, dass die Marktnachfrage durch $X_N = 60.000 - 2.500p$ beschrieben werden kann. Ein großes X steht für die Menge am Markt. Das Marktangebot ergibt sich als Summe der individuellen Produktionsmengen: $X_A = \sum_{i=1}^{1.000} x_i$.

Bestimmen Sie das Marktgleichgewicht und geben Sie eine Prognose ab, wie es sich verändern wird!

Aufgabe 5

Die Produzenten von Dingern sehen sich vollkommener Konkurrenz ausgesetzt. Die Stückkosten der Dinger betragen gegenwärtig 15 Euro, die Grenzkosten 20 Euro. Bei Produktionserhöhungen steigen sowohl die Stück- als auch die Grenzkosten. Derzeit produziert eine repräsentative Unternehmung 2.000 Dinger.

1. Wie hoch ist der Dingerpreis?
2. Wie wird sich der Dingermarkt auf mittlere Sicht entwickeln?

Aufgabe 6

1. Wie verläuft diese Angebotsfunktion? Antworten Sie mit dem zutreffenden ökonomischen Fachausdruck!
2. Ergibt dieser Verlauf eher für die kurze oder für die lange Frist einen Sinn? Mit welcher Begründung?

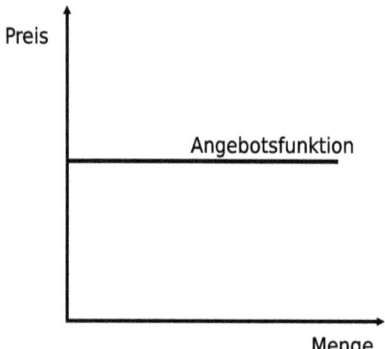

Aufgabe 7

Peter und Marianne studieren im zweiten Semester Volkswirtschaftslehre. Sie sind sich uneins, warum das Unternehmen »X-Hersteller AG« sein Produkt zu einem Preis von 159 Euro verkauft. Marianne vertritt die Auffassung, der »gebrochene Preis« in Höhe von 159 Euro werde vom Konsumenten deutlich günstiger wahrgenommen als ein glatter Preis in Höhe von 160 Euro. Das lehre das tägliche Leben, denn auch die Benzinpreise an Tankstellen endeten fast immer auf »9«. Peter vertritt hingegen die Ansicht, dass die Konkurrenz am Markt dem Unternehmen gar keine Wahl lasse, als den herrschenden Marktpreis zu akzeptieren.

Sie können herausfinden (*Taschenrechner empfohlen*), wer im konkreten Fall recht hat, denn Sie kennen die aktuelle Produktionsmenge $x = 13$ und die Kostenfunktion des Unternehmens: $C = x^3 - 18x^2 + 120x + 300$.

Wer hat recht und warum?

Aufgabe 8

Erinnern Sie sich an die EHEC-Epidemie im Jahr 2011, die Hunderte Menschen teils lebensgefährlich erkranken ließ? Diverse Lebensmittel standen im Verdacht, für die Epidemie verantwortlich zu sein.

Gehen Sie davon aus, dass das EHEC-Bakterium negative Effekte auf die Nachfrage nach frischem Gemüse hat. Erklären Sie mithilfe von Marktdiagrammen für den Güter- (Gemüse) und den Faktormarkt (Arbeit) die Auswirkungen auf Löhne und Beschäftigung in den Betrieben der Gemüsebauern!

Aufgabe 9

In Hochlohnland ist die Beschäftigung im Vergleich zu den Nachbarländern stabil, die Löhne sind besonders für die weniger qualifizierten Arbeitskräfte vergleichsweise hoch. Das Land gilt als »Wachstumslokomotive« in der Region. Hochlohnland kann dem politischen Druck der Nachbarn jedoch nicht standhalten und es kommt in Kürze zur Freizügigkeit der Arbeitskräfte.

1. Zeigen Sie in einem Diagramm die Auswirkungen auf Löhne und Beschäftigung der weniger qualifizierten Arbeitskräfte in Hochlohnland!

2. Welche Auswirkungen werden sich vermutlich für die besser qualifizierten Arbeitskräfte ergeben?

3. Werden die Kapitalbesitzer in Hochlohnland die Freizügigkeit begrüßen?

Aufgabe 10

In der Gastronomie und Hotellerie sind im Vergleich zu anderen Branchen relativ viele gering entlohnte Aushilfskräfte tätig.

1. Erklären Sie am Beispiel der Öffnungszeiten von Gaststätten, wie das Grenzprodukt und das Wertgrenzprodukt der Arbeitskräfte auf die Einführung eines Mindestlohns reagieren! *Tipp:* Erfahrungsgemäß gibt es Zeiten, zu denen Gaststätten besser, aber auch Zeiten, zu denen sie schlechter besucht sind.

2. Was bedeutet der Mindestlohn für die Kunden im Gastgewerbe?

Aufgabe 11

Das Diagramm zeigt den Markt für »Standardsolarmodule«. Gehen Sie im Folgenden davon aus, dass auf diesem sowie auf allen anderen Märkten vollkommene Konkurrenz herrscht.

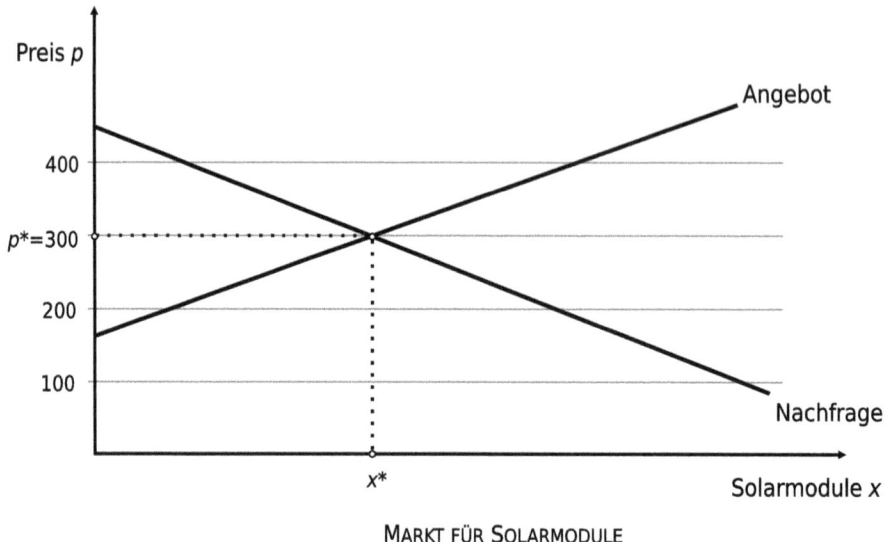

MARKT FÜR SOLARMODULE

1. Konstruieren Sie ein *Arbeitsmarkt*diagramm für Arbeitskräfte, die in der deutschen *Solarmodulindustrie* beschäftigt sind.

   Gehen Sie nun davon aus, dass die Regierung in China die chinesischen Solarmodulproduzenten subventioniert. Die chinesischen Unternehmen sind daher in der Lage, Solarmodule zum Stückpreis von 250 Euro vollkommen elastisch auf dem deutschen Markt anzubieten. Mit anderen Worten: Der deutsche Markt ist im Weltmaßstab zu unbedeutend, als dass die deutsche Nachfrage nach Solarmodulen Auswirkung auf den Weltmarktpreis ausüben könnte.

2. Stellen Sie die veränderte Situation im Solarmodul-*Markt*diagramm dar und geben Sie eine kurze Erklärung!

3. Beschreiben Sie die Auswirkungen des chinesischen Angebots auf das Grenzprodukt, das Wertgrenzprodukt und die Nachfrage nach Arbeitskräften in der deutschen Solarmodulindustrie! Stellen Sie die Auswirkung der chinesischen Subventionspolitik auf den deutschen *Arbeitsmarkt* in Ihrem Diagramm aus Aufgabenteil 1 dar!

4. In Dachdeckerbetrieben macht die Montage von Photovoltaikanlagen neben der klassischen Dachdeckerei einen erheblichen Teil der Geschäftstätigkeit aus. Wie wirkt sich die chinesische Subventionspolitik auf die Löhne und Beschäftigung der *Dachdecker* in Deutschland aus?

5. Wer befürwortet Strafzölle auf chinesische Solarmodule? Wer lehnt sie ab?

Lösungen

Lösung Aufgabe 1

Die Aussage ist falsch. Wenn sich Umsatz und Kosten jeweils um zehn Prozent verändern, ändert sich der Gewinn ebenfalls um zehn Prozent.

Erklärung: Das wird unmittelbar einsichtig, wenn Sie die Definitionsgleichung des Gewinns auf beiden Seiten mit 1,1 multiplizieren, also Umsatz und Kosten – wie in der Aufgabenstellung verlangt – um zehn Prozent steigen lassen. Dann steigt auch der Gewinn um zehn Prozent (oder es erhöht sich der Verlust um zehn Prozent, sollten die Kosten den Umsatz übersteigen).

$$\text{Gewinn} = \text{Umsatz} - \text{Kosten}$$
$$1{,}1 \cdot \text{Gewinn} = 1{,}1 \cdot \text{Umsatz} - 1{,}1 \cdot \text{Kosten}$$

Die Frage wird oft falsch beantwortet. Vermutlich liegt das daran, dass die meisten Befragten davon ausgehen, dass Umsatz und Kosten gleich hoch sind (wie im Fall eines Unternehmens, das sich im langfristigen Gleichgewicht auf einem vollkommenen Konkurrenzmarkt in seinem Betriebsoptimum befindet). Dann ist der Gewinn null. Wenn nichts um zehn Prozent steigt, bleibt es nichts.

Lösung Aufgabe 2

1. Die Aussage ist richtig. Es gilt »Preis = Grenzkosten«. Damit ist die notwendige Bedingung für Gewinnmaximierung bei vollkommener Konkurrenz erfüllt. Die hinreichend Bedingung ist ebenfalls erfüllt (siehe 3.).

2. Die Aussage ist richtig. Die zweite Aussage ist eine logische Folge aus der ersten Antwort. Wenn die Menge 200 den Gewinn maximiert, muss der Gewinn bei der Menge 201 natürlich geringer sein. Der Gewinn sinkt hier um 20 Cent, da die Grenzkosten den Preis (der bei vollkommener Konkurrenz mit dem Grenzumsatz übereinstimmt) um 20 Cent übersteigen. Im Klartext: Das 201. Stück lässt die Kosten um 20,20 Euro, den Umsatz aber nur um 20,00 Euro steigen.

3. Die Aussage ist richtig. Die Grenzkosten steigen an – von 20,00 Euro auf 20,20 Euro. Die hinreichende Bedingung für Gewinnmaximierung (»steigende Grenzkosten«) ist erfüllt.

Die Aufgabe unterstellt wie üblich »glatte« Funktionen, geht also davon aus, dass die Grenzkosten nicht wild hin und her springen.

Lösung Aufgabe 3

Die grundsätzliche Vorgehensweise für das Auffinden einer (kurzfristigen) Angebotsfunktion (= aufsteigender Ast der Grenzkostenfunktion beginnend im Betriebsminimum) ist immer dieselbe:

✓ **Schritt 1:** Die Preis-Grenzkosten-Regel (notwendige Bedingung für ein Gewinnmaximum) liefert die Gleichung der Angebotsfunktion.

✓ **Schritt 2:** Prüfen der hinreichenden Bedingung: Steigen die Grenzkosten? Falls nicht, muss das Problem genauer inspiziert werden (»Randlösung«).

✓ **Schritt 3:** Die kurzfristige Preisuntergrenze bildet das Minimum der durchschnittlichen variablen Kosten (»Betriebsminimum«).

1. Die Grenzkosten sind konstant 1 $(C'=1)$. Die hinreichende Bedingung ist nicht erfüllt $(C''=0)$, da die Grenzkosten nicht ansteigen. Das Minimum der durchschnittlichen variablen Kosten ist 1. Es kommt zu einer Randlösung. Das Angebot ist bei einem Preis von 1 Euro vollkommen elastisch. Liegt der Preis darüber, produziert die Unternehmung an ihrer Kapazitätsgrenze. Liegt der Preis darunter, stellt die Unternehmung die Produktion ein.

2. Die Grenzkostenfunktion $(C'=x)$ liefert zusammen mit der Preis-Grenzkosten-Regel die Angebotsfunktion: $p=x$. Die Grenzkosten steigen, denn die zweite Ableitung der Kostenfunktion $(C''=1)$ ist (für jede beliebige Menge x) größer als null. Die hinreichende Bedingung ist also erfüllt. Das Minimum der durchschnittlichen variablen Kosten $(C^{var}/x = 0,5x)$ liegt bei der Menge null und beträgt null Euro. Die Angebotsfunktion beginnt damit im Ursprung des Marktdiagramms. Das Produkt wird bei jedem positiven Preis angeboten.

3. Die Preis-Grenzkosten-Regel liefert die (inverse) Angebotsfunktion $p = 1-1,2x+0,3x^2$. Die hinreichende Bedingung ist für Mengen $x>2$ erfüllt, denn $C'' = -1,2+0,6x > 0$ für $x>2$. (Bei $x=2$ liegt das Minimum der Grenzkostenfunktion beziehungsweise der Wendepunkt der ertragsgesetzlichen Kostenfunktion.) Die durchschnittlichen variablen Kosten betragen $C^{var}/x = 1-0,6x+0,1x^2$. Sie nehmen für $x=3$ mit $C^{var}/x = 1-0,6\cdot 3+0,1\cdot 3^2 = 0,1$ den kleinsten Wert an. Die Unternehmung bietet das Produkt kurzfristig an, wenn der Marktpreis mindestens 10 Cent beträgt.

Lösung Aufgabe 4

Um eine Prognose über die Marktentwicklung abgeben zu können, müssen Sie in Erfahrung bringen, ob die repräsentative Unternehmung in diesem Markt mit Gewinn oder Verlust wirtschaftet.

Die Angebotsfunktion der Unternehmung finden Sie über die Preis-Grenzkosten-Regel: $p = 4+0,1x_i$. Demnach bietet eine Unternehmung die Menge $x_i = -40+10p$ an. Das Marktangebot ist somit $X_A = \sum_{i=1}^{1.000}(-40+10p) = -40.000+10.000p$. Die hinreichende Bedingung für die Gewinnmaximierung ist erfüllt, denn die Grenzkosten steigen $(C_i'' = 0,1)$.

Der Schnittpunkt von Marktangebots- und Marktnachfragefunktion liefert das Marktgleichgewicht:

$$X_A = X_N$$
$$-40.000+10.000p = 60.000-2.500p$$
$$100.000 = 12.500p$$
$$p^* = 8$$

Bei einem Preis von 8 werden insgesamt $X^A = -40.000+10.000\cdot 8 = 40.000$ Stück angeboten (und nachgefragt). Auf die repräsentative Unternehmung entfällt der tausendste Teil, also 40 Stück.

Ihre Kosten belaufen sich damit auf $C_i = 80 + 4 \cdot 40 + 0{,}05 \cdot 40^2 = 320$ Euro. Das entspricht exakt ihrem Umsatz $U_i = p \cdot x_i = 8 \cdot 40 = 320$ Euro. Da sich die Unternehmen in einer Null-Profit-Situation befinden, kommt es weder zu Marktaus- noch Markteintritten.

Die repräsentative Unternehmung befindet sich in ihrem Betriebsoptimum. Das können Sie überprüfen, indem Sie das Minimum der Stückkosten $\dfrac{C_i}{x_i} = \dfrac{80}{x_i} + 4 + 0{,}05 x_i$ bestimmen.

Notwendige Bedingung für ein Minimum (die erste Ableitung muss null sein):

$$\left(\dfrac{C_i}{x_i}\right)' = \dfrac{-80}{x_i^2} + 0{,}05 \overset{!}{=} 0$$

Die Gleichung ist für $x_i = 40$ erfüllt. Die minimalen Stückkosten betragen $\dfrac{C_i}{x_i} = \dfrac{80}{40} + 4 + 0{,}05 \cdot 40 = 8$ Euro. *Alternativer Lösungsweg* für das Auffinden des Betriebsoptimums: Sie berechnen den Schnittpunkt von Grenz- und Durchschnittskosten.

Lösung Aufgabe 5

1. Der Dingerpreis beträgt 20 Euro. Die gewinnmaximierenden Unternehmen wählen die Produktionsmenge, bei der die Grenzkosten mit dem Marktpreis übereinstimmen. Die hinreichende Bedingung für Gewinnmaximierung ist erfüllt, denn laut Aufgabenstellung steigen die Grenzkosten.

2. Der Dingerpreis wird fallen. Derzeit erzielen die Unternehmen Gewinn, da der Preis über den Stückkosten liegt. Das lockt neue Unternehmen in den Markt. Die Zunahme des Angebots wird den Preis fallen lassen.

   Die repräsentative Unternehmung wird währenddessen schrumpfen. Da der Preis fällt, wird sie sich auf ihrer ansteigenden Angebotskurve (= Grenzkostenkurve) nach unten orientieren (müssen). Der Prozess stoppt, wenn die Unternehmen ihre Betriebsoptima erreichen.

Lösung Aufgabe 6

1. Die Angebotsfunktion verläuft »vollkommen elastisch«.

2. Es handelt sich um eine langfristige Angebotsfunktion. Die Zeit ist *der* bestimmende Einflussfaktor für die Elastizität des Angebots. Je mehr Zeit zur Verfügung steht, desto besser können sich die Anbieter mit ihrem Angebot an veränderte Preise anpassen. Deswegen nimmt die Elastizität des Angebots mit der Zeit zu. Ein vollkommen elastisches Angebot kann langfristig vor allem über die Zahl der Anbieter erklärt werden. Steigt der Preis über die minimalen Stückkosten, zu denen ein Anbieter das Produkt herstellen kann (»Betriebsoptimum«), produzieren die Unternehmen mit Gewinn. Die Gewinne locken so lange weitere Anbieter in den Markt, bis der Preis wieder auf die Höhe des Betriebsoptimums gefallen ist. Umgekehrt müssen bei Preisen unterhalb des Betriebsoptimums Unternehmen den Markt verlassen. Die langfristige Angebotsfunktion verläuft daher vollkommen elastisch auf der Höhe des Betriebsoptimums.

Natürlich gibt es Ausnahmen. Gemälde von Picasso werden auch in sehr langer Frist nicht vollkommen elastisch angeboten. Das gilt jedenfalls für »echte Picassos«. Das Angebot von Fälschungen wird durchaus elastisch auf den Preis reagieren. Vollkommen elastisch wird es jedoch auch nicht reagieren können. Dazu sind die Ressourcen, die für professionelle Fälschungen benötigt werden, zu knapp. Neben künstlerischem Talent zählt dazu die Risikobereitschaft potenzieller Fälscher.

Häufige Fehler: Die Funktion wird nicht als »vollkommen elastisch«, sondern als »vollkommen unelastisch« bezeichnet. Die Antworten »waagerecht«, »preisstabil« und »elastisch« sind zutreffend, aber unpräzise. Die Antwort »isoelastisch« ist zwar korrekt, allerdings können isoelastische Funktionen auch ganz anders aussehen.

Lösung Aufgabe 7

Wenn Peters Vermutung zutrifft und es sich bei der X-Hersteller AG um ein Unternehmen auf einem vollkommenen Konkurrenzmarkt handelt, wird es nach der Regel »Preis gleich Grenzkosten« verfahren. Es ist also zu prüfen, ob für die aktuelle Menge $x = 13$ die Preis-Grenzkosten-Regel erfüllt ist. Wenn ja, spricht alles dafür, dass Peter mit seiner Einschätzung richtig liegt:

$$\text{Preis} \stackrel{?}{=} \text{Grenzkosten}$$
$$159 \stackrel{?}{=} 3x^2 - 36x + 120$$
$$159 \stackrel{?}{=} 3 \cdot 13^2 - 36 \cdot 13 + 120$$
$$159 = 159 \; \checkmark$$

Die hinreichende Bedingung für Gewinnmaximum ist erfüllt, da die Grenzkosten für $x = 13$ steigen: $C''(x = 13) = 6x - 36 = 6 \cdot 13 - 36 = 42 > 0$. Da das Unternehmen genau die gewinnmaximierende Menge herstellt, kann Peters Hypothese nicht abgelehnt werden.

Lösung Aufgabe 8

Da auf dem Markt für frisches Gemüse zahlreiche Anbieter und Nachfrager agieren, ist es zulässig, von Konkurrenzmärkten auszugehen. Aus der Nachfrage nach Gemüse lässt sich die Nachfrage nach Arbeit(-skräften) ableiten (»Abgeleitete Nachfrage«), die in der Gemüseproduktion eingesetzt werden. Gewinnmaximierende Konkurrenzunternehmen beschäftigen den Faktor Arbeit in einem solchen Ausmaß, dass der Lohn w einer Arbeitskraft dem bewerteten Grenzprodukt der Arbeitskräfte entspricht (»Wertgrenzproduktregel«).

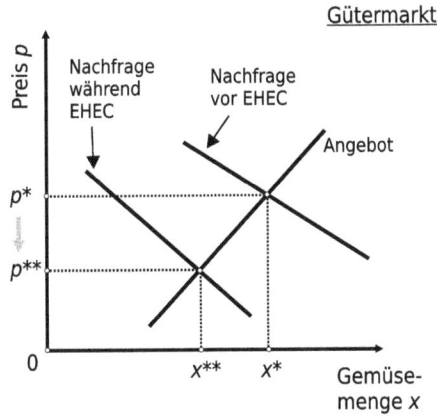
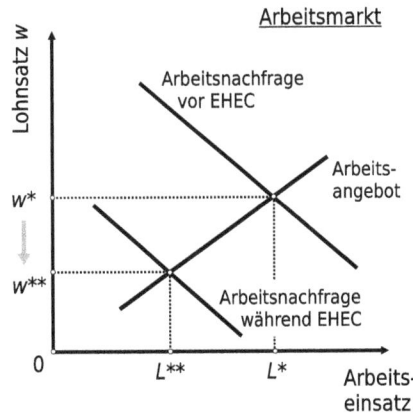

Ist p der Gemüsepreis, L die Zahl der Arbeitskräfte und x die Gemüsemenge, lautet die notwendige Bedingung für die gewinnmaximierende Beschäftigung von Arbeitskräften in einem Gemüse produzierenden Betrieb $w = p \cdot \dfrac{\mathrm{d}x}{\mathrm{d}L}$.

Der Rückgang der Gemüsenachfrage lässt den Gemüsepreis von p^* auf p^{**} fallen (linkes Diagramm). Es ist mit einem erheblichen Effekt zu rechnen, da das Angebot an frischem Gemüse sehr unelastisch ist. Gerade einmal fünf Cent kostete eine Salatgurke im Supermarkt auf dem Höhepunkt der EHEC-Krise.

Das physische Grenzprodukt der Arbeit $\left(\dfrac{\mathrm{d}x}{\mathrm{d}L}\right)$ ändert sich nicht. Nur weil sich der Gurkenpreis ändert, pflückt ein Erntehelfer nicht weniger Gurken pro Stunde. Der Preisverfall lässt jedoch das *bewertete* Grenzprodukt der Arbeit $\left(p \cdot \dfrac{\mathrm{d}x}{\mathrm{d}L}\right)$ sinken. Die zuletzt eingestellte Arbeitskraft kostet nun mehr, als sie zum Umsatz des Gemüseproduzenten beiträgt: Ihr Lohn übersteigt ihr Wertgrenzprodukt $\left(w > p \cdot \dfrac{\mathrm{d}x}{\mathrm{d}L}\right)$.

Die Folge sind Entlassungen, mit denen die einzelnen Gemüsebauern die Grenzproduktivität der Arbeit zu erhöhen suchen (»Gesetz vom abnehmenden Grenzertrag«) – bitter für die Erntehelfer, aber letztlich eine Folge der Entscheidungen der Konsumenten, auf Gemüse zu verzichten.

Die aggregierte Wertgrenzproduktfunktion der Gemüseproduzenten ist die Nachfragefunktion nach Arbeitskräften in der Gemüseproduktion (rechtes Diagramm). Die sinkende Nachfrage nach Arbeitskräften lässt die Löhne fallen.

Im Ergebnis führt die sinkende Gemüsenachfrage zu einem Rückgang der gehandelten Gemüsemenge von x^* auf x^{**}. Waren vor Ausbruch der Epidemie noch L^* Arbeitskräfte in der Gemüseproduktion beschäftigt, sind es nun nur noch L^{**}. Ihr Lohn ist von w^* auf w^{**} gesunken.

 Zwei Faktoren bestimmen »gleichberechtigt« die Entlohnung eines Faktors: seine physische Leistung (Grenzproduktivität) und der Preis des Gutes, in dessen Produktion er eingesetzt ist. Die Grenzproduktivität eines Faktors kann daher noch so hoch sein: Finden sich keine Käufer für das Produkt, generieren die eingesetzten Produktionsfaktoren keine Werte.

Lösung Aufgabe 9

1. Es ist mit einem Zuzug vor allem von weniger qualifizierten Arbeitskräften zu rechnen. Wie das Diagramm zeigt, resultiert eine Zunahme der Beschäftigung (ΔL) auf diesem Markt bei sinkenden Löhnen (Δw).

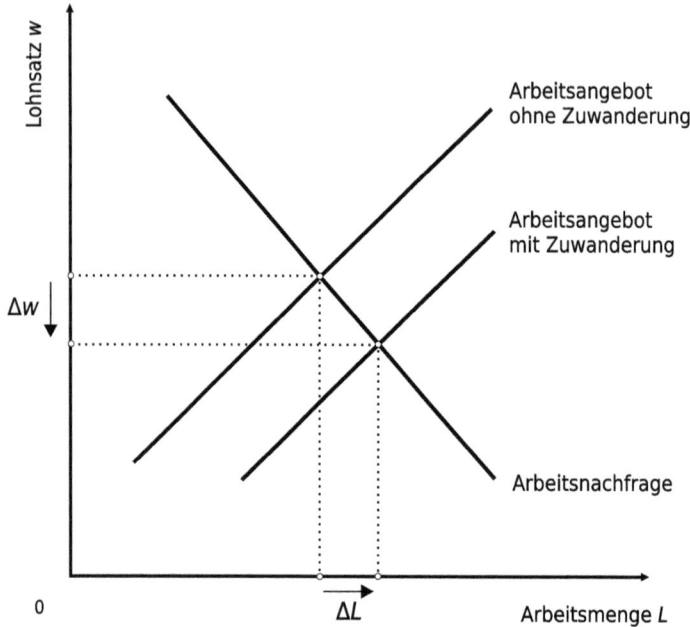

2. Wenn der Zuzug bei den gering Qualifizierten besonders stark ausgeprägt ist (also im Verhältnis weniger Qualifizierte zuwandern), profitieren die besser Qualifizierten. Sie werden relativ knapper.

3. Das gilt ebenfalls für den Faktor Kapital. Die Kapitalintensität – das Verhältnis des Kapitaleinsatzes zum Arbeitseinsatz – sinkt. Bildlich gesprochen stehen an einer Maschine nun drei statt wie zuvor zwei Arbeitskräfte. Dadurch steigt die ((Wert-)Grenz-)Produktivität des Kapitals und damit seine Verzinsung.

 Die Antwort entspricht nicht der Vermutung, dass gering qualifizierte Zuwanderer zu einem hohen Prozentsatz arbeitslos sein werden. Warum nicht?

Die Antwort unterstellt *funktionierende (vollkommene)* Konkurrenzmärkte. Wäre das nicht der Fall und würde unter den weniger Qualifizierten in Hochlohnland in der Ausgangssituation aufgrund eines Tarif- oder Mindestlohns über dem gleichgewichtigen Lohnsatz Arbeitslosigkeit herrschen, bliebe der lohnsenkende Effekt der Zuwanderung aus. Die Zuwanderer würden die Arbeitslosigkeit unter den weniger Qualifizierten erhöhen. Die Zuwanderung fände in diesem Fall in die in Hochlohnland vermutlich besser als in den Nachbarstaaten ausgebauten sozialen Sicherungssysteme statt. Die produktivitätserhöhenden Effekte bei den qualifizierten Arbeitskräften und beim Kapital sowie deren Folgen für die Einkommen dieser Faktoren blieben aus.

Häufiger Fehler: Die Angebots- und Nachfragefunktion im Arbeitsmarktdiagramm werden vertauscht. Anbieter von Arbeit sind die Haushalte. Sie »verkaufen« den Faktor Arbeit auf dem Arbeitsmarkt. Die Unternehmen fragen Arbeit nach.

Lösung Aufgabe 10

1. Die Nachfragefunktion nach Arbeitsstunden von Aushilfskräften ist die Wertgrenzproduktkurve der Arbeitsstunden von Aushilfskräften. Das Wertgrenzprodukt ist das mit dem Produktpreis bewertete physische Grenzprodukt der Arbeitsstunde. Das »Produkt« ist in diesem Fall die Dienstleistung »Bedienung«. Der »Preis« ist der durchschnittliche Umsatz je Bedienungsvorgang. Das physische Grenzprodukt kann als Bedienvorgänge je Stunde gemessen werden.

Wie die Abbildung zeigt, muss das Wertgrenzprodukt steigen, wenn ein über dem Gleichgewichtslohn w^* liegender Mindestlohn w_{min} eingeführt wird. Davon ist bei Aushilfskräften im Gastgewerbe auszugehen.

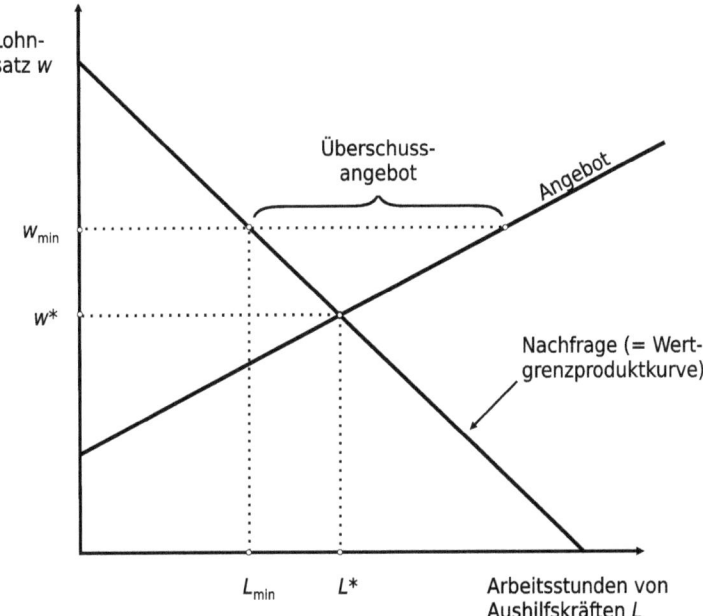

Die Steigerung des Wertgrenzprodukts kann *entweder* durch eine Anhebung der Preise *oder* durch eine Zunahme der physischen Produktivität erfolgen.

Eine physische Produktivitätssteigerung erreicht die Gaststätte durch eine Reduzierung der Öffnungszeiten. Der Gastwirt kürzt die Öffnungszeiten natürlich nicht willkürlich, sondern streicht die Zeiten, in denen die Gaststätte schwächer besucht ist. Die durchschnittliche Auslastung der Aushilfskräfte nimmt dadurch zu (Arbeitsverdichtung). Der Rückgang des Faktoreinsatzes von L^* auf L_{min} (siehe Abbildung) lässt das physische Grenzprodukt steigen (»Gesetz vom abnehmenden Ertragszuwachs«). So kann das Wertgrenzprodukt auf das Mindestlohnniveau steigen, ohne dass der Wirt die Preise anheben muss. Einen Teil der Lohnsteigerung überwälzt er in Form einer höheren Arbeitsbelastung auf die Arbeitskräfte. Dadurch kommt zu einer hier nicht weiter betrachteten Sekundärwirkung: Die Arbeit in der Gaststätte wird infolge der Arbeitsverdichtung unattraktiver. Das Angebot an Arbeit geht zurück.

2. Die Gaststättenbesucher zählen zu den Verlierern des Mindestlohns. *Entweder* stehen sie infolge der reduzierten Öffnungszeiten ab und an vor verschlossener Türe *oder* sie zahlen höhere Preise. Vermutlich tritt eine Mischung aus beidem ein. So oder so wird der Gaststättenbesuch für die Kunden unattraktiver. Die Nachfragemenge wird sinken. Denn es dürfte kaum zu vermuten sein, dass die Zahlungsbereitschaft der Kunden für ein Bier an der Theke aufgrund der Einführung eines Mindestlohns steigt.

Lösung Aufgabe 11

1. Die Abbildung für den Arbeitsmarkt in der Solarmodulindustrie zeigt als Ausgangssituation ein (Binnen-)Arbeitsmarktdiagramm für Arbeitskräfte, die in der Produktion von Solarmodulen beschäftigt sind.

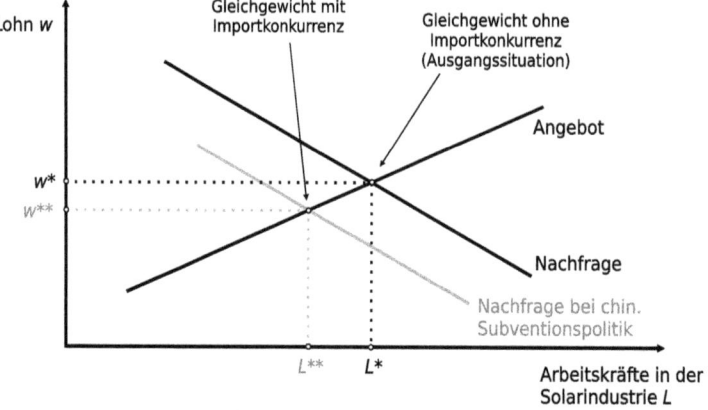

ARBEITSMARKT IN DER SOLARINDUSTRIE

2. Die Abbildung für den Markt für Solarmodule zeigt das vollkommen elastische Importangebot an chinesischen Solarmodulen zum Weltmarktpreis. Die deutsche Nachfrage beeinflusst den Preis nicht. Sie wirkt sich nur unwesentlich auf die Kapazitätsauslastung in den chinesischen Fabriken aus. In der Außenhandelstheorie spricht man von der »Kleines-Land-Annahme«, wenn die Nachfrage eines Landes zu unbedeutend ist, den Weltmarktpreis zu beeinflussen.

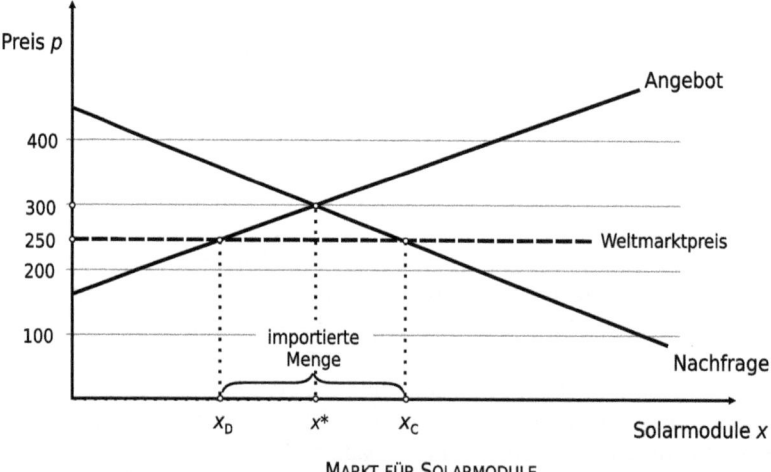

MARKT FÜR SOLARMODULE

Deutsche Unternehmen sind nur noch bis zur Produktionsmenge x_D wettbewerbsfähig. Die von den Konsumenten nachgefragte Menge steigt durch den gesunkenen Preis von x^* auf x_C. Solarmodule im Umfang von $x_C - x_D$ werden aus China importiert.

3. Durch die chinesische Subventionspolitik ändert sich die physische Grenzproduktivität der Beschäftigten in den deutschen Werken zunächst nicht. Das Wertgrenzprodukt (Produktpreis × Grenzprodukt) geht allerdings zurück. Es sinkt in dem gleichen Maße wie der Produktpreis. Die Wertgrenzproduktkurve ist die Nachfragekurve nach Arbeitskräften. Die notwendige Bedingung für den gewinnmaximierenden Arbeitseinsatz lautet »Lohnsatz = Wertgrenzprodukt der Arbeit«. Deswegen verlagert sich die Nachfragefunktion nach Arbeit infolge der chinesischen Subventionspolitik entsprechend dem gesunkenen Preis nach unten (Darstellung nicht maßstabsgetreu).

Der Rückgang der Beschäftigung von L^* auf L^{**} korrespondiert mit der verminderten Produktion von Solarmodulen im Inland (Rückgang von x^* auf x_D). Die Nachfrage nach Arbeitskräften (und natürlich ebenso nach sonstigen Produktionsfaktoren) leitet sich aus der Nachfrage nach den Solarmodulen ab (»abgeleitete Nachfrage«).

Der Rückgang der Löhne wird durch die Elastizität des Arbeitsangebots »abgebremst«. Nur bei einem vollkommen unelastischen Arbeitsangebot würden die Löhne prozentual genauso stark fallen wie die Preise der Solarmodule. Umgekehrt würde sich bei einem vollkommen elastischen Arbeitsangebot der gesunkene Preis für Solarmodule ausschließlich auf die Höhe der Beschäftigung auswirken.

Da das Arbeitsangebot im Arbeitsmarktdiagramm weder vollkommen elastisch noch vollkommen unelastisch ist, treten beide Effekte teilweise ein: Die Löhne sinken und es kommt zu Entlassungen. Der verminderte Arbeitseinsatz lässt die physische Grenzproduktivität als Folge des »Gesetzes von den abnehmenden Ertragszuwächsen« beziehungsweise der »abnehmenden Grenzproduktivität der Arbeit« steigen. Im neuen Gleichgewicht entspricht der Lohn wieder dem Wertgrenzprodukt der Arbeit.

Denkbar wäre folgendes Szenario: Der Preis der Solarmodule sinkt von 300 auf 250 Euro, also um 16,67 Prozent und der verminderte Arbeitseinsatz lässt die Grenzproduktivität um 6,67 Prozent steigen. Dann sinken die Löhne um 10 Prozent (siehe den Mathetipp »Überschlägig rechnen mit Wachstumsraten« im Top-Ten-Teil):

$$\underbrace{\text{Lohn}}_{-10\%} = \underbrace{\text{Preis}}_{-16{,}67\%} \times \underbrace{\text{phys. Grenzpodukt}}_{+6{,}67\%}$$

Bei einem vollkommen unelastischen Arbeitsangebot würde der Lohn um 16,67 Prozent sinken. Die physische Grenzproduktivität bliebe in diesem Fall gleich, weil keine Beschäftigungsänderung einträte.

4. Hauseigentümer mit Dachflächen, die sich mit Solarmodulen bestücken lassen, freuen sich über die günstigen chinesischen Solarmodule. Die Nachfrage steigt von x^* auf x_C (siehe Diagramm für den Solarmodulmarkt). Davon profitieren die Dachdeckerbetriebe. Sie werden für die Modulmontage zusätzlich Arbeitskräfte nachfragen. Es setzen die umgekehrten Effekte ein, wie sie gerade für die Solarindustrie beschrieben wurden, weil durch die steigende Nachfrage nach Installationen die Preise für die Handwerkerleistung steigen. Die Beschäftigung der Dachdecker steigt und ihre Löhne nehmen zu.

5. Zu den Befürwortern der Strafzölle zählen die deutschen Solarmodulhersteller und deren Beschäftigte, weil sie die Leidtragenden der Importkonkurrenz sind. Gegner der Strafzölle sind die Hausbesitzer sowie die Dachdeckerbetriebe und deren Beschäftigte.

Teil IV
Die Preisbildung

IN DIESEM TEIL ...

Der vierte Teil konzentriert sich zunächst noch einmal auf das Marktdiagramm. Mithilfe des Rentenkonzepts und der Erkenntnisse aus der Haushalts- und Unternehmenstheorie sind im Vergleich zum ersten Teil fortgeschrittene Analysen möglich.

Die weiteren Kapitel in diesem Teil enthalten Fragen und Aufgaben zu den Themen

- aus welchen Gründen Märkte versagen können und
- wie sich die Preise bilden
    - auf Monopolmärkten,
    - im Oligopol,
    - und bei Marktunvollkommenheiten.

IN DIESEM KAPITEL

Konsumenten- und Produzentenrente

Das Marktdiagramm im Einsatz

Kapitel 13
Arbeiten mit dem Marktdiagramm II

Wie Sie das Angebots-Nachfrage-Diagramm auf der Grundlage »lockerer Denkzusammenhänge« für erste Analysen einsetzen können, haben Sie in den Kapiteln 3 und 4 erfahren. Mit den inzwischen erworbenen Kenntnissen aus der Haushalts- und Unternehmenstheorie eröffnen sich Ihnen fortgeschrittene Einsatzmöglichkeiten.

Konsumenten- und Produzentenrente

Mithilfe von Konsumenten- und Produzentenrente können Sie die **Wohlfahrt** ermitteln, die ein Markt stiftet. Die Wohlfahrt wird dabei als der aufsummierte Nutzen aller beteiligten Akteure aufgefasst. Sie wird in Geldeinheiten gemessen, also in Deutschland in Euro.

$$(1) \quad \underbrace{W}_{\text{Wohlfahrt}} = \underbrace{\underbrace{\sum U_i}_{\substack{\text{Summe der Nettonutzen} \\ \text{aller Konsumenten}}}}_{\text{Konsumentenrente}} + \underbrace{\underbrace{\sum G_j}_{\substack{\text{Summe der Gewinne} \\ \text{aller Produzenten}}}}_{\text{Produzentenrente}}$$

Konsumentenrente

Die **Konsumentenrente** wird als **Zahlungsbereitschaft** der Konsumenten abzüglich deren Ausgaben gemessen. *Beispiel:* Sie sind bereit, 35 Cent für ein Brötchen zu bezahlen. Sie erhalten es aber zum Preis von 25 Cent. Ihre Konsumentenrente beträgt 10 Cent. Warum sind Sie bereit, 35 Cent zu zahlen? Weil Sie Ihren Nutzen aus dem Konsum des Brötchens mit 35 Cent einschätzen. Abzüglich der Ausgabe verbleibt Ihnen ein »Nettonutzen« von 10 Cent – Ihre »Rente«.

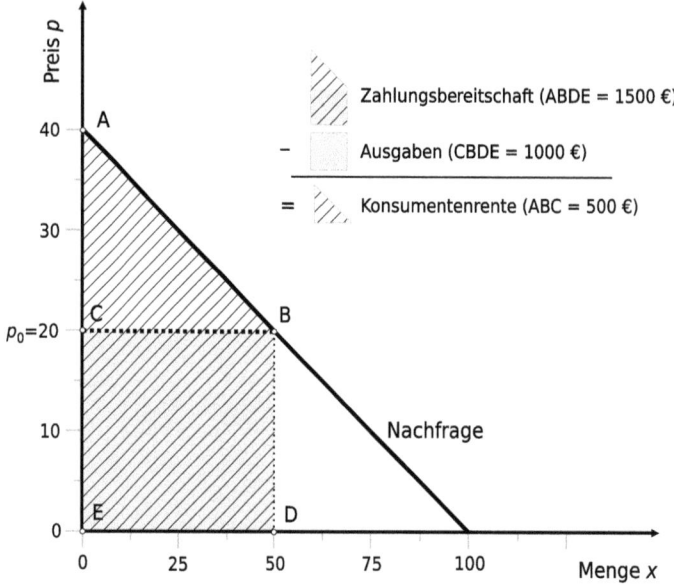

Abbildung 13.1: Ermittlung der Konsumentenrente

Um die Konsumentenrente zu finden, die ein Markt stiftet, müssen Sie die individuellen Konsumentenrenten nur aufaddieren. Alternativ ermitteln Sie die Summe der Zahlungsbereitschaften aller Käufer und ziehen deren gesamte Ausgaben für das Gut ab. Abbildung 13.1 zeigt die Konsumentenrente im Marktdiagramm für das Gut X als dreieckige Fläche unter der Nachfragefunktion oberhalb des Preises. Bei einem gegebenen Preis p_0 von 20 möchten die Konsumenten 50 Einheiten des Gutes X erwerben. Die schraffierte Fläche unter der Nachfragefunktion zeigt die aufsummierte Zahlungsbereitschaft der Konsumenten. Das grau schattierte Rechteck entspricht den aufsummierten Ausgaben der Käufer.

Die aufsummierte Zahlungsbereitschaft entspricht dem Nutzen der Konsumenten aus dem Konsum. Die Ausgaben für das Gut stellen für die Konsumenten einen Nachteil (= Disnutzen) dar. Netto verbleibt die Konsumentenrente.

 Die Konsumentenrente entspricht im Marktdiagramm der Fläche unterhalb der Nachfragefunktion und oberhalb des Preises. Sie misst den geldwerten Vorteil der Konsumenten als Differenz aus ihren aufsummierten Zahlungsbereitschaften und ihren Ausgaben für das Gut.

Ceteris paribus steigt die Konsumentenrente, wenn

✔ die Zahlungsbereitschaft für das Gut zunimmt,

✔ das Gut günstiger wird.

Produzentenrente

Die **Produzentenrente** misst den Gewinn der Anbieter. Da die Angebotsfunktion die aggregierte Grenzkostenfunktion der Unternehmen ist, entspricht die schraffierte Fläche unter ihr den Kosten der Herstellung (siehe Abbildung 13.2).

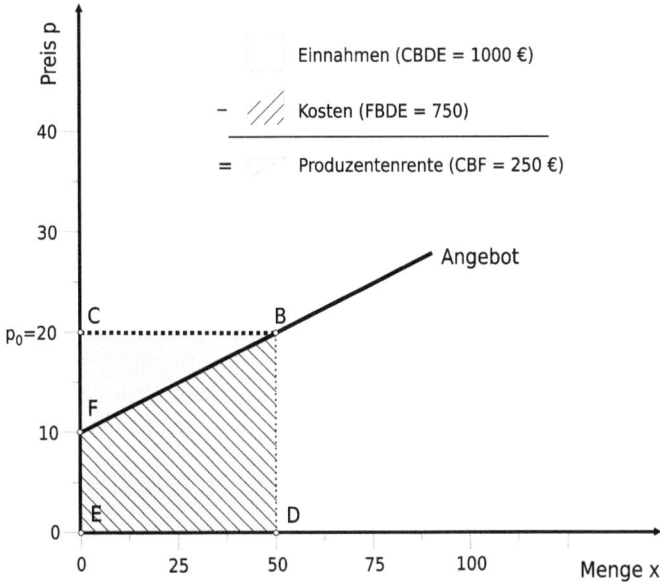

Abbildung 13.2: Ermittlung der Produzentenrente

Die Fläche unterhalb der Angebotsfunktion entspricht den (variablen) Kosten. Eine ausführliche Erklärung finden Sie in der Lösung von Aufgabe 8 in Kapitel 11.

Die Produzentenrente entspricht im Marktdiagramm der Fläche oberhalb der Angebotsfunktion und unterhalb des Preises. Sie misst den Gewinn der Produzenten.

Streng genommen misst die Produzentenrente nur bei langfristiger Betrachtung den Gewinn der Unternehmen. Bei kurzfristiger Betrachtung stimmt sie mit dem Deckungsbeitrag überein. Verantwortlich für den Unterschied sind die fixen Kosten, die nur bei kurzfristiger Betrachtung eine Rolle spielen (Deckungsbeitrag – Fixkosten = Gewinn). Die Fläche unter der Angebotsfunktion (= aggregierte Grenzkostenfunktion) entspricht bei kurzfristiger Betrachtung den variablen Kosten.

Ceteris paribus steigt die Produzentenrente, wenn

- ✔ die Grenzkosten sinken (in diesem Fall verlagert sich die Angebotsfunktion nach unten; Grund kann zum Beispiel ein sinkender Faktorpreis sein),
- ✔ der Preis des Gutes steigt.

Wohlfahrt

Die Wohlfahrt ist die Summe aus Produzenten- und Konsumentenrente (siehe Gleichung (1)).

Im Marktgleichgewicht ist die Wohlfahrt maximal. Zudem gilt, dass der Grenznutzen den Grenzkosten des Gutes entspricht. Mit anderen Worten: Die »letzte Gütereinheit« hat den Nutzen eines Konsumenten gerade um den Betrag ansteigen lassen, um den die Kosten durch die Herstellung eben dieser Einheit gestiegen sind.

Eine wichtige Einschränkung: Ein Marktgleichwicht maximiert die Wohlfahrt nicht, wenn vom Konsum oder der Produktion des Gutes »externe Effekte« ausgehen oder Marktunvollkommenheiten wie zum Beispiel asymmetrische Information vorliegen. Mehr dazu finden Sie im nächsten Kapitel. In diesen Fällen können staatliche Regulierungen die Marktergebnisse verbessern.

Das Marktdiagramm im Einsatz

Die Einsatzmöglichkeiten des Marktdiagramms sind vielfältig. Aus Platzgründen werden hier exemplarisch allerdings nur drei Fälle betrachtet, in denen der Staat jeweils Maßnahmen zum Schutz der Anbieter ergreift. Das Paradebeispiel für die Anwendung des Rentenkonzepts liefert ein staatlich fixierter Preis.

Beispiel 1: Der Staat verordnet einen Mindestpreis

Der Staat möchte die Einkommenssituation der Anbieter verbessern und setzt einen Mindestpreis in Höhe p^{min} für das Gut fest. Abbildung 13.3 zeigt die Situation.

Der Mindestpreis bewirkt ein Überschussangebot. Die »kurze Seite des Marktes« wird durch die zum Mindestpreis nachgefragte Menge x_N^{min} bestimmt. Der Mindestpreis wandelt den Teil B der Konsumentenrente in Produzentenrente um. Er bewirkt zudem einen Wohlfahrtsverlust, weil die gehandelte Menge von $x*$ auf x_N^{min} sinkt. Die Herstellungskosten für die nun nicht mehr produzierten Gütereinheiten $\left(x* - x_N^{min}\right)$ hätten F betragen. Diesen Kosten stand aber eine Zahlungsbereitschaft in Höhe von F+C+E gegenüber. C+E gehen also verloren. Die nicht mehr produzierte Menge war mehr wert, als sie gekostet hat.

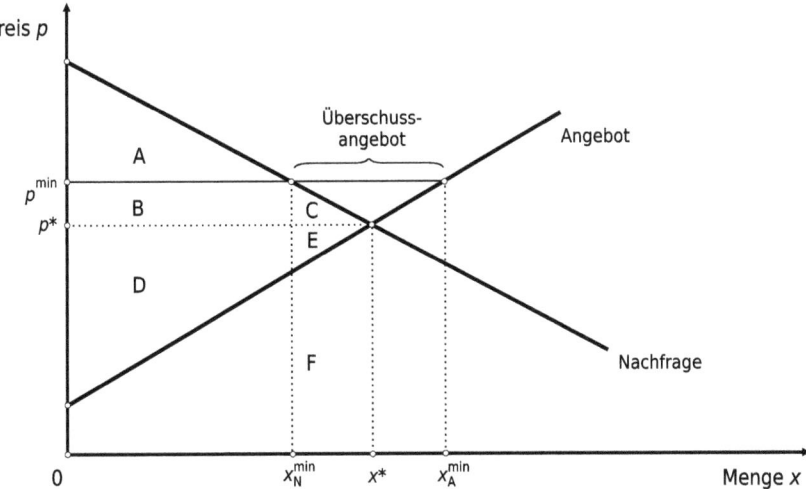

Abbildung 13.3: Auswirkungen eines Mindestpreises

	Vor Einführung des Mindestpreises	Nach Einführung des Mindestpreises
Konsumentenrente	A + B + C	A
Produzentenrente	D + E	D + B
Wohlfahrtsverlust	–	C + E

Tabelle 13.1: Auswirkungen eines Mindestpreises auf Renten und Wohlfahrt

✔ Ein Mindestpreis unterscheidet sich von einem »garantierten Preis«. Bei einer Preisgarantie sagt der Staat den Produzenten die Abnahme ihrer Produktion zum Garantiepreis zu. Im Fall von Abbildung 13.3 müsste der Staat also das Überschussangebot aufkaufen. *Beispiel:* »Milchseen« und »Fleischberge«.

✔ Ein Mindestpreis kann die Einkommenssituation der Anbieter verbessern, muss es aber nicht. Bei einem zu hoch angesetzten Mindestpreis fällt der Rententransfer B von den Konsumenten zu den Produzenten kleiner aus als der Wohlfahrtsverlust E der Anbieter. In diesem Fall sinkt die Produzentenrente. *Extremes Beispiel:* Wenn der Mindestpreis über dem Prohibitivpreis festgelegt wird, wird das Produkt nicht mehr gekauft. Die Produzentenrente wäre vollständig vernichtet.

✓ Umgekehrt wirkt sich ein Höchstpreis für die Konsumenten nicht notwendig positiv aus. Von einem Höchstpreis gehen zwei gegenläufige Effekte auf die Konsumentenrente aus: Zum einen steigt sie durch den gedeckelten Preis, zum anderen sinkt sie durch die verminderte Angebotsmenge. Ein niedrig angesetzter Höchstpreis kann die Konsumentenrente sinken lassen. *Extremes Beispiel:* Wenn der Staat den Höchstpreis unterhalb der minimalen Stückkosten der Anbieter (Betriebsoptimum) festsetzt, lohnt sich die Herstellung nicht mehr. Mangels Angebot ginge die Konsumentenrente vollständig verloren.

Beispiel 2: Der Staat erhebt einen Importzoll

Das zweite Beispiel kommt aus der Außenhandelstheorie. Es sei angenommen, das betrachtete Gut kann im Ausland günstiger hergestellt werden als im Inland. Die Nachfrage des Inlandes soll so gering sein, dass sie auf dem Weltmarkt nicht ins Gewicht fällt und deswegen den Weltmarktpreis für das Gut nicht beeinflusst. Das Importangebot ist somit vollkommen elastisch.

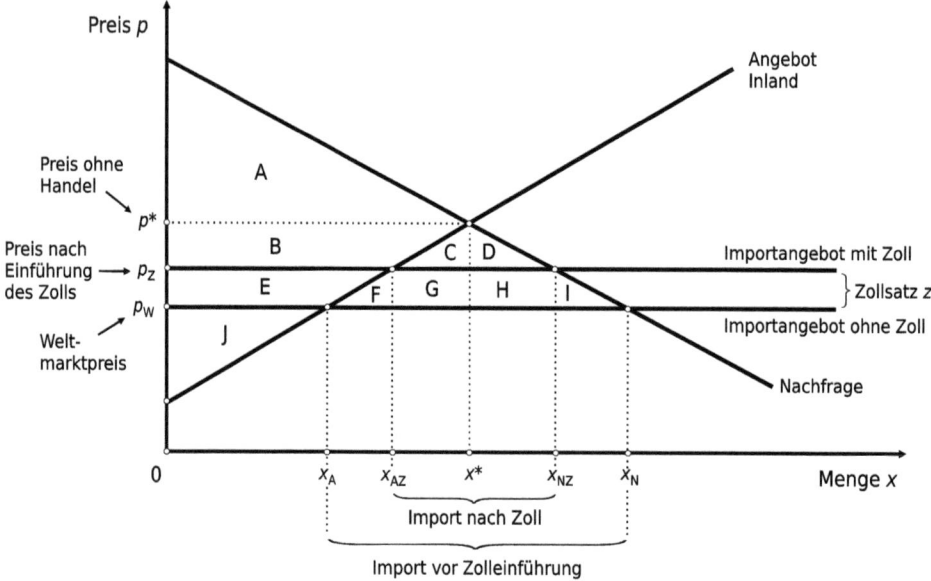

Abbildung 13.4: Erhebung eines Importzolls

Zum Schutz der heimischen Industrie vor ausländischer Konkurrenz erhebt der Staat einen Importzoll in Höhe von z je eingeführter Gütereinheit (siehe Abbildung 13.4). Das verteuert die Importe von p_W auf p_Z. Die Importangebotsfunktion verlagert sich um den Zollsatz z nach oben.

Die heimische Industrie kann ihre Produktion aufgrund des gestiegenen Preises von x_A auf x_{AZ} steigern. Zugleich geht die nachfragte Menge von x_N auf x_{NZ} zurück.

Der Verlust der Konsumenten übersteigt den Gewinn der Produzenten durch den Zoll. Die Konsumenten schultern über den gestiegenen Preis die Zolleinnahme des Staates, den Gewinnanstieg der Produzenten sowie den Wohlfahrtsverlust.

	Vor Einführung des Zolls	Nach Einführung des Zolls
Konsumentenrente	A+B+C+D+E+F+G+H+I	A+B+C+D
Produzentenrente	J	J+E
Zolleinnahme	–	G+H
Änderung der Wohlfahrt durch den Zoll	–	–(F+I)

Tabelle 13.2: Auswirkungen eines Importzolls auf Renten, Wohlfahrt und Zolleinnahme

Beispiel 3: Der Staat subventioniert die Produzenten

Das dritte Beispiel kommt aus der Finanzwissenschaft. Der Staat subventioniert die Hersteller mit einem fixen Betrag pro hergestellte Gütereinheit. Um diesen Betrag sinken die Grenzkosten der Produzenten. Daher verlagert sich die Angebotskurve (= aggregierte Grenzkostenfunktion) um den Subventionsbetrag pro Stück nach unten.

Die Subvention zahlt der Staat auf die Menge x_S. Multipliziert mit dem Subventionssatz ergibt sich die schattierte trapezförmige Fläche in Abbildung 13.5. Der Wohlfahrtsverlust

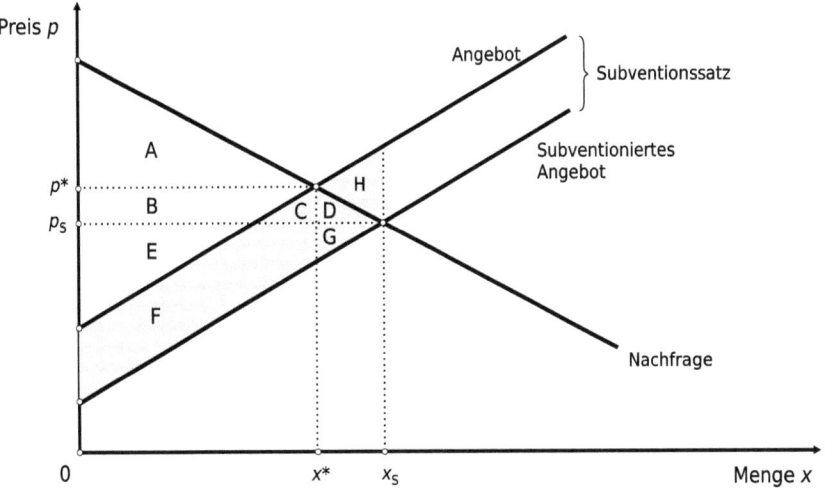

Abbildung 13.5: Auswirkungen einer Subvention

	Vor Einführung der Subvention	Nach Einführung der Subvention
Konsumentenrente	A	A+B+C+D
Produzentenrente	B+E	E+F+G
Staatsausgaben (Subventionszahlung)	–	F+C+D+G+H
Wohlfahrtsverlust durch die Subvention	–	H

Tabelle 13.3: Auswirkungen einer Subvention der Produktion auf Renten, Wohlfahrt und Staatsausgaben

entsteht, weil die Produktion im Bereich x* bis x_s höhere Kosten verursacht (= Fläche unter der Angebotsfunktion), als bei den Nachfragern Zahlungsbereitschaft (= Fläche unter der Nachfragefunktion) für diese Menge vorhanden ist.

In allen drei beispielhaft betrachteten Fällen führt die Regulierung des Marktes durch den Staat zu Wohlfahrtseinbußen. Das hat nichts damit zu tun, dass der Staat hier jeweils versucht hat, den Produzenten einen Vorteil zu verschaffen. Hätte er Maßnahmen zur Erhöhung der Konsumentenrente ergriffen, wäre das ebenfalls jeweils mit einer Wohlfahrtseinbuße einhergegangen. Der Grund, dass ein Staatseingriff in diesem Modell immer einen Schaden verursacht, ist simpel: Es wird ein System reguliert, das – infolge der restriktiven Rahmenbedingungen und gemessen an einem diskutablen Wohlfahrtsbegriff – »perfekt« funktioniert. Was perfekt ist, kann man nur verschlechtern. Ganz anders sieht es aus, wenn die Märkte nicht perfekt funktionieren. Oder wenn andere Kriterien zur Beurteilung angelegt werden – statt Wohlfahrt zum Beispiel Gerechtigkeit. Wenn die Ausgangslage nicht optimal ist, können Staatseingriffe Marktergebnisse sehr wohl verbessern.

Aufgaben

Aufgabe 1

Ein Markt sei beschrieben durch die Angebotsfunktion $x_A = -20 + 1{,}7p$ und die Nachfragefunktion $x_N = 200 - 0{,}5p$.

Wie hoch ist die Konsumentenrente im Marktgleichgewicht?

Aufgabe 2

Richtig oder falsch? Kreuzen Sie die korrekten Aussagen an!

Die Produzentenrente

- ☐ ist immer kleiner als die Konsumentenrente.
- ☐ wird in Geldeinheiten gemessen.
- ☐ ist eine Fläche im Marktdiagramm.
- ☐ ist eine Strecke im Marktdiagramm.
- ☐ ist der Unterschied zwischen Fixkosten und Grenzkosten.

Aufgabe 3

Ende 2015 und Anfang 2016 liegen Ausmalbücher für Erwachsene »voll im Trend«. Zeigen Sie, wie sich die Renten auf dem Markt für Buntstifte verändern!

Aufgabe 4

Drei Aussagen zur Besteuerung von »Dingern«, die auf Konkurrenzmärkten mit normal verlaufenden Angebots- und Nachfragekurven gehandelt werden. Entscheiden Sie, welche Aussagen richtig sind! Begründen Sie Ihre Antwort!

1. »Eine Dingersteuer vernichtet Arbeitsplätze in der Dingerindustrie.«

2. »Eine Dingersteuer schadet nur den Konsumenten, da die Anbieter die Steuer einfach über den Preis weitergeben.«

3. »Wenn der Staat die Einkommensteuer so vermindert, dass den Haushalten genauso viel Einkommen mehr bleibt, wie sie Dingersteuer zahlen, bleibt die Dingersteuer wirkungslos. Das wäre ja so, als zöge der Staat den Bürgern das Geld aus der linken Tasche, um es ihnen sogleich wieder in die rechte Tasche zu stecken.«

Aufgabe 5

Lösen Sie die Aufgabe grafisch mithilfe des vorbereiteten Diagramms!

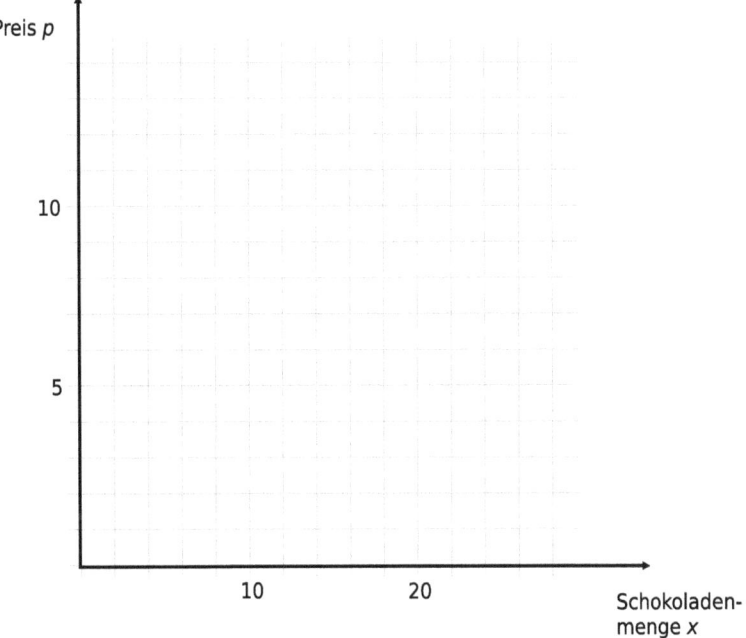

Die Nachfrage nach Schokolade x wird durch die Funktion $x_N = 28 - 2p$ beschrieben, das Angebot durch $x_A = -8 + 4p$.

1. Bestimmen Sie das Marktgleichgewicht in der Ausgangssituation!

Die Regierung führt eine Schokoladensteuer t von 3 Euro pro Schokoladeneinheit ein, die sie von den Anbietern erhebt.

2. Stellen Sie die neue Situation im Diagramm dar! Wie hoch ist das Steueraufkommen?
3. Ermitteln Sie die Auswirkungen der Schokoladensteuer auf die Konsumentenrente!
4. Wie ließe sich die Steuer trotz des Ergebnisses unter 3. rechtfertigen?
5. Nehmen Sie nun an, anstelle der Produzenten werden die Konsumenten mit einer Steuer von 3 Euro je Einheit besteuert. Welche Konsequenzen ergeben sich für Ihre Ergebnisse?

Aufgabe 6

Ein Markt sei beschrieben durch die Angebotsfunktion $x_A = -20 + p$ und die Nachfragefunktion $x_N = 100 - p$. Bestimmen Sie die Steueraufkommensfunktion $S = S(t)$ mit S als Steueraufkommen und t einer Mengensteuer auf das Gut x! Welcher Steuersatz maximiert das Steueraufkommen?

Aufgabe 7

Diese Aufgabe stellt Ihnen zwei ähnliche Antwort-Wahl-Fragen, die in einer Prüfung aber unterschiedlich gut gelöst wurden. Während bei einer der beiden Fragen nahezu alle Prüfungsteilnehmer das Kreuz richtig setzten, lag bei der anderen etwa die Hälfte (!) der Teilnehmer falsch.

Problemstellung	Ihre Antwort
1. Der Verkauf von Fahrzeugen, vergünstigt durch die Abwrackprämie, die der Kunde direkt vom Staat erhielt, stellte für die Kleinwagenhersteller ein lukratives Zusatzgeschäft dar. Wie veränderte sich durch diese Prämie die Angebotsfunktion für Kleinwagen?	Die Funktion verlagert sich ... nicht ❏ nach unten/rechts ❏ nach oben/links ❏
2. Die Lokführergewerkschaft erreicht die Einführung eines um 5 Prozent über dem derzeitigen Lohnniveau liegenden Mindestlohns für alle Bahngesellschaften. Wie verändert sich die Nachfragefunktion nach Bahnreisen?	Die Funktion verlagert sich ... nicht ❏ nach unten/rechts ❏ nach oben/links ❏

Aufgabe 8

Franzi und Stefan bereiten sich gerade auf ihre VWL-Klausur vor, als sie über die wiedergegebene Pressemeldung stolpern (Quelle: Schaumburger Nachrichten, 24.12.2015, S. 5). Zwischen beiden entspinnt sich eine Diskussion, ob ein Mindestpreis von den Anbietern nicht befürwortet werden müsste. Wieso kämpfen die Destillen dagegen an?

> **Destillen kämpfen gegen Mindestpreis**
>
> **Luxemburg.** Der geplante Mindestpreis für alkoholische Getränke in Schottland wackelt. Die Luxemburger EU-Richter sehen in dem Preisgesetz einen Verstoß gegen europäisches Recht, falls sich mit einer Alkoholsteuer dasselbe Ziel erreichen lässt (Rechtssache C-333/14). Die Scotch Whisky Association und andere Verbände waren gegen das drei Jahre alte Gesetz vorgegangen, das den Alkoholgenuss in dem Land bremsen soll. Das Gesetz bezieht sich auf alle Alkoholsorten und schreibt einen Mindestpreis pro Alkoholeinheit vor.

Beide sind sich schnell einig, dass es sich bei der Vielzahl von Destillen um einen Konkurrenzmarkt handelt. Franzi meint, ein Mindestpreis schadet den Produzenten. Sie sieht ihre Position durch die Pressemeldung bekräftigt. Stefan ist vom Gegenteil überzeugt.

Wer ist im Recht? Verbessert ein Mindestpreis die Situation der Produzenten oder nicht? Beantworten Sie die Frage mithilfe einer aussagekräftigen Skizze, die die Auswirkungen eines Mindestpreises für die Anbieter verdeutlicht! Erläutern Sie die Auswirkungen des Mindestpreises anhand Ihrer Skizze! Gehen Sie zudem kurz auf die Auswirkungen des Mindestpreises für die Konsumenten ein!

Aufgabe 9

Auf einem Konkurrenzmarkt seien Angebot und Nachfrage gegeben durch $x_A = -600 + 6p$ und $x_N = 750 - 0{,}75p$.

1. Stellen Sie die Situation in einem maßstabsgetreuen Diagramm dar!

2. Kennzeichnen Sie die Konsumenten- und die Produzentenrente, wenn der Staat den Markt mit einem Mindestpreis von 600 reguliert!

3. Was kann den Staat veranlassen, einen Mindestpreis vorzuschreiben? Antworten Sie mit einem plausiblen Beispiel!

4. Erklären Sie, warum der Staatseingriff zu einem Verlust an Wohlfahrt führt!

Aufgabe 10

Angebot und Nachfrage auf dem Milchmarkt in Agrarland mit einem hohen Bevölkerungsanteil an Landwirten lassen sich durch die im Diagramm dargestellten Funktionen beschreiben. Bevorstehende Wahlen veranlassen die Regierung den Forderungen der Bauernverbände nachzugeben. Anstelle des aktuellen Milchpreises wird den Erzeugern die Abnahme zum Preis von 40 Cent pro Liter garantiert.

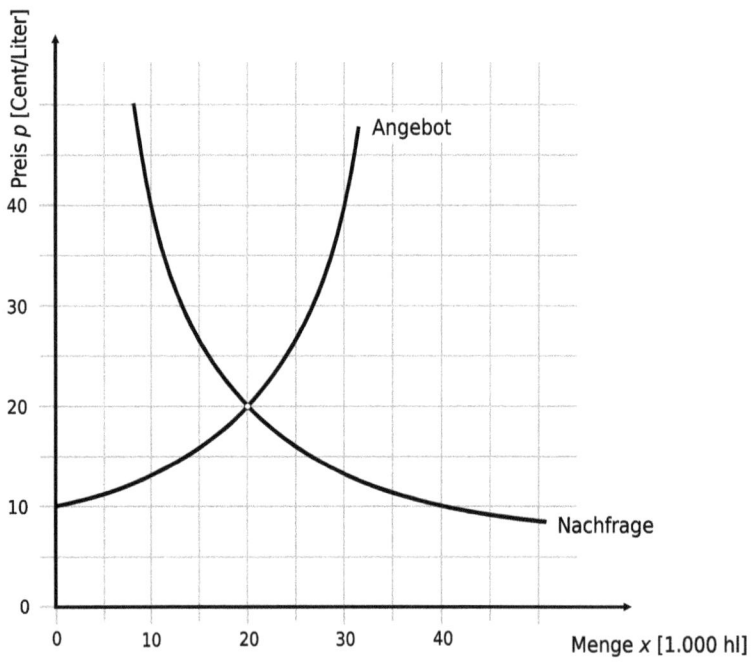

1. Was kostet den Staat diese Maßnahme pro Periode?
2. Stellen Sie im Diagramm dar, wie sich durch den Garantiepreis die Situation der Milcherzeuger ändert!
3. Eine Handlungsalternative des Staates bestünde in der Möglichkeit, den Erzeugern Kontingente (»Quote«) zuzuweisen, bei denen sich ebenfalls ein Preis von 40 Cent je Liter einstellen würde. *Begründen* Sie, warum die Erzeuger den Garantiepreis einer Kontingentierung vorziehen werden!
4. Sollten Erzeuger die Milchquoten handeln dürfen oder nicht? Begründen Sie Ihre Antwort!

Aufgabe 11

Wie verändern sich Gleichgewichtsmenge, Gleichgewichtspreis, der Umsatz und die Konsumentenrente? Beantworten Sie die Frage jeweils für den Markt für das **fett** geschriebene Wort! In Teilaufgabe 1 wird also nach den Änderungen auf dem Markt für **Tablets** gefragt. Sofern nicht anders angegeben, gehen Sie von **normal verlaufenden linearen** Angebots- und Nachfragefunktionen aus!

1. Akkus und Speicherchips, die in **Tablets** verbaut werden, haben sich verteuert. Es ist bekannt, dass die Nachfrage nach Tablets elastisch auf den Preis reagiert.

2. Nachdem es lange Zeit still geworden war um Salmonellen in **Eiern**, werden die Verbraucher von offizieller Seite informiert, dass wieder zunehmend Fälle von salmonellenverseuchten Eiern auftreten.

3. Die Regierung führt eine von den Herstellern zu entrichtende Steuer auf alle Sorten von **Toilettenpapier** ein, das bekanntermaßen unelastisch nachgefragt wird.

4. Mehrere Zeitungen berichten im Juni: »Die sommerliche Grillsaison hilft den **Schweine**mästern ...«

Aufgabe 12

Geben Sie jeweils an, wie sich der Preis infolge des beschriebenen Ereignisses ändern wird! Sofern nichts anderes angegeben ist, gehen Sie von normal verlaufenden Angebots- und Nachfragefunktionen aus!

1. Das Angebot des Gutes ist vollkommen elastisch. Die Nachfrage nimmt zu.

2. Das Angebot des Gutes ist vollkommen unelastisch. Die Nachfrage nimmt zu.

3. Die Nachfrage nach dem Gut ist vollkommen elastisch. Die Herstellungskosten steigen infolge höherer Preise für die Vorprodukte.

4. Die Nachfrage nach dem Gut ist vollkommen unelastisch. Die Herstellungskosten steigen infolge höherer Preise für die Vorprodukte.

5. Die Nachfrage nach dem Gut ist vollkommen unelastisch. Die Herstellungskosten sinken infolge geringerer Preise für die Vorprodukte.

6. Edelmetalle werden teurer. Der Preis für Schmuck ...

7. Die Zahl der Menschen, die das 80. Lebensjahr überschritten haben, nimmt deutlich zu. Der Preis für Plätze in Alten- und Pflegeeinrichtungen ...

8. Entgegen allen Beteuerungen und gegen alle Widerstände setzt die neue Regierung eine Senkung der Garantiepreise für Solarstrom durch. Der Preis für Solarmodule (Solarpanels) ...

9. Die Regierung erhebt eine Steuer von den Anbietern des Produkts.

10. Der Handel von Marihuana wird legalisiert.

11. Es wird ein Höchstpreis für das Produkt von zwölf Geldeinheiten festgelegt. Der aktuelle Preis beträgt zehn Geldeinheiten.

12. Ein komplementäres Produkt wird günstiger.

Lösungen

Lösung Aufgabe 1

Im Marktgleichgewicht stimmen Angebots- und Nachfragemenge überein:

$$-20+1,7p = 200-0,5p$$
$$2,2p = 220$$
$$p^* = 100$$

Durch Einsetzen des Preises in die Angebots- oder Nachfragefunktion finden Sie die Gleichgewichtsmenge $x^* = 150$.

Die Konsumentenrente entspricht der dreieckigen Fläche oberhalb des Preises, unterhalb der Nachfragefunktion (siehe Skizze).

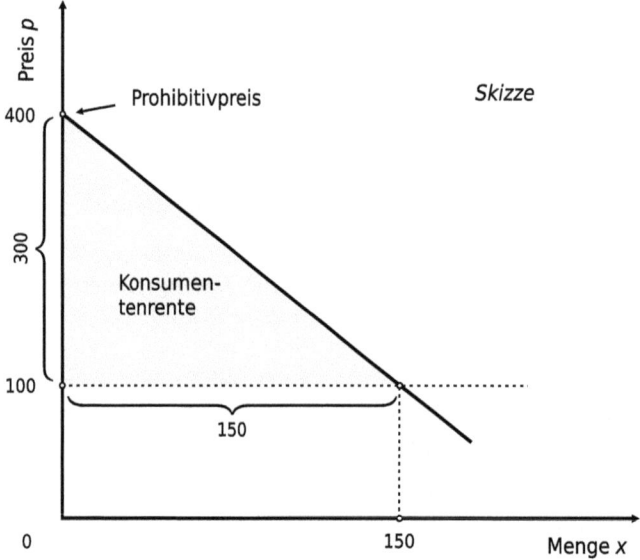

Über die inverse Nachfragefunktion $\left(p = 400 - 2x_N\right)$ finden Sie den Prohibitivpreis.

$$\text{Konsumentenrente} = \frac{(400-100) \cdot 150}{2} = 22.500$$

Die Konsumentenrente beträgt 22.500 Geldeinheiten.

Lösung Aufgabe 2

Die Produzentenrente

- ☐ ist immer kleiner als die Konsumentenrente.
- ☒ wird in Geldeinheiten gemessen.

☒ ist eine Fläche im Marktdiagramm.

☐ ist eine Strecke im Marktdiagramm.

☐ ist der Unterschied zwischen Fixkosten und Grenzkosten.

Erklärungen

Die Produzentenrente ist der Gewinn aller Anbieter in einem Markt (genauer: die Summe der Deckungsbeiträge der Unternehmen, siehe unten). Sie entspricht im Marktdiagramm der dreieckigen Fläche, die zwischen der Angebotsfunktion und einer Parallele zur Mengenachse auf der Höhe des Gleichgewichtspreises liegt (siehe Abbildung).

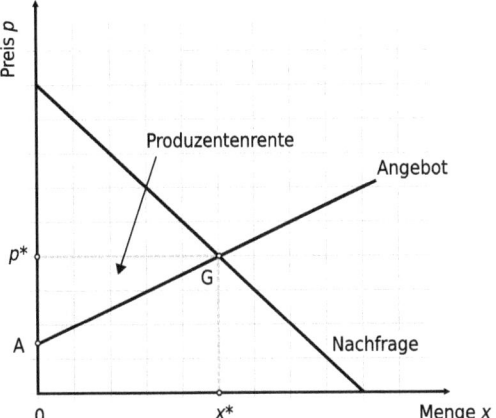

Flächen im Marktdiagramm sind Geldbeträge. Eine senkrechte Strecke wird zum Beispiel in der Einheit Euro/Stück gemessen (zum Beispiel der Gleichgewichtspreis als Strecke 0p*). Eine waagerechte Strecke ist eine Menge und wird zum Beispiel in Stück gemessen.

Der Umsatz, den alle Unternehmen zusammen erzielen, entspricht der Fläche des Rechtecks 0x*Gp*. Die Angebotsfunktion ist die aggregierte Grenzkostenfunktion der Unternehmen. Das rechtwinklige Trapez unter dieser Funktion 0x*GA zeigt die variablen Kosten der Unternehmen. Die Differenz zwischen Umsatz und variablen Kosten ist der Deckungsbeitrag. Bei langfristiger Betrachtung ist der Deckungsbeitrag mit dem Gewinn identisch, da langfristig alle Kosten variabel sind.

Es gibt keinen Grund, warum die Produzentenrente kleiner als die Konsumentenrente sein sollte. In der langen Frist muss die Produzentenrente auf vollkommenen Konkurrenzmärkten allerdings verschwinden (weil die langfristige Angebotsfunktion in Höhe der minimalen Stückkosten vollkommen elastisch verläuft).

Die letzte Antwortmöglichkeit ist Unsinn. Die Differenz von Fixkosten und Grenzkosten lässt sich nicht sinnvoll interpretieren.

Lösung Aufgabe 3

Die Renten auf dem Markt für Buntstifte steigen.

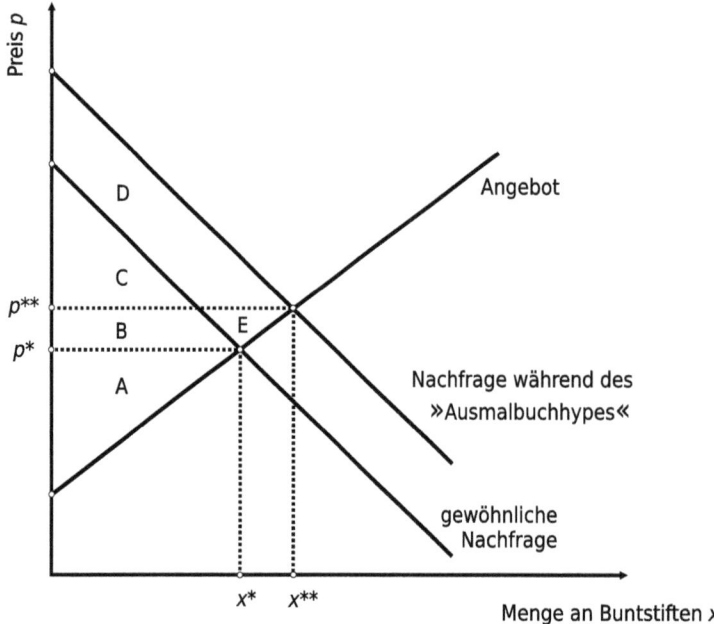

Bei Ausmalbüchern und Buntstiften handelt es sich um komplementäre Güter. Die Nachfrage nach Buntstiften steigt durch den Hype bei den Ausmalbüchern an. Sowohl die Zahlungsbereitschaft als auch die Zahl der Nachfrager nimmt zu. Die Grenzkosten in der Stiftproduktion werden durch den Malbücherhype nicht beeinflusst. Demzufolge ändert sich die Lage der Angebotsfunktion nicht.

Bei gewöhnlicher Nachfrage nach Stiften entspricht die Produzentenrente der Fläche A und die Konsumentenrente der Fläche B+C. Der Hype bei den Büchern lässt den Preis von p^* auf p^{**} steigen. Die Gleichgewichtsmenge erhöht sich von x^* auf x^{**}. Beide Effekte wirken positiv auf die Produzentenrente. Sie steigt um die Flächen B+E.

Schwieriger einzuschätzen ist die Auswirkung der steigenden Nachfrage auf die Konsumentenrente, weil die Buntstifte im Preis steigen. Die neue Konsumentenrente C+D übersteigt die Konsumentenrente in der Ausgangssituation C+B. *Erklärung:* Die Rente eines Konsumenten ist seine Zahlungsbereitschaft abzüglich des Preises, den er entrichten muss. Der Preis steigt durch den Ausmalbuchhype weniger stark an als die Zahlungsbereitschaft. Lediglich bei einem vollkommen unelastischen Angebot würde der Preis um denselben Betrag ansteigen, um den sich die Nachfragefunktion nach oben verlagert (= Zunahme der Zahlungsbereitschaft). In diesem Ausnahmefall bliebe die Konsumentenrente konstant. (Der Vollständigkeit halber: Wenn die Zahl der Nachfrager zunimmt und das Angebot relativ unelastisch verläuft, kann die Konsumentenrente sinken. Eine Zunahme der Zahl der Nachfrager führt zu einer Streckung der Nachfragefunktion. Die Sättigungsmenge liegt bei einer größeren Menge.)

Lösung Aufgabe 4

1. Die Aussage trifft zu. Auf einem Konkurrenzmarkt hat bei normal verlaufenden Angebots- und Nachfragefunktionen eine Steuer immer zur Folge, dass die gehandelte Menge zurückgeht. Damit gehen auch Arbeitsplätze in der entsprechenden Industrie verloren.

2. Die Aussage ist falsch. Auf einem Konkurrenzmarkt können die Anbieter bei normal verlaufenden Angebots- und Nachfragefunktionen nur einen Teil der Steuer auf den Preis überwälzen. Eine vollständige Überwälzbarkeit scheitert daran, dass die nachgefragte Menge sinkt, wenn der Preis steigt. Zu einem höheren Preis lässt sich nur eine kleinere Menge absetzen. Nur im Fall einer vollkommen unelastischen Nachfrage würde der Preis, den die Konsumenten zahlen, um den vollen Betrag der Steuer steigen.

3. Die Aussage ist falsch. Rein rechnerisch könnten die Konsumenten genau dieselben Gütermengen kaufen wie zuvor, da die Wirkung der Dingersteuer auf das Einkommen durch die verminderte Einkommensteuer gerade ausgeglichen wird. Dinger sind durch die Steuer im Vergleich zu anderen Gütern allerdings teurer geworden. Mit dem Preisverhältnis ändert sich für die Haushalte die Steigung der Budgetgerade, was einen Substitutionseffekt auslöst. Deswegen geben die Haushalte ihr Geld vermehrt für andere Güter und vermindert für Dinger aus.

Lösung Aufgabe 5

Um die Angebots- und die Nachfragefunktion einzeichnen zu können, müssen Sie beide zunächst nach dem Preis umstellen: $p = 14 - 0{,}5 x_N$, $p = 2 + 0{,}25 x_A$.

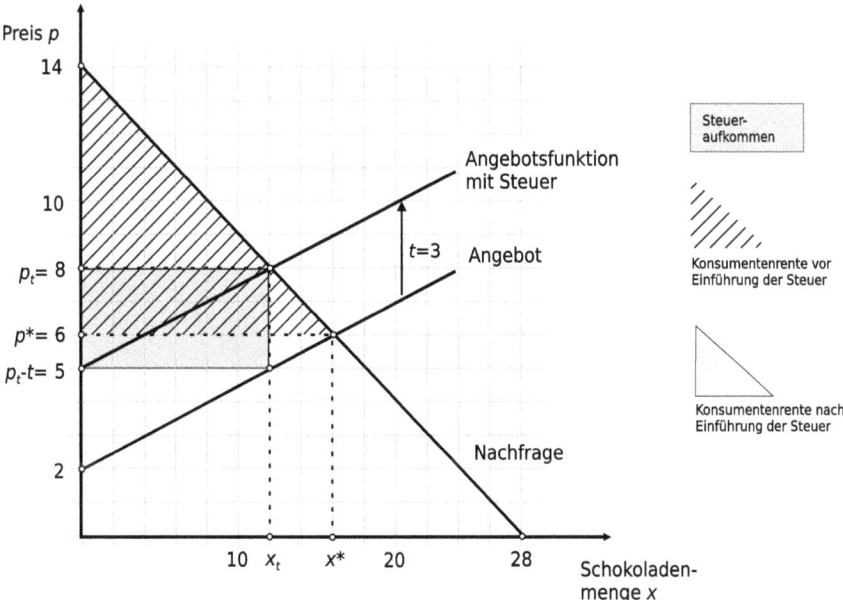

1. Siehe Abbildung: Gleichgewichtspreis $p^* = 6$; Gleichgewichtsmenge $x^* = 16$.

2. Die Steuer verschiebt die Angebotsfunktion um 3 Euro nach oben, weil die Einführung der Steuer einer Erhöhung der Grenzkosten um 3 Euro gleichkommt. Im neuen Gleichgewicht werden $x_t = 12$ Schokoladeneinheiten besteuert. Die Steuereinnahme beläuft sich auf 36 Euro.

3. Die Konsumentenrente sinkt von 64 auf 36 Euro.

4. Die Steuer lässt sich rechtfertigen, sofern für die Folgekosten des Schokoladenverzehrs in Form von Karies, Übergewicht und ähnlichen Wohlstandskrankheiten ganz oder teilweise die Gesellschaft aufkommt (»negativer externer Effekt«) oder die Konsumenten die Gesundheitsgefahren des Schokoladenkonsums unterschätzen (»demeritorisches Gut«). Eine »Zuckersteuer« wäre einer Schokoladensteuer allerdings vorzuziehen, denn vom Kakao in der Schokolade geht keine Gefahr aus, während andere zuckerhaltige Süßigkeiten ebenso wie Schokolade Karies befördern und dick machen.

5. In einer »transaktionskostenfreien« Welt würden sich die Ergebnisse nicht ändern. Anstelle der Angebotsfunktion würde sich die Nachfragefunktion verlagern. Von der Zahlungsbereitschaft der Nachfrager kommt bei den Anbietern ein um die Steuer verminderter Betrag an. Die Nachfragefunktion verlagert sich daher um den Betrag der Steuer $t = 3$ Euro nach unten.

Bei einer Besteuerung der Anbieter käme es zu einem Marktpreis von $p_t = 8$ Euro. Netto verbliebe ihnen nach Abzug der Steuer $p_t - t = 5$ Euro. Bei einer Besteuerung der Nachfrager würde sich der Marktpreis auf $p_t = 5$ Euro einstellen. Mit der Steuer müssten die Nachfrage brutto 8 Euro für eine Schokoladeneinheit zahlen (siehe nachstehende Abbildung).
In beiden Fällen zahlen die Nachfrager also 8 Euro und die Anbieter erlösen 5 Euro pro Schokoladeneinheit.

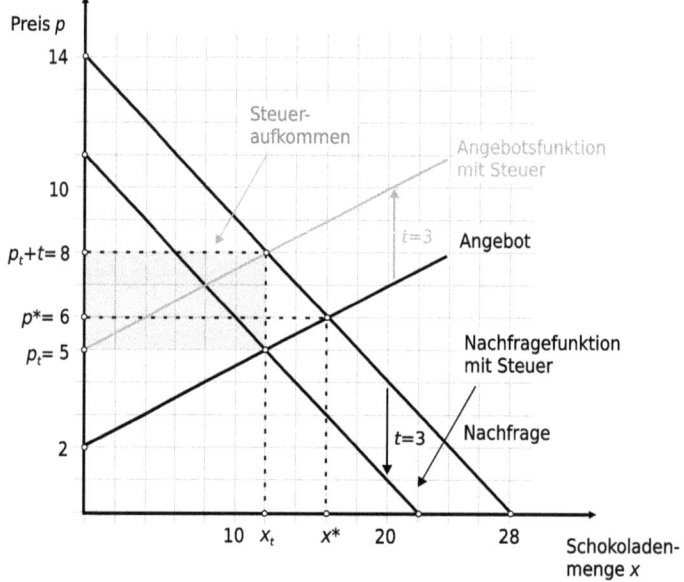

 In einer Welt ohne Transaktionskosten wie der im mikroökonomischen Standardmodell spielt es keine Rolle, welche der beiden Marktseiten besteuert oder subventioniert wird. Die Wirkungen auf Preise, Mengen und Renten sind gleich.

Lösung Aufgabe 6

Es spielt (abgesehen vom Erhebungsaufwand) keine Rolle, ob die Anbieter oder die Nachfrager besteuert werden. Werden die Nachfrager besteuert, zahlen sie für eine Gütereinheit den Preis p an die Anbieter und die Steuer t an den Staat. Also lautet die Nachfragefunktion mit Berücksichtigung der Steuer $x_N = 100 - (p+t)$, denn die Nachfrager zahlen je Gütereinheit den Bruttopreis $p+t$.

Sie können die Aufgabe ebenso lösen, indem Sie davon ausgehen, dass die Anbieter netto den Preis $p - t$ erlösen, wenn die Steuer von ihnen erhoben wird. Die Angebotsfunktion lautete in diesem Fall $x_A = -20 + (p-t)$. Hier wird in der Folge die Berechnung anhand der Besteuerung der Nachfrager vorgenommen.

Berechnung des Marktgleichgewichts durch Gleichsetzen von Angebots- und Nachfragemenge:

$$100 - (p+t) = -20 + p$$
$$p^* = 60 - 0{,}5t$$

Der Preis sinkt (in diesem Beispiel) um den halben Steuersatz, das heißt, Anbieter und Nachfrager teilen sich die Steuerlast im Verhältnis eins zu eins. Ursächlich sind die übereinstimmenden Elastizitäten von Angebot und Nachfrage im Marktgleichgewicht (»Steuerinzidenz«).

Steuerlastverteilung

Wie sich die Steuerlast zwischen Anbietern und Nachfragern verteilt, hängt von den Elastizitäten von Angebot und Nachfrage ab. Bei gleichen (absoluten) Elastizitäten, teilen sich Anbieter und Nachfrager die Steuer zu gleichen Teilen. Allgemein gilt, dass die Nachfrager den Teil $\frac{\varepsilon_A}{(|\varepsilon_N| + \varepsilon_A)}$ zahlen, wobei ε mit den entsprechenden Indizes für die Angebots- und Nachfrageelastizität steht. Beträgt also zum Beispiel die direkte Preiselastizität der Nachfrage −2 und die des Angebots 1, so zahlen die Nachfrager ein Drittel der Steuer. Generell zahlt die Marktseite den größeren Teil der Steuerlast, die auf Preisänderungen mit ihrer Menge weniger elastisch reagiert. Mit anderen Worten: Die Marktseite, die der Steuer durch ein Verlassen des Marktes schlechter ausweichen kann, zahlt mehr. Besonders deutlich machen dies Extremfälle: Bei einer vollkommen unelastischen Nachfrage (die Nachfrager sind auf das Produkt angewiesen, was es auch kosten mag), können die Anbieter die Steuer über den Preis vollständig an die Konsumenten weitergeben. Wenn das Angebot vollkommen unelastisch auf den Preis reagiert, befinden sich die Anbieter in der Zwangslage, dass sie zu noch so niedrigen Preisen verkaufen müssen. In diesem Fall tragen sie die Steuerlast allein.

Einsetzen des Ausdrucks für den gleichgewichtigen Preis in die Nachfrage- oder Angebotsfunktion liefert die Gleichgewichtsmenge x^* in Abhängigkeit von der Höhe des Steuersatzes:

$$x^* = 100 - (p^* + t) = 100 - (60 - 0{,}5t + t) = 40 - 0{,}5t$$

Die Steueraufkommensfunktion lautet somit:

$$S = t \cdot x^* = t \cdot (40 - 0{,}5t) = 40t - 0{,}5t^2$$

Es handelt sich um eine nach unten geöffnete Parabel. Den Steuersatz, der das Aufkommen maximiert, finden Sie, indem Sie die Steueraufkommensfunktion nach dem Steuersatz ableiten und null setzen:

$$S' = 40 - t \overset{!}{=} 0$$

$$S(t = 40) = 40 \cdot 40 - 0{,}5 \cdot 40^2 = 800$$

Das maximale Steueraufkommen wird mit einem Steuersatz in Höhe von 40 erzielt und beträgt 800.

In der Makroökonomik ist die Erkenntnis, dass steigende (insbesondere Einkommen-)Steuersätze die wirtschaftlichen Aktivitäten (theoretisch) so stark bremsen können, dass die Steuereinnahmen mit steigendem Steuersatz sinken, unter dem Namen »Laffer-Kurve« (»Laffer curve«) bekannt.

Lösung Aufgabe 7

In beiden Fällen gilt: Es handelt sich um eine Bewegung *auf* der Funktion, die richtige Antwort lautet beide Male »nicht«. Es verlagert sich jeweils die andere Funktion. Die Verlagerung löst eine Preis- und Mengenänderung aus.

Die Lokführerfrage wird durchweg korrekt beantwortet. Die Frage zur Abwrackprämie stellt aber viele Prüfungsteilnehmer vor Probleme. Dabei steht die richtige Antwort eigentlich schon in der Frage: »... die *der Kunde* direkt vom Staat erhielt«.

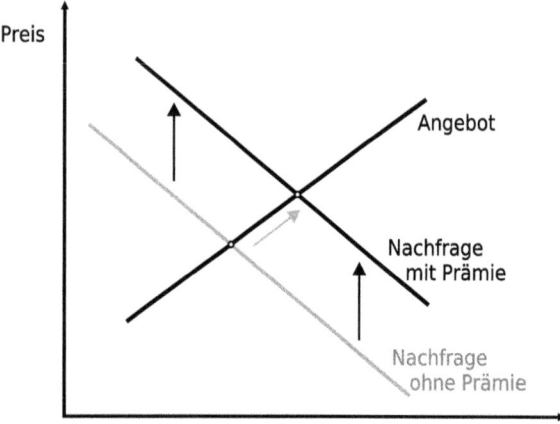

Der Staat beeinflusst mit der Abwrackprämie die Nachfrage. Die Prämie ist eine Subvention, die die Zahlungsbereitschaft der Nachfrager erhöht. Die Nachfragefunktion verlagert sich nach oben (senkrechte Pfeile). Die Folge ist ein Preisanstieg, auf den die Anbieter mit einer Ausweitung der Angebots**menge** reagieren (grauer Pfeil).

Warum verlagert sich die Angebotsfunktion nicht? Die Angebotsfunktion ist die aggregierte Grenzkostenfunktion der Unternehmen. Eine Abwrackprämie, die an die Kunden ausgezahlt wird, beeinflusst die Grenzkosten der Kleinwagenhersteller nicht im Geringsten. Deswegen verlagert sich die Angebotsfunktion nicht.

Lösung Aufgabe 8

Weder Franzi noch Stefan liegen richtig. Die Antwort lautet wie so oft: »Es kommt darauf an.« Hier kommt es auf die Höhe des Mindestpreises an. Ein moderater Mindestpreis lässt die Gewinne der Anbieter steigen. Wird der Mindestpreis aber zu hoch angesetzt, schadet er den Produzenten.

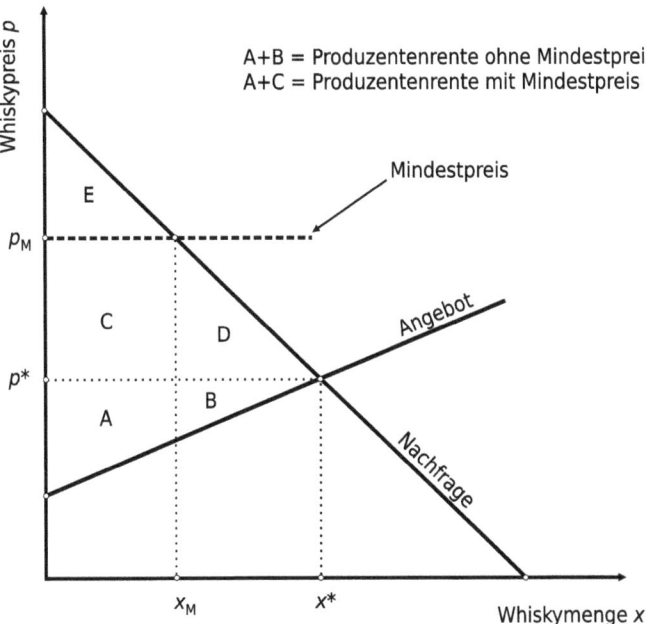

Ohne den Mindestpreis entspricht die Produzentenrente den Flächen A+B. Der Mindestpreis löst für die Anbieter zwei Effekte aus, die gegenläufig auf die Produzentenrente wirken:

✔ Der im Vergleich zum Gleichgewichtspreis p^* höhere Mindestpreis p_M erhöht für sich genommen die Produzentenrente der Destillen.

✔ Der Preisanstieg führt allerdings zu einer verminderten Nachfragemenge x_M. Die im Vergleich zur Gleichgewichtsmenge x^* geringere Menge x_M hat für sich genommen einen negativen Einfluss auf die Produzentenrente.

Nach Einführung des Mindestpreises beträgt die Produzentenrente A+C. Die Produzenten verlieren B und gewinnen C. Ohne weitere Informationen lässt sich nicht sagen, welcher der beiden Effekte überwiegt. Im Diagramm ist der Zugewinn C an Produzentenrente deutlich größer als der Verlust B. Bei einem höheren Mindestpreis kann sich das Größenverhältnis von B und C aber umkehren. Besonders deutlich macht dies ein Extremfall: Wird der Mindestpreis in Höhe des Prohibitivpreis festgelegt, kaufen die Nachfrager keinen Whisky mehr. Damit wäre die gesamte Produzentenrente verloren (die Konsumentenrente natürlich ebenfalls).

Die Konsumentenrente kann infolge eines wirksamen Mindestpreises nur sinken. Es wird eine geringere Menge zu einem höheren Preis gehandelt. Im Diagramm nimmt die Konsumentenrente um die Fläche C + D ab und beträgt nach Einführung des Mindestpreises E.

Lösung Aufgabe 9

1. Um das Diagramm zu konstruieren, müssen Sie zunächst die inverse Angebots- und Nachfragefunktion bestimmen:

$$x_A = -600 + 6p$$
$$p = 100 + \frac{1}{6}x_A$$

$$x_N = 750 - 0{,}75p$$
$$p = 1.000 - \frac{4}{3}x_N$$

Durch Gleichsetzen von Angebot und Nachfrage berechnen Sie den Gleichgewichtspreis:

$$-600 + 6p = 750 - \frac{3}{4}p$$
$$\frac{27}{4}p = 1350$$
$$p^* = \frac{1350 \cdot 4}{27} = 50 \cdot 4 = 200$$

Durch Einsetzen in die Angebots- oder Nachfragefunktion finden Sie die Gleichgewichtsmenge $x^* = 600$.

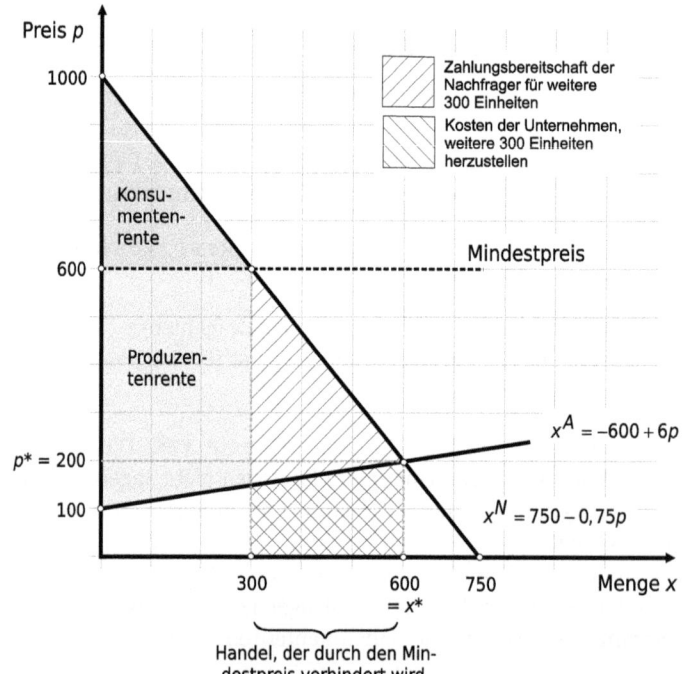

2. Siehe Diagramm.

3. Der Staat kann sich zum Beispiel veranlasst sehen, auf dem Arbeitsmarkt einen Mindestlohn einzuführen. Grund könnte sein, dass ein »Überangebot« auf dem Markt für un- und angelernte Arbeitskräfte bei freier Preisbildung Löhne hervorbringt, die so niedrig sind, dass sie sich moralisch nicht rechtfertigen lassen (»Das Einkommen eines Vollzeitjobs muss zum Leben reichen.«).

4. Der Mindestpreis führt dazu, dass Geschäfte verhindert werden, die zwischen Anbietern und Nachfragern zu beiderseitigem Vorteil abgeschlossen werden können. Im konkreten Beispiel werden 300 Gütereinheiten nicht gehandelt (siehe Diagramm), obwohl die Zahlungsbereitschaft der Nachfrager für diese Menge (schraffierte Fläche unter der Nachfragefunktion) über den Kosten liegt, die bei ihrer Herstellung anfallen (schraffierte Fläche unter der Angebotsfunktion). Der gesellschaftliche Nutzen übersteigt somit die gesellschaftlichen Kosten.

Lösung Aufgabe 10

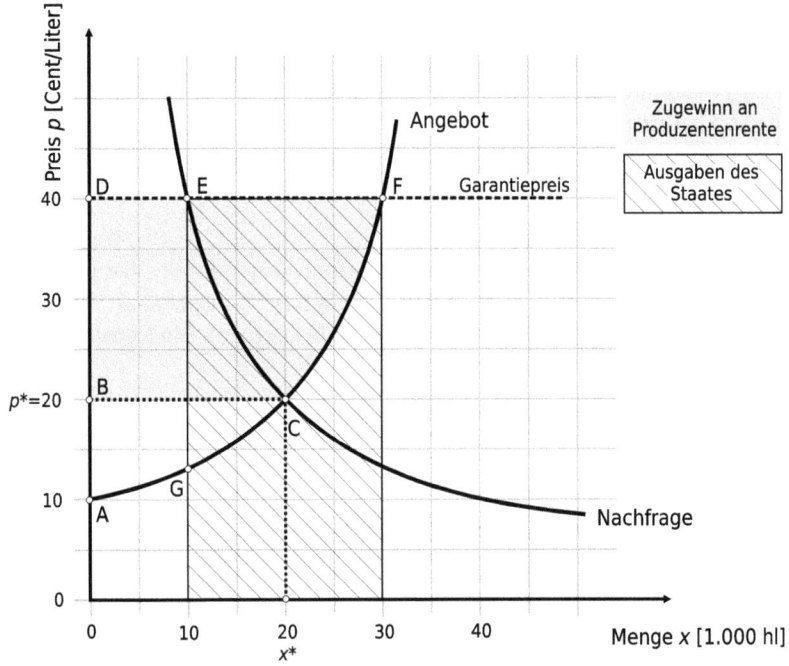

1. In der Ausgangssituation verkaufen die Milcherzeuger 20.000 Hektoliter (x^*) zum Preis von 20 Cent je Liter (p^*). Infolge der Abnahmegarantie zum Preis von 40 Cent je Liter steigern die Milcherzeuger ihre Produktion von 20.000 auf 30.000 Hektoliter. Die Nachfrage beträgt zum Garantiepreis allerdings nur noch 10.000 Hektoliter. Die Ausgabe des Staates, um die Überschussproduktion (EF) von 20.000 Hektolitern aus dem Markt zu nehmen, beläuft sich auf 800.000 Euro (= 20.000 × 100 × 0,40).

2. Die Situation der Erzeuger verbessert sich, denn sie bekommen nun 40 statt 20 Cent für jeden Liter Milch, den sie produzieren. Ein geeignetes Maß für die Situation der Erzeuger ist die Produzentenrente. Sie steigt von der Fläche mit den Eckpunkten ABC auf die Fläche mit den Eckpunkten ADF. Die Zunahme BCFD ist in der Abbildung grau schattiert.

Nebenbei: Sie sehen durch einen Vergleich der schattierten mit der schraffierten Fläche, dass die Staatsausgabe die Einkommensverbesserung der Erzeuger übersteigt. Unter der Annahme, dass die überschüssige Milch vernichtet wird, hätte eine direkte Subvention der Erzeuger die Staatskasse weniger belastet.

3. Um den Preis durch eine Produktionsbeschränkung auf 40 Cent je Liter anzuheben, müsste der Staat den Erzeugern Kontingente von insgesamt 10.000 Hektolitern zuweisen. Für die Erzeuger bedeutet die Kontingentierung gegenüber der Abnahmegarantie eine erhebliche Einbuße, da sie anstelle von 40.000 nur noch 10.000 Hektoliter zum Garantiepreis von 40 Cent absetzen können.

4. Sofern die Betriebe nicht identische Kostenstrukturen aufweisen, ist einer handelbaren Quote gegenüber einer nicht handelbaren Quote aus volkswirtschaftlicher Perspektive der Vorzug zu geben. Wäre die Quote nicht handelbar, würde in allen Betrieben Milch erzeugt, deren (Grenz-)Kosten je Liter unter 40 Cent liegen. Wenn die Erzeuger die Quote handeln dürfen, werden die Betriebe mit geringeren Produktionskosten den Betrieben mit höheren Produktionskosten Kontingente abkaufen. Bei 10.000 Hektolitern liegen die Grenzkosten noch unter 15 Cent (Punkt G). Dieser Handel mit Kontingenten führt in der Branche zu sinkenden Kosten bei gleichbleibenden Umsätzen. Um die eingesparten Kosten steigt die Wohlfahrt, denn die Konsumentenrente ändert sich nicht. Es kommt jedoch zu einem unerwünschten strukturellen Nebeneffekt: Da große Betriebe die Milch in der Regel tendenziell günstiger produzieren können als Kleinbetriebe, werden vor allem die Kleinbetriebe ihre Kontingente verkaufen.

Lösung Aufgabe 11

1. Die Angebotsfunktion verlagert sich nach oben, weil die Grenzkosten infolge der gestiegenen Faktorpreise steigen. Die Menge sinkt, der Preis steigt. Der Umsatz sinkt, weil die Menge relativ stärker sinkt als der Preis steigt (elastische Nachfrage). Die Konsumentenrente sinkt.

2. Die Nachfragefunktion verlagert sich nach unten. Menge, Preis, Umsatz und Konsumentenrente sinken.

3. Die Angebotsfunktion verlagert sich nach oben (bei einer Mengensteuer verlagert sie sich um den Steuersatz parallel nach oben, bei einer Wertsteuer dreht sie sich gegen den Uhrzeigersinn). Die Menge sinkt, Preis und Umsatz steigen, die Konsumentenrente sinkt. Der Umsatz steigt, weil die Menge unelastisch auf den Preis reagiert.

4. Die Nachfrage nach Schweinen nimmt zu, weil die Nachfrage nach Schweinefleisch steigt. Menge, Preis, Umsatz und Konsumentenrente auf dem Schweinemarkt steigen.

Lösung Aufgabe 12

In den zwölf Marktdiagrammen zeigen die mit einem Strich gekennzeichneten Funktionen die Auswirkungen des jeweiligen Ereignisses: 1. keine Änderung, 2. Preis steigt, 3. keine Änderung, 4. Preis steigt, 5. Preis fällt, 6. Preis steigt, 7. Preis steigt, 8. Preis fällt, 9. Preis steigt, 10. Preis fällt, 11. keine Änderung, da der Höchstpreis über dem aktuellen Gleichgewichtspreis liegt, 12. Preis steigt.

»Greifen Sie zu Bleistift und Papier!« Diese Aufgabe liefert ein schönes Beispiel, wie ein paar einfache Striche Ihnen dabei helfen, Ihre Gedanken zu ordnen.

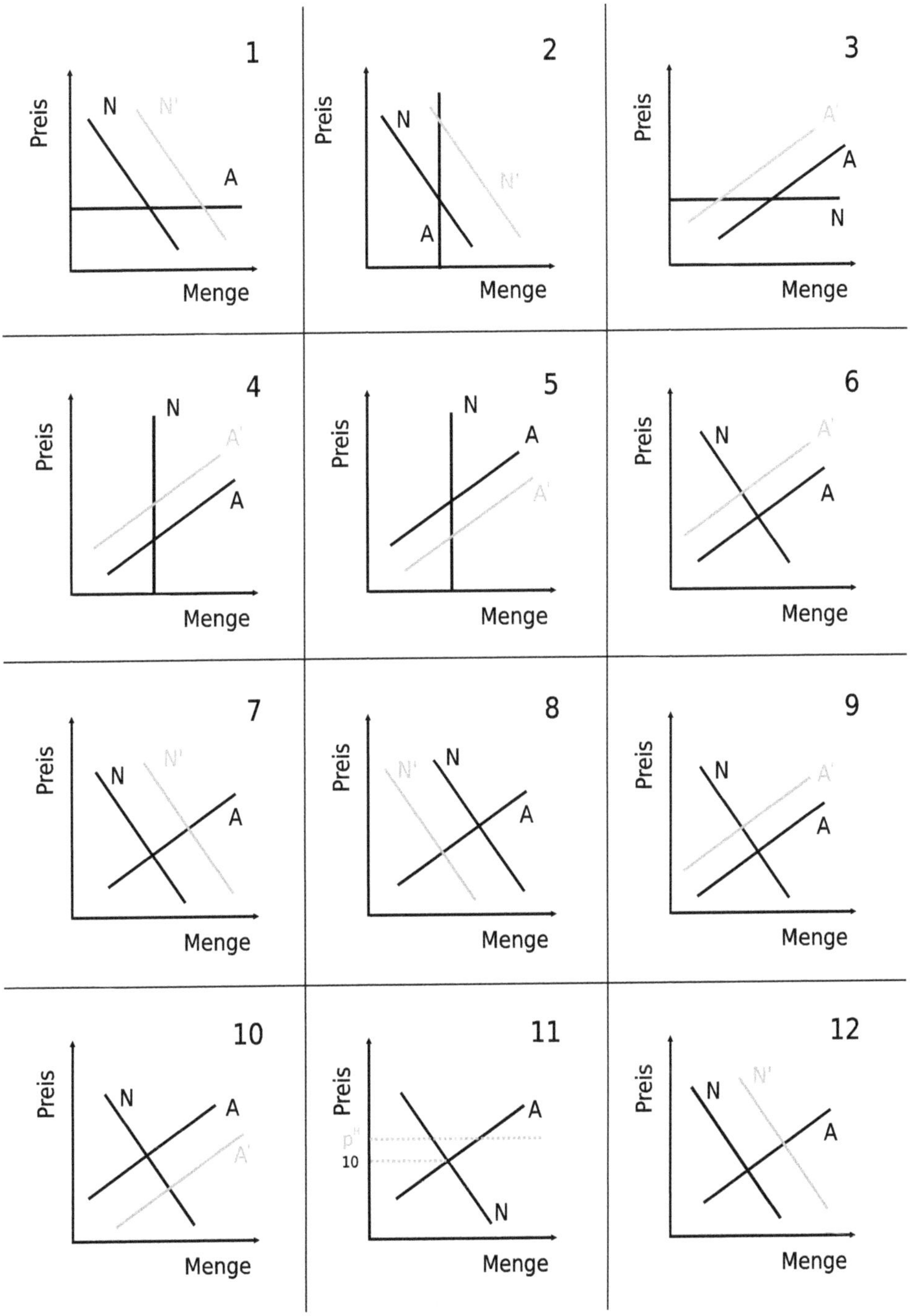

> **IN DIESEM KAPITEL**
>
> Informationsunvollkommenheiten
>
> Öffentliche Güter und externe Effekte
>
> Externe Kosten und Nutzen

Kapitel 14

Was bei der Preisbildung schiefgehen kann

Auf **vollkommenen Märkten** sorgt **Konkurrenz** für eine **optimale Allokation** der Ressourcen. Im Marktgleichgewicht stimmen die Grenzkosten der Produzenten mit den Grenznutzen der Konsumenten überein:

- An der Angebotsfunktion lesen Sie die Grenzkosten ab (»Preis-Grenzkosten-Regel« der Gewinnmaximierung).
- An der Nachfragefunktion lesen Sie den Grenznutzen ab (»Preis-Grenznutzen-Regel« der Nutzenmaximierung).
- Beim Gleichgewichtspreis gilt somit »Grenzkosten gleich Grenznutzen«.

Warum die Regel »Grenzkosten gleich Grenznutzen« eine notwendige Voraussetzung für **maximale Wohlfahrt** darstellt, können Sie nachvollziehen, indem Sie für einen Moment vom Gegenteil ausgehen:

- Wenn die Grenzkosten den Grenznutzen eines Gutes übersteigen, wäre es angezeigt, weniger von diesem Gut zu produzieren.
- Umgekehrt wäre es geboten, die Produktion eines Gutes zu erhöhen, wenn die nächste Gütereinheit mehr nutzt, als sie kostet.

Dass sich auf Märkten ein Gleichgewichtspreis bildet, der Angebot und Nachfrage ausgleicht, maximiert die Wohlfahrt allerdings nicht zwangsläufig. Dieses Kapitel zeigt auf, wie es zu Marktergebnissen kommen kann, die nicht in ein Wohlfahrtsoptimum führen. Man spricht in diesem Fall von **Marktversagen**.

Üblicherweise werden unter diesem Begriff die Themen asymmetrische Information, externe Effekte, öffentliche Güter und Marktmacht abgehandelt. Während die ersten drei Aspekte in diesem Kapitel angesprochen werden, ist der Marktmacht am Beispiel der Preisbildung im Monopol ein eigenes Kapitel (siehe Kapitel 15) gewidmet. Aber auch bei oligopolistischen

Strukturen kann es zu Marktversagen kommen (siehe Kapitel 16). Trotzdem werden Sie die Monopol- und Oligopoltheorie meist nicht unter der Überschrift Marktversagen finden. Das gilt ebenfalls für die dynamische Preisbildung, mit der wir hier beginnen, obwohl man mit ihr begründen kann, dass Konkurrenzmärkte nicht zwingend die Wohlfahrt maximieren. Mitunter gestaltet sich die wohlfahrtstheoretische Einschätzung von Marktergebnissen wie im Fall des monopolistischen Wettbewerbs (siehe Kapitel 16) auch schwierig.

Dynamische Preisbildung und Informationsunvollkommenheiten

Auf vollkommenen Märkten sind die Akteure perfekt informiert (»Markttransparenz«) und alle Anpassungsprozesse laufen unendlich schnell ab (»unendlich schnelle Reaktionsgeschwindigkeit«). Wenn Sie diese beiden Annahmen aufgeben, können Sie erklären,

- warum Märkte mitunter nicht ins Gleichgewicht finden (»dynamische Preisbildung«) und
- warum sich gelegentlich »minderwertige Produkte« gegenüber »besseren« durchsetzen (»asymmetrisch verteilte Informationen«).

Dynamische Preisbildung

Liegt ein Marktungleichgewicht (Überschussangebot oder Überschussnachfrage) vor, sind die Erwartungen der Anbieter oder die der Nachfrager nicht eingetreten. Entweder sind Konsumenten, die das Gut erwerben wollten, leer ausgegangen oder Unternehmen haben ihre Produktion nicht absetzen können. Es wurde also zu viel oder zu wenig von dem Gut produziert. Die bekannteste Hypothese (= Vermutung), wie Anbieter auf Marktungleichgewichte reagieren, ist die **walrasianische Preisanpassungshypothese**: Bei einer Überschussnachfrage heben sie den Preis an und bei einem Überschussangebot senken sie ihn. Zwar lösen die Anbieter dadurch Preisanpassungen in die Richtung zum Gleichgewicht hin aus, bei dynamischer Betrachtung (ohne unendlich schnelle Reaktionsgeschwindigkeit) stellen sich allerdings zwei Fragen:

1. Wie lange dauert es, bis das Marktgleichgewicht erreicht ist?
2. Wird das Marktgleichgewicht überhaupt erreicht?

Die Antworten hängen davon ab, wie die Anbieter die Preise anpassen. Die Anpassung lässt sich plausibel mit einer Verhaltensgleichung beschreiben, die die walrasianische Preisanpassungshypothese abbildet:

$$(1) \quad \text{Preisänderung} = \text{Reaktionsparameter} \times \left(\text{Ausmaß der Überschussnachfrage}\right)$$

Zwei Größen beeinflussen die Preisänderung:

- Sie fällt höher aus, wenn Überschussnachfrage oder Überschussangebot absolut zunehmen. (Ein Überschussangebot geht in die Gleichung als negative Überschussnachfrage ein.)
- Sie hängt davon ab, wie sensitiv die Anbieter auf ein Ungleichgewicht reagieren. Dies misst der Reaktionsparameter, der Werte größer oder gleich null annehmen kann. Der Wert null bildet den Grenzfall ab, dass die Anbieter gar nicht auf ein Ungleichgewicht reagieren, den Preis also unverändert lassen.

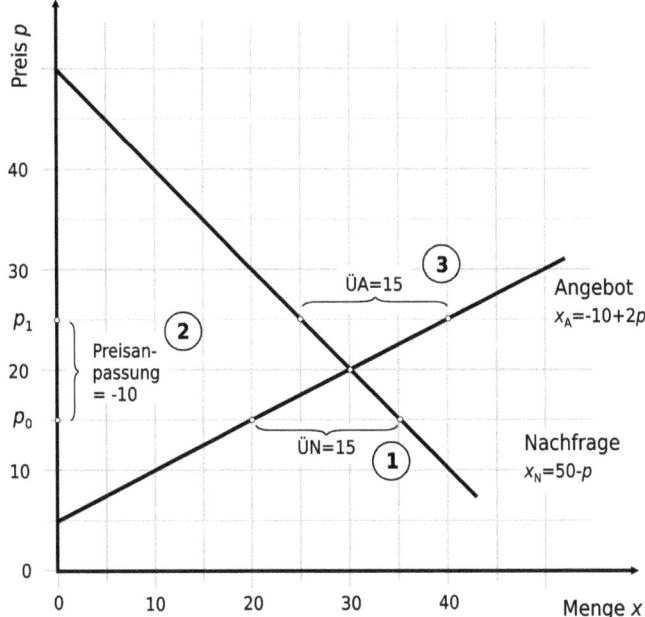

Abbildung 14.1: Walrasianische Preisanpassung

Abbildung 14.1 veranschaulicht den Preisanpassungsprozess am Beispiel zweier gewöhnlicher Angebots- und Nachfragefunktionen für einen Reaktionsparameter mit einem Wert von $2/3$:

1. In der Ausgangssituation beträgt der ungleichgewichtige »Startpreis« p_0 15 Euro. Bei diesem Preis kommt es zu einer Überschussnachfrage von 15 Gütereinheiten.

2. Mit Gleichung (1) stellen Sie fest, dass die Anbieter den Preis um 10 Euro anheben ($= 2/3 \times 15$).

3. Beim neuen Preis p_1 von 25 Euro kommt es zu einem Überschussangebot von 15 Einheiten (= Überschussnachfrage von *minus* 15). Darauf werden die Anbieter mit einer Preissenkung von 10 Euro reagieren ($= 2/3 \times (-15)$). Der Preis beträgt also wieder p_0 und der Prozess beginnt von vorn.

Obwohl Angebots- und Nachfragefunktion einen normalen Verlauf zeigen, kommt es zu Preisschwankungen, die sich ständig wiederholen. Ein Ende ist nur in Sicht, wenn die Anbieter ihre Reaktion ändern. Ein Staatseingriff könnte das Marktergebnis verbessern. Der Staat müsste lediglich einen Fixpreis in Höhe des Gleichgewichtspreises vorschreiben.

Grundsätzlich sind in diesem Modell in Abhängigkeit vom Wert des Reaktionsparameters und den Elastizitäten von Angebot und Nachfrage folgende Preisentwicklungen möglich:

1. Der Preis ändert sich im Zeitablauf nicht. Ein anfängliches Ungleichgewicht hat dauerhaft Bestand, wenn ein Reaktionsparameter von null angenommen wird.

2. Der Preis bewegt sich kontinuierlich auf den Gleichgewichtspreis zu. Eine anfängliche Überschussnachfrage nimmt stetig ab.

3. Der Preis bewegt sich oszillierend auf den Gleichgewichtspreis zu. Überschussnachfrage und Überschussangebot treten im Wechsel auf, nehmen aber im Zeitablauf ab.

4. Der Preis liegt abwechselnd um denselben Betrag über und unter dem Gleichgewichtspreis. Überschussangebot und -nachfrage wechseln sich ab, ohne dass es zu einer Annäherung kommt. Man spricht vom **Schweinezyklus**. Der Begriff geht auf die Beobachtung regelmäßig schwankender Schweinepreise in Deutschland zu Beginn des vorigen Jahrhunderts zurück.

5. Die Abweichungen vom Gleichgewichtspreis werden immer größer. Überschussnachfrage und -angebot nehmen zu, bis der Markt schließlich kollabiert.

Asymmetrisch verteilte Informationen

Sind die Marktteilnehmer ungleich informiert, spricht man von »asymmetrisch verteilter Information«. Meistens wissen die Anbieter über die Eigenschaften der Güter besser Bescheid als die Nachfrager. Das Standardbeispiel liefert der Markt für Gebrauchtwagen, deren versteckte Mängel die Käufer erst nach dem Kauf »erfahren«.

Von zwei gleich teuren Produkten behauptet sich im Wettbewerbsprozess das qualitativ hochwertigere. Wenn die Käufer informiert sind, werden sie das minderwertigere Produkt nicht kaufen, wenn sie für den gleichen Preis ein besseres bekommen. Das minderwertigere Produkt muss jedoch keineswegs vom Markt verschwinden. Es kann sich aber nur am Markt halten, wenn es günstiger verkauft wird als das höherwertigere Produkt. Die Qualitätsunterschiede werden sich in Preisunterschieden niederschlagen.

Bei asymmetrisch verteilten Informationen kann sich diese »Bestenauslese« des Marktes umkehren (**adverse Selektion**, auf Deutsch etwa »umgekehrte Auswahl«). Den entscheidenden Gedanken können Sie am Beispiel von Eiern aus Legebatterien und Bio-Eiern nachvollziehen. Gehen Sie von folgenden Annahmen aus:

✔ Die Bio-Eier werden von den Konsumenten als qualitativ hochwertiger eingeschätzt. Deswegen ist die Zahlungsbereitschaft für Bio-Eier höher: 25 Cent für ein Bio-Ei, 15 Cent für ein Batterie-Ei.

✔ Die (konstanten) Grenz- und Durchschnittskosten für Bio-Eier liegen über denen der Eier aus Legebatterien: 20 Cent für ein Bio-Ei, 10 Cent für ein Batterie-Ei.

✔ Die Konsumenten können einem Ei nicht ansehen, ob es sich um ein Bio-Ei handelt oder nicht. Der Eiermarkt ist nicht reguliert. Es existiert keine Kennzeichnungspflicht.

Bei vollkommener Information (das heißt, die Konsumenten können die Eier unterscheiden) bildeten sich zwei getrennte, problemlos funktionierende Märkte. Da die Kunden die Eier tatsächlich jedoch nicht auseinanderhalten können, wird der Kauf zur Lotterie. Die Zahlungsbereitschaft für ein Ei hängt damit auch von der Risikobereitschaft des einzelnen Kunden ab und von der Wahrscheinlichkeit, ein Bio-Ei zu erhalten. Könnten die Kunden absolut sicher sein, dass nur Bio-Eier auf dem Markt wären, würden sie bereit sein, 25 Cent pro Ei zu zahlen. Wie hoch fiele die Zahlungsbereitschaft aber aus, wenn sie befürchten, dass jedes fünfte Ei aus einer Legebatterie kommt? Oder vielleicht sogar jedes zweite? Auf jeden Fall niedriger.

Auf den genauen Wert der Zahlungsbereitschaft der Kunden kommt es gar nicht an. Auf jeden Fall verdienen die Anbieter mit Batterie-Eiern mehr als mit Bio-Eiern. Deswegen werden sich Bio-Eier in der Breite des Marktes nicht durchsetzen können. Selbst bei einem auf dem Bauernhof gekauften Ei, auf dem frei laufende, glückliche Hühner zu sehen sind, kann ein Kunde nicht sicher sein, dass ihm der Anbieter keine »faulen Eier« unterschiebt. Das drückt die Zahlungsbereitschaft der Konsumenten, wodurch wiederum Kostendruck bei den Anbietern entsteht. Für ehrliche Anbieter wird die Produktion von Bio-Eiern immer unattraktiver. Es kommt zu »adverser Selektion«. Das schlechte Produkt verdrängt das bessere. Der Markt versagt.

Geeignete Maßnahmen zur Regulierung des Eiermarktes, die dieses traurige Ergebnis vermeiden helfen, sind die Einführung einer gesetzlichen Kennzeichnungspflicht (in Verbindung mit entsprechenden Strafen im Fall der Missachtung), ein Verbot von Käfighaltung oder die Einführung von Mindeststandards. Die Hersteller können auch selbst aktiv werden, indem sie freiwillig bestimmte Standards einhalten und dies mit »Gütesiegeln« dokumentieren.

Öffentliche Güter und externe Effekte

Nichtausschließbarkeit

Unternehmen werden aus freien Stücken nur Güter anbieten, mit denen sich Erlöse erzielen lassen. Sie müssen die Konsumenten der Güter zur Kasse bitten können. Das allerdings kann aus ökonomischen, rechtlichen, technischen oder ethischen Gründen schwierig bis unmöglich sein. Sofern Unternehmen Menschen, die nicht für ein Gut bezahlen, nicht vom Konsum dieses Gutes ausschließen können, werden die Unternehmen das Gut nicht anbieten.

Nichtausschließbarkeit liegt zum Beispiel bei den Diensten der Polizei vor. Wer in Gefahr gerät, kann mit Hilfe rechnen, ohne dass ihm eine Rechnung präsentiert wird. Ein weniger dramatisches Beispiel ist die Straßenbeleuchtung. Sie ist nicht marktfähig, weil niemand individuell vom Konsum ausgeschlossen werden kann. Die Straßenlaternen brennen entweder für alle oder für keinen. Deswegen sagen Sie sich, sollen doch die anderen zahlen – selbst wenn Sie grundsätzlich eine Zahlungsbereitschaft besitzen. Aus strategischen Gründen werden Sie Ihre Zahlungsbereitschaft aber nicht offenbaren (»Trittbrettfahrerverhalten«). Deswegen lassen sich Güter, von deren Nutzung Sie nicht ausgeschlossen werden können, nur über Abgaben oder Steuern finanzieren.

Nichtrivalität im Konsum

Die etwas umständlich bezeichnete **Nichtrivalität im Konsum** liegt vor, wenn der Nutzen eines Konsumenten aus einem Gut unabhängig von der Zahl der Nutzer dieses Gutes ist. *Beispiele:*

- ✔ Fernsehfilm: Sie sehen sich einen Film im Fernsehen an. Ein weiterer Zuschauer schaltet seinen Fernseher ein und guckt denselben Film. Ihr Nutzen nimmt deswegen nicht ab.

- ✔ Polizei: Sie haben in der Tageszeitung gelesen, dass in Ihrer Gegend vermehrt Einbrüche verübt werden. Das Telefon auf Ihrem Nachttisch verleiht Ihnen ein Gefühl der Sicherheit, weil Sie jederzeit 1-1-0 wählen können. Ihre Nachbarn können das Gut »bereitgestellte Sicherheit« ebenfalls konsumieren, ohne dass Ihr Nutzen dadurch sinkt.

✓ ÖPNV: Sie fahren mit dem Bus. Durch weitere Fahrgäste sinkt Ihr Nutzen nicht – jedenfalls nicht ernsthaft. Nur wenn der Bus voller und voller wird, beeinträchtigt die Zahl der Fahrgäste Ihren Nutzen zusehends, spätestens, wenn Sie während der Fahrt stehen müssen, weil Sie keinen Sitzplatz mehr bekommen. Im Normalfall ist die Busfahrt aber ein Gut ohne Rivalität im Konsum.

Gegenbeispiel: Ihr Partner hat den letzten Joghurt aus dem Kühlschrank verspeist. Damit ist er für Sie verloren – nicht der Partner, sondern der Joghurt. Bei Nahrungsmitteln liegt strenge Rivalität im Konsum vor. Ein Joghurt kann nicht gleichzeitig mehreren Konsumenten Nutzen stiften. Die Menge, die einer verspeist, ist für den anderen definitiv verloren.

Öffentliche Güter

Miteinander kombiniert dienen die **Rivalität im Konsum** und die **Ausschließbarkeit** einer wichtigen Klassifikation von Gütern. Dabei können sowohl die Rivalität im Konsum als auch die Möglichkeit des Ausschlusses mehr oder weniger stark ausgeprägt vorliegen. Die Übergänge in Abbildung 14.2 sind fließend. Die genaue Positionierung von Gütern im Diagramm hängt von technischen und rechtlichen Rahmenbedingungen ab und ändert sich daher mit

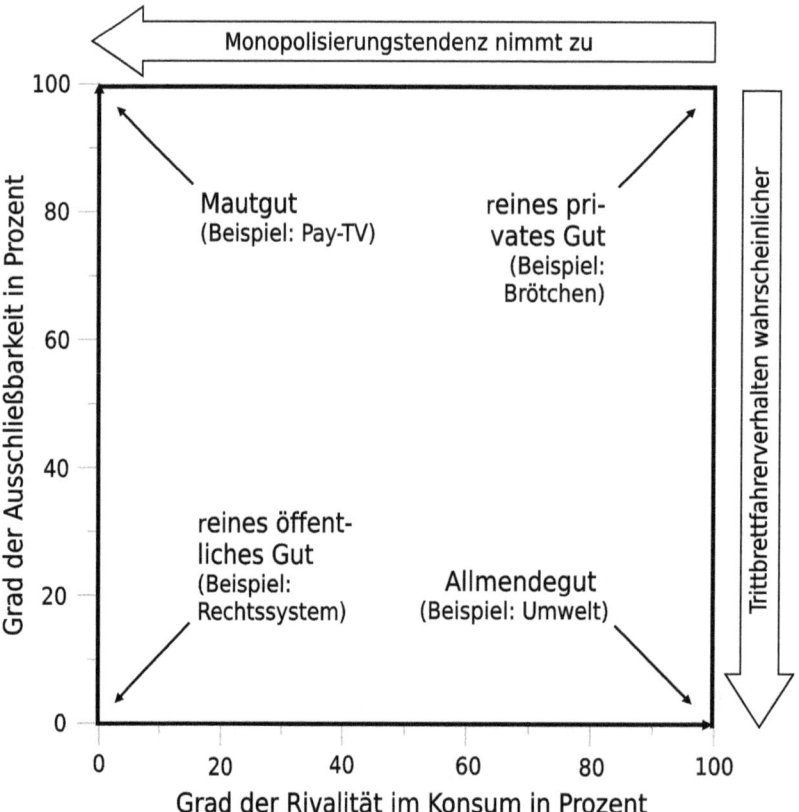

Abbildung 14.2: Private und öffentliche Güter

der Zeit. Ist eines der beiden Kriterien für ein öffentliches Gut erfüllt, das andere jedoch nicht, liegt mit einem Mautgut oder einem Allmendegut ein »Mischgut« vor.

Mautgüter werden auch als **natürliche Monopole** bezeichnet. Da Mautgüter regelmäßig zunehmende Skalenerträge (siehe Kapitel 10) aufweisen, sind bei ihnen Tendenzen zur Monopolisierung zu beobachten. Zwar ist eine Bereitstellung von Mautgütern über den Markt grundsätzlich möglich, allerdings nicht unter den Wettbewerbsbedingungen eines Konkurrenzmarktes.

Wo sich kein Ausschluss realisieren lässt, kommt kein privates Angebot zustande. Sie werden keine Eintrittskarte für ein Höhenfeuerwerk oder einen nicht eingezäunten Strand kaufen – sofern der Eigentümer des Strandes nicht glaubhaft mit Kontrollen drohen kann. Wenn Menschen vom Konsum eines bereitgestellten Gutes nicht ausgeschlossen werden können, verhalten sie sich als **Trittbrettfahrer**.

Die **Allmendegüter** sind **gesellschaftliche Ressourcen**, an denen niemand ein Eigentumsrecht besitzt. Die Umwelt ist ebenso ein Allmendegut wie eine kostenlose, frei zugängliche Parkfläche in einer Innenstadt oder ein Schwarm Thunfische in internationalen Gewässern. Bei Allmendegütern kommt es regelmäßig zu einer Übernutzung.

Im konkreten Fall hängt die Positionierung von Gütern im Schaubild von zahlreichen Rahmenbedingungen ab. Beim Gut »Schulbildung« zum Beispiel kommt es unter anderem darauf an,

- ✔ ob es eine Schulpflicht gibt, die den Ausschluss verhindern würde,
- ✔ ob die Schulen so reichhaltig ausgestattet sind, dass eine Zunahme der Schülerzahlen keine Rivalität im Konsum auslöst.

- ✔ **Öffentliche Güter** zeichnen sich durch Nichtrivalität im Konsum und Nichtausschließbarkeit aus. Sie sind nicht marktfähig.
- ✔ **Allmendegüter (gesellschaftliche Ressourcen)** zeichnen sich durch Nichtausschließbarkeit aus, Rivalität im Konsum ist jedoch gegeben. Es kommt in der Regel zu einer Übernutzung.
- ✔ **Mautgüter (natürliche Monopole)** zeichnen sich durch Nichtrivalität im Konsum aus, Ausschließbarkeit ist jedoch gegeben. Es besteht eine Tendenz zu monopolistischen Marktstrukturen.

Zwar werden öffentliche Güter in der Regel von öffentlichen Unternehmen angeboten. Daran können Sie sie jedoch nicht erkennen. Es ist ohne Weiteres möglich, dass öffentliche Unternehmen private Güter anbieten (*Beispiel:* Krankenhaus) oder private Unternehmen öffentliche Güter bereitstellen (*Beispiel:* Radioprogramm eines privaten Rundfunksenders).

Die Übergänge zwischen privaten, öffentlichen und Mischgütern sind fließend. Durch technische oder rechtliche Rahmenbedingungen kann sich der Charakter eines Gutes ändern. (*Beispiel:* Rundfunk und Fernsehen waren bis in die 80er-Jahre rein öffentliche Güter. Durch die Möglichkeit der Kodierung, die die Ausschließbarkeit herstellte, haben sie sich zu Mautgütern gewandelt.)

Unteilbarkeiten

»Unteilbarkeiten« sind ursächlich für steigende Skalenerträge und stellen damit einen Grund für Monopolisierungstendenzen (»natürliches Monopol«) dar. Das Phänomen tritt auf, wenn Produktionsfaktoren nur in großen Sprüngen oder überhaupt nicht an die Produktionsmenge angepasst werden können. Das ist regelmäßig der Fall, wenn Güter oder Dienste über Netze verteilt werden. *Beispiele:*

✔ Mobilfunknetz: Wenn die Nachfrage nach Mobilfunkgesprächen sinkt, können die Provider nicht proportional zum Nachfragerückgang Mobilfunkmasten einsparen.

✔ Schienennetz: Wenn die Nachfrage nach Bahnfahrten zwischen zwei Städten steigt, muss nicht gleich ein neues Gleis verlegt werden. Auch weitere Lokomotiven und Lokführer sind in der Regel zunächst nicht erforderlich. Unter Umständen reicht es aus, einen weiteren Waggon anzukoppeln.

✔ Software: Wenn mehr Tablets hergestellt werden, müssen die Betriebssysteme wie Android® und Windows® nicht neu programmiert werden. Einmal entwickelt lässt sich die Software auf beliebig vielen Geräten installieren.

Charakteristisch für solche Märkte sind hohe Fix- und geringe, mitunter sogar vernachlässigbare Grenzkosten.

Abbildung 14.3 zeigt den Fall, in dem die Grenzkosten vernachlässigt werden können. Sie sind daher mit null angenommen. Die Stückkosten stimmen in diesem Fall mit den durchschnittlichen Fixkosten überein. Das führt zu folgenden Schlussfolgerungen:

✔ Aus Kostengründen wäre es volkswirtschaftlich unsinnig, das Gut in mehr als einem Unternehmen herzustellen.

✔ Die im Hinblick auf die Wohlfahrt optimale Produktionsmenge ist die Sättigungsmenge x_s (»Preis gleich Grenzkosten«; Menge, die sich auf einem vollkommenen

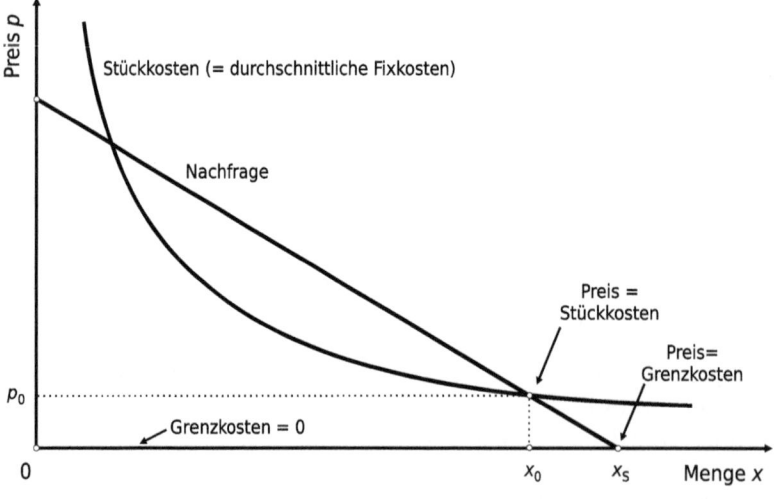

Abbildung 14.3: Sinkende Stückkosten führen zur Monopolisierung des Marktes

Konkurrenzmarkt einstellen würde). Da es nichts kostet, eine weitere Einheit des Gutes herzustellen, sollte die Produktion ausgedehnt werden, solange Zahlungsbereitschaft für das Gut vorhanden ist.

✔ Gäbe es mehrere Unternehmen auf dem Markt, hätte das Unternehmen mit der höchsten Produktionsmenge die geringsten Stückkosten. Aufgrund seines Größenvorteils (»steigende Skalenerträge«, »Gesetz der Massenproduktion«) kann es kleinere Unternehmen vom Markt verdrängen (»Verdrängungswettbewerb«). Es kommt zu einem **natürlichen Monopol**.

Steigende Skalenerträge führen in ein natürliches Monopol. Eine Preisbildung nach der konkurrenzwirtschaftlichen Gewinnmaximierungsregel »Preis gleich Grenzkosten« ist nicht möglich, da bei zunehmenden Skalenerträgen die Durchschnittskosten über den Grenzkosten liegen. Der Preis läge somit unter den Durchschnittskosten. Die hinreichende Bedingung für Gewinnmaximierung auf Konkurrenzmärkten (»steigende Grenzkosten«) ist nicht erfüllt.

✔ Ein Monopolist wird nicht die wohlfahrtsmaximierende Menge x_S anbieten, da er mit der Sättigungsmenge keine Erlöse erzielen kann. Er wird sich auch nicht für die Menge x_0 entscheiden, bei der Preis und Stückkosten übereinstimmen. Sein Profit wäre null. Mit einer geringeren Menge als x_0 kann der Monopolist einen Preis über den Stückkosten durchsetzen. Für welche Menge er sich entscheidet, erfahren Sie in Kapitel 15.

Externe Effekte

Externe Effekte liegen vor, wenn Aktivitäten auf einem Markt bei unbeteiligten Dritten zu Kosten oder Nutzen führen. Bei Kosten spricht man von einem negativen externen Effekt, bei Nutzen von einem positiven.

Externe Effekte können beim Konsum oder bei der Produktion von Gütern entstehen. *Beispiele:*

✔ **Positiver externer Effekt im Konsum:** Menschen lassen sich gegen Grippe impfen. Unbeteiligte Dritte haben einen Nutzen, weil sie sich seltener anstecken.

✔ **Negativer externer Effekt im Konsum:** Mit dem Alkoholverbrauch pro Kopf nehmen die Unfälle im Straßenverkehr zu.

✔ **Positiver externer Effekt bei der Produktion:** In einer Glashütte entsteht Abwärme, mit der ein Freibad geheizt wird.

✔ **Negativer externer Effekt bei der Produktion:** Eine Zementfabrik belastet die Umgebung so sehr mit Staub, dass die Haushalte ihre Wäsche nicht im Freien trocknen können.

Für ein einfaches Beispiel, das die Folgen einer Externalität verdeutlicht, sei eine »Gesellschaft« betrachtet, die aus lediglich zwei Personen besteht: Anton und Berta. Anton feiert gerne. Seine »Feieraktivität« wird mit x gemessen. Wenn Anton feiert, wird es regelmäßig

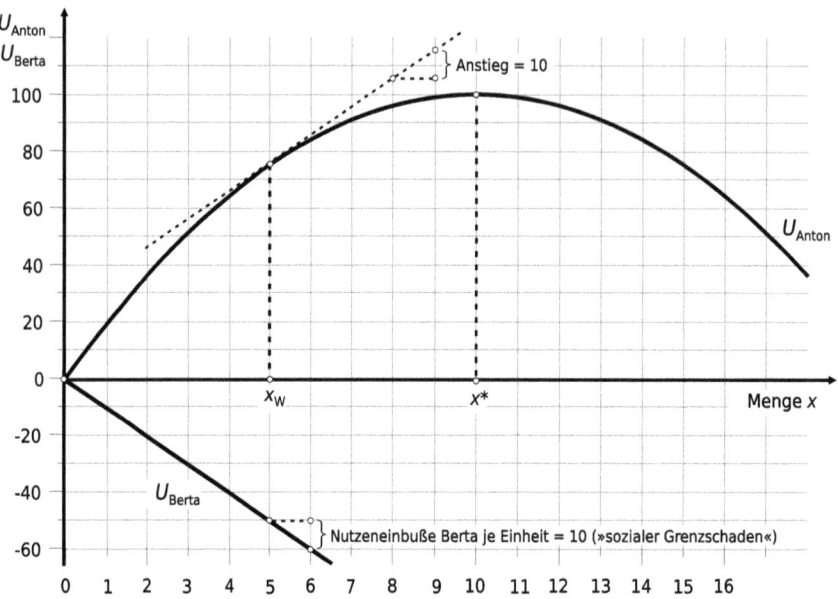

Abbildung 14.4: Privates und soziales Optimum bei externem Effekt

laut. Der Lärm stört Berta. Abbildung 14.4 zeigt Antons »Feiernutzen« und Bertas »Disnutzen« (= Leid) durch die Lärmbelastung. Dabei ist angenommen, dass Bertas Disnutzen mit jeder von Antons »Feiereinheiten« um zehn Einheiten zunimmt.

Anton maximiert seinen Nutzen mit zehn Feiereinheiten x^*. Für die Gesellschaft ist seine Entscheidung aber suboptimal, weil Bertas Nutzeneinbuße nicht in Antons Entscheidung einfließt. Der Grenznutzen bei x^* beträgt für Anton null. Berta erfährt jedoch einen Grenzschaden in Höhe von zehn Nutzeneinheiten. Der gesellschaftliche Grenznutzen des Feierns ist negativ. Die letzte Feiereinheit hat der Gesellschaft mehr geschadet als genutzt. Weniger zu feiern wäre aus gesellschaftlicher Perspektive vernünftig.

Welche Menge ist für die Gesellschaft optimal? Solange der private Ertrag (von Anton) aus einer Erhöhung der Feieraktivität die sozialen Kosten (von Berta) übersteigt, ist eine Ausdehnung der Feieraktivität aus gesellschaftlicher Perspektive sinnvoll. Grafisch betrachtet: Solange Antons Nutzenfunktion stärker steigt, als Bertas Nutzenfunktion fällt, sollte mehr gefeiert werden. Die maximale Wohlfahrt wird erreicht, wenn der private Grenznutzen mit dem sozialen Grenzschaden übereinstimmt. Das ist in der Abbildung bei der Menge x_W der Fall. Der Grenznutzen Antons beträgt hier gerade zehn Nutzeneinheiten.

Nehmen Sie an, es gäbe eine weitere Person, die sich wie Berta durch den Lärm gestört fühlt. Der soziale Grenzschaden wäre in diesem Fall größer und die gesellschaftlich optimale Feieraktivität entsprechend geringer.

Grundsätzlich lässt sich festhalten:

✓ Bei einem negativen externen Effekt führen die privaten Entscheidungen auf einem Markt zu einer zu hohen Gleichgewichtsmenge, weil die Marktteilnehmer bei ihren Entscheidungen die negativen Auswirkungen ihrer Aktivitäten auf Dritte nicht berücksichtigen.

- ✔ Bei einem positiven externen Effekt führen die privaten Entscheidungen auf einem Markt zu einer zu geringen Gleichgewichtsmenge, weil die Marktteilnehmer bei ihren Entscheidungen die positiven Auswirkungen ihrer Aktivitäten auf Dritte nicht berücksichtigen.

Deswegen eignen sich Maßnahmen zur Lösung des Problems, die bewirken, dass die privaten Entscheidungsträger die externen Effekte berücksichtigen. Dies lässt sich erreichen, indem man die sozialen Kosten und Erträge künstlich in private Kosten und Erträge umwandelt. Man sagt, die sozialen Kosten und Erträge werden »internalisiert«.

Die Internalisierung kann auf verschiedene Arten erfolgen. Am Beispiel von Anton und Berta:

- ✔ **Steuer:** Wenn Anton pro Feiereinheit eine Steuer in Höhe von Bertas Grenzschaden zahlen muss, wird seine private Entscheidung zur optimalen Menge x_w führen. Steuern zur Internalisierung externer Effekte heißen **Pigou-Steuern**. *Problem:* Soziale Grenzschäden und Grenznutzen sind schwer zu ermitteln.

- ✔ **Appell:** Freilich könnte man auch einfach an Anton appellieren, den Lärm beim Feiern zu reduzieren. *Problem:* Reine Appelle (»Zum Brötchenholen mit dem Fahrrad statt mit dem Auto!«) bleiben oft wirkungslos.

- ✔ **Regulierung:** Eine Hausordnung, die das Feiern zu üblichen Ruhezeiten verbietet, könnte ebenfalls helfen. *Problem:* Das optimale Ausmaß der Einschränkungen ist schwer zu ermitteln.

- ✔ **Private Verhandlungen:** Berta zahlt Anton eine Prämie, damit er weniger feiert. Sie kauft ihm sozusagen sein Recht zu feiern ab. Umgekehrt kann Berta ein Recht auf Ruhe eingeräumt werden. In diesem Fall könnte Anton Berta das Recht auf Ruhe abkaufen. Einerlei ob Anton über ein Feierrecht verfügt oder Berta ein Recht auf Ruhe besitzt, würde Anton seine Feieraktivität reduzieren. Im einen Fall, weil er Geld dafür erhält, weniger zu feiern. Im anderen, weil er fürs Feiern zahlen muss.

  Problem: Wem soll das Recht zugesprochen werden? Erhält Anton das Feierrecht, muss Berta zahlen. Wird Berta das Recht auf Ruhe zugesprochen, muss Anton zahlen. Je nachdem, wie das Recht vergeben wird, ändern sich die Vermögenspositionen der Beteiligten. Das Verursacherprinzip hilft nicht weiter. Denn Anton würde argumentieren, Feiern sei ein Menschenrecht und Berta verleide den Feiernden mit ihren Beschwerden den Spaß. Zudem werden die Verhandlungen umso schwieriger, je mehr Personen involviert sind.

- ✔ **Zertifikate:** Der Staat gibt »Feierzertifikate« aus. Nur wer ein Zertifikat erwirbt, darf feiern. Die Menge der ausgegebenen Zertifikate limitiert somit die Feieraktivitäten. Da sich für die knappen Zertifikate ein Preis bildet, wird das Feiern für Anton teurer. Anton wird daher weniger feiern. *Problem:* Die optimale Zahl der Zertifikate ist schwierig zu ermitteln.

✓ **Moral, Sitte, Anstand etc.:** Übermäßiges Feiern führt zu »sozialer Ächtung«. *Problem:* Wie bei Appellen steht auch hier zu vermuten, dass Menschen eher durch monetäre Anreize – Belohnungen oder Strafen – zu Verhaltensänderungen zu bewegen sind.

Aufgaben

Aufgabe 1

Richtig oder falsch? Kreuzen Sie die korrekten Aussagen an!

Ein »öffentliches Gut« ist immer

☐ auch ein privates Gut.

☐ inferior.

☐ für mehr als eine Person von Nutzen.

☐ Alle Aussagen sind falsch.

Aufgabe 2

Was versteht man unter der »Tragik der Allmende«? Geben Sie eine ausführliche Antwort anhand eines Beispiels!

Aufgabe 3

Was versteht man unter dem Begriff »Ausschließbarkeit«? Oder: Was besagt das »Ausschlussprinzip«? Erklären Sie den Begriff mithilfe von Beispielen!

Aufgabe 4

Bei Haushaltserdgas handelt es sich um

☐ ein Mautgut (»natürliches Monopol«),

☐ ein öffentliches Gut,

☐ ein privates Gut,

☐ ein Allmendegut (»gesellschaftliche Ressource«).

Wählen Sie die korrekte Zuordnung und begründen Sie Ihre Entscheidung!

Aufgabe 5

In der bald tausend Jahre alten, abgelegenen Gemeinde Trauertal liegt der sprichwörtliche Hund begraben. Neuerdings macht sich jedoch eine Bürgerinitiative für ein Stadtfest »Tausend Jahre Trauertal« stark. Würde das Fest den Vorstellungen der Bürgerinitiative entsprechend gefeiert, wäre mit Kosten in Höhe von 20.000 Euro zu rechnen.

Trauertals chronisch schlechte Kassenlage erlaubt solche Ausgaben allerdings nicht. Der Gemeinderat steht einer Finanzierung des Festes aus öffentlichen Mitteln ablehnend gegenüber und gibt daher ein Gutachten in Auftrag, welche Erlöse zu erwarten seien, wenn man das Festgelände großräumig absperren und Eintritt verlangen würde. Der Gutachterin zufolge wäre in Abhängigkeit vom Eintrittspreis p mit folgenden Besucherzahlen x zu rechnen:

$$x = 5.000 - 500 p$$

Sie schlägt »auf Grundlage meiner Untersuchungen und umfangreichen Berechnungen« einen Eintrittspreis in Höhe von 5 Euro pro Person vor.

Im Rat kommt es aber – nicht zuletzt auf massiven Druck der Bürgerinitiative – zu einem radikalen Meinungsumschwung. Einstimmig wird beschlossen: »Das Fest findet statt. Der Eintritt ist frei. 20.000 Euro werden in den Haushalt eingestellt.«

1. Welcher Eintrittspreis, wenn er denn verlangt würde, hätte die Einnahmen maximiert?
2. Lässt sich der Ratsbeschluss unter Nutzen-Kosten-Gesichtspunkten rechtfertigen?

Aufgabe 6

Das »Gesetz zur Verbesserung des Schutzes junger Menschen vor Gefahren des Alkohol- und Tabakkonsums« (BT-Drucks. 15/3084) sieht eine Sondersteuer auf »Alcopops« vor. Für eine typische Flasche beträgt die Steuer circa 85 Cent, zusammen mit der Umsatzsteuer liegt die Steuerlast bei circa 1 Euro je Flasche.

§ 4 des Gesetzes sieht vor, dass das Steuermehraufkommen aus der »Alcopop-Steuer« für Maßnahmen zur Suchtprävention einzusetzen ist. § 5 sieht vor, dass auf dem Frontetikett jeder Flasche in gleicher Form und Größe des Namens des Getränks oder der Marke ein Hinweis anzubringen ist, dass eine Abgabe an Personen unter 18 Jahren verboten ist.

Gehen Sie bei der Beantwortung der Fragen von einem Konkurrenzmarkt aus.

1. Die Steuer soll den Konsum lenken. Nach welchem berühmten Ökonomen sind Lenkungssteuern benannt?
2. »Die Steuer führt zu Einnahmen des Staates. Aber man muss für eine Gesamtbeurteilung den Allokationsverlust, den jede Steuer verursacht, gegenrechnen.« Kommentieren Sie!
3. »Beim Discounter kosten Alcopops vor der Steuereinführung circa 1 Euro pro Flasche. Man kann unabhängig vom Verlauf der Angebots- und Nachfragefunktion erwarten, dass sich der Preis durch die Steuer in Höhe von 1 Euro etwa verdoppeln wird.« Kommentieren Sie!
4. Welche Wirkungen entfalten Aufklärungsmaßnahmen, wie sie in § 4 und § 5 des Gesetzes vorgesehen sind, im Marktdiagramm?
5. »Die Steuer ist vergleichsweise unwirksam, weil sie von den Produzenten der Alcopops abzuführen ist. Sie würde – unter Außerachtlassen der Kosten der Steuererhebung – mehr Wirkung entfalten, wenn die Konsumenten besteuert würden.« Kommentieren Sie!
6. »Für den Gesundheitsminister ist eine elastische Nachfrage nach Alcopops wünschenswert, für den Finanzminister eine unelastische.« Kommentieren Sie!

Aufgabe 7

»Leider lassen sich die Abiturienten stark vom aktuellen Arbeitsmarkt beeindrucken, kommentiert Stefan Pfisterer von Bitkom die Entwicklung. Nur wenige Studenten würden antizyklisch studieren. ... Ende der 90er-Jahre explodierte die Zahl der Studienanfänger im Fach Informatik regelrecht. Im Jahr 2000 haben sich 38000 Studenten eingeschrieben, fast dreimal so viele wie 1995. Droht hier ein neuer Schweinezyklus?« (Holger Dambeck, c't 2001, Heft 5, S. 66)

1. Welches »Gut« wird hier produziert?
2. Ist das Produkt »lagerfähig«?
3. Wie lange dauert die »Produktion« in der Regel?
4. Wer sind Anbieter und wer sind Nachfrager auf diesem Markt?
5. Warum könnte ein Schweinezyklus drohen?
6. Welche anderen Märkte haben ähnliche Eigenschaften?

Aufgabe 8

Ein Markt sei in üblicher Symbolik durch die beiden folgenden Gleichungen beschrieben $x_{A,t} = -4 + 2p_{t-1}$ und $x_{N,t} = 20 - 2p_t$.

1. Interpretieren Sie die beiden Gleichungen! Wodurch sind Märkte gekennzeichnet, für die das Modell sinnvoll zur Anwendung kommen kann?
2. Bestimmen Sie das Marktgleichgewicht! Sie können das Gleichgewicht berechnen, aber auch mithilfe eines Diagramms auf kariertem Papier zeichnerisch bestimmen.
3. Stellen Sie fest, ob der Markt nach einer Störung wieder zum Gleichgewicht findet! Gehen Sie davon aus, dass die Nachfrage durch einen exogenen Schock auf $x_{N,t} = 16 - 2p_t$ sinkt. Auch diese Teilaufgabe können Sie mithilfe eines Diagramms lösen.
4. Wie lautet der zentrale Kritikpunkt an diesem Modell?

Lösungen

Lösung Aufgabe 1

Ein öffentliches Gut ist immer

☐ auch ein privates Gut.

> Nein, ein privates Gut ist das »Gegenteil« von einem öffentlichen Gut. Ein öffentliches Gut zeichnet sich aus durch »Nichtrivalität im Konsum« und »Nichtausschließbarkeit«. Bei einem privaten Gut hingegen liegen »Rivalität im Konsum« und »Ausschließbarkeit« vor.

☐ inferior.

Das kann, muss aber nicht sein. Der öffentliche Personennahverkehr ist ein öffentliches Gut – kein reines, aber er besitzt im Wesentlichen dessen Charakter – und gilt zugleich als Standardbeispiel für ein inferiores Gut. Wer fährt schon gerne »Strapazenbahn«, wenn er im eigenen Auto bequemer unterwegs ist? Ein Beispiel für ein superiores öffentliches Gut ist innere Sicherheit. Mit steigendem Einkommen wird mehr innere Sicherheit nachgefragt.

☒ für mehr als eine Person von Nutzen.

Das trifft zu. Öffentliche Güter zeichnen sich durch Nichttrivialität im Konsum aus. Sie stiften gleichzeitig mehreren Konsumenten Nutzen.

☐ Alle Aussagen sind falsch.

Offensichtlich ist das nicht der Fall.

Lösung Aufgabe 2

Die »Tragik der Allmende« ist ein Synonym für die hohe Wahrscheinlichkeit des Niedergangs von Gütern in Allgemeineigentum (Güter ohne private Eigentumsrechte), sofern nicht institutionelle Regeln einer übermäßigen Inanspruchnahme vorbeugen.

Eine Allmende ist eine Dorfwiese oder Weide, die allen Bewohnern des Dorfes gemeinsam gehört. Jedermann steht es frei, sie zu nutzen. Niemand darf ausgeschlossen werden.

Als Allmendegüter werden Güter bezeichnet, die mit der Allmende die beiden folgenden Eigenheiten gemein haben:

1. Jeder kann das Gut nutzen (»fehlende Ausschließbarkeit«).
2. Eine intensivere Nutzung durch einen Nutzer schränkt andere Nutzer in ihren Möglichkeiten ein (»Rivalität im Konsum«).

Auch die zweite Bedingung ist für die namensgebende Allmende erfüllt: Je mehr Gras die Kühe von Bauer Franz fressen, desto weniger bleibt für Bauer Josephs Kühe übrig. Ebenso ist zum Beispiel die Torte auf dem Tisch eines Kindergeburtstags ein Allmendegut, nachdem das Geburtskind sein Recht auf das erste Stück ausgeübt hat. Alle dürfen zugreifen, aber was ein Kind verspeist, geht allen anderen verloren. Falls Sie aus dem Alter heraus sind und selbst noch keine Kinder haben: Das gilt analog für Freibier.

Könnte Franz seine Kühe nur auf seine eigene, private Weide schicken, würde er sich Kühe anschaffen, bis ihr Grenznutzen (Ertrag der letzten Kuh) mit ihren Grenzkosten (Kosten der letzten Kuh) übereinstimmt. Die Überlegung gilt für ihn ebenfalls, wenn er seine Kühe auf die Allmende treiben kann. Allerdings sinken seine Grenzkosten bei Nutzung der Allmende (seine Kühe fressen fremdes Gras), während seine Grenzerträge unverändert bleiben (sie geben die gleiche Menge Milch).

Hat das Dorf zum Beispiel zwanzig Bewohner, dann besitzt Franz rechnerisch ein Zwanzigstel der Allmende. Frisst eine seiner Kühe ein Büschel Gras von seiner eigenen, der privaten, Weide, kostet es Franz genau dieses eine Büschel Gras. Frisst die Kuh jedoch ein Büschel Gras von der Allmende, kostet es Franz nur ein zwanzigstel Büschel Gras. Franz' Kosten werden also zu einem großen Teil von der Allgemeinheit getragen, wenn er seine Kühe auf die Allmende treibt. Er »externalisiert« seine Kosten. Für Franz sinken die Kosten der Kuhhaltung durch die Nutzung der Allmende, für die Gemeinschaft der Dorfbewohner jedoch nicht. Die *privaten* weichen von den *sozialen* Kosten ab.

Daher wird sich Franz mehr Kühe anschaffen, als nach einer Analyse aus der Dorfperspektive, die *sämtliche* Kosten berücksichtigt, ratsam wäre. Die anderen 19 Bauern im Dorf werden sich ebenso wie Franz verhalten. Die Möglichkeit der Externalisierung von Kosten führt so zu einer übermäßigen Inanspruchnahme der Allmende. Es kommt zu »kollektiver Irrationalität« der Dorfbewohner, obwohl sich jeder Einzelne vollkommen rational verhält (»Gefangenendilemma«).

Eine analoge Überlegung erklärt, warum Franz die Allmende weniger pflegen wird als seinen eigenen Grund und Boden. Wenn er zwanzig Minuten auf der Allmende schuftet, schuftet er 19 davon für die übrigen Dorfbewohner.

Öffentliche Toiletten, zum Beispiel in Schulen und Hochschulen, sind in aller Regel nicht so sauber wie private. Das liegt weniger daran, dass sie vorwiegend von Schülern und Studenten genutzt werden, sondern am Allmendegut-Charakter öffentlicher Toiletten.

Je kleiner die Zahl der Dorfbewohner, desto wahrscheinlicher wird die gegenseitige soziale Kontrolle. Außerdem können die Dorfbewohner explizit oder implizit Nutzungsregeln vereinbaren. Die Tragik der Allmende muss nicht eintreten, aber sie kann eintreten. Die Wahrscheinlichkeit ihres Eintritts nimmt mit der Zahl der nicht ausschließbaren Nutzer zu.

Unser wichtigstes Allmendegut ist die Umwelt. Ihre übermäßige Nutzung liefert das Beispiel für die Tragik der Allmende schlechthin.

Lösung Aufgabe 3

»Ausschließbarkeit« steht für den Grad, in dem es möglich ist, Konsumenten durch die Forderung eines Preises von der Nutzung eines Gutes auszuschließen. Vereinfachend wird häufig angenommen, dass Ausschließbarkeit entweder gegeben ist oder nicht. Tatsächlich handelt es sich aber um ein graduelles Problem, das bei einigen Gütern stärker, bei anderen schwächer ausgeprägt auftritt.

Der »Bäcker um die Ecke« kann Kunden, die seine Brote nicht bezahlen, vom Konsum seiner Brote ausschließen, ohne dass ihm dadurch spürbare Kosten entstehen. Seine Fachverkäuferin erledigt die Aufgabe praktisch nebenbei. Sie achtet darauf, dass kein Kunde das Geschäft verlässt, der seine Brote nicht bezahlt hat. Die Kosten des Bäckers, seine Eigentumsrechte an der Ware durchzusetzen, sind vernachlässigbar. Für Brot ist Ausschließbarkeit gegeben. Ebenfalls üblich ist die Wendung: Das *Ausschlussprinzip* gilt.

Das Gut »Landesverteidigung« unterliegt dem Ausschlussprinzip nicht. Wenn der Verteidigungsfall eintritt, wird kein Gefreiter der Bundeswehr bei Ihnen an der Haustür klingeln und fragen: »Wünschen Sie eine Verteidigung? Wir bieten sie Ihnen heute für 7,50 Euro die Stunde an.« Ebenso ist es schwierig bis unmöglich, Ihnen individuell Straßenbeleuchtung (der technische Fortschritt wird das ändern) oder Straßenreinigung anzubieten. Den Konsum dieser Güter muss man Ihnen »vorschreiben« und Sie zwangsweise zur Kasse bitten. Andernfalls verhielten Sie sich strategisch geschickt als *Trittbrettfahrer*. Sollen doch die Nachbarn zahlen.

Viele Güter liegen zwischen diesen beiden Extremen. Ausschluss ist möglich, verursacht aber spürbare Kosten. Beispiele sind Straßenbahnfahrten, E-Books, Musik und Filme. Die Anbieter müssen Kontrolleure oder Verschlüsselungsmechanismen einsetzen und mit Sanktionen drohen, um ihre Eigentumsrechte durchzusetzen, das heißt die Konsumenten zum Entrichten der Preise zu bewegen.

Ist ein Ausschluss nicht oder nur zu prohibitiven Kosten möglich, sind die Güter nicht marktfähig (*Marktversagen*). Die Anbieter können in diesem Fall keine oder keine kostendeckenden Erlöse erzielen. Das Ausschlussprinzip ist eines von zwei Kriterien zur Unterscheidung von privaten (Individual-) und öffentlichen (Kollektiv-)Gütern. Das zweite Kriterium ist die »Rivalität im Konsum« (auch »Konkurrenzprinzip«).

Lösung Aufgabe 4

Erdgas ist ein privates Gut.

Ein Gut wird als privates Gut klassifiziert, wenn der Ausschluss zu vertretbaren Kosten möglich ist (»Ausschlussprinzip«) und Rivalität im Konsum (»Konkurrenzprinzip«) vorliegt. Beides ist hier der Fall:

- ✔ *Ausschlussprinzip:* Der Anbieter hat in Relation zum Umsatz durch die Installation und das Ablesen eines Gaszählers keine prohibitiven Kosten, Menschen vom Konsum auszuschließen, die nicht bereit sind, den Preis für das Erdgas zu zahlen. Wer nicht zahlt, erhält kein Gas. Der Ausschluss funktioniert.

- ✔ *Konkurrenzprinzip:* Es liegt strenge Rivalität im Konsum vor. Das Erdgas, das Sie verfeuern, kann kein anderer Konsument mehr nutzen.

Verwechseln Sie »Gas« nicht mit »Gasleitungsnetz«. Das Gasleitungsnetz besitzt den Charakter eines natürlichen Monopols (»Mautgut«). Es liegt keine (ernst zu nehmende) Rivalität im Konsum vor, da ein weiterer Haushalt in der Regel problemlos ans Netz angeschlossen werden kann, ohne dass anderen das Gas abgestellt werden müsste oder die Qualität der Versorgung leiden würde.

Lösung Aufgabe 5

1. Die Gutachterin liegt mit ihrem Preisvorschlag richtig. Ein Preis von 5 Euro führt zu einem maximalen Erlös in Höhe von 12.500 Euro. Es kämen 2.500 Besucher. Pro Besucher wäre ein Verlust von 3 Euro zu verbuchen (Strecke AB im Diagramm).

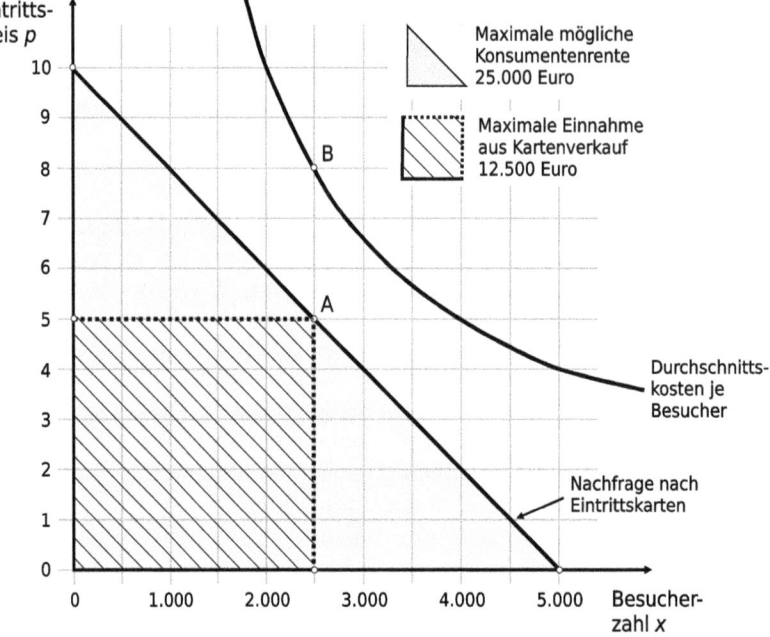

2. Ja, der Ratsbeschluss lässt sich rechtfertigen. Die Kosten des Events stehen mit 20.000 Euro fest. Den Nutzen können Sie aus der Nachfragefunktion ableiten, die die Gutachterin ermittelt hat. Die aufsummierte Zahlungsbereitschaft der Trauertaler Bürger beträgt 25.000 Euro. Sie erkennen sie im Diagramm als Konsumentenrente, wenn der Eintritt zum Stadtfest frei ist.

Das Fest hat den Charakter eines öffentlichen Gutes. Durch Zäune um das Festgelände und die Erhebung eines Eintrittspreises können Sie es in ein Mautgut umwandeln. Allerdings liegen die Durchschnittskosten des Festes je Besucher immer oberhalb des Preises (siehe Diagramm). Die Kosten können nicht gedeckt werden. Deswegen wird sich kein privater Investor für das Mautgut finden.

Sie können einwenden, dass sich mit differenzierten Eintrittspreisen ein Gewinn erzielen ließe. Der Investor müsste aber nahezu eine »perfekte Preisdiskriminierung« (mehr dazu in Kapitel 16) durchsetzen können, um die Kosten in Höhe von 20.000 Euro decken zu können. Das wird beim Verkauf von Eintrittskarten für ein Volksfest kaum möglich sein.

Lösung Aufgabe 6

1. Die Steuer ist als »Pigou-Steuer« bekannt und nach Arthur Cecil Pigou (1877–1955) benannt.

2. Nein, die Aussage ist falsch. Produktsteuern führen auf *funktionierenden* Märkten zu Allokationsverlusten. Der Alcopop-Markt ist kein funktionierender Markt. Der

Gleichgewichtspreis sorgt nicht für eine wohlfahrtsmaximierende Produktionsmenge, da von den Alcopops ein negativer externer Effekt ausgeht. Der Konsum von Alcopops verursacht soziale Kosten, die in den Angebots- und Nachfrageplänen der Hersteller und Konsumenten keine Rolle spielen. Das führt ohne die Steuer zu einer höheren als der wohlfahrtsmaximierenden Produktion. Die Pigou-Steuer korrigiert diese Fehlallokation. Sie sorgt für einen Wohlfahrtsgewinn – vorausgesetzt, sie ist hinreichend genau an den Kosten des negativen Effekts orientiert, also nicht wesentlich überhöht angesetzt.

Die optimale Höhe der Pigou-Steuer pro Stück entspricht den Kosten des externen Effekts je produzierter Einheit. Bei dieser Höhe der Steuer orientiert der Hersteller – wenn ihm die Steuer auferlegt wird – seine Produktion an den sozialen Grenzkosten, weil die Steuer die externen Kosten (= negativer externer Effekt) zu privaten Kosten macht (»internalisiert«). Da es grundsätzlich einerlei ist, ob die Steuer den Produzenten oder den Konsumenten auferlegt wird, sollte sich auch eine Besteuerung der Konsumenten an den externen Kosten orientieren.

3. Nein, das ist auf keinen Fall zu erwarten. Die Anbieter wären nur bei vollkommen unelastischer Nachfrage in der Lage, die gesamte Steuerlast auf die Nachfrager zu überwälzen. Die Nachfrage nach Alcopops hat sich jedoch – abgesehen von einer kurzen anfänglichen Modephase – als recht elastisch erwiesen. Es gibt gute Substitute, besonders im Hinblick auf die beabsichtigte Wirkung. Prösterchen!

4. Sie stauchen die Nachfragefunktion (Nachfrager verlassen den Markt) und verschieben sie nach unten (die Zahlungsbereitschaft sinkt).

5. So denken viele, trotzdem ist die Aussage falsch. Die Auswirkungen einer Steuer hängen nicht davon ab, ob sie von den Anbietern oder von den Nachfragern abgeführt werden muss.

6. Stimmt, die Aussage ist richtig. Reagiert die Nachfrage elastisch auf den Preis, so löst die Steuer einen starken Mengeneffekt aus, der im Interesse des Gesundheitsministers liegt. In fiskalischer Hinsicht ist es umgekehrt, da die Höhe der Steuer negativ auf ihre eigene Bemessungsgrundlage wirkt. Je weniger elastisch die Nachfrage reagiert, umso höher fällt die Steuereinnahme aus. Im Hinblick auf das Steueraufkommen wäre eine vollkommen unelastische Nachfrage optimal.

Lösung Aufgabe 7

1. Es werden spezialisierte Fachkräfte »produziert«.

2. Das Gut ist nicht »lagerfähig«. Es lässt sich jedenfalls nicht bevorraten, um auf Nachfrageschwankungen am Markt reagieren zu können. Nicht ausgeschlossen ist allerdings eine vorausschauende Politik, die sich um eine Glättung des Angebots im Zeitablauf kümmert. Aber Instrumente dafür sind kaum politisch durchsetzbar, denn es müssten zum Beispiel Studiengebühren eingeführt und fachspezifisch der Höhe nach an den voraussichtlichen Bedarf an Fachkräften angepasst werden.

3. Die Dauer der Produktion entspricht der eines Informatikstudiums, theoretisch der Regelstudienzeit – praktisch zwei bis drei Semester mehr.

4. Anbieter sind die Haushalte, in denen ausgebildete Informatiker leben. Nachfrager sind Unternehmen, vor allem IT-Unternehmen.

5. Die typischen Bedingungen für einen Schweinezyklus sind gegeben. Zwischen der Produktionsentscheidung der potenziellen Anbieter (zu diesem Zeitpunkt im Regelfall Abiturienten) und dem Angebotszeitpunkt liegt eine längere Zeitspanne. Die Informatiker »lagern« ihr Arbeitsangebot bei fallenden Löhnen nicht ein. Wie sollten sie auch? Ihnen – meistens Männern – fehlt eine gesellschaftlich akzeptierte Alternativrolle (»Hausmann«). Wie die Schweinezüchter auf dem Schweinemarkt im ursprünglichen Cobweb-Modell – daher der Name Schweinezyklus – verkaufen sie das gesamte Angebot, egal wie hoch der Preis (hier der Lohn) ausfällt. Auch ein Lernprozess, dass sich antizyklisches Verhalten lohnt, kann nur schwer einsetzen. Die Produktionsentscheidung, ein Informatikstudium zu beginnen oder nicht, wird in der Regel nur ein Mal getroffen.

6. Ähnliche Eigenschaften besitzen Märkte für Obst und Gemüse und alles andere, was Zeit zum Wachsen oder Reifen benötigt und anschließend nicht über längere Zeit gelagert werden kann. Weitere Beispiele sind LED-Panels und Computerchips. Das Errichten der Produktionskapazitäten führt zu einem »lag« zwischen Produktionsentscheidung und Angebot. Die Lagerfähigkeit ist bei den Gütern zwar technisch gegeben, wegen des rasanten Preisverfalls infolge technischen Fortschritts ist eine Lagerung ökonomisch aber mehr oder weniger ausgeschlossen.

Lösung Aufgabe 8

1. Die Nachfrager orientieren ihre Konsummenge am aktuellen Preis. Die Anbieter planen anhand des aktuellen Preises ihre Produktionsmenge für die kommende Periode. Das ist typisch für Märkte, auf denen Güter gehandelt werden, deren Produktion einen längeren Zeitraum in Anspruch nimmt und die nicht lagerfähig sind. Die Gleichungen beschreiben das »Cobweb-« oder »Spinngeweb-Modell«.

2. Das Gleichgewicht zeichnet sich dadurch aus, dass sich der Preis nicht mehr verändert. Es gilt also $p_t = p_{t-1} = p^*$. Durch Gleichsetzen von Angebots- und Nachfragefunktion berechnen Sie den gleichgewichtigen Preis $p^* = 6$ und die Gleichgewichtsmenge $x^* = 8$. Im Diagramm ist das Gleichgewicht mit G gekennzeichnet.

3. In der Periode 0 befindet sich der Markt im Gleichgewicht G. Der Gleichgewichtspreis beträgt 6 Euro. Wenn beim Übergang zu Periode 1 der exogene Schock auftritt, der die Nachfragefunktion nach unten verlagert, haben die Anbieter (aufgrund des Preises von 6 Euro in Periode 0) die Produktionsmenge für die Periode 1 bereits auf 8 Einheiten festgelegt. Diese Menge drückt den Preis in Periode 1 auf 4 Euro (Punkt H). Die Anbieter werden daher für Periode 2 nur noch vier Einheiten produzieren (Punkt I). Das gesunkene Angebot lässt den Preis in Periode 2 auf 6 Euro steigen (Punkt J). Die Anbieter planen infolge des gestiegenen Preises für die dritte Periode ein Angebot von acht Einheiten (Punkt G). Damit beginnt der Prozess von Neuem. Der Markt findet nicht in sein neues Gleichgewicht (Punkt N). Er befindet sich im »Schweinezyklus«.

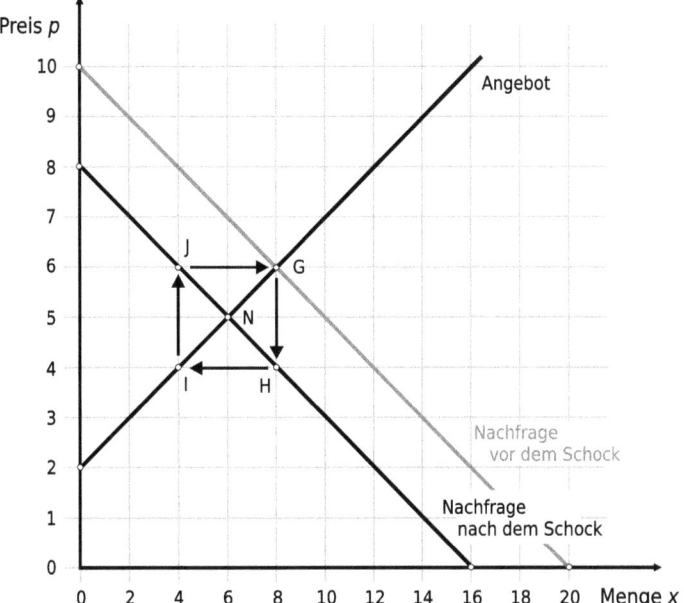

 Im Cobweb-Modell tritt der Schweinezyklus auf, wenn die Angebots- und Nachfragefunktion (absolut) dieselbe Steigung aufweisen. Der Markt ist stabil, wenn die Angebotsfunktion steiler als die Nachfragefunktion verläuft, die Angebotsmenge also mit geringerer Elastizität auf Preisänderungen reagiert als die Nachfragemenge.

4. Am Cobweb-Modell wird vor allem kritisiert, dass die Anbieter als nicht lernfähig dargestellt werden. Von Periode zu Periode werden ihre Erwartungen enttäuscht. Die Anbieter sollten erkennen können, dass es sich auszahlt, gegen den Strom zu schwimmen (sich antizyklisch zu verhalten).

IN DIESEM KAPITEL

Preis-Absatz-Funktion und Grenzumsatz

Gewinnmaximierung im Monopol

Kapitel 15
Preisbildung im Monopol

Das **Monopol** und den vollkommenen Konkurrenzmarkt können Sie sich als Anfang und Ende einer Reihe vorstellen: am Anfang das Monopol mit einem einzigen Anbieter, am Ende der Konkurrenzmarkt mit sehr vielen Anbietern, dazwischen alle anderen Zahlen an Anbietern. Tatsächlich geht auf den Schöpfer des Monopolmodells, den Franzosen Cournot, ein (mathematisches) Modell zurück, mit dem sich die Marktergebnisse für beliebige Zahlen von Anbietern auf dem vollkommenen Markt berechnen lassen. Das Monopol und das Polypol sind ebenso Spezialfälle dieses Modells wie das »Cournot-Duopol« im nächsten Kapitel.

Ein Monopolist und ein Konkurrenzanbieter unterscheiden sich vor allem im Hinblick auf ihren Einfluss auf den Preis:

- Für einen Konkurrenzanbieter (auf dem vollkommenen Markt) ist der Preis ein Datum (= gegebene Größe). Deswegen bezeichnet man Konkurrenzanbieter auch als **Preisnehmer** (oder als **Mengenanpasser**, weil sie sich an veränderte Marktbedingungen mit ihrer Produktionsmenge anpassen).

- Der Monopolist kann den Preis setzen. Er ist ein **Preissetzer**.

Dieses Kapitel betrachtet ausschließlich das Monopol auf dem vollkommenen Markt. Obwohl es sich dabei um eine vereinfachende Annahme handelt, führt sie häufig zu Missverständnissen.

Weil der Monopolist den Preis setzen kann, ist er *im wahren Leben* in der Lage, sein Produkt

- an unterschiedliche Kunden,
- an unterschiedlichen Orten oder
- zu unterschiedlichen Zeiten

zu *differenzierten* Preisen zu verkaufen.

Auf einem vollkommenen Markt kann er das nicht. Denn dort gilt im Unterschied zum wahren Leben das Gesetz vom einheitlichen Preis. Das Monopolmodell in diesem Kapitel dient zur Ermittlung dieses *einheitlichen* Preises, der den Gewinn des Monopolisten maximiert.

Auf unvollkommenen Märkten kann der Monopolist mit differenzierten Preisen in der Regel mehr Profit erzielen als mit einem einheitlichen Preis. Mehr zur »Preisdifferenzierung« erfahren Sie im nächsten Kapitel.

Preis-Absatz-Funktion und Grenzumsatz

Wenn Sie die Marktnachfrage aus der Perspektive eines Monopolisten betrachten, zeigt sie den Zusammenhang zwischen dem Preis, den er verlangt, und der Menge, die er zu diesem Preis absetzt. Das erklärt, warum die **inverse Nachfragefunktion** im Monopolmodell den Namen **Preis-Absatz-Funktion** trägt. Für sie hat sich die Schreibweise

$$(1) \quad p = a - b \cdot x \qquad \text{Beispiel}: \quad p = 10 - 1 \cdot x$$

etabliert. Wie üblich steht p für den Preis und x für die Menge. Die Bedeutung der Lageparameter a und b erklärt Ihnen ein Blick auf Abbildung 15.2.

Ihr Zugang zum Monopolmodell liegt im Verständnis des Schlüsselbegriffs **Grenzumsatz** (auch »Grenzerlös«). Der Grenzumsatz ist die Veränderung des Umsatzes durch eine zusätzlich verkaufte Einheit. Bei klein gewählten Einheiten ist der Grenzumsatz identisch mit der Steigung der Umsatzfunktion.

Tabelle 15.1 zeigt am Zahlenbeispiel aus Gleichung (1) die Entwicklung von Preis, Umsatz, »durchschnittlichem Umsatz« und Grenzumsatz. Anhand der Tabelle und Abbildung 15.1 können Sie im Detail verfolgen, was passiert, wenn der Monopolist den Preis von 7 auf 6 Euro senkt. Es treten zwei Effekte auf:

1. **Preiseffekt:** Nach der Preissenkung erlöst er für die drei Gütereinheiten, die er zum Preis von 7 absetzen konnte, nicht mehr 21, sondern nur noch 18 Euro. Der Preiseffekt beträgt −3 Euro.

2. **Mengeneffekt:** Durch die Preissenkung steigt der Absatz von drei auf vier Gütereinheiten. Dieser Mengeneffekt lässt den Umsatz für sich genommen um 6 Euro steigen.

Zusammen ergeben die beiden Effekte den Grenzumsatz für die vierte Gütereinheit. Er beträgt 3 Euro. Beachten Sie, dass der Grenzumsatz unter dem »durchschnittlichen Umsatz« liegt. Die Spalte »Durchschnittlicher Umsatz« in der Tabelle ist im Grunde überflüssig, denn der durchschnittliche Umsatz ist nichts anderes als der Preis.

Preis p	Menge x	Umsatz U	»Durchschnittlicher Umsatz«	Grenzumsatz
10	0	0	10	
9	1	9	9	9
8	2	16	8	7
7	3	21	7	5
6	4	24	6	3
5	5	25	5	1
4	6	24	4	-1
3	7	21	3	-3
2	8	16	2	-5
1	9	9	1	-7
0	10	0	0	-9

Tabelle 15.1: Wertetabelle der Preis-Absatz-Funktion in Abbildung 15.1

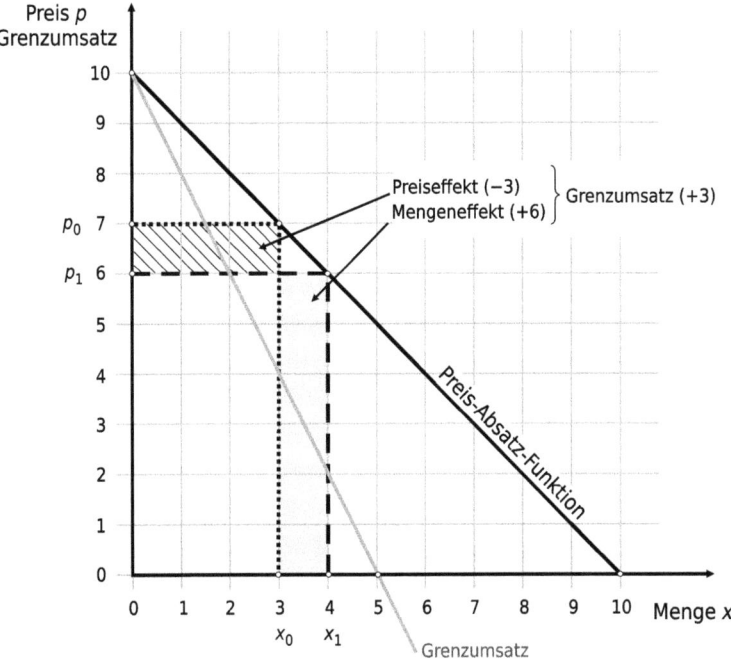

Abbildung 15.1: Preis-Absatz-Funktion, Preis und Grenzumsatz

Berechnung von Umsatz und Grenzumsatz

Der **Umsatz** (oder Erlös) wird als Preis mal Menge berechnet:

$$(2) \quad U = p \cdot x = (a - b \cdot x) x = ax - bx^2 \qquad \text{Zahlenbeispiel: } U = (10 - x) x = 10x - x^2$$

Der Grenzumsatz lässt sich (näherungsweise) als Steigung der Umsatzfunktion berechnen:

(3) $U' = a - 2bx$ Zahlenbeispiel: $U' = 10 - 2x$

Was Sie über den **Grenzumsatz** wissen sollten:

✓ Der Grenzumsatz liegt immer unter dem Preis (= durchschnittlicher Umsatz). Wenn der Monopolist eine weitere Einheit verkaufen will, muss er – vollkommener Markt! – den Preis für seine gesamte Absatzmenge senken.

✓ Bei einer linearen Preis-Absatz-Funktion – andere werden selten betrachtet – beginnt die Grenzumsatzfunktion beim Prohibitivpreis und verläuft doppelt so steil wie die Preis-Absatz-Funktion. Die Grenzumsatzfunktion schneidet die Mengenachse bei der halben Sättigungsmenge (siehe Abbildung 15.2).

✓ Der Grenzumsatz kann negativ werden. Der Umsatz des Monopolisten sinkt, wenn er seine Produktion über die halbe Sättigungsmenge hinaus ausdehnt. Ohne Not wird kein Unternehmer eine Absatzmenge im Bereich negativer Grenzumsätze wählen.

Gewinnmaximierung im Monopol

Die Gewinnmaximierungsregel des Monopolisten lautet: Produziere die Menge, bei der Grenzumsatz und Grenzkosten übereinstimmen. Formal folgt die Regel aus der Definitionsgleichung für den Gewinn G als Differenz von Umsatz U und Kosten C:

(4) $\underbrace{G}_{\text{Gewinn}} = \underbrace{U}_{\text{Umsatz}} - \underbrace{C}_{\text{Kosten}}$

(5) $\underbrace{G'}_{\substack{\text{Der Anstieg der}\\\text{Gewinnfunktion...}}} = \underbrace{U'}_{\substack{\text{Anstieg der}\\\text{Umsatzfunktion}}} - \underbrace{C'}_{\substack{\text{Anstieg der}\\\text{Kostenfunktion}}} \underbrace{\overset{!}{=} 0}_{\substack{\text{...muss gleich}\\\text{null sein}}}$

(6) $\underbrace{U'}_{\text{Grenzumsatz}} = \underbrace{C'}_{\text{Grenzkosten}}$

Ein Monopolist maximiert seinen Gewinn, wenn er die Menge produziert, bei der Grenzumsatz und Grenzkosten übereinstimmen (»Gesetz des erwerbswirtschaftlichen Angebots«).

Die hinreichende Bedingung für ein Gewinnmaximum

(7) $G'' = U'' - C'' < 0$

(8) $U'' < C''$

ist immer erfüllt, wenn die Preis-Absatz-Funktion und die Kostenfunktion normale Verläufe zeigen.

Da die Regel »Grenzumsatz = Grenzkosten« ohne weitere Annahmen allein aus der Definition des Gewinns hergeleitet wird, gilt sie für *jedes* Unternehmen. Die notwendige Bedingung »Preis = Grenzkosten« für die Gewinnmaximierung in einem Konkurrenzunternehmen ist ein Spezialfall der Grenzumsatz-Grenzkosten-Regel. In einem Konkurrenzunternehmen auf dem vollkommenen Markt stimmt der Grenzumsatz mit dem Preis überein.

Abbildung 15.2 zeigt ein zusammenfassendes Diagramm: Im Punkt E stimmen Grenzumsatz (= Steigung der Umsatzfunktion) und Grenzkosten (= Steigung der Kostenfunktion) überein. Die Konsumenten besitzen für die zugehörige Menge eine Zahlungsbereitschaft, die Sie über den **Cournotschen Punkt** auf der Preis-Absatz-Funktion ermitteln.

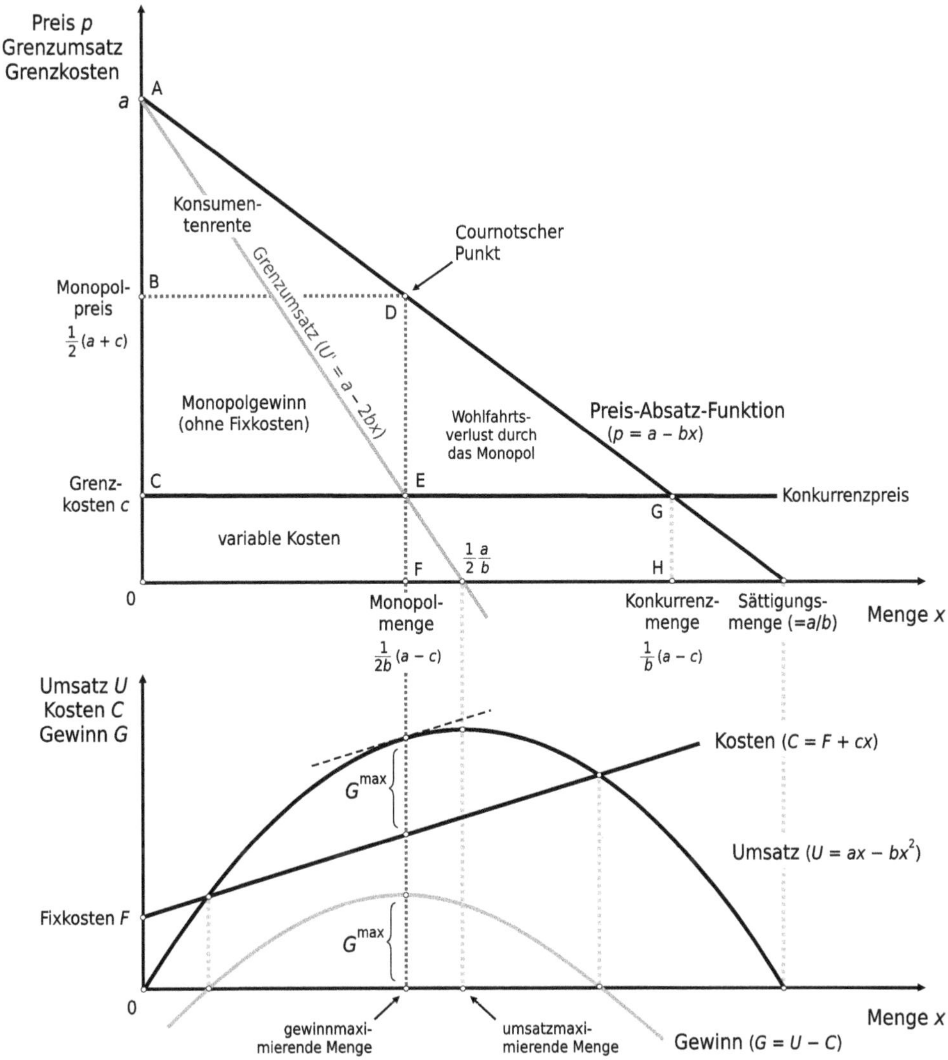

Abbildung 15.2: Das Monopolmodell im Überblick

Der Vergleich der Marktergebnisse, die sich im Monopol und bei Konkurrenz einstellen, ist aus zwei Gründen problematisch:

1. Würde ein Monopol zerschlagen und in zahlreiche kleine Konkurrenzunternehmen aufgespalten, ist es unwahrscheinlich, dass die Fixkosten der Konkurrenzunternehmen in der Summe mit denen des Monopolisten übereinstimmen. Im Fall des natürlichen Monopols (steigende Skalenerträge) würden die Stückkosten auf jeden Fall steigen (»Subadditivität der Kosten«), wenn das Monopol in kleinere Unternehmen aufgespalten würde.

2. Steigen die Grenzkosten mit der Produktionsmenge, hätte ein »großer Monopolist« höhere Grenzkosten als ein »kleiner Konkurrenzanbieter«.

Am einfachsten lassen sich die Marktergebnisse daher vergleichen, wenn konstante Grenzkosten und das Fehlen von fixen Kosten unterstellt werden.

	Monopol	Konkurrenz
Konsumentenrente	Dreieck ADB	Dreieck AGC
Produzentenrente	Rechteck BDEC	0
Wohlfahrt	Trapez ADEC	Dreieck AGC

Tabelle 15.2: Rentenvergleich Monopol versus Konkurrenz

Die Amoroso-Robinson-Relation

Wenn Sie die Umsatzfunktion $U = p(x) \cdot x$ nach x differenzieren, müssen Sie beachten, dass der Preis, den der Monopolist durchsetzen kann, von der Absatzmenge abhängt. Daher ist die Produktregel anzuwenden (siehe Mathetipp »Ableitungen: Mit wenigen Regeln kommen Sie aus« im Top-Ten-Teil).

$$(9) \quad \frac{dU}{dx} = \frac{dp}{dx} \cdot x + p$$

$$(10) \quad \frac{dU}{dx} = p\left(\frac{dp}{dx} \cdot x \cdot \frac{1}{p} + 1\right)$$

$$(11) \quad \frac{dU}{dx} = p\left(1 + \frac{1}{\varepsilon_{x,p}}\right)$$

Gleichung (11) Gleichung ist bekannt unter dem Namen **Amoroso-Robinson-Relation**. Sie zeigt den Zusammenhang zwischen Grenzumsatz, Preis und direkter Preiselastizität der Nachfrage $\varepsilon_{x,p}$.

Weitere Ergebnisse des Monopolmodells

✔ Der Monopolist treibt den Preis in die Höhe, indem er das Angebot künstlich knapp hält.

✔ Der Cournotsche Punkt liegt immer im elastischen Bereich (= obere Hälfte) der Preis-Absatz-Funktion. Die Monopolmenge ist – bei positiven Grenzkosten – immer kleiner als die halbe Sättigungsmenge.

✔ Im Fall einer Steigerung der Produktionskosten (zum Beispiel durch höhere Lohnkosten) verlangt der Monopolist einen höheren Preis, weil sich die Grenzkostenfunktion nach oben verlagert. In Abbildung 15.2 lägen der Punkt E und damit auch der Cournotsche Punkt auf der Preis-Absatz-Funktion höher.

✔ Fixkosten haben keinen Einfluss auf die Produktionsentscheidung des Monopolisten, da sie weder die Grenzkosten noch die Grenzumsätze beeinflussen.

✔ Aus der **Amoroso-Robinson-Relation** können Sie ablesen, dass der Umsatz maximal wird (notwendige Bedingung: $U' = 0$), wenn die direkte Preiselastizität der Nachfrage minus eins ist. Zudem zeigt die Relation, dass der Grenzumsatz immer unter dem Preis liegt (weil die direkte Preiselastizität der Nachfrage in der Regel negativ ist). Schließlich geht aus ihr hervor, dass die Preis-Absatz-Funktion elastisch verlaufen muss, damit die Grenzumsätze positiv sind. Da für die Herleitung der Relation keine lineare Preis-Absatz-Funktion unterstellt wurde, gelten die getroffenen Aussagen generell.

✔ Daneben ist die Amoroso-Robinson-Relation hilfreich bei der Berechnung des Zusammenhangs zwischen dem **Lernerschen Monopolgrad** LR (Lerner's ratio) und der direkten Preiselastizität der Nachfrage. Der Monopolgrad misst die Monopolmacht mit der Formel:

$$LR = \frac{\text{Monopolpreis} - \text{Konkurrenzpreis}}{\text{Monopolpreis}} = -\frac{1}{\text{direkte Preiselastizität der Nachfrage}}$$

Die Monopolmacht fällt umso höher aus, je unelastischer die Konsumenten das Produkt nachfragen.

Eine unelastische Nachfrage signalisiert, dass für das Produkt keine geeigneten Substitute zur Verfügung stehen – dass es sich schlecht durch andere ersetzen lässt. Die Nachfrager können daher bei Preissteigerungen nur schwer auf andere Produkte ausweichen.

✔ Im Unterschied zum Konkurrenzmarkt kann der Staat durch die Verordnung eines Höchstpreises den Monopolisten zu einer Ausweitung seiner Produktion bewegen. Der Höchstpreis verändert die Preis-Absatz-Funktion des Monopolisten. Seine Grenzumsätze stimmen mit dem Höchstpreis bis zu der Menge überein, bei der der Höchstpreis die Preis-Absatz-Funktion schneidet.

✔ Die Konkurrenzlösung muss unter Wohlfahrtsgesichtspunkten nicht besser sein als die Monopollösung. Besonders die Regulierung eines natürlichen Monopols wirft Probleme auf, da die Stückkosten steigen, wenn das Monopol »einfach aufgespalten« wird.

Aufgaben

Aufgabe 1

Ergänzen Sie den oder die ausgelassenen Begriffe!

1. »Mono« in der Marktformbezeichnung Monopol steht für _____.
2. Sinkende Stückkosten führen in ein »_____ Monopol«.
3. Ein Monopolunternehmen maximiert seinen Gewinn, indem es der Regel »_____« folgt.
4. Die Amoroso-Robinson-Relation stellt einen Zusammenhang zwischen Grenzumsatz, Preis und _____ her.
5. Das Ergebnis der Berechnung »(Preis-Grenzkosten)/Preis« kennt man als _____.
6. Der Cournotsche Punkt liegt immer im _____ der _____.
7. Wenn die Grenzkosten infolge höherer Faktorpreise zunehmen, setzt der Monopolist einen _____ Preis.
8. Wenn der Staat die Produktion eines Monopolisten besteuert, produziert der Monopolist eine _____ Menge.
9. Auf eine Besteuerung seines Gewinns reagiert ein Monopolist _____.
10. Auf einen Höchstpreis reagiert ein Monopolist in der Regel mit einer _____ seiner Produktionsmenge.

Aufgabe 2

Tony Records™ hat die Band »Lebende Hemden« unter Vertrag. Aus einer Marktstudie ist bekannt, dass sich die neue CD »Heimspiel« in Abhängigkeit von der Preisgestaltung wie in der Tabelle angegeben verkaufen wird.

Preis (Euro)	Heimspiel-CDs (Stück)		
24	10.000		
22	20.000		
20	30.000		
18	40.000		
16	50.000		
14	60.000		
12	70.000		

Die Herstellungskosten pro CD betragen pro Stück konstant 1 Euro. Daneben sieht der Plattenvertrag eine Zahlung von 5 Euro pro verkaufte CD an die Band vor.

1. Zu welchem Preis wird Tony Records™ die Heimspiel-CD anbieten?
2. Welchen Einfluss hätte ein einmaliges Honorar für die Einspielung der CD in Höhe von 100.000 Euro an die Band auf den Verkaufspreis?
3. Wie hoch ist Lerners Monopolgrad?
4. Wie hoch ist die direkte Preiselastizität der Nachfrage?

Aufgabe 3

Ermitteln Sie für einen Monopolisten mit der Kostenfunktion $C = 2.000 + 40x$ und der Preis-Absatz-Funktion $p = 1.000 - 0,2x$ den Cournotschen Punkt!

Aufgabe 4

Was unterscheidet eine Nachfrage- von einer Preis-Absatz-Funktion?

Aufgabe 5

»Die Angebotsfunktion eines Monopolisten ist immer isoelastisch.«

Richtig oder falsch?

Aufgabe 6

»Wenn ein Monopolist seinen Gewinn maximiert, muss er seine Kosten minimieren und seinen Umsatz maximieren.«

Richtig oder falsch?

Aufgabe 7

Über einen gewinnmaximierenden Monopolisten seien folgende Informationen verfügbar:

- ✔ Seine Preis-Absatz-Funktion lautet $p = 80 - 0,5x$ (mit p für den Preis in Euro und x für die Menge).
- ✔ Seine variablen Kosten pro Stück sind konstant, das heißt unabhängig von der produzierten Menge.
- ✔ Er verlangt einen Preis von 60 Euro für sein Produkt.

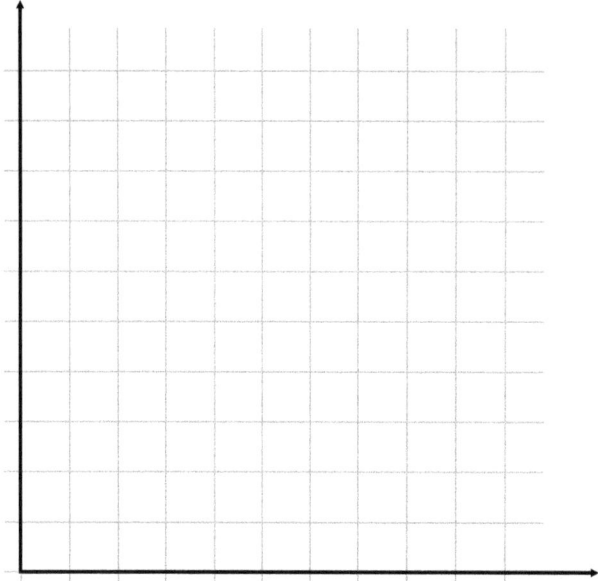

Stellen Sie die Preis-Absatz-, die Grenzumsatz-, die Grenzkostenfunktion und die Ermittlung des Cournotschen Punktes im vorbereiteten Diagramm dar! Wählen Sie eine geeignete Skalierung der Achsen! Denken Sie an eine hinreichende Beschriftung!

Aufgabe 8

Inwiefern gefährden Monopole a) Gerechtigkeit, b) Freiheit und c) Wohlstand?

Formulieren Sie für jedes Ziel einen markanten Antwortsatz und nennen Sie jeweils ein Beispiel!

Aufgabe 9

Peppino tritt in seinem eigenen kleinen Zirkus als Clown auf. Im Zirkuszelt finden 100 Besucher Platz. Er gibt drei Vorstellungen in der Woche, dann geht es weiter in die nächste Stadt. In den vergleichbaren Kleinstädten, in denen der Zirkus Station macht, gilt die folgende Preis-Absatz-Funktion für jede Vorstellung:

$$p = 5{,}5 - 0{,}05x$$

p ist der Eintrittspreis in Euro, x ist die Zahl der Zirkusbesucher.

Die einzigen variablen Kosten entstehen Peppino für seinen Mitreisenden Fritz. Dessen Entlohnung ist erfolgsabhängig: Er erhält pro verkaufter Karte 0,50 Euro. Je Vorstellung fallen zudem fixe Kosten in Höhe von 22,50 Euro an.

1. Welcher Kartenpreis maximiert Peppinos Gewinn?
2. Während manche Städte Peppino kostenlos einen Standplatz zur Verfügung stellen, verlangen andere 5 Euro/Tag. Wie ändert sich dadurch der gewinnmaximierende Kartenpreis?

3. Welcher Preis für eine Eintrittskarte maximiert die Summe der Einkommen von Peppino und Fritz?

4. Was spricht gegen den von Ihnen ermittelten Eintrittspreis? Können Sie Peppino einen Rat geben, wie er sich verbessern könnte?

Aufgabe 10

Ein Monopolist sieht sich der in der Abbildung dargestellten Situation gegenüber. Gehen Sie von Fixkosten in Höhe von 100 aus.

Tragen Sie in die Tabelle die Lösungswerte ein!

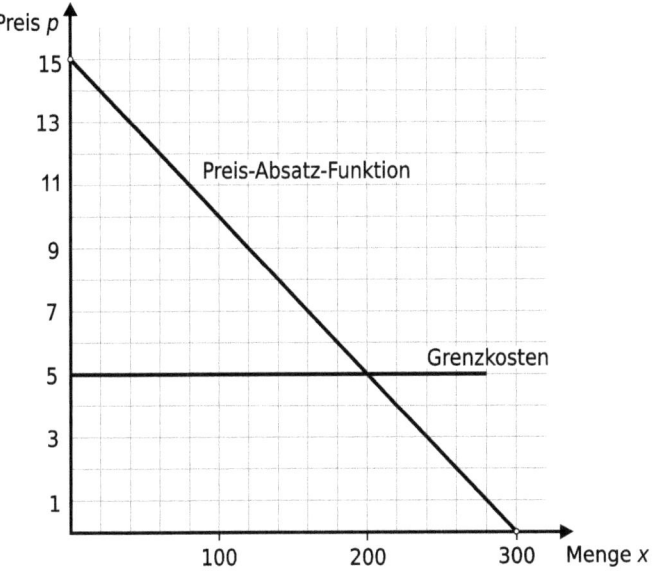

Frage/Aufgabe	Lösungswert
1. Welche Menge müsste das Unternehmen produzieren, wenn es seinen Umsatz maximieren wollte?	
2. Welche Menge maximiert den Gewinn?	
3. Wie hoch wäre der Gewinn, wenn das Unternehmen 200 Stück produzieren würde?	
4. Wie hoch sind die Stückkosten in diesem Unternehmen, wenn 100 Einheiten hergestellt werden?	
5. Welche Menge könnte das Unternehmen unabhängig von Gewinn und Verlust maximal absetzen?	
6. Wie hoch ist der Grenzumsatz (= Grenzerlös), wenn das Unternehmen 100 Stück herstellt?	
7. Welchen Umsatz würde das Unternehmen erzielen, wenn es einen Preis in Höhe der Grenzkosten verlangen würde?	
8. Welche Menge würde das Unternehmen anbieten, wenn der Staat einen Höchstpreis von sieben Geldeinheiten je Stück vorschreiben würde?	

Frage/Aufgabe	Lösungswert
9. Welche Menge würde das Unternehmen anbieten, wenn Staat eine Steuer von zwei Geldeinheiten je Stück einführt?	
10. Welche Menge würde das Unternehmen anbieten, wenn der Staat pro Periode eine pauschale Abgabe von 200 Geldeinheiten verlangen würde?	

Aufgabe 11

Sollte jedes Monopol zerschlagen oder verstaatlich werden?

Aufgabe 12

Der Patentschutz des amerikanischen Pharmakonzerns Pfizer auf das Arzneimittel Viagra® ist im Juni 2013 ausgelaufen. Seitdem haben zahlreiche Generikahersteller Zulassungen vom Bundesinstitut für Arzneimittel und Medizinprodukte erhalten.

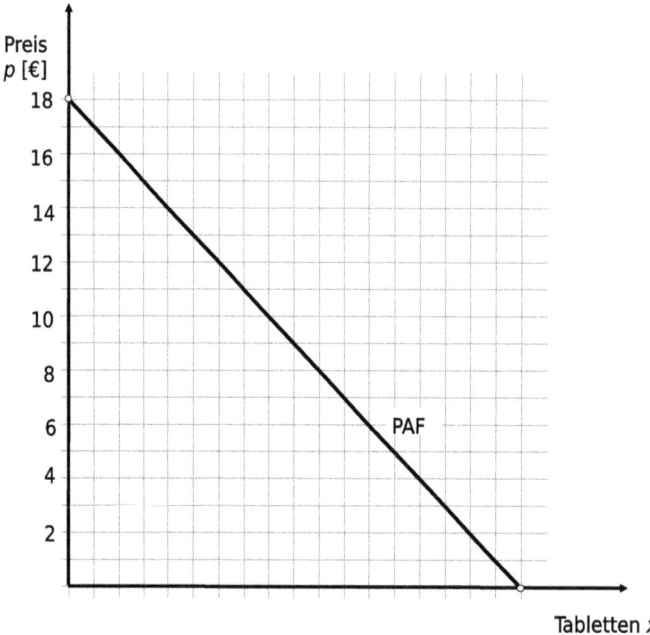

Nehmen Sie an, die Patienten können genügend Druck auf ihre Ärzte ausüben, ihnen jeweils das günstigste Generikum zu verschreiben. In den meisten Fällen werden die Kosten der Potenzpille von den Krankenkassen schließlich nicht übernommen.

Gehen Sie zudem davon aus, dass eine Tablette zu Grenzkosten in Höhe von 2 Euro produziert werden kann.

1. Untersuchen Sie die Preisentwicklung infolge des Auslaufens des Patentschutzes anhand des vorbereiteten Diagramms, das die Preis-Absatz-Funktion für Viagra® zeigt.

2. Welche unerwünschten volkswirtschaftlichen »Nebenwirkungen« könnten mit dem Auslaufen des Patentschutzes verbunden sein?

3. Wie hoch war die Monopolmacht vor Ablauf des Patentschutzes?

Aufgabe 13

1. Warum wünschen sich Autoren für gedruckte (Lehr-)Bücher andere Ladenpreise als die Verlage?

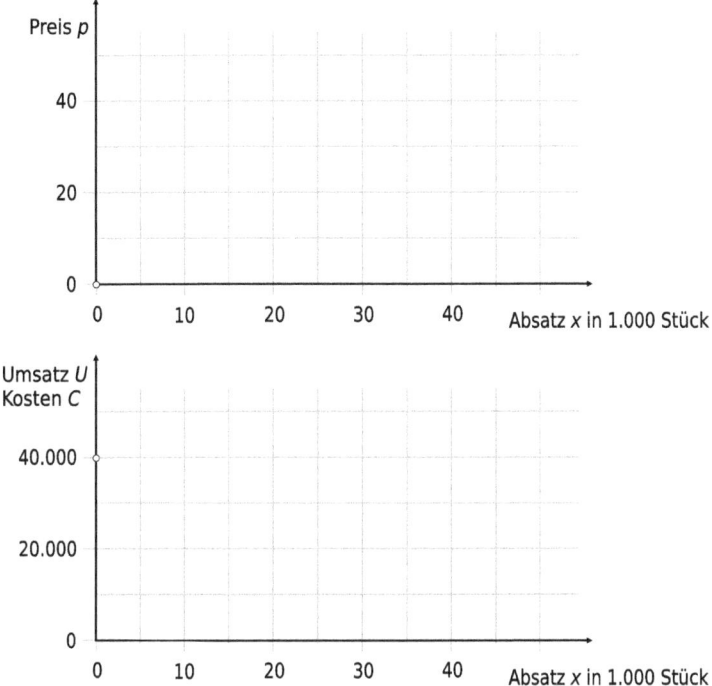

Verwenden Sie zur grafischen Analyse der Fragestellung das vorbereitete Doppeldiagramm. Nehmen Sie zudem an:

- ✓ Beide, Autor und Verlag, verfolgen jeweils das Ziel, möglichst viel an dem Buchprojekt zu verdienen.
- ✓ Der Autorenvertrag sieht eine prozentuale Beteiligung des Autors am Umsatz (= Verkaufserlös) vor.
- ✓ Zudem sei angenommen, die Nachfrage x nach dem Buch sei in Abhängigkeit vom Preis p gegeben durch $p = 40 - 0,001x$. Der Verlag hat fixe Kosten der Bucherstellung von 10.000 Euro und der Druck jedes Buches kostet 10 Euro.

2. Wie ändert sich das Ergebnis im Hinblick auf die Preisgestaltung von E-Books?
3. Welche weiteren Motive beeinflussen die Preiswünsche der Autoren?

Aufgabe 14

An schönen Tagen, an denen mit zahlreichen Ausflüglern zu rechnen ist, postiert sich Mehmet mit seinem mobilen Mineralwasserverkaufsstand auf einem privaten Wanderparkplatz im Harz. Er hat hier ein lokales Monopol und weiß aus Erfahrung, dass die Wanderer Wasserflaschen nach Maßgabe der Preis-Absatz-Funktion $p = 4{,}5 - 0{,}01x$ kaufen. Dabei steht p für den Preis einer Flasche Mineralwasser und x für die Zahl der Flaschen. Alle Angaben in dieser Aufgabe beziehen sich auf einen Tag.

Mehmets fixe Kosten (Anfahrt, Spritkosten, den ganzen Tag auf dem Parkplatz stehen und so weiter) betragen 150 Euro. Seine Kosten pro Flasche Mineralwasser betragen 0,50 Euro.

1. Welchen Preis muss Mehmet verlangen, wenn er seinen Gewinn maximieren will? Lösen Sie das Problem im vorbereiteten Diagramm grafisch! Denken Sie auch an eine Beschriftung!
2. Der Eigentümer des Parkplatzes möchte an Mehmets Profit teilhaben. Mehmet soll entweder pro Verkaufstag pauschal 199 Euro »Standgebühr« zahlen oder ihn mit 1,00 Euro pro verkaufte Flasche beteiligen. Vor die Wahl gestellt, für welche Alternative entscheidet sich Mehmet?

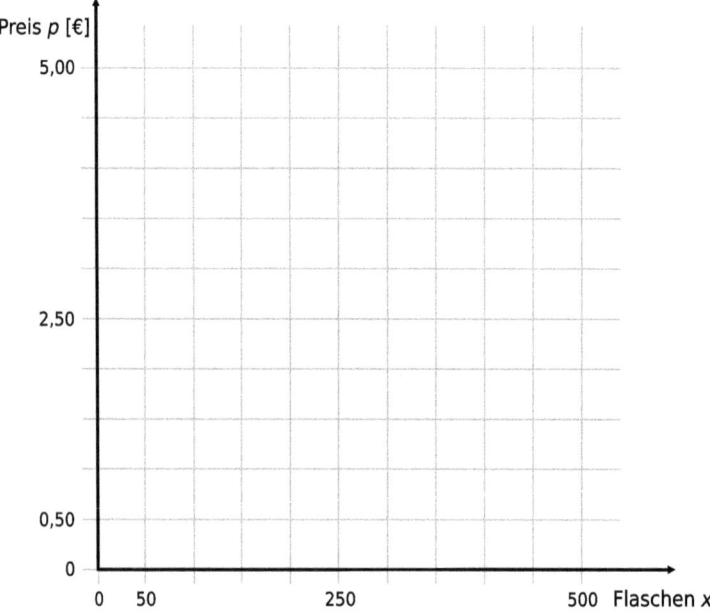

Aufgabe 15

In Francescos Edelpizzeria gibt es 25 Sitzplätze. Jeder Platz wird am Abend nur ein Mal besetzt, weil sich die Gäste regelmäßig den ganzen Abend über im Restaurant aufhalten. Die tägliche Nachfrage x nach einem typischen Menü beschreibt die Funktion $p = 93 - 2x$. Francesco hat den Preis p so gestaltet, dass der typische Gast am Abend für Essen und Getränke 55 Euro ausgibt.

Francesco verrät seinem besten Freund Daniele eines Tages im Vertrauen, dass er ganz entgegen dem exzellenten Ruf seines Restaurants einen recht billigen Wein ausschenke und ein zusätzlicher Gast nur 17 Euro Kosten verursacht (Speisen, Getränke, Bedienung etc.). Er sei eigentlich rundum zufrieden. Besser könne es nicht laufen.

Daniele überlegt kurz und sagt dann: »Francesco, mein Freund, jeden Abend hast du nur 19 Gäste. Sechs Plätze bleiben leer. Wie kannst du da zufrieden sein?«

Kommentieren Sie!

Lösungen

Lösung Aufgabe 1

1. »Mono« in der Marktformbezeichnung Monopol steht für »**ein**«.

2. Sinkende Stückkosten führen in ein »**natürliches** Monopol«.

3. Ein Monopolunternehmen maximiert seinen Gewinn, indem es der Regel **Grenzumsatz gleich Grenzkosten** folgt.

4. Die Amoroso-Robinson-Relation stellt einen Zusammenhang zwischen Grenzumsatz, Preis und direkter **Preiselastizität der Nachfrage** her.

5. Das Ergebnis der Berechnung »(Preis-Grenzkosten)/Preis« kennt man als **Lerner-Index oder Lernerschen Monopolgrad**.

6. Der cournotsche Punkt liegt immer im **elastischen Bereich** der **Preis-Absatz-Funktion**.

7. Wenn die Grenzkosten infolge höherer Faktorpreise zunehmen, setzt der Monopolist einen **höheren** Preis.

8. Wenn der Staat die Produktion eines Monopolisten besteuert, produziert der Monopolist eine **geringere** Menge. (Die Besteuerung der Produktion kommt einer Zunahme der Grenzkosten gleich.)

9. Auf eine Besteuerung seines Gewinns reagiert ein Monopolist **nicht** (weil sich die Lage des Cournotschen Punktes nicht verändert).

10. Auf einen Höchstpreis reagiert ein Monopolist in der Regel mit einer **Ausweitung** seiner Produktionsmenge.

Lösung Aufgabe 2

Sie ergänzen die Tabelle um die Spalten »Umsatz«, »Kosten« und »Gewinn«, berechnen die Werte »zu Fuß« und suchen den höchsten Gewinn. Da über fixe Kosten keine Angaben verfügbar sind, seien sie mit null angenommen. Auf den gewinnmaximierenden Preis würden sie sich ohnehin nicht auswirken.

Preis (Euro)	Menge Heimspiel-CDs (Stück)	Umsatz (Euro)	Kosten (Euro)	Gewinn (Euro)
24	10.000	240.000	60.000	180.000
22	20.000	440.000	120.000	320.000
20	30.000	600.000	180.000	420.000
18	40.000	720.000	240.000	480.000

Preis (Euro)	Menge Heimspiel-CDs (Stück)	Umsatz (Euro)	Kosten (Euro)	Gewinn (Euro)
16	50.000	800.000	300.000	500.000
14	60.000	840.000	360.000	480.000
12	70.000	840.000	420.000	420.000

1. Tony Records™ verlangt einen Preis von 16 Euro für die Heimspiel-CD.

2. Das einmalige Honorar von 100.000 Euro hat Fixkostencharakter und somit keinen Einfluss auf den Verkaufspreis. Es vermindert lediglich den in der letzten Spalte der Tabelle ausgewiesenen Gewinn in jeder Zeile jeweils um 100.000 Euro.

3. Lerners Monopolgrad LR ist die relative Differenz zwischen Monopolpreis p_M und Grenzkosten GK (=Konkurrenzpreis). Die Grenzkosten einer CD betragen 6 Euro (= Herstellungskosten plus Umsatzbeteiligung der Band je CD):

$$\text{LR} = \frac{p_M - GK}{p_M} = \frac{16-6}{16} = \frac{5}{8} = 0{,}625$$

4. Um die direkte Preiselastizität der Nachfrage zu berechnen, setzen Sie die relative Mengenänderung zur relativen Preisänderung ins Verhältnis. Mit den Werten aus der Tabelle erhalten Sie:

$$\varepsilon_{CD,p} = \frac{\frac{\Delta CD}{CD}}{\frac{\Delta p}{p}} = \frac{\frac{40.000-50.000}{50.000}}{\frac{18-16}{16}} = \frac{-\frac{1}{5}}{\frac{2}{16}} = -\frac{16}{10} = -1{,}6$$

Hinweis: Sie erhalten ein abweichendes Ergebnis, wenn Sie anstelle einer Preisänderung von 16 Euro auf 18 Euro von einer Preisänderung von 14 Euro auf 16 Euro ausgehen (oder von 15 Euro auf 17 Euro und die Mengen entsprechend interpolieren), weil die direkte Preiselastizität der Nachfrage auf einer linearen Preis-Absatz-Funktion nicht konstant ist. Nicht nur aus diesem Grund sollten Sie dem gleich angesprochenen alternativen Lösungsweg grundsätzlich den Vorzug geben.

Den Wert der direkten Preiselastizität der Nachfrage hätten Sie mit dem folgenden Tipp schneller über den bereits berechneten Lernerschen Monopolgrad ermitteln können.

Im monopolistischen Gewinnmaximum entspricht Lerners Monopolgrad dem negativen Kehrwert der direkten Preiselastizität der Nachfrage.

Alternativer Lösungsweg: Wenn Sie die Gewinne nur für die in der Tabelle vorgegebenen Preis-Mengen-Kombinationen berechnen, können Sie nicht sicher sein, ob Sie den gewinnmaximierenden Preis auf den Cent genau gefunden haben. Vielleicht fällt der Gewinn für einen nicht aufgeführten Preis, zum Beispiel 15,69 Euro pro CD, höher aus.

Aus der Aufgabenstellung können Sie erkennen, dass die Menge der abgesetzten CDs jeweils um 10.000 Stück sinkt, wenn der Preis um zwei Euro steigt. Zumindest im wiedergegebenen Bereich ist der Zusammenhang zwischen Menge und Preis linear. Deswegen bietet es sich an, die Preis-Absatz-Funktion zu bestimmen. Für das Beispiel lautet sie $p = 26 - 0{,}2x$ mit x für die Zahl der CDs in 1.000 Stück. In den Mathetipps im Top-Ten-Teil ist unter der

Überschrift »Die Gleichung einer linearen Funktion ermitteln« beschrieben, wie Sie die Preis-Absatz-Funktion finden. Mithilfe der Preis-Absatz-Funktion und der »Grenzumsatz-Grenzkosten-Regel« finden Sie die zu Fuß berechneten Werte übrigens bestätigt.

Lösung Aufgabe 3

Wie für jeden Anbieter, der seinen Gewinn maximieren will, gilt für den Monopolisten, dass als notwendige Bedingung »Grenzumsatz = Grenzkosten« erfüllt sein muss:

Umsatz: $U = p \cdot x = (1.000 - 0,2x) \cdot x = 1.000x - 0,2x^2$

Grenzumsatz: $U' = \dfrac{dU}{dx} = 1.000 - 0,4x$

Grenzkosten: Die Grenzkosten können Sie direkt aus der Kostenfunktion ablesen: Mit jedem zusätzlichen x steigen die Kosten um 40.

$$\begin{aligned} \text{Grenzumsatz} &= \text{Grenzkosten} \\ 1.000 - 0,4x &= 40 \\ 0,4x &= 960 \\ x &= \frac{960}{0,4} \\ x^* &= 2.400 \end{aligned}$$

Der Cournotsche Punkt liegt auf der Preis-Absatz-Funktion und zeigt die gewinnmaximierende Preis-Mengen-Kombination des Monopolisten.

Einsetzen der Menge x* in die Preis-Absatz-Funktion liefert den zugehörigen Preis:

$$p^*(x^* = 2.400) = 1000 - 0,2 \cdot 2.400 = 520$$

Die Koordinaten des Cournotschen Punktes lauten somit $(x^*;\ p^*) = (2.400;\ 520)$.

Überprüfung der hinreichenden Bedingung für ein Gewinnmaximum:

Die zweite Ableitung der Gewinnfunktion muss für x* negativ sein.

$$\begin{aligned} G'' &= U'' - C'' < 0 \\ U'' &< C'' \\ -0,4 &< 0 \end{aligned}$$

Die Bedingung ist hier unabhängig vom berechneten Wert für x* erfüllt. Es handelt sich also um ein Gewinnmaximum. Der maximale Gewinn beträgt 1.150.000 – aber danach war nicht gefragt.

Die hinreichende Bedingung ist im Monopolmodell immer erfüllt, wenn die Preis-Absatz-Funktion eine fallende Gerade ist und die Kostenfunktion konstante (oder steigende) Grenzkosten zeigt. Diese Konstellation trifft auf die meisten Übungsaufgaben zur monopolistischen Gewinnmaximierung zu.

Lösung Aufgabe 4

Eine Nachfragefunktion beschreibt die Nachfrage nach einem Gut in Abhängigkeit von dessen Preis am Markt. Eine Preis-Absatz-Funktion beschreibt den Absatz aus Sicht eines Unternehmens in Abhängigkeit vom Preis, den das Unternehmen verlangt. Deswegen ist mitunter auch von einer »konjekturalen« (= mutmaßlichen) Preis-Absatz-Funktion die Rede.

Die beiden wichtigsten Fälle:

1. Monopol: Die Nachfrage- fällt mit der Preis-Absatz-Funktion zusammen.
2. Vollkommene Konkurrenz: Die Nachfragefunktion zeigt einen fallenden Verlauf (»Gesetz der Nachfrage«). Hingegen verläuft die Preis-Absatz-Funktion vollkommen elastisch. Sie ist eine Parallele zur Mengenachse in Höhe des Gleichgewichtspreises, da das einzelne Konkurrenzunternehmen auf einem vollkommenen Markt den Marktpreis nicht beeinflussen kann (»Mengenanpasser«, »Preisnehmer«).

Lösung Aufgabe 5

Auch wenn die Aussage durch die Verwendung der Fachbegriffe wissenschaftlich klingt – ihr Inhalt ist Unfug. Ein Monopolist ist ein Preissetzer. Er besitzt keine Angebotsfunktion. Als Preissetzer reagiert der Monopolist im Unterschied zu einem Preisnehmer mit der Menge nicht auf einen gegebenen Marktpreis.

Im weiteren Sinne sind Angebotsfunktionen eines Monopolisten allerdings denkbar. So lässt sich zum Beispiel die Mengenreaktion eines Monopolisten auf eine staatliche Subvention als Angebotsfunktion interpretieren. Sie würde die Frage beantworten, mit welchen Mengen ein Monopolist bei alternativen Subventionssätzen seinen Gewinn maximiert.

Am Rande, weil der Begriff in der Aufgabe erwähnt wird: Eine isoelastische Funktion zeichnet sich dadurch aus, dass sie in jedem Punkt dieselbe Elastizität besitzt.

Lösung Aufgabe 6

Die Aussage ist falsch.

Zutreffend ist nur, dass ein Produzent – Monopolist hin oder her – zu minimalen Kosten produzieren muss, wenn er seinen Gewinn maximieren will. Jeder Cent an unnötigen Kosten, der sich durch eine effizientere Produktion vermeiden ließe, schmälert den Gewinn um eben diesen Cent.

Kostenfunktionen zeigen bereits die geringstmöglichen Kosten für jede Produktionsmenge. Effizient produzieren bedeutet, dass keine Ressourcen verschwendet werden. Der Monopolist wird jedoch nicht die Produktionsmenge mit den geringstmöglichen Stückkosten (»Betriebsoptimum«) wählen. Auch ein Konkurrenzunternehmen strebt das Betriebsoptimum nicht von sich aus an.

Die umsatzmaximierende Menge fällt mit der gewinnmaximierenden Menge nicht zusammen. Nur in einem Spezialfall ist das so: wenn der Monopolist Grenzkosten von null hat, also nur fixe Kosten anfallen. Bei positiven Grenzkosten ist die gewinnmaximale stets geringer als die umsatzmaximierende Menge.

Dass Umsatz- und Gewinnmaximum in der Regel auseinanderfallen, vollziehen Sie leicht mit folgender Überlegung nach: Nehmen Sie an, das nächste Stück, das der Monopolist herstellt, lässt seinen Umsatz um 50 Cent ansteigen (= Grenzumsatz), verursacht aber einen Anstieg der Kosten (= Grenzkosten) um 60 Cent. Dann wird der gewinnmaximierende Monopolist es nicht herstellen, weil es seinen Gewinn um 10 Cent fallen ließe, obwohl sein Umsatz ansteigt.

Lösung Aufgabe 7

Den Prohibitivpreis von 80 Euro können Sie der Preis-Absatz-Funktion entnehmen. Es bietet sich somit an, die Preisachse in Zehnerschritten zu skalieren. Die Sättigungsmenge $x_S = 160$ berechnen Sie, indem Sie den Preis in der Preis-Absatz-Funktion gleich null setzen. Für die Mengenachse wählen Sie daher eine Skalierung von 20 Einheiten je Teilstrich.

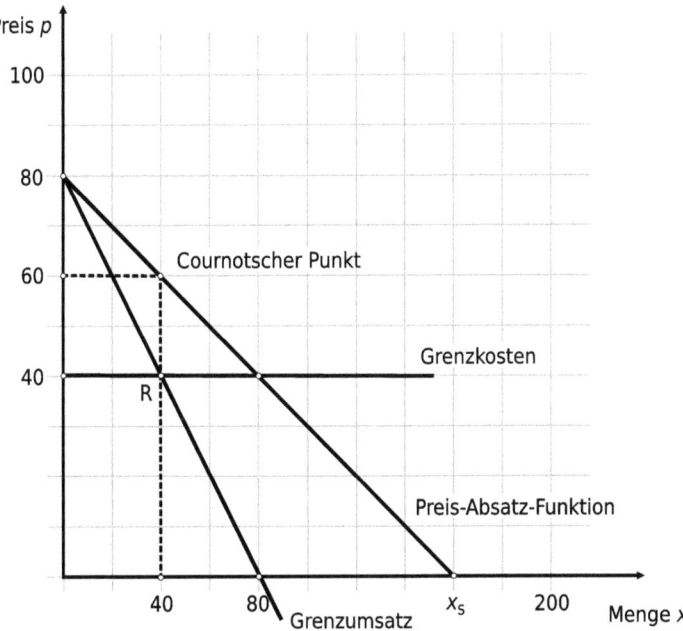

Nun können Sie die Preis-Absatz-Funktion bereits einzeichnen. Anschließend berechnen Sie die Umsatz- und die Grenzumsatzfunktion

$$U = p \cdot x = (80 - 0,5x) \cdot x = 80x - 0,5x^2$$
$$U' = 80 - x$$

und zeichnen die Grenzumsatzfunktion ein.

Wie Sie aus der Aufgabenstellung wissen, verlangt der Monopolist einen Preis in Höhe von 60 Euro. Er würde diesen Preis nicht setzen, handelte es sich nicht um den gewinnmaximierenden Preis. Über die Preis-Absatz-Funktion finden Sie die zugehörige Menge x = 40 und können damit den Cournotschen Punkt markieren.

Nun fehlt nur noch die Grenzkostenfunktion. Die Grenzkosten sind konstant, weil die variablen Kosten pro Stück laut Aufgabenstellung konstant sind. Die Grenzkostenfunktion verläuft also horizontal. Zudem muss sie die Grenzumsatzfunktion infolge der notwendigen Bedingung für die monopolistische Gewinnmaximierung (»Grenzumsatz = Grenzkosten«) bei der gewinnmaximierenden Menge schneiden (Punkt R). Die gestrichelten Hilfslinien und die Beschriftung komplettieren das Diagramm.

Lösung Aufgabe 8

a) *Gerechtigkeit:* Monopolpreise werden im Allgemeinen als unfair und ausbeuterisch empfunden. *Beispiel:* Die Fahrkartenpreise der Deutsche Bahn AG werden im Vergleich zur erbrachten Leistung (Komfort, Pünktlichkeit, Dienstleistungsmentalität) von manchen Kunden als überteuert empfunden. Für andere Quasimonopolisten wie die Post AG gilt das ebenso.

b) *Freiheit:* Die Käufer können sich nicht frei zwischen Anbietern entscheiden. *Beispiel:* Bei der Müllentsorgung kann man den Anbieter nicht wählen.

c) *Wohlstand:* Monopole verursachen Allokationsverluste und bremsen den Fortschritt. *Beispiel:* Das Fernmeldemonopol der Deutschen Bundespost bis 1998, dessen Auflösung praktisch auf allen verbundenen Märkten ein rasantes Wachstum, eine bis dahin ungeahnte Produktvielfalt und einen auch von Experten in seinem Ausmaß nicht erwarteten Preisverfall hervorgebracht hat.

Lösung Aufgabe 9

1. Peppinos Kosten C setzen sich zusammen aus den fixen Kosten und der erfolgsabhängigen Lohnzahlung an Fritz, die pro Besucher 0,5 Euro beträgt:

   $C = 22{,}50 + 0{,}5x.$

   Die notwendige Bedingung der Gewinnmaximierung lautet für Peppino wie für jedes Unternehmen »Grenzumsatz = Grenzkosten«:

   $$U' = C'$$
   $$5{,}5 - 0{,}1x = 0{,}5$$
   $$5{,}0 = 0{,}1x$$
   $$x^* = 50$$

   Einsetzen von x* in die Preis-Absatz-Funktion liefert den gewinnmaximierenden Eintrittspreis:

   $$p^* = 5{,}5 - 0{,}05x = 5{,}5 - 0{,}05 \cdot 50 = 3{,}00$$

   Peppino sollte für eine Eintrittskarte 3,00 Euro verlangen.

Die hinreichende Bedingung für ein Gewinnmaximum $U'' < C''$ ist erfüllt. Das ist in jedem Monopol mit linearer Preis-Absatz-Funktion und konstanten Grenzkosten der Fall: Die Grenzumsatzfunktion zeigt einen fallenden Verlauf $(U'' < 0)$ und die Grenzkosten ändern sich nicht $(C'' = 0)$.

2. Bei den Standgebühren handelt es sich um fixe Kosten. Wenn sich Peppino zwei Tage in einer Stadt mit Gebühren von 5 Euro pro Tag aufhält, liegen seine fixen Kosten dort bei 32,50 Euro statt bei 22,50 Euro. Die Standgebühren beeinflussen weder Peppinos Grenzkosten noch seine Grenzumsätze und bleiben somit ohne Einfluss auf den gewinnmaximierenden Preis. Sie bewirken lediglich, dass der maximale Gewinn geringer ausfällt. Die Standgebühren gewönnen allerdings Einfluss in Form einer Ja/Nein-Entscheidung, wenn sie so hoch angesetzt würden, dass Peppino keinen Gewinn mehr erzielen könnte.

   Bei einer Standgebühr von 5 Euro pro Tag verkauft Peppino die Eintrittskarten weiterhin zum Preis von 3 Euro.

3. In diesem Fall haben Peppino und Fritz nur fixe Kosten. Fritz bekommt keinen Lohn mehr. Er und Peppino teilen sich den Monopolgewinn. Da keine variablen Kosten anfallen, müssen sie den Umsatz maximieren.

   Bei einer linearen Preis-Absatz-Funktion liegt das Umsatzmaximum immer bei der halben Sättigungsmenge, also genau in der Mitte.

   Die halbe Sättigungsmenge maximiert den Umsatz. Also müssen die beiden einen Preis von $p = 5{,}5 - 0{,}05x = 5{,}5 - 0{,}05 \cdot 55 = 2{,}75$ Euro verlangen.

4. Die Vorstellungen sind schlecht besucht. Das Zirkuszelt ist halb leer.

   Regelmäßig bieten sich Unternehmen mit nicht unendlich elastischer Nachfrage Möglichkeiten zur Preisdifferenzierung (mehr dazu im nächsten Kapitel). Gerade beim Angebot einer Dienstleistung (Zirkusbesuch) sollte der Anbieter davon Gebrauch machen, weil die Käufer das Produkt nicht weiterverkaufen (»Uno-actu-Prinzip«) und deswegen die Preisdiskriminierung nicht durch Arbitragegeschäfte aushebeln können.

   Im Zirkus ist ein weiterer Aspekt interessant: Peppinos Preis von 3 Euro pro Karte führt dazu, dass der Zirkus »nur« 50 Zuschauer pro Vorstellung hat. Von den hundert Plätzen im Zelt (siehe Aufgabenstellung) bleibt jeder zweite unbesetzt. Ob dann Stimmung und die typische Zirkusatmosphäre aufkommen?! Auf Dauer wird sich herumsprechen, dass in dem nur halb gefüllten Zelt keine rechte Stimmung aufkommt. Aus demselben Grund wird Borussia Dortmund auch keinen »kurzfristig gewinnmaximierenden« Eintrittspreis verlangen. Die Spiele wären sonst nicht regelmäßig ausverkauft, was erhebliche Folgewirkungen bei anderen Vermarktungsaktivitäten (»Merchandising«) nach sich zöge. Außerdem fehlte der oft spielentscheidende »zwölfte Mann«.

Lösung Aufgabe 10

Die Tabelle enthält die Lösungswerte. Kurze Erklärungen zu jedem Wert finden Sie im Anschluss.

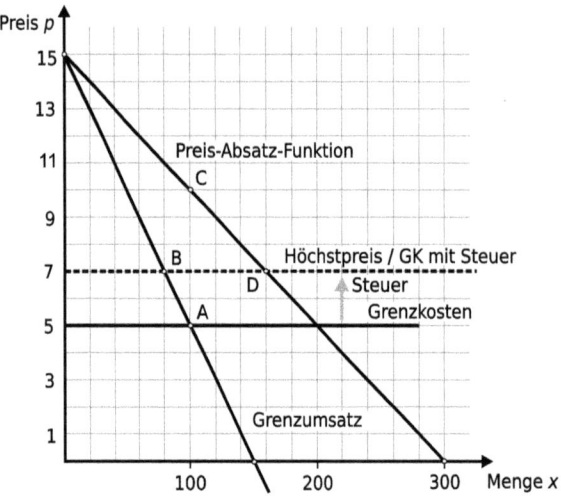

Frage/Aufgabe	Lösungswert
1. Welche Menge müsste das Unternehmen produzieren, wenn es seinen Umsatz maximieren wollte?	150
2. Welche Menge maximiert den Gewinn?	100
3. Wie hoch wäre der Gewinn, wenn das Unternehmen 200 Stück produzieren würde?	–100
4. Wie hoch sind die Stückkosten in diesem Unternehmen, wenn 100 Einheiten hergestellt werden?	6
5. Welche Menge könnte das Unternehmen unabhängig von Gewinn und Verlust maximal absetzen?	300
6. Wie hoch ist der Grenzumsatz (= Grenzerlös), wenn das Unternehmen 100 Stück herstellt?	5
7. Welchen Umsatz würde das Unternehmen erzielen, wenn es einen Preis in Höhe der Grenzkosten verlangen würde?	1.000
8. Welche Menge würde das Unternehmen anbieten, wenn der Staat einen Höchstpreis von sieben Geldeinheiten je Stück vorschreiben würde?	160
9. Welche Menge würde das Unternehmen anbieten, wenn Staat eine Steuer von zwei Geldeinheiten je Stück einführt?	80
10. Welche Menge würde das Unternehmen anbieten, wenn der Staat pro Periode eine pauschale Abgabe von 200 Geldeinheiten verlangen würde?	100

Schlüssel zur Lösung der meisten Teilfragen ist die Grenzumsatzfunktion. Bei einer linearen Preis-Absatz-Funktion ist sie schnell konstruiert, da sie denselben Ordinatenabschnitt wie die PAF besitzt und die doppelte Steigung aufweist. Sie schneidet die Mengenachse also bei der halben Sättigungsmenge (siehe Diagramm).

1. Der Umsatz ist maximal, wenn der Grenzumsatz null ist. Das ist bei der halben Sättigungsmenge der Fall. Die Umsatzparabel weist Nullstellen bei den Mengen null und 300 auf. Das Maximum einer Parabel liegt in der Mitte zwischen den beiden Nullstellen.

2. Notwendige Bedingung: »Grenzumsatz = Grenzkosten«. Die Bedingung ist in Punkt A erfüllt. Senkrecht oberhalb von A liegt auf der Preis-Absatz-Funktion der Cournotsche Punkt C.

3. 200 Stück würden die Nachfrager zum Preis von fünf Geldeinheiten abnehmen. Die konstanten Grenzkosten implizieren konstante variable Stückkosten. Der Erlös deckt genau die variablen Kosten (der Preis entspricht den variablen Stückkosten). Das Unternehmen macht demzufolge einen Verlust in Höhe der fixen Kosten.

4. Variable Stückkosten + Fixkosten je Stück = $5 + \frac{100}{100} = 6$.

5. Die Sättigungsmenge.

6. Der Wert lässt sich im Diagramm für $x = 100$ an der Grenzumsatzfunktion ablesen.

7. Das Unternehmen würde beim Preis von fünf Geldeinheiten 200 Stück absetzen.

8. Diese Teilfrage ist etwas schwieriger: Der Monopolist dehnt das Angebot bis in Punkt D aus. 160 Stück nehmen ihm die Nachfrager zum Höchstpreis ab. Sein Grenzgewinn (= Höchstpreis minus Grenzkosten) beträgt vom ersten bis zum 160. Stück jeweils zwei Geldeinheiten, weil sein Grenzumsatz über seinen Grenzkosten liegt. Um 161 Stück abzusetzen, müsste er den Preis reduzieren. Das wird er nicht tun, weil sein Grenzumsatz schlagartig negativ würde. (Wenn Sie es am Zahlenbeispiel überprüfen möchten: Die PAF lautet $p = 15 - 0{,}05x$. Um 161 Einheiten absetzen zu können, müsste der Monopolist den Preis auf 6,95 senken. Sein Grenzumsatz beträgt dann $\frac{dU}{dx} = \frac{dp}{dx}x + p = -0{,}05 \cdot 160 + 6{,}95 = -1{,}05$. Zusätzlich fielen Grenzkosten in Höhe von 5 an. Daher würde der Gewinn insgesamt um 6,05 sinken.) Im Unterschied zum Konkurrenzmarkt kann ein wirksamer Höchstpreis im Monopol eine Erhöhung der Produktion bewirken.

9. Die Grenzkosten des Monopolisten steigen durch die Steuer von fünf auf sieben Geldeinheiten. Die Regel »Grenzkosten = Grenzumsatz« ist dann in B erfüllt.

10. Die pauschale Abgabe hat keine Auswirkung auf die Produktionsentscheidung, da sie weder Grenzkosten noch Grenzumsatz beeinflusst. Die Abgabe würde sich nur auswirken, wenn sie so hoch angesetzt würde, dass der Monopolist in die Verlustzone geriete. Das ist hier aber nicht der Fall.

Lösung Aufgabe 11

Nein. Wie so oft lautet die Antwort: »Es kommt darauf an.«

Ob der Staat ein Monopol regulieren soll oder nicht, hängt wesentlich vom angebotenen Gut ab. Das verdeutlichen zwei extreme Beispiele:

1. ein Monopol für Trinkwasser,
2. ein Monopol für rechteckige Äpfel.

Trinkwasser ist ein lebensnotwendiges (»Daseinsvorsorge«), letzten Endes nicht substituierbares Gut. Die Nachfrage wird bei geringer Menge extrem unelastisch. Durch eine künstliche Verknappung könnte ein Monopolist den Preis kräftig steigen lassen.

Ein Produkt, das man leicht ersetzen kann, wird elastisch nachgefragt. Rechteckige Äpfel sind problemlos substituierbar, denn man kann ohne Weiteres auf runde Äpfel, Birnen oder anderes Obst ausweichen. Wenn der Monopolist sein Angebot an rechteckigen Äpfeln künstlich verknappt, steigt der Preis nur unwesentlich. Der Monopolpreis wird daher bei elastischer Nachfrage – also bei Gütern, für die es problemlos Ersatz gibt – nicht wesentlich über dem Konkurrenzpreis liegen. Der Monopolist verfügt nur über eine vernachlässigbar geringe Marktmacht.

Bei enger Marktabgrenzung (»relevanter Markt«) gibt es Monopole wie Sand am Meer. Auch Ihr Friseur hat ein Monopol, denn kein anderer ist in der Lage *seinen* Haarschnitt anzubieten. Aber es gibt natürlich zahlreiche andere Friseure, die Ihnen einen sehr ähnlichen Haarschnitt offerieren können. Deswegen ist die Monopolmacht Ihres Friseurs äußerst begrenzt, sofern er nicht zufällig der einzige weit und breit ist. Jedwede Art von Regulierung würde hier mehr schaden als nutzen.

Ein weiteres Beispiel: Nur die Rolling Stones® können ein Rolling-Stones-Konzert anbieten, da sie exklusiv über die notwendigen Ressourcen Mick Jagger, Keith Richards, Ron Wood und Charlie Watts verfügen. Der relevante Markt beschränkt sich aber nicht auf die Stones. Wie im Fall Ihres Friseurs gibt es hinreichend Substitutionskonkurrenz, die eine Ausnutzung der Marktmacht in Grenzen hält.

Bei Ihrer Antwort hätten Sie auch an natürliche Monopole denken können, die sich durch sinkende Stückkosten auszeichnen. Die Kostenvorteile der Massenproduktion gingen bei einer Aufspaltung des Monopols verloren. Eine einfache Aufspaltung des Monopols kommt daher bei einem natürlichen Monopol nicht infrage.

Lösung Aufgabe 12

1. Solange der Patentschutz besteht, handelt es sich um ein Monopol, das seine Produktionsmenge gewinnmaximierend wählt, indem es die Regel »Grenzkosten gleich Grenzumsatz« beachtet. Die Grenzkosten betragen der Aufgabenstellung zufolge 2 Euro. Die Grenzumsatzfunktion zu einer linearen Preis-Absatz-Funktion $p = a - bx$ lautet $p = a - 2bx$. Die Grenzumsatzfunktion schneidet die Mengenachse also bei der Hälfte der Sättigungsmenge x_s (siehe Abbildung). Die notwendige Bedingung für die Gewinnmaximierung im Monopol ist bei der Menge x^* erfüllt. Eine Tablette wird zum Preis von $p^* = 10$ Euro verkauft.

   Nach dem Markteintritt zahlreicher Generikahersteller kann ein Konkurrenzmarkt unterstellt werden. Die Anbieter werden sich gegenseitig unterbieten, bis der Preis auf die Höhe der Grenzkosten gefallen ist (»Preis-Grenzkosten-Regel«). Es ist also mit einem Preis von 2 Euro je Tablette zu rechnen. Die gehandelte Menge steigt von x^* auf x_K.

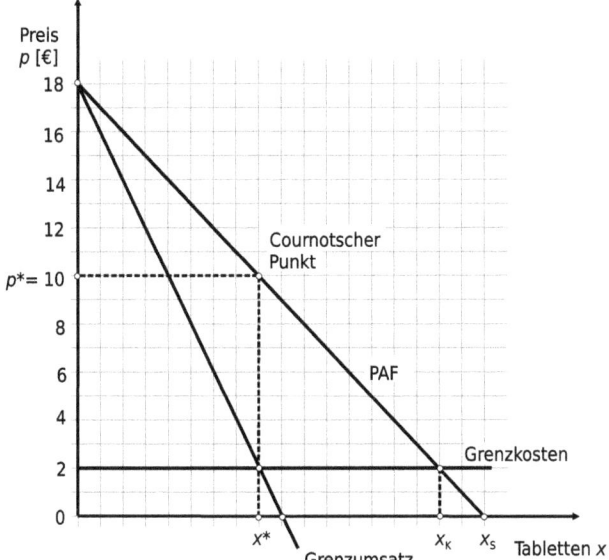

2. Da das Medikament nicht frei von Nebenwirkungen ist und die Folgekosten (unter anderem für die Behandlung von Herzinfarkten) nicht ausschließlich von den Konsumenten selbst geschultert werden, liegt ein *negativer externer Effekt* vor. Ein Grund dafür kann sein, dass die Konsumenten die Nebenwirkungen unterschätzen, weil sie sich durch Werbung, die natürlich auf die positive unmittelbare Wirkung des Medikaments abstellt, »manipulieren« lassen. Bei vollständiger Information würden die Konsumenten das Medikament seltener einsetzen. Diesem Gedanken soll die Verschreibungspflicht Rechnung tragen. Wird das Medikament zu leichtfertig verordnet, kann die Monopolmenge der Konkurrenzmenge unter Wohlfahrtsgesichtspunkten überlegen sein.

3. Zur Messung der Monopolmacht setzen Sie den Lernerschen Monopolgrad LR ein:

$$LR = \frac{\text{Monopolpreis} - \text{Konkurrenzpreis}}{\text{Monopolpreis}} = \frac{\text{Monopolpreis} - \text{Grenzkosten}}{\text{Monopolpreis}} = \frac{10 - 2}{10} = 0{,}8$$

Die Monopolmacht betrug 0,8. 80 Prozent des Monopolpreises lagen in der Marktmacht und nur 20 Prozent in den Kosten begründet.

Lösung Aufgabe 13

1. Zeichnen Sie im oberen Diagramm die Preis-Absatz-Funktion, die Grenzumsatz- und die Grenzkostenfunktion ein, um den Cournotschen Punkt für den Verlag zu finden. Der Verlag strebt nach der Grenzumsatz-Grenzkosten-Regel den Verkauf von 15.000 Büchern an. Er setzt den Preis für ein Buch daher auf 25 Euro. Die Hilfslinie h im unteren Diagramm ist eine Parallele zur Kostenfunktion. Bei der Menge x^* ist der Gewinn des Verlags (= senkrechter Abstand zwischen Umsatz und Kostenfunktion) maximal. Hier stimmt die Steigung der Kostenfunktion (= Grenzkosten) mit der Steigung der Umsatzfunktion (= Grenzumsatz) überein.

Der am Umsatz beteiligte Autor entwickelt eine andere Preisvorstellung. Er ist an einem möglichst hohen Umsatz interessiert. Der Umsatz ist bei dem Preis, den der Verlag setzt, allerdings nicht maximal. Denn der Grenzumsatz ist mit 10 Euro noch positiv. Der Autor möchte den Absatz aber ausdehnen, solange der Grenzumsatz noch über null liegt.

Das Autoreninteresse erkennen Sie deutlicher im unteren Diagramm. Der höchste Umsatz (Punkt M) wird erzielt, wenn 20.000 Bücher verkauft werden. Bei dieser Menge ist der Grenzumsatz null. Der Autor wünscht daher einen Buchpreis von 20 Euro.

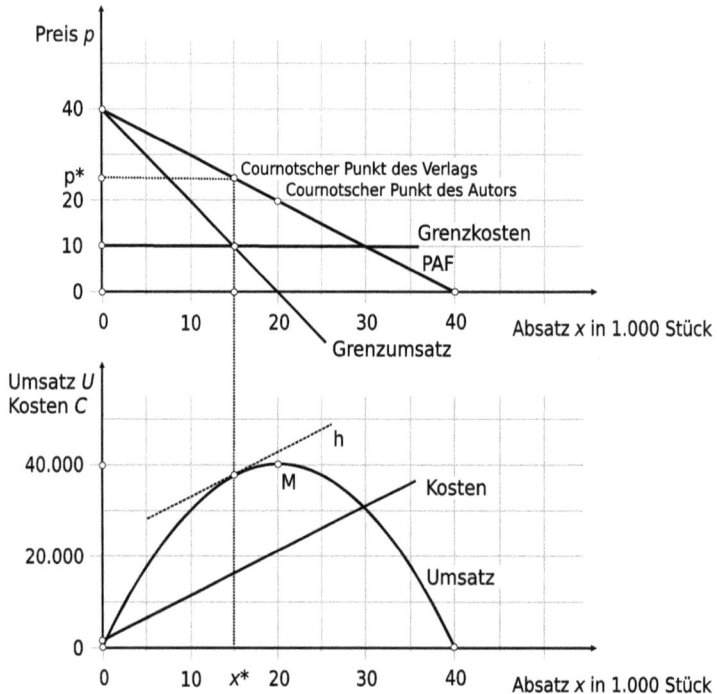

2. Wenn Sie der Einfachheit halber davon ausgehen, dass die Grenzkosten bei E-Books vernachlässigt werden können, fallen die Interessen des Autors mit denen des Verlags zusammen. Beide würden in diesem Fall den Buchpreis auf 20 Euro setzen wollen, der den Umsatz maximiert. In diesem Zusammenhang: Mit Blick auf die Kostenfunktion können Sie leicht nachvollziehen, warum die Verlage ceteris paribus höhere Preise für dickere Bücher verlangen. Wenn mit der Seitenzahl die Grenzkosten steigen (die Kostenfunktion stärker ansteigt), wandert der Cournotsche Punkt auf der Preis-Absatz-Funktion nach oben.

3. Tatsächlich verfolgen die Autoren – die Verlage freilich auch – noch weitere Ziele. So ist der Autor zum Beispiel an einer möglichst hohen Auflage interessiert, weil sein Renommee mit der Auflage steigt. Außerdem mag er darauf hoffen, dass die Leser Gefallen an dem Buch finden. Das wirkt sich positiv auf die Verkaufszahlen weiterer Bücher aus.

Lösung Aufgabe 14

1. Im Diagramm zeichnen Sie zuerst die gegebene Preis-Absatz-Funktion und die gegebenen konstanten Grenzkosten von 50 Cent pro Flasche ein. Die dritte Funktion, die Sie benötigen, ist die Grenzumsatzfunktion. Verläuft die Preis-Absatz-Funktion wie im vorliegenden Fall linear, besitzt die Grenzumsatzfunktion an der Preisachse denselben Achsenabschnitt wie die Preis-Absatz-Funktion, jedoch die doppelte Steigung. Sie schneidet die Mengenachse daher bei der halben Sättigungsmenge.

   Die notwendige Bedingung für ein Gewinnmaximum lautet »Grenzumsatz gleich Grenzkosten«. Sie ist bei einer Menge von 200 Flaschen erfüllt (Schnittpunkt der beiden Funktionen). Diese Menge setzt Mehmet ab, wenn er einen Preis von 2,50 Euro verlangt (Cournotscher Punkt).

   Mit 200 Flaschen zu einem Preis von 2,50 Euro erzielt er einen Umsatz von 500 Euro. Seine variablen Kosten betragen 100 Euro. Zusammen mit den fixen Kosten ergeben sich Gesamtkosten von 250 Euro. Ihm verbleibt somit ein Gewinn von 250 Euro pro Tag.

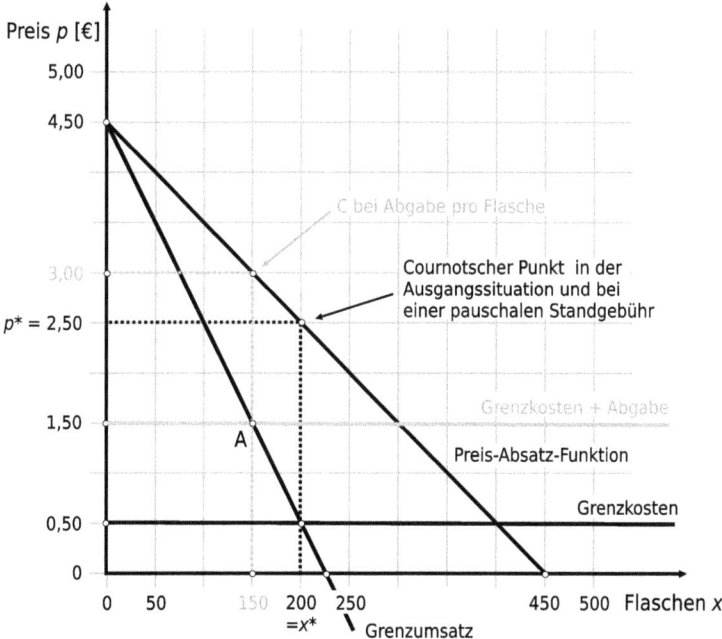

2. Eine pauschale Standgebühr von 199 Euro pro Tag beeinflusst weder Mehmets Grenzumsatz noch seine Grenzkosten. Mehmet kann die Höhe der Gebühr durch eine Änderung seiner Verkaufsmenge nicht beeinflussen. In ihrer Wirkung kommt die pauschale Gebühr einem Anstieg seiner fixen Kosten gleich. Folglich ließe die Standgebühr Mehmets Tagesprofit von 250 auf 51 Euro sinken.

Eine Abgabe von 1,00 Euro je verkaufter Flasche erhöht Mehmets Grenzkosten um einen Euro auf 1,50 Euro. Die Regel »Grenzumsatz gleich Grenzkosten« führt dann zu

$$U' = C'$$
$$4{,}50 - 0{,}02x = 1{,}50$$
$$0{,}02x = 3{,}00$$
$$x^* = 150$$

Der Schnittpunkt der neuen Grenzkosten- mit der Grenzumsatzfunktion ist im Diagramm mit A gekennzeichnet, der zugehörige neue Cournotsche Punkt mit C:

$$p^* = 4{,}50 - 0{,}01 \cdot 150 = 3{,}00$$

Im Unterschied zur pauschalen Gebühr kann Mehmet die Zahlung an den Parkplatzeigentümer durch eine Änderung seiner Verkaufsmenge beeinflussen, das heißt, er kann Kosten vermeiden. Wenn er eine Flasche weniger verkauft, spart er einen Euro Abgabe ein (plus die Grenzkosten von 50 Cent für die Flasche). Mit der zweihundertsten Flasche hatte er aber gerade noch einen zusätzlichen Umsatz von 50 Cent erzielt. Ihr Verkauf rechnet sich also nicht mehr. Um seinen Profit zu maximieren, reduziert er die Menge so weit, dass ihm der Verkauf der »letzten« Flasche wenigstens noch 1,50 Euro zusätzlichen Umsatz einbringt (= Grenzkosten plus Abgabe).

Die Ausflügler würden mit der Standgebühr besser fahren, da Mehmet die Abgabe pro Flasche von einem Euro zur Hälfte an die Ausflügler überwälzt, die in diesem Fall 50 Cent pro Flasche mehr zahlen müssen. Für Mehmet selbst ist die Abgabe pro Flasche gegenüber der Standgebühr vorteilhaft, da ihm ein Gewinn von 75 Euro bliebe

$$(= \text{Umsatz} - \text{Kosten} = 3{,}00 \cdot 150 - (150 + 1{,}50 \cdot 150)).$$

Lösung Aufgabe 15

Francesco ist Monopolist. Sonst sähe er sich nicht einer fallenden Preis-Absatz-Funktion gegenüber. Er maximiert seinen Gewinn nach der Regel »Grenzumsatz gleich Grenzkosten« (»Gesetz des erwerbswirtschaftlichen Angebots«). Für seinen Umsatz U gilt:

$$U = p \cdot x = (93 - 2x) \cdot x = 93x - 2x^2$$

Damit ist sein Grenzumsatz $U' = 93 - 4x$. Seine Grenzkosten betragen, wie in der Aufgabenstellung angegeben, 17 Euro. Also:

$$U' = C'$$
$$93 - 4x = 17$$
$$4x = 76$$
$$x^* = 19$$

Francesco macht tatsächlich alles richtig. Bei einem Preis von $p = 93 - 2x = 93 - 2 \cdot 19 = 55$ Euro besuchen 19 Gäste pro Abend sein Lokal.

Die Aufgabe weist auf den häufigen Denkfehler hin: »Nur wenn man ausverkauft ist, maximiert man den Gewinn.« Das ist falsch. Voll besetzte Restaurants sind kein Indiz für maximalen Gewinn – eher im Gegenteil weisen sie darauf hin, dass die Preise zu niedrig angesetzt wurden.

Ein »bisschen recht« hat Daniele dennoch. Durch Preisdifferenzierungsstrategien (siehe Kapitel 16) könnte Francesco die Auslastung seiner Pizzeria und seinen Gewinn steigern. Allerdings bringen solche Strategien wieder andere Probleme mit sich. So könnte Francesco seinen guten Ruf verlieren, wenn er von seinen Gästen für gleiche Leistungen unterschiedliche Preise verlangt.

> **IN DIESEM KAPITEL**
>
> Verschiedene Oligopolmodelle: Cournot, Stackelberg und Bertrand
>
> Monopolistische Konkurrenz und Preisdifferenzierung

Kapitel 16
Fortgeschrittene Probleme der Preisbildung

Der erste Teil dieses Kapitels betrachtet die Preisbildung im Oligopol auf dem vollkommenen Markt. Der zweite Teil wendet sich unvollkommenen Märkten zu.

Oligopolmodelle

Die drei prominentesten Oligopolmodelle sind unter den Namen ihrer Schöpfer bekannt: Cournot, von Stackelberg und Bertrand. Die Modelle teilen die Annahme des vollkommenen Marktes. Die Oligopolisten stellen also homogene Güter her, für die es keine Preisunterschiede geben kann (»Jevons' Gesetz«). Deswegen ist mitunter auch vom »homogenen Oligopol« die Rede. Die Modelle unterscheiden sich in den Hypothesen, die sie hinsichtlich der Strategien der Anbieter treffen. Die Vielzahl möglicher Verhaltenshypothesen erklärt, warum es so viele Oligopolmodelle gibt.

Warum bedarf die Preisbildung im **Oligopol** überhaupt einer gesonderten Betrachtung? Es gibt einen wesentlichen Unterschied zur Preisbildung auf Konkurrenzmärkten und im Monopol. Weder der Konkurrenzanbieter noch der Monopolist müssen Rücksicht auf mögliche Reaktionen von Wettbewerbern nehmen – der Monopolist hat keine und der Konkurrenzanbieter (»atomistische Konkurrenz«) ist zu unbedeutend, um Marktergebnisse zu beeinflussen. Anders im Oligopol: Wegen der hohen Marktanteile haben Aktionen eines Oligopolisten, wie zum Beispiel eine Preissenkung, spürbare Auswirkungen auf seine Konkurrenten. Deswegen wird es zu Gegenreaktionen kommen. So entstehen im Unterschied zur Konkurrenz und zum Monopol zwischen den Oligopolisten Rückkopplungen, denen die Modelle Rechnung tragen sollen.

Das Cournot-Modell

Das **Cournot-Oligopol** ist das älteste und grundlegende Oligopolmodell. Es besitzt –wenig überraschend – große Ähnlichkeit mit Cournots Monopolmodell. Sie lässt sich bei der Ermittlung von Preisen und Mengen im Cournot-Oligopol ausnutzen.

Cournot geht von folgenden Annahmen aus:

- ✔ Es gibt zwei Anbieter (»Duopol«), die ein homogenes Produkt herstellen. Die Produktionsmengen x der Anbieter identifizieren Sie mithilfe der Indizes 1 und 2, die zugleich als Namen der Anbieter dienen sollen.

- ✔ Die beiden Anbieter unterscheiden sich nicht. Beide verfolgen das Ziel der Gewinnmaximierung.

- ✔ Die Nachfrage nach ihrem Produkt kann durch eine lineare Preis-Absatz-Funktion beschrieben werden:

  $$(1) \quad p = a - b(x_1 + x_2)$$

- ✔ Die »strategische Aktionsvariable« der Anbieter ist ihre Produktionsmenge. Die Anbieter betreiben **Mengenwettbewerb**.

- ✔ Eine Strategie, die diesen Namen wirklich verdienen würde, besitzen die Anbieter nicht wirklich. Sie gehen etwas naiv davon aus, dass der Konkurrent nicht reagiert, wenn sie ihre eigene Menge ändern (»cournotsche Verhaltensannahme«). Sie betrachten die Menge des Konkurrenten also als gegeben. Alternativ können Sie sich vorstellen, dass die beiden Anbieter ihre Entscheidungen jeweils zeitgleich, also ohne Kenntnis der Entscheidung des anderen treffen.

Da sich die beiden Anbieter nicht voneinander unterscheiden, genügt es, das Gewinnmaximierungsproblem für Anbieter 1 zu lösen. Um deutlich zu machen, dass Anbieter 1 die Menge von Anbieter 2 als feste Größe betrachtet, wird die Menge von Anbieter 2 mit einem Querbalken gekennzeichnet $(\bar{x}_2)$. Anbieter 1 vermutet somit den folgenden Zusammenhang zwischen der Höhe des Preises und seiner Absatzmenge:

$$(2) \quad p = a - b(x_1 + \bar{x}_2) = a - bx_1 - b\bar{x}_2$$

Diese Preis-Absatz-Funktion sieht nur auf den ersten Blick anders aus als die eines Monopolisten. Da $b\bar{x}_2$ ein gegebener Wert ist, unterscheidet sie sich von der eines Monopolisten »rechentechnisch« nicht. Besonders deutlich wird das mithilfe eines neuen Symbols z:

$$(3) \quad p = z - bx_1 \quad \text{mit} \quad z = a - b\bar{x}_2$$

Abbildung 16.1 veranschaulicht die Vorgehensweise mithilfe eines Zahlenbeispiels. Wenn Anbieter 1 vermutet, dass Anbieter 2 gar nichts anbietet, wäre er selbst Monopolist. In diesem Fall würde die obere der beiden Preis-Absatz-Funktionen (PAF) mit dem Achsenabschnitt a gelten. Wenn er vermutet, dass Anbieter 2 zwanzig Einheiten anbietet, verlagert sich die angenommene Preis-Absatz-Funktion nach unten. In diesem Fall gilt die Funktion mit dem Achsenabschnitt z.

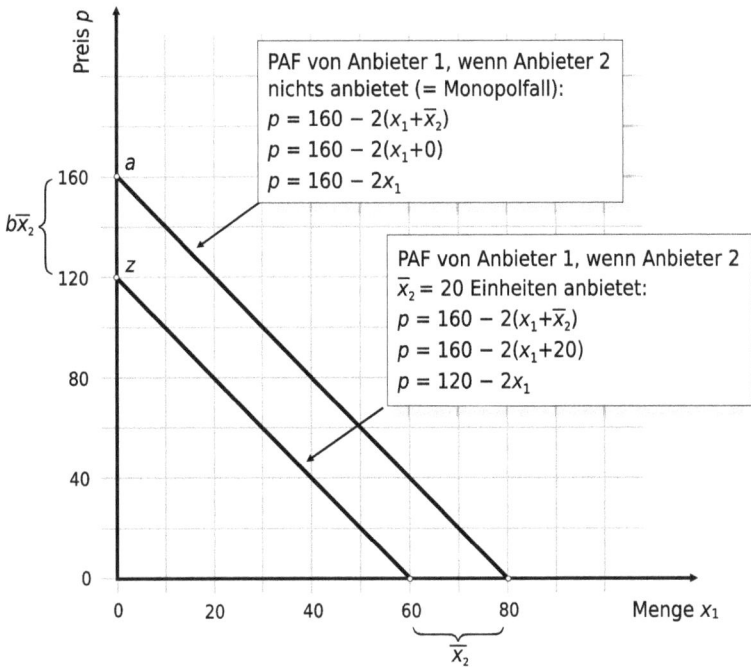

Abbildung 16.1: Das Duopolproblem in ein Monopolproblem umwandeln

Die Preise, die Anbieter 1 erlösen kann, sinken mit der Menge, die Anbieter 2 auf den Markt bringt. Würde Anbieter 2 die gesamte Sättigungsmenge anbieten, könnte Anbieter 1 keinen positiven Preis erzielen. Sie können es auch so sehen: Der Markt wird für Anbieter 1 um die Menge $\bar{x}_2$ kleiner. Seine »konjekturale« (= vermutete) Preis-Absatz-Funktion verschiebt sich entsprechend nach links.

Für die Herleitung von Gleichung (4) denken Sie zurück an das Monopolmodell: Zu einer linearen Preis-Absatz-Funktion $(p = a - bx)$ gehört eine doppelt so steil verlaufende Grenzumsatzfunktion $(U' = a - 2bx)$ mit gleichem Achsenabschnitt (a) auf der Preisachse.

Wie jeder Anbieter muss Anbieter 1 Grenzumsatz und Grenzkosten in Übereinstimmung bringen, um seinen Gewinn zu maximieren. Sein Grenzumsatz beträgt:

$$(4) \quad U_1' = z - 2bx_1 \quad \text{mit} \quad z = a - b\bar{x}_2$$

Wenn Sie nun den Ausdruck für z wieder ersetzen

$$(5) \quad U_1' = a - b\bar{x}_2 - 2bx_1$$

und zudem konstante Grenzkosten in Höhe von c annehmen, lautet die notwendige Bedingung für die Maximierung des Gewinns:

$$(6) \quad \underbrace{a - b\bar{x}_2 - 2bx_1}_{\text{Grenzumsatz}} = \underbrace{c}_{\text{Grenzkosten}}$$

Die Umstellung von Gleichung (6) nach x_1 liefert die **Reaktionsfunktion** von Anbieter 1. Mit dieser *best response function* ermittelt Anbieter 1 seine »Antwortmenge« auf beliebige Mengen von Anbieter 2.

$$(7) \quad x_1 = \underbrace{\frac{a-c}{2b}}_{\text{Monopolmenge}} - \frac{1}{2}\bar{x}_2$$

Wäre Anbieter 2 nicht auf dem Markt vertreten $(\bar{x}_2 = 0)$, böte Anbieter 1 die Monopolmenge an. Die gewinnmaximierende Menge von Anbieter 1 fällt umso geringer aus, je mehr Anbieter 2 produziert.

 Das Monopolmodell ist ein Spezialfall des cournotschen Duopolmodells, in dem einer der beiden Duopolisten nichts produziert.

Da die beiden Anbieter gleich sind, ist die Reaktionsfunktion von Anbieter 2 ein Spiegelbild der Reaktionsfunktion von Anbieter 1:

$$(8) \quad x_2 = \underbrace{\frac{a-c}{2b}}_{\text{Monopol-menge}} - \frac{1}{2}\bar{x}_1$$

Die Mengen, die sich einstellen, finden Sie über den Schnittpunkt der beiden Reaktionsfunktionen (7) und (8). Dazu könnten Sie für x_2 in Gleichung (7) den Ausdruck aus Gleichung (8) einsetzen. Mit einem pfiffigen Gedanken geht es noch etwas schneller: Da die Mengen der beiden identischen Anbieter gleich sein müssen, können Sie x_2 in Gleichung (7) einfach durch x_1 ersetzen.

$$(9) \quad x_1 = \frac{a-c}{2b} - \frac{1}{2}x_1$$

Diesen Ausdruck müssen Sie nur noch nach x_1 auflösen, um die Menge eines Anbieters zu finden, die sich einstellt, wenn sich beide Anbieter im Duopol entsprechend der cournotschen Annahme verhalten (= denken, dass der andere auf eigene Aktionen nicht reagieren wird):

$$(10) \quad x_1 = \frac{1}{3} \cdot \underbrace{\frac{a-c}{b}}_{\text{Konkurrenz-menge}}$$

Ergebnisse

✓ Ein Cournot-Duopolist bietet ein Drittel der Menge an, die sich unter Konkurrenzbedingungen nach der Regel »Preis gleich Grenzkosten« $(a - bx = c)$ einstellen würde.

✓ Die Lösung des Modells wird als **cournotsche Zwei-Drittel-Lösung** bezeichnet, da die beiden Duopolisten zusammen zwei Drittel der Konkurrenzmenge anbieten.

✓ Das Gesamtangebot des Cournot-Duopols fällt geringer als das Konkurrenzangebot, aber größer als das Monopolangebot aus. Entsprechend stellt sich im Duopol ein Preis ein, der über dem Konkurrenzpreis, aber unter dem Monopolpreis liegt.

✔ Es kommt im Vergleich mit der Konkurrenzlösung zu einem Wohlfahrtsverlust.

✔ Die Akteure haben eine unrealistische Vermutung hinsichtlich des Verhaltens ihres Wettbewerbers. Entgegen ihren Erwartungen reagiert der Wettbewerber auf ihre Aktionen. Die Anbieter müssten daraus eigentlich lernen und ihr Verhalten entsprechend anpassen.

✔ Die Zwei-Drittel-Lösung ist ein stabiles Gleichgewicht. Beide Anbieter wählen die beste Antwort, die sie auf die Entscheidung ihres Wettbewerbers geben können. Keiner von beiden kann seinen Gewinn erhöhen, solange der andere an seiner Entscheidung festhält. Es handelt sich um ein sogenanntes **Nash-Gleichgewicht**. Diese Lösung würde sich auch einstellen, wenn sich beide Anbieter nur ein einziges Mal simultan für ihre Menge entscheiden dürften. Es wäre für jeden die beste Menge unter der Annahme, dass sich der andere rational verhält.

✔ Die Zwei-Drittel-Lösung ist für die Anbieter jeweils individuell rational, für beide gemeinsam (kollektiv) zugleich aber irrational. Sie könnten sich durch eine Absprache (»Kartelllösung«) verbessern.

✔ Das Modell lässt sich auf drei, vier, fünf und so weiter Anbieter erweitern. Bei drei Anbietern beträgt das Marktangebot drei Viertel, bei vier Anbietern vier Fünftel der Konkurrenzmenge und so weiter. Neun Anbieter böten also bereits neunzig Prozent der Konkurrenzmenge an. Bei n Anbietern beläuft sich die gemeinsame Angebot auf den $\frac{n}{n+1}$. Teil der Konkurrenzmenge. Das Monopol ($n = 1$) mit der Hälfte der Konkurrenzmenge und das Polypol $(n \to \infty)$ mit der gesamten Konkurrenzmenge bilden die Randfälle des Modells.

Das Stackelberg-Modell

Beim **Stackelberg-Modell** handelt es sich um eine Weiterentwicklung des Cournot-Modells. Von Stackelberg modifiziert lediglich eine Annahme: Er geht davon aus, dass Anbieter 1 die Strategie von Anbieter 2 durchschaut. Anbieter 1 wird in diesem Modell **Marktführer** genannt. Anbieter 2 ist der **Marktfolger**. Alternativ können Sie davon ausgehen, dass die beiden Anbieter ihre Mengen nicht wie im Cournot-Modell simultan festlegen, sondern der Marktführer seine Menge als Erster festlegen kann (»first mover advantage«).

In das Modell lässt sich der Informationsvorsprung des Marktführers recht einfach einbauen: Anbieter 1 kennt die Reaktionsfunktion (8) von Anbieter 2. Der Marktführer kann die Reaktionen des Folgers also vorausberechnen – praktisch etwa vergleichbar damit, dass Anbieter 1 einen Spion in der Unternehmenszentrale von Anbieter 2 platzieren konnte. Diesen Informationsvorsprung nutzt der Marktführer aus, indem er für die Menge des Folgers x_2 in der Preis-Absatz-Funktion (1) dessen Reaktionsfunktion einsetzt:

$$(11) \quad p = a - b(x_1 + x_2) = a - b\left(x_1 + \left(\frac{a-c}{2b} - \frac{1}{2}x_1\right)\right)$$

$$(12) \quad p = \underbrace{\frac{1}{2}(a+c)}_{\text{Monopolpreis}} - \frac{1}{2}bx_1$$

Gleichung (12) interpretieren Sie am einfachsten für einen speziellen Fall: Wenn der Marktführer nichts produzieren würde, würde der Marktfolger die Monopolmenge anbieten. Deswegen würde sich der Monopolpreis einstellen.

Das Spannende an Gleichung (12) ist jedoch, dass der Marktführer den Preis allein bestimmen kann. Der Folger denkt nur noch, er handele selbstbestimmt. Tatsächlich wird er durch den Marktführer manipuliert.

Der Marktführer berechnet seinen Umsatz mit (12) zu

$$(13)\quad U_1 = p \cdot x_1 = \frac{1}{2}(a+c)x_1 - \frac{1}{2}bx_1^2$$

und findet über die Grenzumsatz-Grenzkosten-Regel

$$(14)\quad \underbrace{\frac{1}{2}(a+c) - bx_1}_{\text{Grenzumsatz}} = \underbrace{c}_{\substack{\text{Grenz-}\\\text{kosten}}}$$

seine gewinnmaximierende Produktionsmenge:

$$(15)\quad x_1^* = \underbrace{\frac{a-c}{2b}}_{\substack{\text{Monopol-}\\\text{menge}}}$$

Ergebnisse

✔ Der Stackelberg-Führer bietet die Monopolmenge an.

✔ Der Stackelberg-Folger bietet die halbe Monopolmenge an. Das prüfen Sie durch Einsetzen der Monopolmenge x_1^* aus Gleichung (15) in die Reaktionsfunktion des Folgers (8) nach.

✔ Zusammen bieten die Duopolisten drei Viertel der Menge an, die sich bei Konkurrenz einstellen würde. Deswegen wird mitunter von der **stackelbergschen Drei-Viertel-Lösung** gesprochen.

✔ Im Stackelberg-Duopol stellt sich ein Preis ein, der über dem Konkurrenzpreis, aber unter dem Preis im Cournot-Duopol liegt.

✔ Es kommt zu einem Wohlfahrtsverlust, der aber geringer als im Cournot-Modell ausfällt.

Das Bertrand-Modell

Das **Bertrand-Modell** greift einen Kritikpunkt auf, den das Cournot-Modell und das Stackelberg-Modell teilen. In beiden betreiben die Anbieter Wettbewerb über die Menge. Das Bertrand-Modell geht davon aus, dass der Wettbewerb über den Preis stattfindet.

Im Unterschied zu den Modellen mit Mengenwettbewerb, deren Ergebnisse sich ohne den Einsatz von Mathematik kaum erschließen lassen, können Sie das Ergebnis des

Preiswettbewerbs im **Bertrand-Duopol** mit einem einfachen Gedankengang nachvollziehen. Der Preis stellt sich in Höhe der Grenzkosten ein. Der Beweis ist durch die Annahme des Gegenteils schnell erbracht: Würde ein Anbieter einen Preis oberhalb der Grenzkosten verlangen, könnte ihm der andere – auf dem annahmegemäß vollkommenen Markt – den gesamten Absatz abluchsen, indem er einen etwas geringeren Preis verlangt. Die beiden Anbieter werden sich also gegenseitig mit ihrer Preisforderung unterbieten, bis der Preis auf die Höhe der Grenzkosten gefallen ist.

Ergebnisse

✔ Im Bertrand-Modell bieten die Oligopolisten die Konkurrenzmenge zu einem Preis in Höhe der Grenzkosten an.

✔ Bei Vorliegen von Preiswettbewerb im bertrandschen Sinn entsteht kein Wohlfahrtsverlust. Demzufolge besteht auch kein Regulierungsbedarf.

✔ Vor allem in einem »engen« Oligopol (= Oligopol mit sehr wenigen Anbietern) dürften allerdings an der Verhaltensannahme Zweifel berechtigt sein. Stillschweigende Übereinkünfte, den Preiswettbewerb ruhen zu lassen, sind zumindest nicht unwahrscheinlich. Die Anbieter fahren besser, wenn sie gemeinsame Sache machen. Das gilt natürlich ebenso für die Modelle mit Mengenwettbewerb. Den höchstmöglichen Gewinn, nämlich den Monopolprofit, erreichen Oligopolisten durch Absprache (= Bildung eines Kartells).

Tabelle 16.1 gibt einen Überblick über die Modellergebnisse. Beachten Sie dabei bitte, dass die Angaben zur gehandelten Menge nur für den Fall konstanter Grenzkosten gelten.

	Konkurrenz	Cournot-Duopol	Stackelberg-Duopol	Bertrand-Duopol	Monopol
Zahl der Anbieter	viele	zwei	zwei	zwei	einer
Gewinnmaximierungsregel	Preis = Grenzkosten	Grenzumsatz = Grenzkosten			
Preis	Konkurrenzpreis = Bertrand-Preis < Cournot-Preis < Stackelberg-Preis < Monopolpreis				
Menge (Konkurrenz = 100)	100	66,66	75	100	50
Wohlfahrtsverlust	nein	ja	ja	nein	ja

Tabelle 16.1: Konkurrenz, Duopole und Monopol auf dem vollkommenen Markt im Vergleich

Preisbildung auf unvollkommenen Märkten

Dieser Abschnitt betrachtet Modelle der Preisbildung auf unvollkommenen Märkten. Es ist also wenigstens eine der fünf Bedingungen des vollkommenen Marktes verletzt. Jevons' Gesetz vom einheitlichen Preis gilt nicht.

Monopolistische Konkurrenz

Die wesentlichen Merkmale des **monopolistischen Wettbewerbs** oder der **monopolistischen Konkurrenz** sind

- eine große Zahl Anbieter, die
- vergleichsweise ähnliche Produkte (»enge Substitute«) anbieten, und
- geringe Eintrittskosten in den Markt.

Monopolistische Konkurrenz ist eine häufig anzutreffende Marktform. Ein typisches Beispiel liefert die Bekleidungsindustrie. Denken Sie zum Beispiel an T-Shirts. Die Produktionsverfahren und die Gütereigenschaften von T-Shirts unterscheiden sich von Hersteller zu Hersteller kaum. Deswegen kann man für alle Unternehmen der Branche (oder Industrie) ähnliche Produktions- und Kostenfunktionen annehmen. Auch die Preis-Absatz-Funktionen der Anbieter werden sich nicht wesentlich voneinander unterscheiden. Der Einfachheit halber wird meist angenommen, dass die Funktionen für alle Unternehmen identisch sind. Für einen repräsentativen Anbieter i gilt:

$$(16) \quad p_i = a - b x_i - d \sum_{\substack{j=1 \\ j \neq i}}^{n} x_j$$

Wie Gleichung (16) ahnen lässt, ist eine vollständige modelltheoretische Analyse der monopolistischen Konkurrenz anspruchsvoll. Trotzdem lohnt eine Interpretation der Preis-Absatz-Funktion: Wenn Anbieter i seine eigene Menge x_i variiert, wird der Einfluss auf den Preis über den Parameter b gemessen. Dieser Effekt darf deutlich stärker angenommen werden als jener, der von einer Mengenänderung eines der $n-1$ anderen Anbieter ausgeht. Der Parameter d wird im Vergleich zu b also klein sein. Sofern nur einer der zahlreichen anderen Anbieter seine Menge ändert, wird sich der Preis, den Anbieter i erzielt, kaum spürbar ändern. Anders sieht es allerdings aus, wenn alle anderen Anbieter ihre Produktion zugleich erhöhen oder verringern. Da es viele sind, würde sich der Preis trotz des geringen Einflusses jedes Einzelnen merklich verändern.

Infolge der **Produktdifferenzierung** (»ähnliche Produkte«) verfügen die Unternehmen über einen gewissen Preissetzungsspielraum. Wer regelmäßig T-Shirts der Marke A kauft, wird nicht Knall auf Fall zur Marke B wechseln, nur weil die A-Shirts ein paar Cent teurer werden. Die Unternehmen sehen sich also einer fallenden Preis-Absatz-Funktion gegenüber. Das ist der Grund, warum die Bezeichnung der Marktform das Wort »monopolistisch« enthält.

Infolge der großen Zahl der Anbieter hat keiner von ihnen einen Anreiz, sich gegen den Eintritt eines neuen Unternehmens in den Markt zur Wehr zu setzen. Dazu sind die Auswirkungen, die ein einzelner Markteintritt auf den Preis und den eigenen Absatz hat, zu gering. Die niedrigen Eintrittshürden in den Markt sorgen dafür, dass der Wettbewerb die Profite auf lange Sicht verschwinden lässt. Dieser Umstand liefert die Rechtfertigung für das Wort »Konkurrenz« in der Bezeichnung der Marktform.

Das Doppeldiagramm in Abbildung 16.2 zeigt die Preisbildung bei unvollkommenem Wettbewerb auf kurze und auf lange Sicht. Sie vollzieht sich wie im Monopolmodell. Auf kurze Sicht (linkes Diagramm) gibt es gar keinen Unterschied. Sie sehen im linken Diagramm, dass die Grenzkostenkurve die Stückkostenkurve in deren Minimum, dem Betriebsoptimum BO, schneidet (das muss so sein – die Erklärung finden Sie in Kapitel 11). Nach der Regel »Grenzumsatz = Grenzkosten«, die im Punkt S erfüllt ist, findet das Unternehmen seinen Cournotschen Punkt C. Die Stückkosten k liegen unter dem Preis p^*. Das Unternehmen arbeitet also profitabel. Die schattierte Fläche entspricht dem erzielten Gewinn.

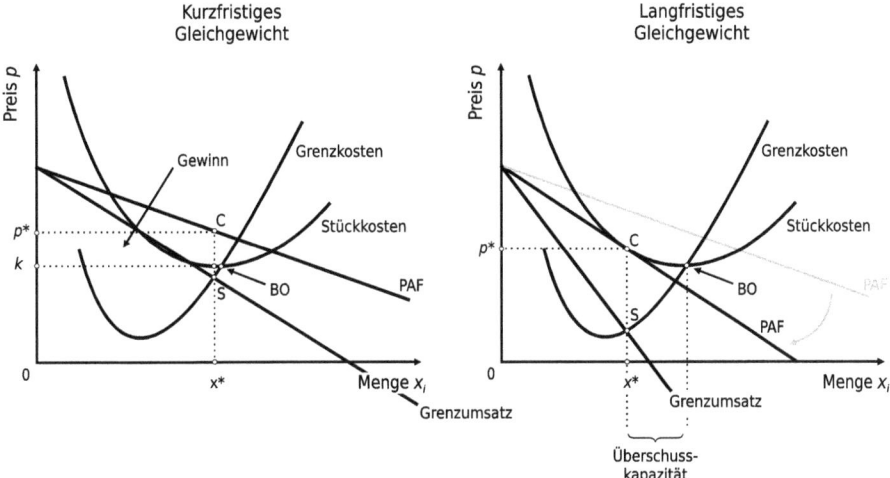

Abbildung 16.2: Kurzfristiges und langfristiges Gleichgewicht der repräsentativen Unternehmung bei monopolistischem Wettbewerb

Auf lange Sicht (rechtes Diagramm) locken die Gewinne Wettbewerber in den Markt. Da die Konkurrenten enge Substitute zum Produkt des betrachteten Unternehmens anbieten, verschlechtert sich dessen Preis-Absatz-Situation. Dies wird hier durch eine Drehung der Preis-Absatz-Funktion in Richtung Ursprung angezeigt. Die Veränderung der Preis-Absatz-Funktion kann komplexer sein und wird in der Literatur unterschiedlich modelliert. Entscheidend ist der Gedanke, dass sich die Funktion so lange nach links oder unten verlagert, bis sie die Stückkostenkurve soeben noch tangiert (**Tangentenlösung**). Da in dieser Situation keine Gewinne mehr anfallen, endet der Eintritt von Wettbewerbern in den Markt.

Ergebnisse

✓ Das repräsentative Unternehmen auf dem unvollkommenen Markt maximiert seinen Profit wie ein Monopolist. Trotzdem erzielt es langfristig keinen Gewinn, weil Gewinne so lange Wettbewerber in den Markt locken, bis der Preis auf die Stückkosten gefallen ist.

✓ Die Produktionsmenge liegt im fallenden Bereich der Stückkostenkurve und ist daher kleiner als die technisch optimale Menge (Betriebsoptimum), die sich bei vollkommener Konkurrenz einstellen würde. Die Stückkosten würden bei einer Produktionsausdehnung sinken. Das Unternehmen kann seine Produktion aber nicht wirtschaftlich erhöhen, da der Preis schneller fallen würde, als die Stückkosten sinken (seine Preis-Absatz-Funktion verläuft im Tangentialpunkt steiler als seine Stückkostenfunktion). Es befindet sich (mit einem Gewinn in Höhe von null) in seinem Gewinnmaximum und müsste bei einer Ausdehnung der Produktion Verluste hinnehmen.

✓ Die Differenz zwischen der gewählten und der technisch optimalen Menge, die die Stückkosten minimieren würde, heißt **Überschusskapazität**. Wäre mehr Nachfrage vorhanden, könnte das Unternehmen diese Kapazität nutzen. Es könnte also eine größere Menge zu geringeren Stückkosten produzieren. Die fehlende Nachfrage begrenzt das Angebot. In der Makroökonomie passt dieses Ergebnis gut in das »keynesianische Modell«.

✓ Die wohlfahrtstheoretische Einschätzung des Marktergebnisses bei monopolistischem Wettbewerb gestaltet sich schwierig. Einerseits wird ineffizient produziert, was ceteris paribus zu einem Verlust an Wohlfahrt führt. Andererseits bieten die differenzierten Produkte den Konsumenten eine Auswahl an Gütern (»Produktvielfalt«), die für sich genommen die Wohlfahrt erhöht. Sie müssen also letztlich abwägen, ob die größere Auswahl die höheren Stückkosten rechtfertigt oder nicht. Mit anderen Worten: Es existiert ein Dilemma zwischen Ressourcenverbrauch und Warenvielfalt.

Tabelle 16.2 zeigt, wie die monopolistische Konkurrenz zwischen der vollkommenen Konkurrenz und dem Monopol anzusiedeln ist.

	Vollkommene Konkurrenz	Monopolistische Konkurrenz	Monopol (auf dem vollkommenen Markt)
Zahl der Anbieter	viele	viele	einer
Art des Produkts	homogen	ähnlich (tatsächlich oder künstlich differenziert)	homogen
Markteintritt	frei	geringe Barrieren	hohe Barrieren
Gewinnmaximierungsregel	Preis = Grenzkosten	Grenzumsatz = Grenzkosten	Grenzumsatz = Grenzkosten
Langfristiger Gewinn	null	null	positiv
Produktion zu minimalen Stückkosten	ja	nein	nein
Wohlfahrt	maximal	keine eindeutige Aussage möglich	Wohlfahrtsverlust

Tabelle 16.2: Marktformen im Überblick

Preisdifferenzierung

Preisdifferenzierung, auch **Preisdiskriminierung** genannt, setzt zwingend unvollkommene Märkte voraus. Auf vollkommenen Märkten kann ein Anbieter keine unterschiedlichen Preise durchsetzen (Jevons' Gesetz). Mit dem »Grad der Unvollkommenheit« nimmt die Möglichkeit zur Preisdifferenzierung zu. Je geringer zum Beispiel die Markttransparenz, desto mehr Aufwand müssen die Konsumenten treiben, um sich einen Überblick über die Qualität und den Preis der Güter zu verschaffen.

✓ Preisdifferenzierung liegt vor, wenn ein Anbieter gleiche Güter zu unterschiedlichen Preisen verkauft. *Beispiel:* Ein großer schwedischer Möbeldiscounter verkauft den Stuhl »Ludvig« in Frankreich günstiger als in Deutschland.

✔ Preisdifferenzierung liegt auch vor, wenn die Differenzen der Preise ähnlicher Produkte (enge Substitute) nicht den Differenzen ihrer Herstellungskosten entsprechen. *Beispiel:* Die Sonderlackierung eines Fahrzeugs kostet 300 Euro, der Preisunterschied der ansonsten identischen Fahrzeuge beträgt jedoch 700 Euro.

Preisdifferenzierung setzt des Weiteren voraus, dass die Kosten aus der Preisdifferenzierung – im einfachsten Fall die Kosten infolge einer unterschiedlichen Preisauszeichnung der Produkte – hinter den Erträgen zurückbleiben. Zudem dürfen sich die Kunden die Produkte nicht gegenseitig weiterverkaufen können (**Arbitrage**). Sofern das nicht wie bei Dienstleistungen ohnehin der Fall ist, muss der Anbieter künstliche Hürden aufbauen. Es entstehen ihm somit Kosten, die Preisdifferenzierung durchzusetzen.

Preisdifferenzierung wird üblicherweise wie folgt kategorisiert:

✔ **Preisdifferenzierung 1. Grades** oder »vollständige Preisdifferenzierung«: Der Anbieter verlangt für jede Gütereinheit die maximal vorhandene Zahlungsbereitschaft. Personen mit unterschiedlichen Zahlungsbereitschaften zahlen unterschiedliche Preise. Auch dieselbe Person zahlt unterschiedliche Preise, wenn sie mehr als eine Gütereinheit erwirbt. *Praktisches Beispiel:* Fehlanzeige, weil sich die Zahlungsbereitschaft nicht beobachten lässt. Wäre aber bekannt, dass zwei durstige Wanderer maximale Zahlungsbereitschaften von 5 und 7 Euro für ein erfrischendes Bier in einer Waldgaststätte besäßen, würde der Wirt von ihnen Preise in Höhe von 5 und 7 Euro fordern. Das teurere der beiden Biere würde er zuerst zapfen und mit dem zweiten warten, bis aus dem ersten wenigstens ein Schluck getrunken wurde. Andernfalls hätten die Wanderer Gelegenheit zur Arbitrage.

Ein praktisches Beispiel für eine Preisdifferenzierung in Richtung 1. Grades ist jedoch möglich. So lässt sich vermuten, dass die Zahlungsbereitschaft für innovative Produkte zum Zeitpunkt der Markteinführung besonders hoch ist, im Anschluss aber mit der Zeit abnimmt. Der Anbieter kann sich das zunutze machen, indem er zunächst einen hohen Preis fordert und sich dann bildlich gesprochen auf seiner Preis-Absatz-Funktion langsam nach unten bewegt.

✔ **Preisdifferenzierung 2. Grades:** Die unterschiedlichen Preise richten sich nach der Menge oder der Qualität der abgenommenen Güter. Die Preise variieren aber nicht zwischen Kunden. *Praktische Beispiele:* Herr Meier erhält Mengenrabatt in derselben Höhe wie Frau Müller. Der Aufpreis für einen Flug in der Businessclass gegenüber einem Flug in der Economyclass liegt über der Kostendifferenz, die der Fluggesellschaft entstehen, ist aber für alle Passagiere gleich.

✔ **Preisdifferenzierung 3. Grades:** Die Preise variieren mit der Gruppe, der der Käufer angehört. *Praktisches Beispiel:* Eine Partnervermittlung verlangt von Männern höhere Mitgliedsbeiträge als von Frauen.

Gelegentlich ist auch von »Arten« oder »Ordnungen« der Preisdifferenzierung die Rede. Die Bezeichnung »Grad« ist nicht übermäßig glücklich, da sie unterschiedliche Intensitäten vermuten lässt, die jedoch nicht vorliegen. Daneben ist die Kategorisierung nicht besonders trennscharf. Zudem differenzieren Unternehmen Preise regelmäßig zugleich auf mehrere Arten. Wer schon einmal versucht hat, einen Flug im Internet zum günstigsten Preis zu buchen, weiß Bescheid.

Preisdifferenzierung 1. Grades

Die **vollständige Preisdifferenzierung** ist ein eher theoretisches Konzept. Kein Anbieter kann sie praktisch umsetzen. Er müsste dazu die Zahlungsbereitschaft jedes potenziellen Käufers kennen. Könnte er die Zahlungsbereitschaften tatsächlich im Detail beobachten, würde er jede einzelne Gütereinheit zur maximal vorhandenen Zahlungsbereitschaft verkaufen.

In Einzelfällen kann es gelingen, die Zahlungsbereitschaft der Nachfrager in Erfahrung zu bringen. Dafür bieten sich Auktionen an. *Beispiel:* Wenige potenzielle Käufer, Mobilfunknetzbetreiber, haben Befürchtungen, dass sie eine Mobilfunklizenz nicht erwerben können, weil sie ihnen ein Wettbewerber vor der Nase wegschnappt. Wenn der Anbieter, in diesem Fall der Staat, die Lizenzen höchstbietend versteigert, bringt er bei einer gewöhnlichen Auktion (»englische Auktion«) die zweithöchste Zahlungsbereitschaft eines Kunden in Erfahrung. Bei einer »verdeckten Zweitpreisauktion« (sogenannte »Vickrey-Auktion«) ist es für die Käufer sogar rational, ein Gebot in Höhe ihrer maximalen Zahlungsbereitschaft abzugeben. eBay-Auktionen funktionieren nach diesem Prinzip: Die abgegebenen (Höchst-)Gebote sind für andere Bieter nicht einsehbar (»verdeckt«). Der Gewinner der Auktion zahlt aber nur einen Preis in Höhe des zweithöchsten Gebots (tatsächlich kann der Preis geringfügig höher liegen).

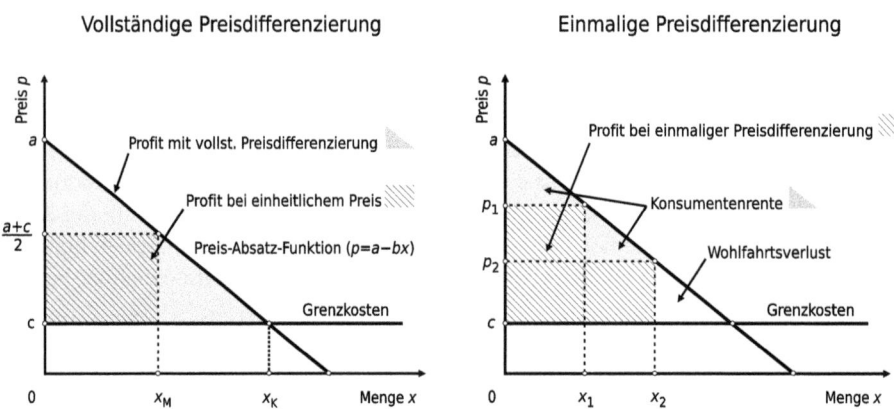

Abbildung 16.3: Vollständige und einmalige Preisdifferenzierung 1. Grades

Die beiden Diagramme in Abbildung 16.3 zeigen die Preisdifferenzierung 1. Grades. Im linken Diagramm ist die vollständige Preisdifferenzierung dargestellt. Der Anbieter verkauft jede einzelne Gütereinheit zur maximalen dafür vorhandenen Zahlungsbereitschaft. Er wandert die Preis-Absatz-Funktion quasi Cent für Cent bis auf die Höhe der Grenzkosten hinab.

Auf diese Art wandelt er die gesamte Konsumentenrente, die sich auf einem Konkurrenzmarkt nach der Regel Preis gleich Grenzkosten einstellen würde, in Profit um (schattiertes Dreieck). Da der Preisdifferenzierer mit x_K insgesamt die Konkurrenzmenge anbietet, entsteht kein Wohlfahrtsverlust. Gleichwohl ist die Verteilung der Renten zwischen Anbieter und Nachfragern extrem: Es gibt keine Konsumentenrente. Die gesamte grau schattierte Fläche ist Profit. Zum Vergleich ist schraffiert der Monopolprofit eingezeichnet, den der Anbieter mit einem einheitlichen Preis erzielen könnte.

Das rechte Diagramm zeigt eine einmalige Preisdifferenzierung. Das Gut wird zunächst zu einem höheren Preis p_1 angeboten. Nachdem die Nachfrager mit einer höheren Zahlungsbereitschaft als p_1 die Menge x_1 erworben haben, verlangt der Anbieter im zweiten Schritt den Preis p_2. Zu diesem Preis setzt er die Menge x_2-x_1 ab. Bei dieser einmaligen Preisdifferenzierung schöpft der Anbieter nur einen Teil der Konsumentenrente ab. Die beiden grau schattierten Dreiecke zeigen die Höhe der verbleibenden Konsumentenrente, die mit jedem weiteren Preisdifferenzierungsschritt sinken würde. Da mit der Menge x_2 insgesamt eine kleinere Menge als bei vollkommener Konkurrenz auf den Markt kommt, führt die einmalige Preisdifferenzierung 1. Grades zu einem Wohlfahrtsverlust. Dieser würde mit jeder weiteren Preisdifferenzierung abnehmen.

Zwar kann der Anbieter mit zunehmender Preisdifferenzierung mehr und mehr Konsumentenrente abschöpfen, aber er muss

- ✔ dazu genaue Kenntnisse über die Nachfragesituation haben (Informationskosten),
- ✔ den Aufwand berücksichtigen, der durch zahlreiche unterschiedliche Verkaufspreise entsteht,
- ✔ damit rechnen, dass sich die Käufer unfair behandelt fühlen (Reputationsverlust) und
- ✔ dass die Käufer lernen, dass das Gut mit der Zeit immer günstiger wird und sich deshalb zukünftig mit frühen Käufen zurückhalten werden (sogenannter »Coase-Einwand«).

Preisdifferenzierung 3. Grades

Die Preisdifferenzierung 3. Grades ist Ihnen schon persönlich begegnet. Eine Erfahrung dieser Art, an die Sie sich vielleicht erinnern können, dürfte Ihr erster Kinobesuch gewesen sein. Als Kind mussten Sie weniger Eintritt zahlen als die Erwachsenen. Sie haben also von der Preisdifferenzierung profitiert.

Abbildung 16.4 greift dieses Beispiel auf. Der Kinobetreiber erkennt unterschiedliche Zahlungsbereitschaften von Kindern und Erwachsenen. Arbitragegeschäfte kann er leicht durch eine Gesichtskontrolle beim Betreten des Kinosaals unterbinden. Kein Erwachsener geht als Kind durch. Bei Jugendlichen könnte es etwas schwieriger sein – Sie erinnern sich?

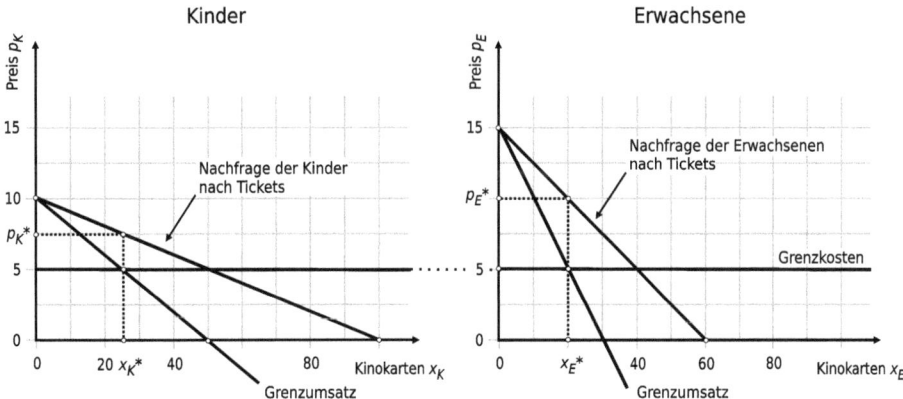

Abbildung 16.4: Monopolistische Preisdifferenzierung auf Teilmärkten

Die Grenzkosten des Kinobetreibers sollen unabhängig vom Alter des Kinobesuchers 5 Euro betragen. Die beiden Preis-Absatz-Funktionen lauten:

(17) Kinder: $p_K = 10 - 0{,}1 x_K$

(18) Erwachsene: $p_E = 15 - 0{,}25 x_E$

Die Bestimmung der gewinnmaximierenden Preise auf den beiden Teilmärkten erfolgt wie im einfachen Monopolmodell. Unter Anwendung der Regel »Grenzumsatz gleich Grenzkosten« können Sie in den maßstabsgetreuen Diagrammen ablesen, dass Kinder für eine Kinokarte 7,50 Euro zahlen, während Erwachsene mit 10 Euro zur Kasse gebeten werden.

Erinnern Sie sich bitte an die Amoroso-Robinson-Relation aus Kapitel 15, die einen Zusammenhang zwischen dem Grenzumsatz U', dem Preis und der direkten Preiselastizität der Nachfrage ε herstellt: $U' = p\left(1 + \dfrac{1}{\varepsilon}\right)$.

Die Erklärung der Preisdifferenz liegt in den unterschiedlichen Nachfrageelastizitäten. Da die Grenzkosten auf beiden Teilmärkten identisch sind, müssen auch die Grenzumsätze übereinstimmen (sonst wäre die notwendige Bedingung für Gewinnmaximierung verletzt). Mit der Amoroso-Robinson-Relation folgt:

(19) $U_K' = p_K \left(1 + \dfrac{1}{\varepsilon_K}\right) = p_E \left(1 + \dfrac{1}{\varepsilon_E}\right) = U_E'$

(20) $\dfrac{p_K}{p_E} = \dfrac{\left(1 + \dfrac{1}{\varepsilon_E}\right)}{\left(1 + \dfrac{1}{\varepsilon_K}\right)}$

Das Verhältnis der Preise auf den beiden Märkten wird also durch die Elastizitäten bestimmt (im Beispiel betragen sie $\varepsilon_K = -3$ und $\varepsilon_E = -2$). Aufgrund der elastischeren Nachfrage der Kinder – vermutlich bedingt durch ihr knapp bemessenes Taschengeld – wird der Kinobetreiber den Preis für Kinder nicht so stark über die Grenzkosten anheben wie den für Erwachsene.

Etwas schwieriger als die Ermittlung der gewinnmaximierenden differenzierten Preise ist die Ermittlung eines einheitlichen gewinnmaximierenden Preises, weil dazu zunächst die Gesamtnachfrage ermittelt werden muss. Grafisch geschieht dies durch die horizontale Addition der beiden Nachfragefunktionen (siehe Abbildung 16.5). Bei Preisen über 10 Euro kaufen nur Erwachsene Eintrittskarten. Bei Preisen darunter ergibt sich die Gesamtnachfrage als Summe der Nachfrage von Erwachsenen und der Nachfrage von Kindern. Bei einem Preis von 5 Euro zum Beispiel würden 40 Erwachsene und 50 Kinder eine Kinokarte kaufen. Insgesamt würden also 90 Karten nachgefragt.

Für den Gesamtmarkt lässt sich der Cournotsche Punkt in der üblichen Art und Weise ermitteln. (Das Ergebnis im aktuellen Beispiel ist nicht ganzzahlig. Der einheitliche Monopolpreis beträgt 8,21 Euro.) In der Regel wird sich der Monopolist aber gar nicht für den einheitlichen Preis interessieren. Die optimalen differenzierten Preise bescheren ihm schließlich einen höheren Profit.

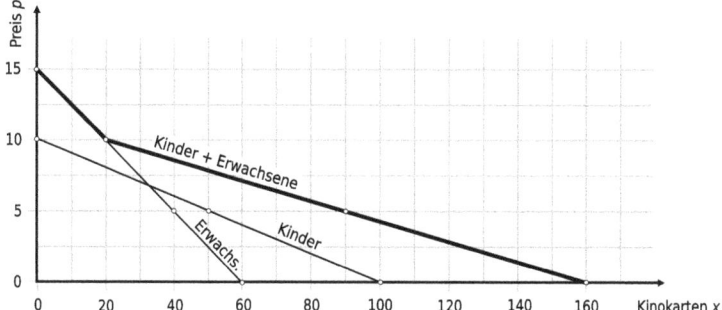

Abbildung 16.5: Konstruktion der Gesamtnachfrage als Summe der Nachfrage auf beiden Teilmärkten

Der Kinobetreiber kann seinen Kunden ansehen, zu welcher Gruppe sie gehören. Für Unternehmen, die ihre Ware im Internet anbieten, sehen alle Kunden zunächst aber gleich aus. Natürlich lässt sich auch im Netz mithilfe von Cookies, Analysediensten oder Methoden wie »Canvas-Fingerprinting« einiges über die Kunden in Erfahrung bringen. Es sei aber angenommen, der Anbieter kenne allein die IP-Nummer eines Kunden sowie die Adresse (URL) der referenzierenden Webseite, solange der Kunde mit seinem »Warenkorb« nicht »zur Kasse geht« und persönliche Daten preisgibt.

Trotzdem kann der Shopbetreiber bei der Preisgestaltung unterschiedliche Zahlungsbereitschaften von Kunden ausnutzen. Kunden, die beim Surfen über ein Werbebanner in den Shop des Anbieters kommen, offeriert er sein Produkt zu einem vergleichsweise hohen Preis. Der Anbieter hat Anlass, einen Kunden zu vermuten, der sich spontan für sein Sortiment interessiert, ohne dass er zuvor Preise verglichen hat.

Gelangt ein potenzieller Kunde jedoch über eine Preissuchmaschine in den Shop, muss der Anbieter davon ausgehen, dass es sich um einen besonders preisempfindlichen Kunden handelt – ökonomisch gesprochen um einen Kunden mit einer hohen direkten Preiselastizität der Nachfrage für den spezifischen Shop. Der Kunde hat seine grundsätzliche Kaufentscheidung vermutlich bereits getroffen. Er weiß genau, welches Produkt er erwerben möchte. Er sucht nur noch nach einem besonders günstigen Shop. Diesem Kunden offeriert der Anbieter einen günstigeren Preis als dem Spontankäufer.

Ähnliche Formen der inszenierten Selbstselektion begegnen Ihnen in vielfältiger Form. Für preissensitive Kunden werden »Hürden« aufgebaut, die der Normalkunde meidet: Sammeln von Rabattmarken; Bücken im Supermarkt nach den günstigen Angeboten in der untersten Regalreihe; Verstecken der günstigen Angebote in den hinteren Ecken der Läden – offline wie online.

Aufgaben

Aufgabe 1

Soll ein Unternehmen den Preis anheben, wenn der Grenzumsatz unter den Grenzkosten liegt? Begründen Sie Ihre Antwort!

Aufgabe 2

Ein Duopolmarkt mit den beiden Anbietern i = 1, 2 wird durch die Preis-Absatz- Funktion $p = 164 - (x_1 + x_2)$ und die Kostenfunktionen $C_1 = 20x_1$ sowie $C_2 = 20x_2$ beschrieben.

1. Geben Sie die Reaktionsfunktionen der beiden Anbieter bei Cournot-Mengenwettbewerb an!
2. Bestimmen Sie den Preis im Stackelberg-Modell!

Aufgabe 3

Ein Duopolmarkt mit den beiden Anbietern 1 und 2 wird durch die Preis-Absatz-Funktion $p = 44 - 2(x_1 + x_2)$ und die Kostenfunktionen $C_1 = 50 + 4x_1$ sowie $C_2 = 4 + 12x_2$ beschrieben.

1. Bestimmen Sie den Preis, der sich auf dem Markt unter der cournotschen Verhaltensannahme einstellt!
2. Welcher Preis stellt sich im Stackelberg-Modell mit Anbieter 1 als Marktführer und Anbieter 2 als Marktfolger ein?
3. Wenn die beiden Anbieter ein Kartell bilden, werden sie das Produkt nur im Betrieb von Anbieter 1 herstellen. Warum produziert das Kartell nicht im Betrieb von Anbieter 2?
4. Auf welchen »strategischen Gedanken« könnte Ihre Antwort auf Frage 3 Anbieter 1 bringen?

Aufgabe 4

Entscheiden Sie für Unternehmen der jeweiligen Marktform, ob die Aussage sicher zutrifft (»ja«), sicher nicht zutrifft (»nein«) oder zutreffen kann (»kann«).

Die Unternehmen ...	Vollkommene Konkurrenz	Monopolistische Konkurrenz	Monopol auf dem vollkommenen Markt
... stellen differenzierte Produkte her.			
... halten eine Überschusskapazität vor.			
... bieten die Menge an, bei der Grenzumsatz und Grenzkosten übereinstimmen.			
... bieten die Menge an, bei der die Grenzkosten mit dem Preis übereinstimmen.			
... erzielen im langfristigen Gleichgewicht Gewinne.			
... sehen sich einer fallenden Nachfragefunktion gegenüber.			
... produzieren im Bereich sinkender Stückkosten.			
... betreiben Werbung.			

Aufgabe 5

Die Fluggesellschaft Ab & Sturz hat im relevanten Bereich konstante Grenzkosten für die Beförderung eines Passagiers von Bonn nach Berlin in Höhe von 30 Euro. Die Linie wird ausschließlich von abgehetzten Bundesbeamten der noch immer auf beide Städte verteilten Dienstorte und »frühbuchenden« Rentnern genutzt, die die Hauptstadt zum Sightseeing besuchen. Aus ausführlichen Untersuchungen ist Ab & Sturz bekannt, dass die direkte Preiselastizität der Beamten bei (minus) 2 und die der Rentner bei (minus) 3 liegt. Tickets für Rentner kosten 42 Euro, Tickets für Beamte 60 Euro.

Welche der folgenden Aussagen treffen zu, wenn Ab & Sturz die Preise mit dem Ziel der Gewinnmaximierung setzt? Kreuzen Sie die zutreffenden Aussagen an!

Tipp: Nutzen Sie die Amoroso-Robinson-Relation für den Grenzumsatz $U' = p\left(1 + \dfrac{1}{\varepsilon}\right)$, wobei ε die direkte Preiselastizität der Nachfrage angibt.

1. Beide Preise sind gewinnmaximierend. ☐

   Beide Preise sind zu hoch. ☐

   Beide Preise sind zu gering. ☐

   Der Preis für Beamte ist korrekt, der für Rentner zu gering. ☐

   Der Preis für Beamte ist korrekt, der für Rentner zu hoch. ☐

   Der Preis für Beamte ist zu gering, der für Rentner zu hoch. ☐

   Der Preis für Beamte ist zu hoch, der für Rentner zu gering. ☐

2. Wenn Ab & Sturz gewinnmaximierende Preise verlangt, muss einer der Preise bei Preisdiskriminierung auf jeden Fall unter und der andere auf jeden Fall über den Grenzkosten liegen. ☐

3. Es ist sehr unwahrscheinlich, dass die Beamten eine geringere (absolute) Preiselastizität der Nachfrage haben als Rentner. ☐

4. Die Preisdifferenzierung lässt sich im beschriebenen Fall praktisch nicht durchsetzen, da die Kosten der Preisdifferenzierung zu hoch sind. ☐

Aufgabe 6

Was besagt das »Bertrand-Paradox«?

Aufgabe 7

Auf einem vollkommenen »Mineralwassermarkt« mit den beiden Anbietern A und B gilt die Preis-Absatz-Funktion $p = 90 - x_A - x_B$ mit üblicher Symbolik. Es gibt keine Produktionskosten für Mineralwasser.

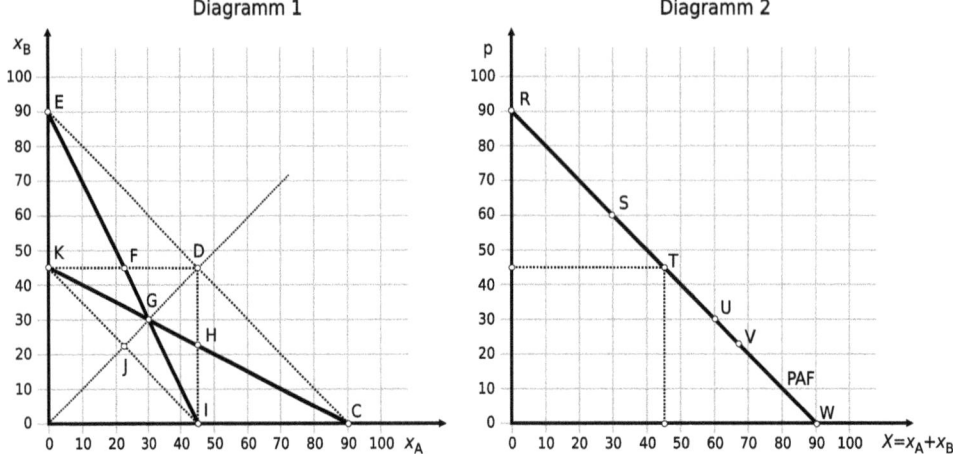

Die beiden Diagramme zeigen die Reaktionsfunktionen der beiden Anbieter sowie die Preis-Absatz-Funktion für die Gesamtmenge.

1. Welche beiden Punkte beschreiben Anfang und Ende der Reaktionsfunktion von Anbieter A im Cournot-Oligopolmodell?

2. Mit welchem Punkt auf der Preis-Absatz-Funktion im rechten Diagramm korrespondiert die gepunktete Hilfslinie, die im linken Diagramm die Punkte K und I verbindet?

3. Welche Punkte in den beiden Diagrammen zeigen das Gleichgewicht im Cournot-Duopolmodell?

4. Welcher Punkt im linken Diagramm zeigt die Stackelberg-Lösung, wenn Anbieter B Marktführer und Anbieter A Marktfolger ist?

5. Wo befänden sich die Anbieter im linken Diagramm, sollten beide in die Rolle des Marktführers drängen?

6. Welcher Punkt im rechten Diagramm zeigt die Bertrand-Lösung?

Aufgabe 8

Die beiden Flugzeugbauer Luftbus Industries (L) und Poeing Company (P) teilen sich den Weltmarkt für Großraumflugzeuge. Luftbus bietet den L380 und Poeing die P747 an. Die Produkte sind nahezu homogen. Ihre Mengen werden im Folgenden mit x_L und x_P angegeben. Die weltweite Nachfrage im betrachteten Zeitraum lässt sich mit der Funktion $p = 430 - 0{,}5(x_L + x_P)$ beschreiben. Dabei ist der Preis p für ein Flugzeug in Millionen Dollar angegeben. Beide Hersteller produzieren nach Maßgabe der Kostenfunktion $C_i = 10x_i + 0{,}5x_i^2$ mit $i = L, P$.

Bestimmen Sie die Preise für folgende Marktstrukturen:

1. Die Anbieter bilden ein Kartell.

2. Die Anbieter betreiben cournotschen Mengenwettbewerb.

3. Luftbus ist Marktführer; Poeing ist Marktfolger (Stackelberg-Modell).
4. Die Anbieter betreiben Preiswettbewerb (Bertrand-Modell).

Hinweis: Die Ermittlung des Kartell- und des Konkurrenzpreises ist infolge der steigenden Grenzkosten **schwierig**. Sie dürfen sich selbst auf die Schulter klopfen, wenn Sie die Aufgabe vollständig lösen können. *Taschenrechner empfohlen.*

Aufgabe 9

Die Skizze zeigt das langfristige Gleichgewicht eines Anbieters bei monopolistischer Konkurrenz. Allerdings fehlen zwei Funktionen, die zur Bestimmung des bereits eingezeichneten Cournotschen Punktes (CP) notwendig sind. Mit BO ist das Betriebsoptimum gekennzeichnet.

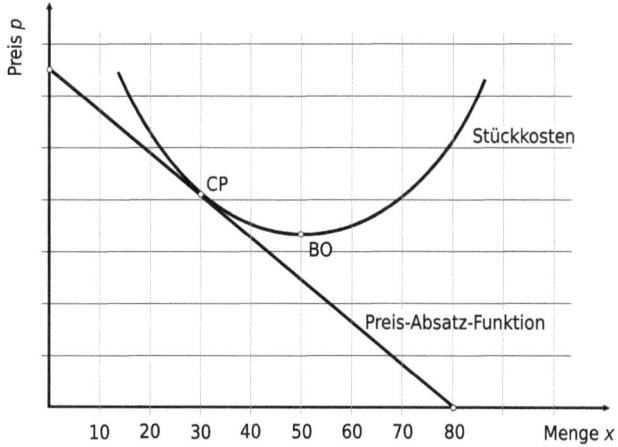

1. Ergänzen Sie die beiden fehlenden Funktionen im Diagramm so, dass sie mit den bereits eingezeichneten Funktionen und dem langfristigen Gleichgewicht kompatibel sind! Vergessen Sie nicht, sie auch zu beschriften!
2. Wie hoch ist die Überschusskapazität in der dargestellten Unternehmung?
3. Welches Ergebnis dieses Modells gilt als besonders realitätsnah?
4. Was verhindert im Vergleich mit dem Modell vollkommener Konkurrenz eine klare Aussage über die Wohlfahrtswirkungen der monopolistischen Konkurrenz?

Aufgabe 10

Monopolist USP Ltd. beliefert mit seinem Produkt zwei voneinander getrennte Teilmärkte, die unternehmensintern kurz T1 und T2 heißen und beide gleich weit von der Produktionsstätte entfernt liegen. Transportkosten spielen also keine Rolle.

Der mitunter zu Vorträgen an Hochschulen eingeladene, für das Marketing zuständige Vorstand Anton Kleingeist referiert vor den Studenten gern seine Erfolgsregel: »Zwei Märkte, ein Preis!« Und dann schiebt er zur Erklärung nach: »Wenn der Preis auf T1 höher ist als auf T2, machen wir bei USP mehr Gewinn, indem wir eine Gütereinheit von T2 abziehen und auf T1 verkaufen.«

Nehmen Sie Stellung!

Aufgabe 11

Ein Monopolist verkauft sein Produkt in Land A und Land B. Es handelt sich um eine Software, die sich zwar in einigen länderspezifischen Details unterscheidet, was aber nicht zu Kostenunterschieden in der Herstellung führt. Da die Software elektronisch vertrieben wird, fallen keine Transportkosten an. Spezifische Anpassungen für jeden Kunden führen aber zu konstanten Grenzkosten in Höhe von 20 Euro.

Die Preis-Absatz-Funktionen in den beiden Ländern unterscheiden sich. Sie lauten

- in Land A: $p_A = 80 - 2x_A$
- und in Land B: $p_B = 120 - 2x_B$

Bisher wird die Software in beiden Ländern zu einem einheitlichen Preis von 70 Euro verkauft. Dem Unternehmen kommen jedoch Zweifel, ob dieser Preis seinen Gewinn tatsächlich maximiert. Deswegen beauftragt es Sie als Experten und erwartet Antworten auf die folgenden Fragen:

1. Wie hoch ist ein gewinnmaximierender einheitlicher Preis?
2. Welche Preise sollten im Fall von Preisdiskriminierung verlangt werden?
3. Unter welchen Umständen ist der Gewinn höher – mit oder ohne Preisdifferenzierung?

Aufgabe 12

Die Nachfrage nach Karten für ein Popkonzert gestaltet sich nach der Preis-Absatz-Funktion $p = 200 - 2x$. Dabei misst x die Zahl der Eintrittskarten (= Besucher) je 1.000 Stück und p den Eintrittspreis je Karte in Euro.

Das Konzert findet in einer großen Arena mit einem Fassungsvermögen von 100.000 Zuschauern statt. Der Konzertveranstalter hat die Arena inklusive Ordnungsdienst, Reinigungskosten etc. zum Fixpreis gebucht. Für die Darbietungen sind mit den Künstlern ebenfalls fixe Zahlungen vereinbart worden. Weitere Kosten entstehen nicht.

Sie können die nachstehenden Aufgaben grafisch im vorbereiteten Diagramm lösen. Machen Sie sich zuerst Gedanken über eine passende Skalierung der Achsen.

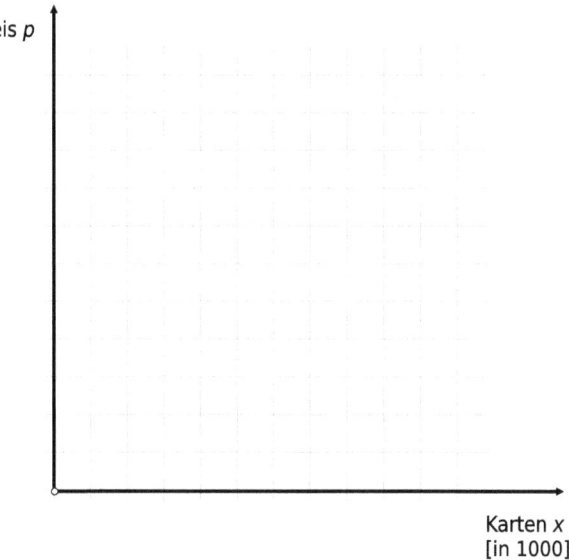

1. Bestimmen Sie den Monopolpreis!

2. Die Karten zum Monopolpreis sind mittlerweile im Vorverkauf abgesetzt worden. Der Veranstalter stellt fest, dass noch Plätze frei sind und auch noch Nachfrage vorhanden ist. Bestimmen Sie den Preis, den der Veranstalter bei einmaliger Preisdifferenzierung der ersten Art für Karten an der Abendkasse verlangen wird!

3. Durch die Preisdifferenzierung ändert sich die Wohlfahrt. Bestimmen Sie die Veränderung des Allokationsverlustes, die infolge der Preisdiskriminierung eintritt!

4. Welche Gefahr läuft der Anbieter mit seiner Preispolitik?

Lösungen

Lösung Aufgabe 1

Ja, wenn der Grenzumsatz unter den Grenzkosten liegt, wird ein gewinnmaximierendes Unternehmen den Preis anheben. Denn wenn der Grenzumsatz unter den Grenzkosten liegt, hat die letzte abgesetzte Einheit die Kosten stärker ansteigen lassen als den Umsatz. Der Absatz (= die Produktion) sollte also vermindert werden. Das erreicht das Unternehmen durch eine Preiserhöhung.

Lösung Aufgabe 2

1. Die Reaktionsfunktionen lauten: $x_1 = 72 - 0,5x_2$ und $x_2 = 72 - 0,5x_1$.
2. Der Preis im Stackelberg-Modell beträgt 56 Geldeinheiten.

Lösungsweg Cournot-Modell: Nach der cournotschen Verhaltensannahme geht Anbieter 1 davon aus, dass Anbieter 2 eine gegebene Menge x_2 anbietet, mit der er nicht auf Mengenänderungen von Anbieter 1 reagiert. Anbieter 1 erwartet demzufolge einen Umsatz in Höhe von:

$$U_1 = p \cdot x_1 = \left[164 - (x_1 + x_2)\right] \cdot x_1 = 164 x_1 - x_1^2 - x_2 \cdot x_1$$

Seine Grenzumsatzfunktion ist $U_1' = 164_1 - 2x_1 - x_2$. Wie jeder andere Anbieter auch maximiert er seinen Gewinn, wenn Grenzumsatz und Grenzkosten übereinstimmen:

$$U_1' = 164 - 2x_1 - x_2 \stackrel{!}{=} 20 = C_1'$$

Damit lautet seine Reaktionsfunktion $x_1 = 72 - 0{,}5 x_2$.

Anbieter 1 und 2 verhalten sich im Cournot-Modell identisch und haben in dieser Aufgabe gleiche Kostenfunktionen. Also lautet die Reaktionsfunktion von Anbieter 2 spiegelbildlich zu der von Anbieter 1 $x_2 = 72 - 0{,}5 x_1$.

Lösungsweg Stackelberg-Modell: Anbieter 1 sei der Marktführer. Er antizipiert die Aktionen von Anbieter 2 (Marktfolger), von dem er weiß, dass er sich gemäß der cournotschen Annahme verhält. Anbieter 1 kennt also die Reaktionsfunktion seines Konkurrenten und kann den Marktpreis allein bestimmen, da er über seine eigene Produktionsmenge die Produktionsmenge von Anbieter 2 steuert:

$$p = 164 - (x_1 + x_2) = 164 - \left(x_1 + (72 - 0{,}5 x_1)\right) = 92 - 0{,}5 x_1$$

Damit ist sein Umsatz $U_1 = p \cdot x_1 = (92 - 0{,}5 x_1) \cdot x_1 = 92 x_1 - 0{,}5 x_1^2$.

Mit der Regel »Grenzumsatz gleich Grenzkosten« folgt:

$$U_1' = 92 - x_1 = 20 = C_1'$$
$$x_1^* = 72$$

Seiner Reaktionsfunktion zufolge wird Anbieter 2 eine Menge von $x_2 = 72 - 0{,}5 \cdot 72 = 36$ wählen. Der Preis stellt sich auf $p = 164 - (72 + 36) = 56$ ein.

Falls nur nach der Stackelberg-Lösung gefragt wird, können Sie einen wesentlich einfacheren und schnelleren Lösungsweg einschlagen, der die Berechnung der Reaktionsfunktionen umgeht. Im Fall einer linearen Preis-Absatz-Funktion und identischen linearen Kostenfunktionen der beiden Anbieter bietet der Stackelberg-Führer die Monopolmenge und der Folger die halbe Monopolmenge an.

Mit diesem Tipp müssten Sie lediglich die einfache Monopollösung für die Aufgabenstellung berechnen, um die Menge des Marktführers zu bestimmen:

$$p = 164 - x$$
$$U = (164 - x)x$$
$$U' = 164 - 2x$$
$$U' = C'$$
$$164 - 2x = 20$$
$$x^* = 72$$

Ein Monopolist würde 72 Einheiten anbieten. Das ist genau die Menge, mit der der Stackelberg-Führer seinen Gewinn maximiert.

Lösung Aufgabe 3

Die cournotsche »Zwei-Drittel-Lösung« und die Stackelberg-Regel »Der Marktführer bietet die Monopolmenge an« treffen infolge der unterschiedlichen Kostenfunktionen nicht zu. Sie müssen die Ergebnisse daher »zu Fuß« mit der Gewinnmaximierungsregel »Grenzumsatz = Grenzkosten« berechnen.

1. Ermittlung des Preises im Cournot-Modell

    Umsatz von Anbieter 1: $U_1 = 44x_1 - 2x_1^2 - 2x_2 x_1$

    Grenzumsatz = Grenzkosten: $U_1' = 44 - 4x_1 - 2x_2 = 4 = C_1'$

    Reaktionsfunktion Anbieter 1: $x_1 = 10 - 0{,}5 x_2$

    Die Reaktionsfunktion für Anbieter 2 finden Sie auf die gleiche Art. Seine Grenzumsätze sehen so aus wie die von Anbieter 1, Sie müssen allerdings die unterschiedlichen Grenzkosten beachten:

    Grenzumsatz = Grenzkosten: $U_2' = 44 - 2x_1 x_2 - 4x_2 = 12 = C_2'$

    Reaktionsfunktion Anbieter 2: $x_2 = 8 - 0{,}5 x_1$

    Die beiden Reaktionsfunktionen schneiden sich bei den Mengen $x_1 = 8$ und $x_2 = 4$. Den Preis ermitteln Sie durch Einsetzen der Mengen in die Preis-Absatz-Funktion: $p = 44 - 2(8 + 4) = 20$.

    Bei cournotschem Mengenwettbewerb stellt sich ein Preis von 20 Geldeinheiten ein.

2. Ermittlung des Preises im Stackelberg-Modell

    Anbieter 1 kennt als Marktführer die Reaktionsfunktion von Anbieter 2. Wenn er sie in die Preis-Absatz-Funktion einsetzt, kann er berechnen, welcher Preis sich in Abhängigkeit von seiner Produktionsentscheidung einstellen wird:

    $$p = 44 - 2\left(x_1 + \left[8 - 0{,}5 x_1\right]\right)$$
    $$p = 44 - 2x_1 - 16 + x_1$$
    $$p = 28 - x_1$$

    Wie jeder Anbieter maximiert er seinen Gewinn nach der Regel »Grenzumsatz = Grenzkosten«:

    $$28 - 2x_1 = 4$$
    $$x_1^* = 12$$

    Durch Einsetzen der Menge von Anbieter 1 in die Reaktionsfunktion von Anbieter 2 bestimmen Sie dessen Produktionsmenge $x_2^* = 2$.

    Den Preis ermitteln Sie wiederum durch Einsetzen der Mengen in die Preis-Absatz-Funktion:

    $$p = 44 - 2(12 + 2) = 16$$

    Im Stackelberg-Modell stellt sich ein Preis in Höhe von 16 Geldeinheiten ein. Erwartungsgemäß bleibt der Preis hinter dem zurück, der sich unter der cournotschen Verhaltensannahme ergibt.

Auch wenn nicht danach gefragt ist: Gegenüber dem Cournot-Mengenwettbewerb steigt der Gewinn des Marktführers von 78 auf 94 Geldeinheiten, während der Gewinn des Folgers von 28 auf vier Geldeinheiten sinkt.

3. Wenn die beiden Anbieter ein Kartell bilden, produzieren sie nur im Betrieb von Anbieter 1, weil die Herstellung einer weiteren Gütereinheit im Betrieb von Anbieter 2 acht Geldeinheiten teurer wäre als im Betrieb von Anbieter 1 (= Differenz der Grenzkosten der beiden Anbieter).

4. Anbieter 1 kann aufgrund seiner geringeren Durchschnittskosten im relevanten Bereich Anbieter 2 aus dem Markt drängen. Es entsteht ein natürliches Monopol.

Lösung Aufgabe 4

Die Unternehmen ...	Vollkommene Konkurrenz	Monopolistische Konkurrenz	Monopol auf dem vollkommenen Markt
... stellen differenzierte Produkte her.	nein	ja	nein[1]
... halten eine Überschusskapazität vor.	nein	ja	kann[2]
... bieten die Menge an, bei der Grenzumsatz und Grenzkosten übereinstimmen.	ja[3]	ja	ja
... bieten die Menge an, bei der die Grenzkosten mit dem Preis übereinstimmen.	ja	nein	nein
... erzielen im langfristigen Gleichgewicht Gewinne.	nein	nein	ja
... sehen sich einer fallenden Nachfragefunktion gegenüber.	nein[4]	ja	ja
... produzieren im Bereich sinkender Stückkosten.	nein[5]	ja	kann[6]
... betreiben Werbung.	nein	ja	nein[7]

Anmerkungen:

(1) Ein Monopolist kann selbstverständlich differenzierte Produkte anbieten und wird das in der Regel im Rahmen von Preisdifferenzierung auch tun. Dann handelt es sich allerdings nicht mehr um ein Monopol auf dem vollkommenen Markt.

(2) Es kann sein, dass ein Monopol im Bereich sinkender Stückkosten produziert – denken Sie an das natürliche Monopol. Deswegen könnte man von einer Überschusskapazität sprechen. Üblicherweise findet der Begriff aber nur im Zusammenhang mit monopolistischer Konkurrenz Verwendung.

(3) Die Regel »Grenzumsatz = Grenzkosten« gilt für *jedes* gewinnmaximierende Unternehmen. Die Preis-Grenzkosten-Regel ist ein Spezialfall dieser Regel.

(4) Unternehmen auf Märkten mit vollkommener Konkurrenz sehen sich einer vollkommen elastischen Preis-Absatz-Funktion gegenüber.

(5) Das kann nicht sein, weil der Preis unter dem Betriebsoptimum läge. Das Unternehmen würde bei Befolgen der Preis-Grenzkosten-Regel Verlust erzielen (Stichwort: natürliches Monopol).

(6) Der Cournotsche Punkt kann ohne Weiteres im Bereich steigender Stückkosten liegen.

(7) Werbung ist mit den Bedingungen des vollkommenen Marktes nicht vereinbar.

Lösung Aufgabe 5

1. Richtig ist die Aussage »Der Preis für Beamte ist korrekt, der für Rentner zu gering«. Die Gewinnmaximierungsregel »Grenzumsatz = Grenzkosten« $(U' = C')$ lässt sich unter Ausnutzung der Amoroso-Robinson-Relation schreiben als $C' = p\left(1 + \frac{1}{\varepsilon}\right)$. Mit den in der Aufgabenstellung gegebenen Werten folgt für die Rentner:

   $$30 = p^{\text{Rentner}}\left(1 + \frac{1}{-3}\right)$$

   und für die Beamten:

   $$30 = p^{\text{Beamte}}\left(1 + \frac{1}{-2}\right)$$

   Daraus berechnet man für Rentner einen Preis von 45 Euro und für Beamte einen von 60 Euro.

2. Die Aussage ist falsch: Richtig ist, dass einer der Preise bei *Preisdiskriminierung dritter Art*, die hier vorliegt, über dem gewinnmaximierenden einheitlichen Preis liegen muss, der sich für die aggregierte Nachfrage von Beamten und Rentnern ergäbe, während der andere darunter liegen muss. Wenn Ab & Sturz von einer Gruppe einen Preis unterhalb der Grenzkosten fordern würde, wäre es schlauer, diese Gruppe gar nicht zu befördern. Jeder Passagier der Gruppe würde den Gewinn um die Differenz von Grenzkosten und Preis mindern.

3. Die Aussage ist falsch. Im Gegenteil werden die Beamten eine sehr geringe (absolute) Preiselastizität der Nachfrage besitzen. Sie bezahlen ihre Flüge schließlich nicht selbst, sondern reichen eine Reisekostenrechnung bei ihrem Dienstherren ein. Solange der keine Maßnahmen ergreift, die die Beamten bei der Wahl ihrer Flüge einschränken, würden sie am liebsten Businessclass buchen.

4. Die Aussage ist falsch: Die Kosten der Preisdiskriminierung sind gering. Die Rentner »selektieren« sich durch ihr Verhalten selbst. Sie planen ihren Urlaub langfristig und buchen früh. Ab & Sturz kann sie daher einfach identifizieren. Die Beamten können ihre Termine in Berlin nicht vorhersehen. Nur in Ausnahmefällen werden sie den Frühbuchertarif nutzen können. Will Ab & Sturz auch noch diese Ausnahmen vermeiden, wäre ein probates Mittel, den günstigeren Tarif nur anzubieten, wenn zwischen Hin- und Rückflug ein Samstag oder Sonntag liegt. Die Beamten werden sich mit Händen und Füßen gegen Dienstreisen über das Wochenende wehren.

Lösung Aufgabe 6

Als »Bertrand-Paradox« wird die Lösung des bertrandschen Oligopolmodells bezeichnet. Es geht davon aus, dass die Anbieter miteinander im »Preiswettbewerb« stehen – der Preis ist ihre Aktionsvariable, wenn man so will, ihre »strategische Waffe«. Das Modell prognostiziert, dass Oligopolunternehmen ihr Produkt zum Konkurrenzpreis anbieten werden. Von einem Paradox wird gesprochen, weil bei einer abnehmenden Zahl von Anbietern in einem Markt üblicherweise ein steigender Preis erwartet wird. Doch selbst im Duopol mit nur zwei Anbietern würde sich bei Preiswettbewerb der Konkurrenzpreis einstellen. Die Zahl der Anbieter ist bei Preiswettbewerb bedeutungslos (wenn sie mindestens zwei beträgt).

Wenige Anbieter eines *identischen* Produkts auf einem vollkommenen Markt sehen sich im Preiswettbewerb wie ein Konkurrenzanbieter einer unendlich elastischen Nachfrage (ihre Preis-Absatz-Funktionen verlaufen waagerecht) gegenüber. Würden sie einen höheren Preis als die Konkurrenten fordern, wanderten die rationalen Konsumenten schlagartig ab. Der Anbieter mit dem günstigsten Preis zieht die gesamte Nachfrage auf sich. Da ein Anbieter weiß, dass seine Wettbewerber das ebenfalls wissen, wird er sofort zu Grenzkosten, also zum Konkurrenzpreis anbieten.

Abweichungen von der Marktvollkommenheitsannahme stören das Paradox, setzen die grundsätzliche Überlegung, dass Preiswettbewerb in die Nähe des Konkurrenzpreises führt, aber nicht außer Kraft. Wenn Mineralölanbieter (»Tankstellen«) im Preiswettbewerb stehen, darf man dieser Überlegung folgend durch eine größere Zahl von Anbietern nicht unbedingt sinkende Benzinpreise erwarten. Das gilt analog für die Mobilfunkpreise und die Zahl der Mobilfunknetzbetreiber.

Das Diamond-Paradox

Die gegenteilige Schlussfolgerung zum Bertrand-Paradox liefert das »Diamond-Paradox«. Es geht von unvollständiger Information der Konsumenten aus, die den Anbietern einen Preissetzungsspielraum ermöglicht. Nehmen Sie an, die Konsumenten haben Suchkosten, Anbieter für das gewünschte Produkt ausfindig zu machen – zum Beispiel in Höhe von s je Angebot. Wenn der von den Konsumenten vermutete günstigste Preis p_K ist, kann ein Anbieter einen maximal um den Betrag s höheren Preis für das Produkt verlangen. Ein potenzieller Käufer käme zu dem Schluss, dass die Weitersuche nach einem günstigeren Angebot nicht mehr lohnt. *Beispiel:* Wenn Sie mit einem günstigsten Preis in Höhe von 20 Euro rechnen und für die Suche nach einem weiteren Angebot 1 Euro kalkulieren, lohnt sich die Weitersuche bei einem aktuellen Preis von 20,90 Euro nicht.

Das wissen alle Anbieter. Deswegen werden alle einen Preis fordern, der um die Suchkosten s der Käufer über p_K liegt. Diesen Preis können sich die Anbieter erlauben, ohne einen Kunden zu verlieren.

> Nun beginnt die Überlegung von vorn: Versetzen Sie sich in die Rolle eines Anbieters. Welchen Preis würden Sie fordern? Wenn alle Ihre Konkurrenten den Preis p_K+s verlangen, können Sie selbst noch einmal den Betrag s draufschlagen, ohne einen Kunden zu verlieren. Dieselbe Überlegung stellen Ihre Konkurrenten an. Inzwischen fordern also alle Anbieter den Preis p_K+s+s. Und wieder beginnt die Überlegung von vorn.
>
> Zu Ende gedacht können Sie auch gleich den Monopolpreis verlangen. Quintessenz: Der Monopolpreis stellt sich ein, obwohl mehrere Anbieter am Markt sind.

Lösung Aufgabe 7

1. Die Punkte E und I. Wenn Anbieter B mit 90 Stück die Sättigungsmenge anbietet, bietet A nichts an. Wenn B nichts anbietet, reagiert A mit der Monopolmenge, die der halben Sättigungsmenge entspricht.

2. Auf der Hilfslinie IK bieten beide Anbieter zusammen die Monopolmenge an. Im Punkt J teilen sie sich die Monopolmenge untereinander gleich auf. J können Sie daher als Kartelllösung interpretieren. Der Gerade IK im linken Diagramm entspricht der Punkt T auf der Preis-Absatz-Funktion im rechten.

3. Die »cournotsche Zwei-Drittel-Lösung« finden Sie im linken Diagramm als Schnittpunkt G der beiden Reaktionskurven. Im rechten Diagramm zeigt der Punkt U die Cournot-Lösung.

4. Punkt F: Anbieter B bietet als Marktführer die Monopolmenge an. Anbieter A reagiert als Marktfolger mit der halben Monopolmenge.

5. Beide Anbieter würden sich jeweils für die Monopolmenge entscheiden und befänden sich demzufolge in Punkt D.

6. Bei Preiswettbewerb nach Bertrand unterbieten sich die beiden Anbieter gegenseitig, bis der Preis auf die Höhe der Grenzkosten gefallen ist. Im Mineralwasserfall stellt sich daher der Punkt W ein.

Lösung Aufgabe 8

Die gesuchten Preise sind:

1. Kartell: $p^{\text{Kartell}} = 290{,}00$ Mio. \$

2. Cournot-Duopol: $p^{\text{Cournot}} = 262{,}00$ Mio. \$

3. Stackelberg-Duopol: $p^{\text{Stackelberg}} = 257{,}50$ Mio. \$

4. Bertrand-Duopol; $p^{\text{Bertrand}} = 220{,}00$ Mio. \$.

Lösungshinweise

Bei der Monopol- und bei der Konkurrenzlösung lauert eine Fehlerquelle, die leicht übersehen wird, weil sie in Beispielen, die konstante Grenzkosten unterstellen, nicht auftritt. Hier jedoch steigen die Grenzkosten infolge der quadratischen Kostenfunktion an. Deswegen ist es im Unterschied zu konstanten Grenzkosten von Bedeutung, wie die Produktionsmenge auf die Unternehmen verteilt wird. Es gilt sozusagen »small is beautiful«, denn je größer ein Unternehmen (gemessen an seiner Produktionsmenge) ist, desto teurer wird eine weitere Einheit hergestellt. Es liegt quasi das Gegenstück zum »Gesetz der Massenproduktion« vor (für den Flugzeugbau nicht besonders realitätsnah). Technisch gesprochen sind die Kostenfunktionen von Luftbus und Poeing superadditiv: $C(x_L + x_P) > C(x_L) + C(x_P)$.

Nur wenn die Grenzkosten konstant sind, spielt es keine Rolle, wie die Produktionsmenge zwischen zwei Unternehmen aufgeteilt wird. In diesem Fall sind die Kosten additiv: $C(x_L + x_P) = C(x_L) + C(x_P)$.

Kartell

Bilden die Unternehmen ein Kartell, dann müssen sie die Menge so auf die beiden Produktionsstätten verteilen, dass die Grenzkosten übereinstimmen. Da die Kostenfunktionen identisch sind, stimmen die Grenzkosten überein, wenn die Produktionsmenge zu gleichen Teilen auf beide Unternehmen aufgeteilt wird.

Die beiden Unternehmen haben das Ziel, ihre gemeinsame Gewinnfunktion

$$G^{\text{Kartell}} = U_{L+P} - C_L - C_P$$

$$G^{\text{Kartell}} = \left(430 - 0{,}5(x_L + x_P)\right) \cdot (x_L + x_P) - \left(10x_L + 0{,}5x_L^2\right) - \left(10x_P + 0{,}5x_P^2\right)$$

zu maximieren. Als notwendige Bedingungen für ein Maximum (Nullsetzen der partiellen Ableitungen nach x_L und x_P) erhält man:

$$\frac{\partial G^{\text{Kartell}}}{\partial x_L} = 420 - 2x_L - x_P = 0$$

$$\frac{\partial G^{\text{Kartell}}}{\partial x_P} = 420 - 2x_P - x_L = 0$$

Die gewinnmaximalen Mengen sind $x_L = x_P = 140$. Mit der Nachfragefunktion folgt für den Kartellpreis $p^{\text{Kartell}} = 290$.

Dieser Preis ist nicht der Monopolpreis. Wäre nur eines der beiden Unternehmen existent, betrüge dessen Monopolgewinn:

$$G^{\text{Monopol}} = U - C$$

$$G^{\text{Monopol}} = (430 - 0{,}5x) \cdot x - (10x + 0{,}5x^2)$$

Daraus ermittelt man für den Cournotschen Punkt mit $x = 210$ und $p^{\text{Monopol}} = 325$.

Diese Lösung *würde* sich im Kartell einstellen, wenn durch hinreichend hohe Fixkosten in den Unternehmen die Schließung eines Standortes die wirtschaftlichere Alternative wäre.

Cournot-Duopol

Die Anbieter suchen die gewinnmaximierende Menge unter der Cournot-Annahme, ihr Konkurrent werde nicht auf ihre Produktionsentscheidung reagieren. Die Gewinnfunktion für Luftbus ist dann:

$$G_L = U_L - C_L$$
$$G_L = \left(430 - 0{,}5\left(x_L + x_P\right)\right) \cdot x_L - \left(10 x_L + 0{,}5 x_L^2\right)$$

Daraus ermittelt man als Reaktionsfunktion: $x_L = 210 - 0{,}25 x_P$.

Mit der spiegelbildlichen Reaktionsfunktion für Poeing $\left(x_P = 210 - 0{,}25 x_L\right)$ folgt $x_L = x_P = 168$. Zusammen bringen die Anbieter 336 Flugzeuge auf den Markt. Der Preis stellt sich auf 262 Mio. $ ein.

Stackelberg-Duopol

Luftbus ist Marktführer, kalkuliert also die Reaktion von Poeing ein. Damit ergibt sich der Gewinn von Luftbus:

$$G_L = \left(430 - 0{,}5\left(x_L + \left[210 - 0{,}25 x_L\right]\right)\right) \cdot x_L - \left(10 x_L + 0{,}5 x_L^2\right)$$

Die von Poeing angebotene Menge steht in eckigen Klammern. Die gewinnmaximierende Menge ist $x_L = 180$. Über die Reaktionsfunktion findet man die Menge des Marktfolgers $x_P = 210 - 0{,}25 \cdot 180 = 165$. Und über die Nachfragefunktion ergibt sich für den Preis $p^{\text{Stackelberg}} = 257{,}50$ Mio. $.

Der »Lehrbuchsatz«, dass der Marktführer im Stackelberg-Modell die Monopolmenge anbietet, gilt nur bei konstanten Grenzkosten.

Preiswettbewerb

Bei Preiswettbewerb unterbieten sich die Anbieter gegenseitig, bis der Preis auf die Grenzkosten gesunken ist. Wenn die Grenzkosten konstant sind, lässt sich die Lösung einfach auffinden, indem man in der Nachfragefunktion den Preis auf die Höhe der Grenzkosten setzt und die zugehörige Menge bestimmt. Das ist aber nur möglich, weil bei konstanten Grenzkosten die Grenzkostenfunktion eines Anbieters mit der aggregierten Grenzkostenfunktion aller Anbieter zusammenfällt (siehe Skizze).

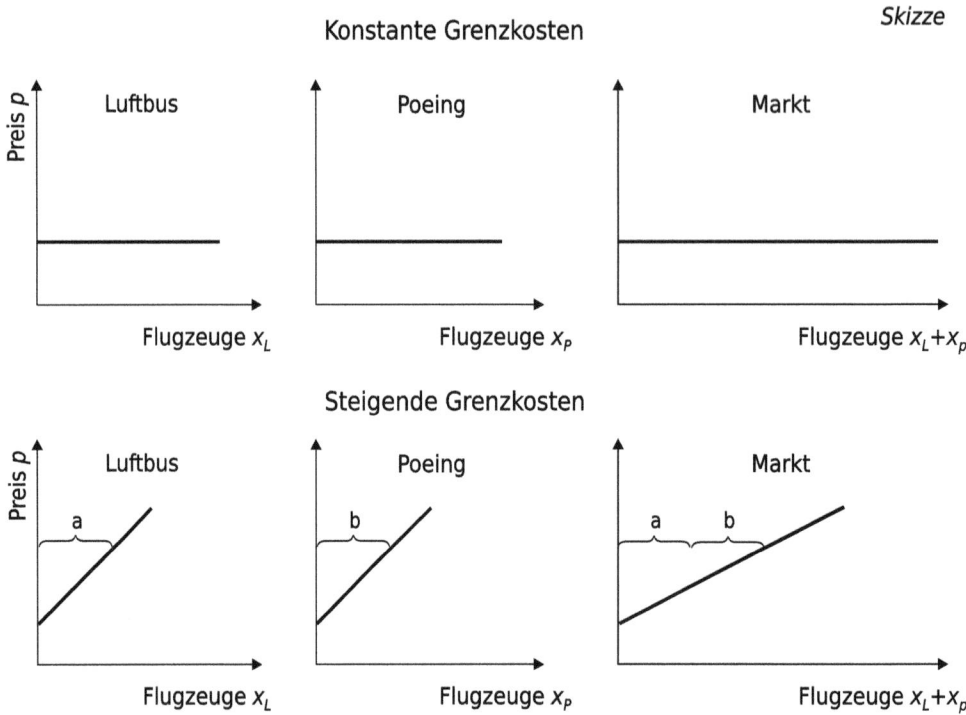

Bei steigenden Grenzkosten muss die aggregierte Grenzkostenfunkion berechnet werden.

Grenzkostenfunktion eines Anbieters: $C_i' = 10 + x_i$.

Aggregierte Grenzkostenfunktion für beide Anbieter: $C' = 10 + 0,5x$ mit $x = x_L + x_P$.

Ermitteln des Schnittpunktes mit der Marktnachfrage:

$$430 - 0,5x = 10 + 0,5x$$
$$x = 420$$

Davon bieten beide Anbieter mit 210 Flugzeugen jeweils die Hälfte an. Der Preis entspricht mit 220 Mio. $ ihren Grenzkosten.

Ein alternativer Lösungsansatz besteht darin, aus der Nachfragefunktion die Preis-Absatz-Funktionen der beiden Anbieter zu bestimmen. Da die Anbieter identisch sind, haben sie gleiche Marktanteile. Die Preis-Absatz-Funktion von Luftbus lautet daher $p = 430 - x_L$. Über die Preis-Grenzkosten-Regel $430 - x_L = 10 + x_L$ kommt man mit $x_L = 210$ zum gleichen Ergebnis wie oben.

Lösung Aufgabe 9

1. Bei den fehlenden Funktionen handelt es sich um die Grenzkosten- und die Grenzumsatzfunktion. Die Grenzumsatzfunktion beginnt beim Prohibitivpreis H und schneidet die Mengenachse bei der halben Sättigungsmenge. Die Grenzkostenfunktion muss zwei Bedingungen erfüllen: 1. Sie muss die Stückkostenfunktion im Betriebsoptimum schneiden. 2. Sie muss die Grenzkostenfunktion bei der gewinnmaximierenden Menge schneiden.

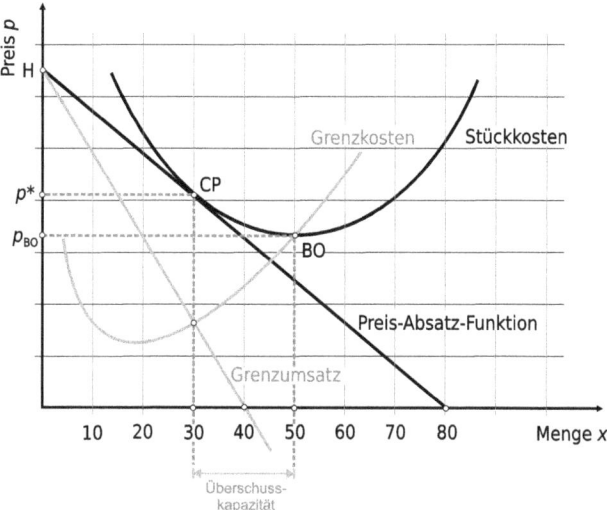

2. Das Unternehmen hält eine Überschusskapazität von 20 Stück vor (siehe Diagramm).

3. Als besonders realitätsnahes Ergebnis gilt, dass die Unternehmen bei monopolistischem Wettbewerb (im Unterschied zu Anbietern bei vollkommener Konkurrenz) zum aktuellen Preis p^* gerne mehr verkaufen würden. Trotz sinkender Stückkosten dehnt das Unternehmen die Produktion nicht aus, weil nicht genug Nachfrage vorhanden ist.

4. Im Unterschied zur vollkommenen Konkurrenz wird das Gut nicht zu geringstmöglichen Stückkosten hergestellt. Es werden also Ressourcen verschwendet. Im Gegenzug haben die Konsumenten bei monopolistischer Konkurrenz eine größere Auswahl an Gütern. Die Differenz zwischen p^* und p_{BO} ist sozusagen der Preisaufschlag für die Vielfalt. Ob die Vielfalt diesen Preis wert ist, lässt sich schwer sagen.

Lösung Aufgabe 10

Anton Kleingeist liegt falsch. Richtig ist vielmehr, dass die *Grenzumsätze* auf beiden Märkten übereinstimmen müssen. Das ist aber regelmäßig mit unterschiedlichen Preisen auf den beiden Teilmärkten verbunden.

Begründung: Die Produktionsmenge sei mit $\bar{x}$ gegeben. Dann gilt mit 1 und 2 als Indizes für die beiden Teilmärkte

$$\bar{x} = x_1 + x_2 \Rightarrow \frac{dx_1}{dx_2} = -1$$

Bei konstanter Produktion bedeutet eine Gütereinheit mehr auf Markt 2 eine Einheit weniger auf Markt 1.

Der Gesamtumsatz ist die Summe der Umsätze auf den beiden Teilmärkten:

$$U(x_1 + x_2) = U_1(x_1) + U_2(x_2)$$

Unter Beachtung der Kettenregel (x_2 ist abhängig von x_1) folgt als notwendige Bedingung für ein Umsatzmaximum:

$$\frac{dU}{dx_1} = \frac{dU_1}{dx_1} + \frac{dU_2}{dx_2}\frac{dx_2}{dx_1} \stackrel{!}{=} 0$$

$$\frac{dU_1}{dx_1} = \frac{dU_2}{dx_2}$$

Die Grenzumsätze müssen auf beiden Teilmärkten übereinstimmen. Übereinstimmende Grenzumsätze bedeuten jedoch nur im Ausnahmefall übereinstimmende Preise, denn:

$$U_i = p_i(x_i)x_i$$

$$\frac{dU_i}{dx_i} = \frac{dp_i}{dx_i}x_i + p_i = p_i\left(1 + \frac{1}{\varepsilon_i}\right) \quad \text{(Amoroso-Robinson-Relation)}$$

Die Preise auf den Teilmärkten stimmen nur überein, wenn auf beiden Teilmärkten die direkte Preiselastizität der Nachfrage (ε) übereinstimmt.

Ein Zahlenbeispiel zur Illustration:

Die beiden Preis-Absatz-Funktionen seien $p_1 = 4 - 0,01x_1$ und $p_2 = 5 - 0,01x_2$. USP produziere aktuell 300 Gütereinheiten.

Wenn USP auf T1 100 Stück und auf T2 200 Stück verkauft, stimmen die Preise mit jeweils 3 Euro auf beiden Märkten überein. Das überprüfen Sie, indem Sie die Mengen in die jeweilige Preis-Absatz-Funktion einsetzen.

Der Umsatz beläuft sich dann insgesamt auf:

$$U = p_1 x_1 + p_2 x_2 = 3 \cdot 100 + 3 \cdot 200 = 900 \,(\text{Euro})$$

Die »zu Fuß berechneten« Grenzumsätze liegen auf T1 mit 1,99 Euro jedoch über denen auf T2 mit 1,01 Euro:

Grenzumsatz durch die 101. Gütereinheit auf T1 = $2,99 \cdot 101 - 3,00 \cdot 100 = 1,99$

Grenzumsatz durch die 200. Gütereinheit auf T2 = $3,00 \cdot 200 - 3,01 \cdot 199 = 1,01$

Daher kann der Gesamtumsatz um 0,98 Euro (=1,99 – 1,01) gesteigert werden, wenn eine Einheit von T2 nach T1 verschoben wird (konkret: das 200. Stück wird auf T2 abgezogen und als 101. Stück auf T1 verkauft):

$U = 2,99 \cdot 101 + 3,01 \cdot 199 = 900,98$

Die umsatzmaximierende Verteilung der Produkte auf die beiden Teilmärkte wird erreicht, wenn auf T1 125 und auf T2 175 der insgesamt 300 Gütereinheiten angeboten werden. Die Grenzumsätze stimmen dann auf beiden Teilmärkten mit je 1,50 Euro überein. Die Preise unterscheiden sich jedoch! Sie betragen 2,75 Euro auf T1 und 3,25 Euro auf T2.

Die hier angenommene Produktionsmenge von 300 Stück wäre für USP gewinnmaximal, wenn die Grenzkosten 1,50 GE betrügen. Dann wäre auf allen Märkten das »Gesetz des erwerbswirtschaftlichen Angebots« erfüllt: $U_1' = U_2' = C'$.

Lösung Aufgabe 11

1. Um einen einheitlichen gewinnmaximierenden Preis ermitteln zu können, müssen Sie zuerst die aggregierte Nachfrage für beide Länder ermitteln:

   Die Nachfrage in Land A wird gegeben durch $x_A = 40 - 0,5 p_A$ und in Land B durch $x_B = 60 - 0,5 p_B$. Die aggregierte Nachfrage X ist daher:

   $X = x_A + x_B = 40 - 0,5p + 60 - 0,5p = 100 - p$

   Die Skizze veranschaulicht diesen Berechnungsschritt. Bei Preisen oberhalb von 80 Euro wird die Software ausschließlich in Land B nachgefragt.

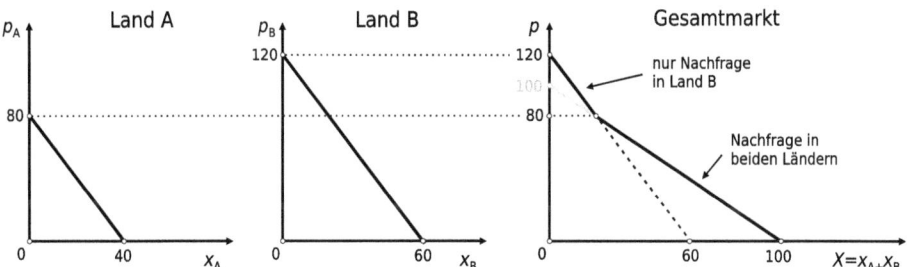

In der Folge wird nur der untere Teil der aggregierten Nachfragefunktion betrachtet, weil davon ausgegangen werden kann, dass die Software zum gewinnmaximierenden einheitlichen Preis in beiden Ländern nachgefragt wird. Das muss nicht so sein. Allerdings müsste sich die Nachfrage nach dem Produkt auf den Teilmärkten erheblich voneinander unterscheiden. Mehr dazu finden Sie im Tipp.

Die Preis-Absatz-Funktion für den Gesamtmarkt lautet somit $p = 100 - X$ und der Umsatz U beträgt $U = p \cdot X = 100X - X^2$.

Mit der Regel »Grenzumsatz = Grenzkosten« folgt:

$$100 - 2X = 20$$
$$X^* = 40$$

Durch Einsetzen der Menge in die aggregierte Preis-Absatz-Funktion bestimmen Sie den einheitlichen gewinnmaximierenden Preis $p = 100 - X = 100 - 40 = 60$ Euro. Zu diesem Preis werden in Land A zehn und in Land B dreißig Einheiten abgesetzt. Der bisherige Preis war also zu hoch und hat den Gewinn des Unternehmens nicht maximiert.

2. Die gewinnmaximierenden differenzierten Preise ermitteln Sie, indem Sie für beide Märkte unabhängig voneinander mit der Regel »Grenzumsatz = Grenzkosten« die Monopolpreise bestimmen:

Land A: $80 - 4x_A = 20 \Rightarrow x_A^* = 15$

Land B: $120 - 4x_B = 20 \Rightarrow x_B^* = 25$

Durch Einsetzen der Mengen in die länderspezifischen Preis-Absatz-Funktionen bestimmen Sie die gewinnmaximierenden Preise: $p_A^* = 50$ und $p_B^* = 70$.

Bei monopolistischer Preisdifferenzierung 3. Grades und linearen Preis-Absatz-Funktionen stimmt die Summe der gewinnmaximierenden Mengen auf den Teilmärkten mit der Menge überein, die bei einheitlichem Preis den Gewinn auf dem Gesamtmarkt maximiert. Eine Ausnahme bildet der Fall, in dem sich das Angebot zu einem einheitlichen Preis auf einem Teilmarkt nicht rechnet, weil die Zahlungsbereitschaft auf diesem Markt zu gering ist. Um eine Vorstellung zu entwickeln, denken Sie an eine Industrienation und ein Entwicklungsland. Der einheitliche gewinnmaximierende Preis ist unter Umständen so hoch, dass das Gut im Entwicklungsland nicht nachgefragt wird.

3. Natürlich können Sie jeweils die Höhe des Gewinns berechnen, der sich mit und ohne Preisdiskriminierung einstellt. Dann würden Sie für diese Aufgabe feststellen, dass der Gewinn durch die Preisdifferenzierung von 2.400 Euro auf 2.500 Euro steigt, wenn Sie keine fixen Kosten annehmen. Die Frage können Sie aber auch beantworten, ohne Berechnungen vorzunehmen. Ein einheitlicher Preis (sofern er sich auf den beiden Märkten nicht zufällig infolge identischer direkter Preiselastizitäten der Nachfrage einstellt) maximiert auf mindestens einem der beiden Teilmärkte den Gewinn nicht. Deswegen lässt sich der Gewinn durch eine Differenzierung der Preise steigern. Das gilt jedenfalls im Modell, in dem die Preisdifferenzierung keine Kosten verursacht.

Tatsächlich wären die Erträge einer Preisdifferenzierung gegen ihre Kosten (Verhinderung von Arbitragegeschäften, unterschiedliche Preisauszeichnung, möglicherweise Reputationsverlust durch verärgerte Kunden) abzuwägen.

Lösung Aufgabe 12

1. Monopolpreis:

   Laut Aufgabenstellung haben sämtliche Kosten fixen Charakter. Da keine variablen Kosten anfallen, sind die Grenzkosten null. Nach der Grenzumsatz-Grenzkosten-Regel muss der Grenzumsatz daher ebenfalls null sein. Das ist bei einer linearen Preis-Absatz-Funktion bei der halben Sättigungsmenge der Fall (siehe Diagramm). Berechnung des Umsatzmaximums:

   $$U = p \cdot x = (200 - 2x)x = 200x - 2x^2$$
   $$U' = 200 - 4x = 0$$
   $$x^* = 50$$

   Der gewinn- und umsatzmaximierende Preis des Veranstalters beträgt $p^*(x^* = 50) = 100\,\text{Euro}$.

   Der Anbieter wird 50.000 Karten zum Preis von 100 Euro je Karte absetzen. Sein Cournotscher Punkt ist in der Abbildung mit R gekennzeichnet.

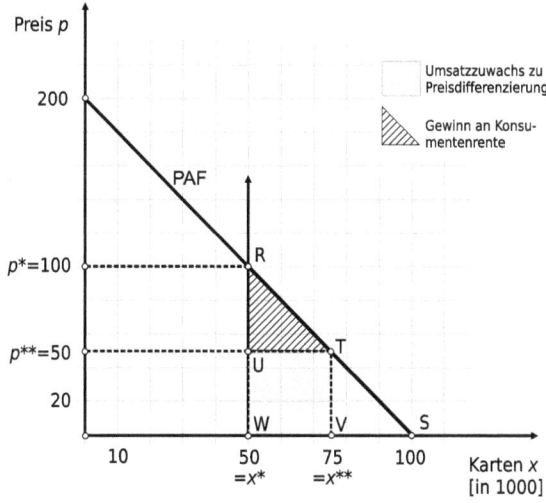

2. Einmalige Preisdifferenzierung der ersten Art:

   Der Veranstalter stellt fest, dass noch Nachfrage nach Maßgabe der Funktion $p = 100 - 2x$ vorhanden ist. Dabei handelt es sich um den Abschnitt RS der ursprünglichen Preis-Absatz-Funktion. Für die verbleibende Nachfrage ist abermals die Menge zu bestimmen, bei der der Grenzumsatz null wird. Dazu ist eine neue Preisachse bei der Menge $x = 50$ angedeutet. Der Veranstalter kann seinen Umsatz um die schattierte Fläche steigern, wenn er an der Abendkasse einen Preis von $p^{**} = 50$ Euro für eine Karte verlangt und 25.000 weitere Karten absetzt.

3. Veränderung des Allokationsverlustes durch die Preisdiskriminierung:

Das Dreieck RSW zeigt den Allokationsverlust beim einheitlichen Monopolpreis. 50.000 der 100.000 Plätze bleiben beim Monopolpreis unbesetzt, obwohl die Zahlungsbereitschaft über den Grenzkosten liegt (die hier null sind).

Bei einmaliger Preisdifferenzierung werden insgesamt 75.000 Karten abgesetzt. Der Allokationsverlust entspricht nun nur noch der Fläche des Dreiecks TSV. Die Konsumentenrente ist um das schraffierte Dreieck RTU angestiegen, die Produzentenrente hat um das schattierte Rechteck UTVW zugenommen. Die hinzugewonnene Produzentenrente beträgt 1,25 Millionen Euro (25.000 Karten zum Preis von je 50 Euro). Die zusätzliche Konsumentenrente macht, wie man in der Grafik gut erkennen kann, mit 625.000 Euro die Hälfte davon aus. Der Allokationsverlust vermindert sich also um 1,875 Millionen Euro. Durch die Preisdifferenzierung steigt die Wohlfahrt.

4. Gefahr für den Veranstalter:

Der Veranstalter kann seine Preisdifferenzierungsstrategie nicht regelmäßig einsetzen. Sonst werden die Konzertbesucher zum Monopolpreis keine Karten mehr erwerben, sondern auf Preissenkungen spekulieren (»Coase Conjecture«). Die Preisdifferenzierung klappt daher nur bei einmaligen oder seltenen Angeboten. Bei mehrstufiger Preisdifferenzierung der ersten Art wird der Anbieter versuchen, den Kunden weiszumachen, dass er die Preise nicht weiter senken, sondern im Gegenteil wieder anheben wird (»*Zeitlich begrenztes Sonderangebot – nur noch 14 Tage zum Knallerpreis*«; »*Angebot gilt nur diesen Monat*«).

Außerdem büßt ein Anbieter, der zu unterschiedlichen Preisen verkauft, Reputation ein, weil die Kunden Gier hinter der Preisdiskriminierung vermuten. Konzertbesucher, die den höheren Preis bezahlt haben, können sich unfair behandelt fühlen.

Teil V
Der Top-Ten-Teil

 Auf www.downloads.fuer-dummies.de finden Sie Tipps für Ihre mikroökonomischen Prüfungen.

IN DIESEM TEIL ...

Die meisten Leser – vermutlich auch Sie – werden den Nutzen dieses Buches nicht zuletzt daran messen, wie gut es sie auf eine Prüfung im Fach Mikroökonomie vorbereitet. Lehrveranstaltungen zu den Grundlagen der Mikroökonomie unterscheiden sich natürlich von Hochschule zu Hochschule, oft sogar von Dozent zu Dozent, aber den meisten Mikro-Vorlesungen dürfte gemein sein, dass sie zu den »mathematiklastigen« Fächern im wirtschaftswissenschaftlichen Grundstudium zählen. Deswegen geht es nicht ohne Mathematik. Es ist aber gar nicht so viel, was man wissen muss, um die meisten Aufgaben zu meistern. Die wichtigsten zehn Fertigkeiten präsentiert der »Mathe-Top-Ten-Teil« mit leicht verständlichen Beispielen.

Auf www.downloads.fuer-dummies.de finden Sie außerdem ein Bonuskapitel mit den zehn besten Tipps für schriftliche und mündliche mikroökonomische Prüfungen – jedenfalls die, die ich für die zehn besten halte.

IN DIESEM KAPITEL

Tipps und Tricks, die Ihnen das Rechnen leichter machen

Kapitel 17
Zehn hilfreiche Mathetipps

Die Gleichung einer linearen Funktion ermitteln

Nehmen Sie an, es liegen zwei Beobachtungen für die Nachfrage nach einem Gut in Abhängigkeit von dessen Preis vor (siehe Tabelle 17.1). Zudem sei bekannt, dass die Nachfragefunktion im Bereich dieser Beobachtungen durch eine Gerade gut angenähert werden kann. Wie lautet deren Gleichung?

Preis p in Euro	Nachgefragte Menge x	Eingezeichnet in Abbildung 17.1 als Punkt
52	14	A
28	26	B

Tabelle 17.1: Beobachtete Nachfrage

Wenn Sie die Koordinaten der beiden Wertepaare A und B auf kariertem Papier in einem sorgfältig konstruierten Diagramm markieren, können Sie mit einem Lineal eine Gerade durch die beiden Punkte A und B zeichnen (siehe Abbildung 17.1). Sie müssen sich beim Zeichnen allerdings Mühe geben, wenn Sie die Achsenschnittpunkte – also den Prohibitivpreis und die Sättigungsmenge – exakt ermitteln wollen. Wenn es sich nicht um »glatte« Werte handelt, kann das schwierig bis unmöglich sein. Solange Sie die Achsenabschnitte nicht kennen, ist zudem noch ungewiss, wie Sie die Achsen skalieren müssen, damit die Funktion gut in das Diagramm passt.

So bestimmen Sie die Geradengleichung algebraisch:

Die allgemeine Gleichung einer inversen Nachfrage- oder im Monopolfall Preis-Absatz-Funktion lautet:

(1) $\quad p = a - b \cdot x$

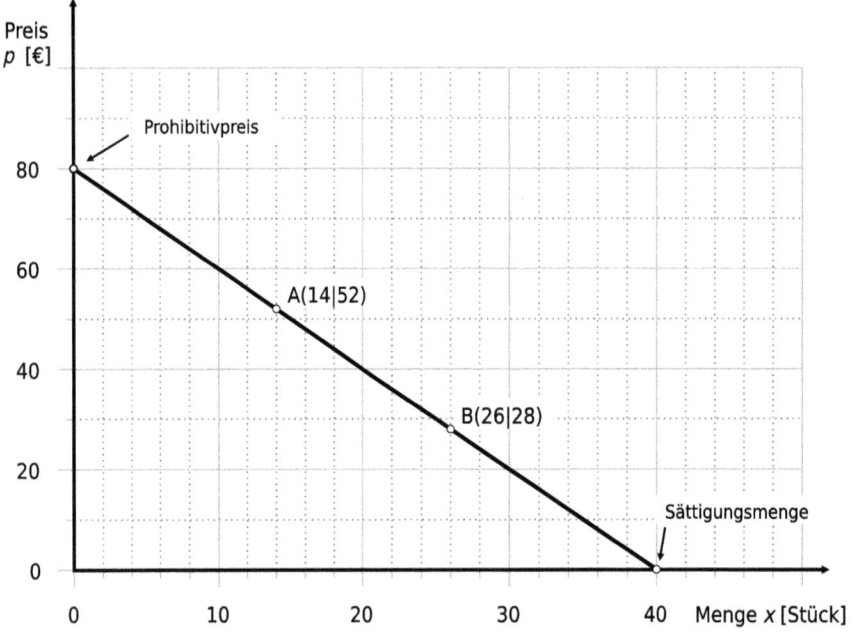

Abbildung 17.1: Konstruktion einer linearen Nachfragefunktion aus zwei Beobachtungspunkten

Diese Schreibweise hat sich in den Wirtschaftswissenschaften eingebürgert. Natürlich können Sie auch andere Symbole verwenden, zum Beispiel n anstelle von a für den Achsenabschnitt und m anstelle von b für die Steigung.

Da die Gerade durch die beiden Punkte läuft, können Sie die Koordinatoren der beiden Punkte jeweils in Gleichung (1) einsetzen:

$$(2) \quad 52 = a - b \cdot 14$$

$$(3) \quad 28 = a - b \cdot 26$$

Eine der beiden Gleichungen lösen Sie nach a auf und setzen den Ausdruck, den Sie so für a finden, anschließend in die andere ein:

$$(4) \quad a = 52 + b \cdot 14$$

$$(5) \quad 28 = \left(52 + b \cdot 14\right) - b \cdot 26$$

Mit dieser Gleichung können Sie b bestimmen:

$$(6) \quad 28 - 52 = 14 \cdot b - 26 \cdot b$$

$$(7) \quad -24 = -12 \cdot b$$

$$(8) \quad b = 2$$

Den Wert setzen Sie in Gleichung (4) ein, um den Achsenabschnitt a zu bestimmen:

$$(9) \quad a = 52 + b \cdot 14 = 52 + 2 \cdot 14 = 80$$

Mit $b = 2$ und $a = 80$ lautet die gesuchte inverse Nachfragefunktion also:

$$(10) \quad p = 80 - 2 \cdot x$$

Um die Gleichung der Nachfragefunktion zu erhalten, stellen Sie (10) nach x um:

$$(11) \quad x = 40 - \frac{1}{2} \cdot p$$

Eine Übungsaufgabe, in der Sie diesen Tipp anwenden können, ist Aufgabe 2 (»Tony Records«) in Kapitel 15.

Die Steigung einer Funktion bestimmen

Die Steigung von Funktionen zu bestimmen, zählt zu den regelmäßig wiederkehrenden Aufgaben eines Mikroökonomen. Wichtige ökonomische Größen wie Grenzkosten, Grenznutzen oder Grenzumsätze stimmen mit der Steigung der entsprechenden Funktion überein. Auch für die Berechnung weiterer Größen müssen Sie oft in einem ersten Schritt die Steigung einer Funktion ermitteln. Zum Beispiel benötigen Sie zur Berechnung der direkten Preiselastizität der Nachfrage die Steigung der Nachfragefunktion.

Die meisten Funktionen werden in Abbildungen so dargestellt, dass die abhängige Variable an der Ordinate und die unabhängige Variable an der Abszisse abgetragen wird. Das gilt zum Beispiel für Kostenfunktionen, Nutzenfunktionen oder Umsatzfunktionen. Bei diesen Funktionen ist der Einfluss der unabhängigen auf die abhängige Variable ceteris paribus umso stärker, je steiler die Funktion verläuft. Weil man diese Art der Darstellung gewohnt ist, korrespondiert die »Stärke des Einflusses« mit dem optischen Eindruck, den man aus der Abbildung gewinnt. Denken Sie aber auch daran, dass die Steigung einer Funktion davon abhängt, wie Sie die Achsen skalieren. Deswegen eignet sich die Elastizität oft besser als die Steigung, um zu informieren, wie sensitiv eine Größe auf eine andere reagiert. Elastizitäten werden nicht durch die Einheit (Euro, Dollar, Cent, Stück, Liter etc.) beeinflusst, in denen die Variablen gemessen werden. Sie sind von der Skalierung der Achsen unabhängig.

Im Marktdiagramm sind die Achsen vertauscht. Die unabhängige Variable (der Preis) wird an der Abszisse abgetragen. Sie sehen im Marktdiagramm also nicht die Nachfragefunktion $x = f(p)$ selbst, sondern die inverse Nachfragefunktion $p = f^{-1}(x)$ (»Umkehrfunktion«). Ihr Anstieg ist der Kehrwert des Anstiegs der Nachfragefunktion. Ist man den Umgang mit dem Marktdiagramm nicht gewohnt, kann die »falsche Leserichtung« leicht zu Verwirrung führen. Und das ausgerechnet bei dem mit Abstand am häufigsten eingesetzten Diagramm.

Tatsächlich ist meistens die »Steigung der inversen Nachfragefunktion« gemeint, wenn von »der Steigung der Nachfragefunktion« die Rede ist.

Abbildung 17.2 zeigt die inverse Nachfragefunktion aus dem vorherigen Tipp. Aus ihrer Gleichung

$$(1) \quad p = \underbrace{80}_{\substack{\text{Achsenabschnitt}\\\text{der Preisachse}}} \underbrace{-2}_{\substack{\text{Steigung der}\\\text{Funktion}}} \cdot x$$

können Sie im mathematischen wie im übertragenen Sinn »ableiten«, dass der Preis um zwei Euro sinkt, wenn die Menge um ein Stück steigt. Denken Sie daran: Das Marktdiagramm wird verkehrt herum gezeichnet. Die »Wirkungsrichtung ist anders herum«: Die Höhe des Preises bestimmt die von den Haushalten geplante Nachfragemenge. Weil die Achsen vertauscht sind, **nimmt der Einfluss** des Preises auf die Menge **zu**, wenn die dargestellte Funktion (= inverse Nachfragefunktion) **flacher verläuft**.

- ✔ Aus einer Geradengleichung können Sie die Steigung direkt ablesen.
- ✔ Die Steigung der Nachfragefunktion ist der Kehrwert der Steigung der inversen Nachfragefunktion.
- ✔ Das Absolutglied der Nachfragefunktion ist die Sättigungsmenge. Das Absolutglied der inversen Nachfragefunktion ist der Prohibitivpreis.

Betrachten Sie zunächst die schwarze lineare (inverse) Nachfragefunktion in Abbildung 17.2. Am Beispiel der eingezeichneten Punkte und Pfeile erkennen Sie, dass der Preis um 24 Euro

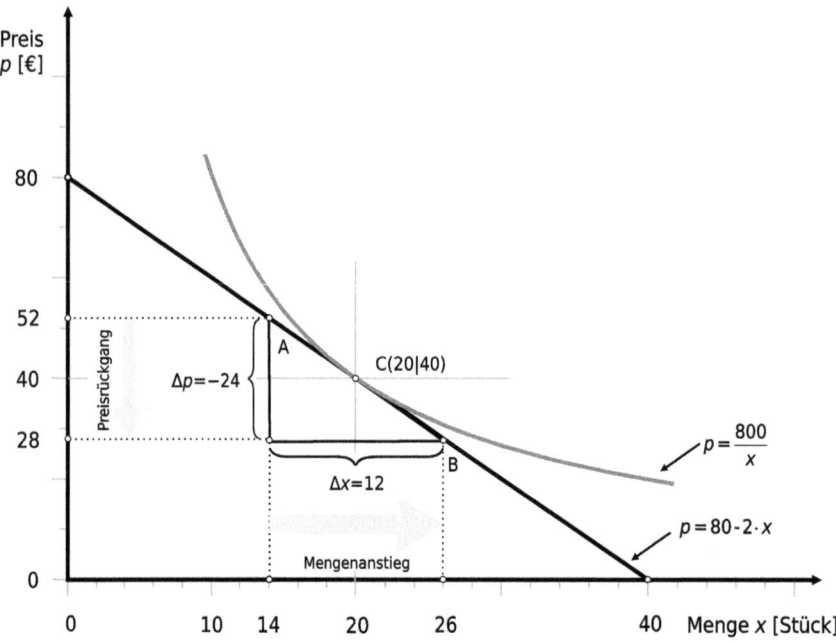

Abbildung 17.2: Die Steigung einer Funktion ermitteln

(= Δp) sinkt, wenn die Menge um 12 Stück (= Δx) steigt. Das Verhältnis der beiden Größen zueinander, der Differenzenquotient (Δp/Δx), ist die Steigung. Sie liefert die Information, um wie viele Einheiten sich der an der Ordinate abgetragene Wert ändert, wenn der Wert der an der Abszisse abgetragenen Variable um eine Einheit erhöht wird:

$$(2) \quad \frac{\Delta p}{\Delta x} = \frac{-24}{12} = -2$$

Die Steigung der *inversen* Nachfragefunktion beträgt also minus zwei. Das bedeutet für die Nachfragefunktion: Wenn der Preis um einen Euro steigt, geht die nachgefragte Menge um ein halbes Stück zurück.

Daneben enthält Abbildung 17.2 noch eine zweite, kompliziertere inverse Nachfragefunktion, die grau gezeichnete Hyperbel

$$(3) \quad p(x) = \frac{800}{x}$$

Mit der nicht besonders wissenschaftlichen, aber oft sehr hilfreichen »Methode des genauen Hinsehens« erkennen Sie, dass die Hyperbel (3) im Punkt C dieselbe Steigung wie die lineare Funktion (1) besitzt. Deswegen können Sie für die Nachfragehyperbel – solange Sie sich nicht allzu weit vom Punkt C entfernen – näherungsweise erwarten, dass die nachgefragte Menge um ein halbes Stück sinkt, wenn der Preis um einen Euro steigt. Die Berechnung der Nachfrageänderung für einen Preisanstieg um einen Euro bestätigt Ihre Erwartung:

$$(4) \quad x(p) = \frac{800}{p}$$

$$(5) \quad x(41) - x(40) = \frac{800}{41} - \frac{800}{40} = 19{,}51 - 20 = -0{,}49 \approx -0{,}5$$

Grundsätzlich können Sie die Steigungen von Funktionen auf diese Art und Weise berechnen – sozusagen »zu Fuß«. Diese anschauliche, aber umständliche und zeitraubende Art der Ermittlung der Steigung lässt sich mithilfe der ersten Ableitung einer Funktion umgehen. Mehr dazu lesen Sie im Tipp »Ableitungen: Mit wenigen Regeln kommen Sie aus«.

Eine Übungsaufgabe, in der es besonders auf die Steigungen von Funktionen ankommt, ist Aufgabe 6 in Kapitel 5, in der es um die Abschätzung der Elastizität einer Funktion geht.

Den Schnittpunkt zweier Geraden berechnen

Den Schnittpunkt von zwei Geraden (oder von zwei beliebigen Funktionen) berechnen Sie, indem Sie beide Funktionsgleichungen einander gleichsetzen. Beachten Sie, dass zwei Geraden keinen Schnittpunkt besitzen, wenn sie parallel zueinander verlaufen. Andere Funktionen können auch mehrere Schnittpunkte aufweisen.

Als Beispiel seien die Nachfragefunktion $x_N = a + b \cdot p$ und die Angebotsfunktion $x_A = c + d \cdot p$ betrachtet.

Im Schnittpunkt sind Angebots- und Nachfragemenge gleich. Also:

$$x_A = x_N$$
$$c + d \cdot p = a + b \cdot p$$
$$d \cdot p - b \cdot p = a - c$$
$$p \cdot (d - b) = a - c$$
$$p^* = \frac{a - c}{d - b}$$

Den gefundenen gleichgewichtigen Preis p^* setzen Sie in eine der beiden Funktionen ein, um die gleichgewichtige Menge x^* zu bestimmen:

$$x^* = c + d \cdot p^*$$
$$x^* = c + d \cdot \left(\frac{a - c}{d - b}\right)$$
$$x^* = \frac{cd - bc}{d - b} + \frac{da - dc}{d - b}$$
$$x^* = \frac{da - bc}{d - b}$$

Ob Ihr Ergebnis stimmt, überprüfen Sie, indem Sie die Gleichgewichtsmenge ein weiteres Mal mithilfe der Nachfragefunktion ermitteln:

$$x^* = a + b \cdot p^*$$
$$x^* = a + b \cdot \left(\frac{a - c}{d - b}\right)$$
$$x^* = \frac{ad - ab}{d - b} + \frac{ba - bc}{d - b}$$
$$x^* = \frac{da - bc}{d - b}$$

In Aufgabe 8 in Kapitel 4 müssen Sie den Schnittpunkt zweier Geraden berechnen.

Ableitungen: Mit wenigen Regeln kommen Sie aus

Geometrisch entspricht der Wert der ersten Ableitung einer Funktion der Steigung einer Tangente, die Sie an die Funktion anlegen. Für die Ableitung einer Funktion $x = x(p)$ sind die folgenden Schreibweisen üblich:

(1) x' oder $\dfrac{dx}{dp}$

Die Schreibweise mit dem Symbol d für eine (marginale) Veränderung der Größen hat den Vorteil, dass sie durch Abbildung 17.2 veranschaulicht wird. Beide Größen finden Sie im Diagramm als Strecken wieder. In der Abbildung sind die Veränderungen allerdings mit einem Δ statt mit einem d gekennzeichnet, da es sich nicht um marginale (»sehr kleine«) Änderungen handelt. Wenn Sie sich also vorstellen, dass die Strecke dx kürzer wird, während dp konstant bleibt, nimmt die (absolute) Steigung der Nachfragefunktion ab. Der Wert der ersten Ableitung sinkt. Die inverse Nachfragefunktion im Diagramm wird steiler. Denken Sie bitte daran, dass im Marktdiagramm die Achsen vertauscht sind.

Die folgende Tabelle enthält die wichtigsten Anwendungsfälle. Es wird jeweils die erste Ableitung der Funktion »y nach x« berechnet. Die kleinen Buchstaben a, b und n sind Konstanten. In den Anwendungsbeispielen steht q als Symbol für die Menge des Gutes, sonst werden die üblichen Symbole eingesetzt.

Funktion	Erste Ableitung	Ökonomischer Anwendungsfall	Diagramm/Erläuterung
$y = a$	$\dfrac{dy}{dx} = 0$	Kostenfunktion $C(q)$ mit ausschließlich fixen Kosten $C = 100$ $\dfrac{dC}{dq} = 0$	Die Steigung einer Konstanten ist null.
$y = a + bx$	$\dfrac{dy}{dx} = b$	Kostenfunktion $C(q)$ mit konstanten Grenzkosten $C = 100 + 2q$ $\dfrac{dC}{dq} = 2$	Die Steigung einer Gerade ist konstant.

Funktion	Erste Ableitung	Ökonomischer Anwendungsfall	Diagramm/Erläuterung
$y = ax^n$	$\dfrac{dy}{dx} = nax^{n-1}$	Kostenfunktion mit steigenden Grenzkosten $C = 100 + 5q^2$ $\dfrac{dC}{dq} = 10q$ $\left.\dfrac{dC}{dq}\right|_{q=8} = 80$	Bei der Menge $q = 8$ beträgt die Steigung 80. Die Grenzkosten des achten Stücks betragen (näherungsweise) 80 Euro.
$y = a\sqrt{x}$ $\left[y = ax^{0,5}\right]$	$\dfrac{dy}{dx} = \dfrac{1}{2}\dfrac{a}{\sqrt{x}}$ $\left[\dfrac{dy}{dx} = 0{,}5 \cdot ax^{-0,5}\right]$	Nutzenfunktion $U(q)$ mit abnehmendem Grenznutzen $U = 20\sqrt{q}$ $\dfrac{dU}{dq} = \dfrac{10}{\sqrt{q}}$ $\left.\dfrac{dU}{dq}\right|_{q=25} = \dfrac{10}{\sqrt{25}} = 2$	Bei der Menge $q = 25$ beträgt die Steigung 2. Der Grenznutzen des 25. Stücks beträgt (näherungsweise) 2.
$y = \dfrac{a}{x}$ $\left[y = ax^{-1}\right]$	$\dfrac{dy}{dx} = -\dfrac{a}{x^2}$ $\left[\dfrac{dy}{dx} = -ax^{-2}\right]$	Minimum der Stückkosten $C = 1.600 + 4q^2$ Stückkosten C/q $\dfrac{C}{q} = \dfrac{1.600}{q} + 4q$ $\dfrac{d\left(\dfrac{C}{q}\right)}{dq} = \dfrac{-1.600}{q^2} + 4$ $\left.\dfrac{d\left(\dfrac{C}{q}\right)}{dq}\right|_{q=20} = 0$	Die Stückkostenfunktion zeigt bei der Menge $q = 20$ einen Anstieg von null.

Außerdem benötigen Sie die in Tabelle 17.2 aufgelisteten Ableitungsregeln. u und v sind jeweils Funktionen von x.

Regel	Funktion	Ableitung
Summenregel	$y = u + v$	$y' = u' + v'$
Diese Regel benötigen Sie oft.		
Eine Summe leiten Sie ab, indem Sie zunächst jeden Summanden für sich ableiten und anschließend die Ableitungen addieren.		
Produktregel	$y = u \cdot v$	$y' = u'v + v'u$
Diese Regel können Sie oft umgehen, indem Sie die Funktion vor dem Ableiten ausmultiplizieren.		
Quotientenregel	$y = \dfrac{u}{v}$	$y' = \dfrac{u'v - v'u}{v^2}$
Die Regel benötigen Sie selten. Sie lässt sich aber schlecht umgehen.		
Recht häufig kommt ein spezieller Fall vor. a steht für eine Konstante.	$y = \dfrac{a}{x}$	$y' = \dfrac{-a}{x^2}$
Kettenregel	$y = u(v)$	$y' = u'(v) \cdot v'$
Die Regel benötigen Sie selten. Sie lässt sich aber schlecht umgehen.		
Umkehrregel	y^{-1}	$\left(y^{-1}\right)' = \dfrac{1}{y'}$
Diese Regel benötigen Sie oft.		
Die Steigung der Umkehrfunktion ist gleich dem Kehrwert der Steigung der Funktion.		

Tabelle 17.2: Ableitungsregeln

Maxima und Minima von Funktionen finden

In mikroökonomischen Übungsaufgaben müssen Sie häufig Maxima oder Minima von Funktionen bestimmen. Glücklicherweise stellen die Modellannahmen regelmäßig sicher, dass jeweils genau ein Maximum oder Minimum existiert. Randlösungen treten eher selten auf. In vielen Fällen kennen Sie die Optimalbedingungen bereits, sodass Sie die Lösungen gar nicht mehr suchen müssen:

✔ Ein Gewinnmaximum zeichnet sich durch die notwendige Bedingung »Grenzumsatz gleich Grenzkosten« aus.

✔ Das Minimum der Durchschnittskosten (Betriebsoptimum) finden Sie über die Regel »Durchschnittskosten gleich Grenzkosten«.

✔ Das zweite Gossensche Gesetz (Verhältnis der Grenznutzen gleich Verhältnis der Güterpreise) beschreibt in Verbindung mit der Budgetrestriktion das Haushaltsgleichgewicht (Nutzenmaximum).

Wenn Sie einen Extremwert noch suchen müssen, gehen Sie wie folgt vor:

1. Die erste Ableitung der Zielfunktion setzen Sie gleich null. Die Zielfunktion ist die Funktion, für die Sie den Extremwert bestimmen wollen.

2. Sie berechnen die zweite Ableitung der Zielfunktion und setzen den Wert ein, den Sie im ersten Schritt ermittelt haben:

✓ Ist die zweite Ableitung für diesen Wert (»an dieser Stelle«) negativ, handelt es sich bei dem gefundenen Wert um ein Maximum.

✓ Ist die zweite Ableitung positiv, handelt es sich um ein Minimum.

Das probieren Sie am besten mit dem nachstehenden Beispiel aus, das in Abbildung 17.3 maßstabsgetreu dargestellt ist. Die Zielfunktion lautet:

(1) $y(x) = -0{,}5x^3 + 1{,}5x^2 + 22{,}5x + 20$

Die Steigung der Funktion ist null, wo die Funktion ein Minimum (A) oder ein Maximum (B) aufweist. Diese beiden Punkte finden Sie, indem Sie die erste Ableitung (= Steigung der Funktion) null setzen:

(2) $y'(x) = -1{,}5x^2 + 3x + 22{,}5 \stackrel{!}{=} 0$

Um die Nullstellen zu finden, bringen Sie die quadratische Gleichung in die Form $x^2 + px + q = 0$ und wenden die pq-Formel $x_{1/2} = -\frac{p}{2} \pm \sqrt{\left(\frac{p}{2}\right)^2 - q}$ an:

(3) $x^2 - 2x - 15 = 0$

(4) $x_{1/2} = -\frac{-2}{2} \pm \sqrt{\left(\frac{-2}{2}\right)^2 - (-15)}$

(5) $x_1 = 1 - \sqrt{16} = -3$

(6) $x_2 = 1 + \sqrt{16} = 5$

Sie sehen im mittleren Diagramm der Abbildung 17.3, dass die erste Ableitung für die beiden ermittelten x-Werte den Wert null annimmt. Ob es sich um ein Maximum oder ein Minimum handelt, erkennen Sie durch genaues Hinsehen.

Sollten Sie kein Bild der Funktion vor Augen haben, klappt es mit dem Hinsehen leider nicht. In diesem Fall müssen Sie den Wert der zweiten Ableitung berechnen. Es handelt sich um ein Maximum, wenn die Steigung der Zielfunktion abnimmt. Ob die Steigung abnimmt, können Sie auf verschiedene Arten erkennen:

✓ Vor dem Maximum B ist die Steigung der Zielfunktion im Punkt K positiv. Dann wird sie im Punkt B null und ist anschließend im Punkt L negativ. Sie nimmt also ab.

✓ Sie sehen sich die erste Ableitung im mittleren Diagramm an. An dieser Funktion können Sie die Steigungswerte der Zielfunktion ablesen. Die nehmen beim Punkt E augenscheinlich ab, weil sie davor positiv und danach negativ sind.

✓ Die zweite Ableitung im unteren Diagramm nimmt in H einen negativen Wert an.

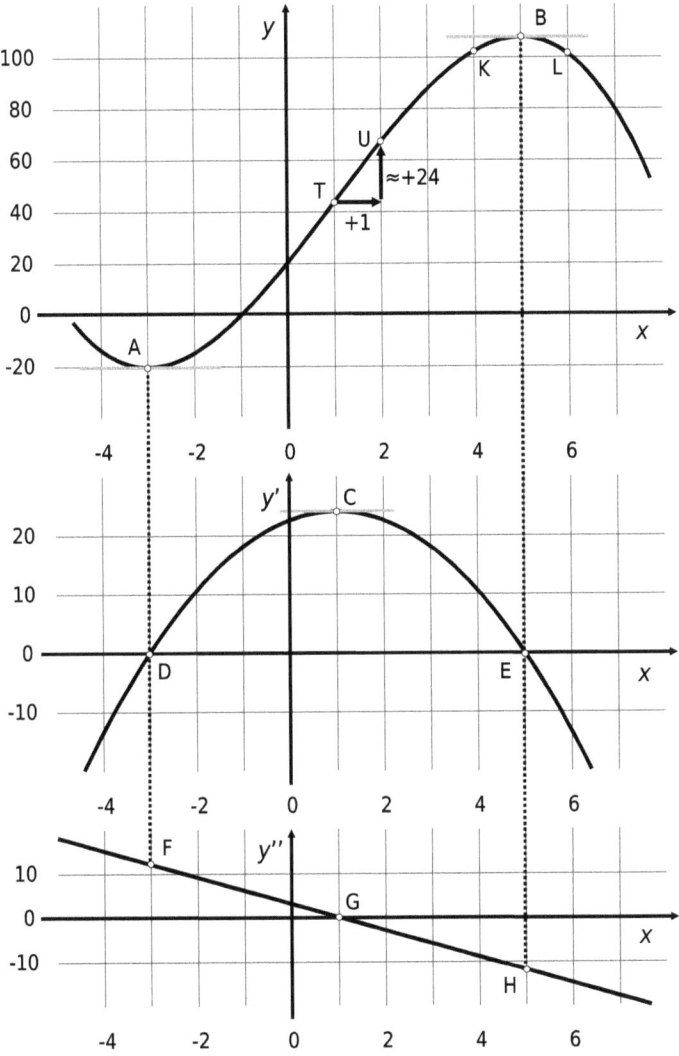

Abbildung 17.3: Extremwerte einer Funktion finden

Die zweite Ableitung berechnen Sie, indem Sie die erste Ableitung (2) ein weiteres Mal ableiten:

(7) $y''(x) = -3x + 3$

(8) $y''|_{x=5} = -3 \cdot 5 + 3 = -12 < 0$

Die zweite Ableitung ist an der Stelle $x = 5$ kleiner als null. Also handelt es sich – wie bereits durch genaues Hinsehen bekannt – um ein Maximum.

Es kommt nicht so sehr auf den Rechenweg an. Wichtiger ist, dass Sie sich anhand von Abbildung 17.3 drei Punkte klarmachen:

- ✓ Die erste Ableitung einer Funktion zeigt ihre Steigung an. Da die Funktion in ihren Maxima und Minima eine Steigung von null aufweist, nimmt die erste Ableitung der Funktion an den jeweiligen Stellen den Wert null an.

- ✓ Auch wenn es sich lapidar anhört, sei es dennoch gesagt: Die zweite Ableitung ist die erste Ableitung der ersten Ableitung. Die zweite Ableitung ist die Steigung der ersten Ableitung. Das Vorzeichen der zweiten Ableitung informiert über die Krümmung der Funktion. Ist die zweite Ableitung negativ (positiv), verläuft die Funktion konkav (konvex). Bei konkavem (konvexem) Verlauf liegt eine Linie, die zwei Punkte der Funktion verbindet, unterhalb (oberhalb) der Funktion.

- ✓ Wenn Sie in Richtung eines zunehmenden x-Wertes – also von links nach rechts – auf der Funktion wie auf einem Weg über ein Minimum wie in Punkt A »wandern«, nimmt der Anstieg im Verlauf Ihrer Wanderung zu. Es geht zunächst bergab, dann erreichen Sie die Talsohle in A und anschließend geht es bergauf. Bei einem Maximum wie B ist es umgekehrt. Die Steigung nimmt ab. War sie im Punkt K noch positiv, so ist sie in Punkt L negativ, nachdem Sie den Gipfel B überquert haben.

Die Lagrange-Methode anwenden – ein »Kochrezept«

In der Mikroökonomik wird laufend »optimiert«: Unter gegebenen Bedingungen wird das bestmögliche Ergebnis gesucht. In vielen Fällen laufen die Optimierungsüberlegungen auf das Problem hinaus, das Maximum oder Minimum einer Funktion zu bestimmen, während eine Nebenbedingung einzuhalten ist. Für dieses Problem liefert die Lagrange-Methode einen bequemen Lösungsweg. Sie eignet sich auch für Fälle mit mehreren Variablen und mehreren Nebenbedingungen. Hier wird aber nur der am häufigsten auftretende Fall mit zwei Variablen und einer Nebenbedingung betrachtet.

Sie benötigen die folgenden »Zutaten«: eine Zielfunktion, einen Lagrange-Parameter und eine Nebenbedingung.

Das eigentliche »Rezept« passt in wenige Zeilen:

(1) $L = \text{Zielfunktion} + \lambda \cdot \left(\text{Nebenbedingung in Nullform}\right)$

L ist die Lagrange-Funktion und das kleine griechische Lambda (λ) der Lagrange-Parameter. Für alle Variablen sowie den Lagrange-Parameter bestimmen Sie die partiellen Ableitungen der Lagrange-Funktion, die Sie anschließend gleich null setzen.

Zum Probieren »kochen« Sie gemeinsam mit mir ein Haushaltsoptimum für einen Haushalt mit der Nutzenfunktion $U = x^{\frac{3}{4}} y^{\frac{1}{2}}$, der über ein Einkommen von 100 Euro verfügt und damit zwei Güter kaufen kann, deren Mengen mit x und y angegeben werden. Die Preise seien p_x = 2 Euro und p_y = 1 Euro.

Zielfunktion: $U = x^{\frac{3}{4}} y^{\frac{1}{2}} \rightarrow$ max!

Nebenbedingung: $100 = 2x + y$

Zuerst stellen Sie die Lagrange-Funktion entsprechend Regel (1) auf:

(2) $L = \underbrace{x^{\frac{3}{4}} y^{\frac{1}{2}}}_{\text{Zielfunktion}} + \underbrace{\lambda}_{\substack{\text{Lagrange-}\\\text{Parameter}}} \cdot \underbrace{\left(100 - 2x - y \right)}_{\substack{\text{Nebenbedingung}\\\text{in Nullform}}}$

Das Vorzeichen vor dem λ spielt keine Rolle, denn der Term in der Klammer ist null.

Nun bestimmen Sie die partiellen Ableitungen und setzen sie gleich null:

(3a) $\dfrac{\partial L}{\partial x} = \dfrac{3}{4} \cdot x^{\frac{-1}{4}} y^{\frac{1}{2}} - 2 \overset{!}{=} 0$

(3b) $\dfrac{\partial L}{\partial y} = \dfrac{1}{2} \cdot x^{\frac{3}{4}} y^{\frac{-1}{2}} - \overset{!}{=} 0$

(3c) $\dfrac{\partial L}{\partial} = 100 - 2x - y \overset{!}{=} 0$

(3a) und (3b) lösen Sie jeweils nach λ auf und setzen die beiden Ergebnisse einander gleich:

(4) $\dfrac{1}{2} \cdot \dfrac{3}{4} \cdot x^{\frac{-1}{4}} y^{\frac{1}{2}} = \dfrac{1}{2} \cdot x^{\frac{3}{4}} y^{\frac{-1}{2}}$

(5) $\dfrac{3}{4} y = x$

Gleichung (5) zeigt den Expansionspfad des Haushalts. Zusammen mit (3c), der Budgetgleichung, folgt:

(6) $100 - 2 \cdot \dfrac{3}{4} y - y = 0$

(7) $y^* = 40$

(8) $x^* = 30$

Der Haushalt maximiert seinen Nutzen, wenn er die Mengen x = 30 und y = 40 konsumiert.

Eine Übungsaufgabe, in der Sie die Lagrange-Methode anwenden können, ist Aufgabe 8 in Kapitel 7 (»Herr K., der beschlossen hat abzunehmen«).

Materialverbrauch für eine Konservendose

Ein anschauliches Anwendungsbeispiel für den Einsatz der Lagrange-Methode liefert eine handelsübliche zylinderförmige Konservendose aus Weißblech. Vielleicht haben Sie eine Dose zum Nachmessen im Vorratsschrank? Nehmen Sie an, Sie möchten den Materialverbrauch an Weißblech für ein gegebenes Dosenvolumen V, zum Beispiel 425 Milliliter, minimieren. Mit r für den Radius und h für die Höhe der Dose ist die Oberfläche F (= Weißblechverbrauch) durch $F = 2\pi r^2 + 2\pi h$ gegeben. Das Volumen berechnen Sie mit der Formel $V = \pi r^2 h$. Wenn Sie zu dem Ergebnis kommen, dass der Dosendurchmesser (= 2r) mit der Dosenhöhe überstimmen muss, haben Sie richtig gerechnet. Für den Lagrange-Parameter λ kommen Sie auf einen Wert von circa 0,5 mit folgender Interpretation: Wenn Sie die einzuhaltende Nebenbedingung, also im Beispiel das Volumen von 425 Millilitern, um eine Einheit (1 Milliliter) erhöhen, steigt der Materialverbrauch um 0,5 Quadratzentimeter Blech. Wenn Sie eine Dose zur Hand haben und tatsächlich nachmessen, werden Sie feststellen, dass der Weißblechverbrauch in vielen Fällen nicht das maßgebliche Kriterium für die Maße von Konservendosen zu sein scheint.

Durch Brüche teilen

10 Euro entsprechen 1.000 Cent. Wie viele 50-Cent-Stücke benötigen Sie, um diesen Betrag aufzubringen? Ist doch klar, sagen Sie sich:

(1) $\text{Anzahl der Münzen} = \dfrac{1.000}{50} = 20$

Zu demselben Ergebnis kommen Sie, wenn Sie überlegen, wie viele halbe Euro Sie benötigen, um 10 Euro aufzubringen:

(2) $\text{Anzahl der Münzen} = \dfrac{10}{\frac{1}{2}} = 10 \cdot \dfrac{2}{1} = 20$

Das kleine Beispiel verdeutlicht folgenden Merksatz: »Man teilt durch einen Bruch, indem man mit seinem Kehrwert multipliziert.«

Beispiel	Zahlenbeispiel
$a \div \left(\dfrac{b}{c}\right) = a \cdot \dfrac{c}{b}$	$15 \div \left(\dfrac{5}{3}\right) = 15 \cdot \dfrac{3}{5} = 9$
$\dfrac{\frac{a}{b}}{\frac{c}{d}} = \dfrac{a}{b} \cdot \dfrac{d}{c}$	$\dfrac{\frac{15}{5}}{\frac{3}{9}} = \dfrac{15}{5} \cdot \dfrac{9}{3} = 9$

Das Dividieren durch Brüche bereitet vielen Menschen Probleme. Sollten Sie sich zugehörig fühlen, kommt hier die gute Nachricht: Das Problem lässt sich regelmäßig leicht »umgehen«. Erweitern Sie den Bruch so, dass der Divisorbruch ganzzahlig wird. Am Euro-Beispiel:

$$(3) \quad \text{Anzahl der Münzen} = \frac{10}{\frac{1}{2}} = \frac{10 \cdot 2}{\frac{1}{2} \cdot 2} = \frac{10 \cdot 2}{\frac{2}{2}} = \frac{10 \cdot 2}{1} = 20$$

oder:

$$(4) \quad \text{Anzahl der Münzen} = \frac{10}{\frac{1}{2}} = \frac{10 \cdot 10}{\frac{1}{2} \cdot 10} = \frac{10 \cdot 10}{\frac{10}{2}} = \frac{100}{5} = 20$$

Mikroökonomische Übungsaufgabe lösen Sie oft einfacher und schneller, wenn Sie statt mit Dezimalzahlen und einem Taschenrechner im Kopf mit Brüchen rechnen. Mit 2/3 kommen Sie schneller voran als mit »ungefähr 0,667«.

Aufgabe 15 in Kapitel 5 liefert ein Beispiel, in dem Sie einen Bruch durch einen Bruch teilen müssen, um eine Elastizität zu bestimmen.

Die Elastizität der Funktion $y = \beta x^\alpha$

Funktionen des Typs $y = \beta x^\alpha$ besitzen eine konstante Elastizität $\varepsilon_{y,x}$ von α. Oder kürzer: Sie sind isoelastisch mit α.

Die Elastizität ist definiert als:

$$(1) \quad \varepsilon_{y,x} = \frac{\frac{dy}{y}}{\frac{dx}{x}} = \frac{dy}{dx} \cdot \frac{x}{y} = y' \cdot \frac{x}{y}$$

Sie berechnen zunächst:

$$(2) \quad y' = \alpha \beta x^{\alpha-1}$$

Damit folgt:

$$(3) \quad \varepsilon_{y,x} = \alpha \beta x^{\alpha-1} \cdot \frac{x}{y} = \alpha \cdot \frac{\beta x^\alpha}{y} = \alpha \cdot \frac{\beta x^\alpha}{\beta x^\alpha} = \alpha$$

Deswegen können Sie zum Beispiel für die Cobb-Douglas-Produktionsfunktion $x = 20 L^{0,6} K^{0,3}$ ohne Berechnung angeben, dass bei einer einprozentigen Erhöhung des Kapitaleinsatzes K die Produktionsmenge x um 0,3 Prozent steigt (= partielle Produktionselastizität des Faktors Kapital). Der konstante Faktor β ist in diesem Fall $20 L^{0,6}$ und beeinflusst das Ergebnis nicht.

Eine Übungsaufgabe, in der Sie diesen Tipp anwenden können, ist Aufgabe 3 in Kapitel 10.

Überschlägig rechnen mit Wachstumsraten

Umsatz ist gleich Preis mal Menge – oder in den üblichen Symbolen:

(1) $\quad U = p \cdot x$

Wenn Sie wissen, um wie viel Prozent sich der Preis und die Menge ändern, können Sie die Umsatzänderung mithilfe der Näherungsgleichung (2) abschätzen:

(2) $\quad \text{Prozentuale Umsatzänderung} \approx \text{Prozentuale Preisänderung} + \text{Prozentuale Mengenänderung}$

»Prozentuale Änderungen« sind Wachstumsraten, die Ökonomen gerne mit einem Dach über der Variablen kennzeichnen. Deswegen können Sie statt (2) auch kurz schreiben:

(2a) $\quad \hat{U} \approx \hat{p} + \hat{x}$

Für die Probe aufs Exempel dienen eine Menge von 500 Stück und ein Preis von 20 Euro. Damit berechnen Sie einen Umsatz von 10.000 Euro. Angenommen, der Preis steigt um 4 Prozent, woraufhin die Menge um 6 Prozent sinkt (die direkte Preiselastizität der Nachfrage beträgt also –1,5), so sagt die Näherungsformel (2a) eine prozentuale Veränderung des Umsatzes von

(3) $\quad \hat{U} \approx 4 - 6 = -2$

Prozent voraus. Tatsächlich beträgt der Umsatz nach der Preis- und Mengenänderung:

(3) $\quad U_{neu} = 20 \cdot (1 + 0{,}04) \cdot 500 \cdot (1 - 0{,}06) = 20{,}8 \cdot 470 = 9.776$

Der Umsatz sinkt also um 2,24 Prozent. Dafür ist das Ergebnis der Überschlagsrechnung mit minus 2 Prozent ein akzeptabler Schätzwert.

Die Näherungsgleichung funktioniert umso besser, je geringer die prozentualen Veränderungen ausfallen. Wenn die prozentualen Änderungen zweistellig werden, sollten Sie Vorsicht walten lassen.

Ein schönes Nebenergebnis fällt für eine direkte Preiselastizität der Nachfrage von minus eins ab. In diesem Fall stimmt die prozentuale Mengenänderung absolut mit der prozentualen Preisänderung überein. Deswegen heben sie sich in ihrer Wirkung auf den Umsatz gegeneinander gerade auf.

 Eine Übungsaufgabe, in der mit Wachstumsraten gerechnet wird, ist Aufgabe 7 in Kapitel 8.

Mit Wurzeln und Potenzen rechnen

Regel	Beispiele
$x^a \cdot x^b = x^{a+b}$	$2^3 \cdot 2^2 = (2 \cdot 2 \cdot 2) \cdot (2 \cdot 2) = 2^{3+2} = 2^5$
	$81^{\frac{1}{4}} \cdot 81^{\frac{3}{4}} = 81^{\left(\frac{1}{4}+\frac{3}{4}\right)} = 81^1 = 81$
$\left(x^a\right)^b = x^{a \cdot b}$	$\left(3^2\right)^3 = 3^2 \cdot 3^2 \cdot 3^2 = 3^{2 \cdot 3} = 3^6$
$x^a = \dfrac{1}{x^{-a}}$	$3^2 = \dfrac{1}{3^{-2}} = \dfrac{1}{1/9} = 9$
$\dfrac{x^a}{x^b} = x^{a-b}$	$\dfrac{3^4}{3^2} = \dfrac{3 \cdot 3 \cdot 3 \cdot 3}{3 \cdot 3} = 3^{4-2} = 3^2 = 9$
	$\dfrac{3^2}{3^4} = \dfrac{3 \cdot 3}{3 \cdot 3 \cdot 3 \cdot 3} = 3^{2-4} = 3^{-2} = \dfrac{1}{3^2}$
	$\dfrac{x^{0,25}}{x^{-0,75}} = x^{0,25-(-0,75)} = x^1 = x$
	$\dfrac{x^2}{x^2} = x^{2-2} = x^0 = 1$
$\sqrt{x} = x^{\frac{1}{2}}$	$\sqrt{x} \cdot \sqrt{x} = x^{\frac{1}{2}} \cdot x^{\frac{1}{2}} = x^{\frac{1}{2}+\frac{1}{2}} = x^1 = x$
$\sqrt[a]{x} = x^{\frac{1}{a}}$	$\sqrt[3]{27} \cdot \sqrt[3]{27} = 27^{\frac{1}{3}} \cdot 27^{\frac{1}{3}} = 27^{\frac{2}{3}} = 9$

Anwendungsbeispiel Grenzrate der Substitution

Die Nutzenfunktion eines Haushalts laute $U = x^{\frac{1}{3}} y^{\frac{2}{3}}$. Gesucht ist die Grenzrate der Substitution (= Steigung der Indifferenzkurve), die dem negativen umgekehrten Verhältnis der Grenznutzen der beiden Güter entspricht (siehe Kapitel 7):

$$\frac{dy}{dx} = -\frac{\text{Grenznutzen von X}}{\text{Grenznutzen von Y}} = -\frac{\dfrac{\partial U}{\partial x}}{\dfrac{\partial U}{\partial y}} = -\frac{\dfrac{1}{3} x^{-\frac{2}{3}} y^{\frac{2}{3}}}{\dfrac{2}{3} x^{\frac{1}{3}} y^{-\frac{1}{3}}} = -\frac{1}{2} \frac{y}{x}$$

Anwendungsbeispiel Berechnung der Skalenelastizität

Für eine Produktionsfunktion $f(K,L)$ mit einer konstanten Skalenelastizität r gilt, dass eine »Ver-λ-fachung« aller Faktoreinsätze das Produktionsergebnis »ver-λ-hoch-r-facht«:

$$f(\lambda K, \lambda L) = \lambda^r f(K,L)$$

Man bezeichnet die Funktion in diesem Fall auch als »homogen vom Grad r«.

Als Beispiel dient die Produktionsfunktion $x = 20K^{0,3}L^{0,8}$:

$$20(\lambda K)^{0,3}(\lambda L)^{0,8} = 20\lambda^{0,3}K^{0,3}\lambda^{0,8}L^{0,8} = \lambda^{0,3+0,8}\left(20K^{0,3}L^{0,8}\right) = \lambda^{1,1}x$$

Interpretation: Würden alle Faktoreinsätze verdoppelt ($\lambda = 2$), stiege die Produktionsmenge um den Faktor $2^{1,1}$ ($\approx 2{,}14$) an. Die konstante Skalenelastizität beträgt 1,1. Bei einer Erhöhung aller Inputs um ein Prozent, stiege der Output um 1,1 Prozent an. Es liegen also zunehmende Skalenerträge vor. Wenn r den Wert eins annimmt, liegen konstante Skalenerträge vor. Die Produktionsfunktion heißt in diesem Fall »linear homogen«.

In Aufgabe 3 in Kapitel 10 können Sie diesen Tipp am Beispiel einer Cobb-Douglas-Produktionsfunktion einsetzen.

Stichwortverzeichnis

A

Allmendegut 40, 41, 267
Allmende, Tragik der 272
Allokation 32
  optimale 261
Allokationsmechanismus 32, 36
Alternativkosten 32
Altruismus 34
Amoroso-Robinson-Relation 288
Angebot
  Determinanten 55
Angebotsfunktion 215
  allgemeine 55
  Betriebsoptimum 216
Angebots-Nachfrage-Diagramm 52
Arbeitsangebotsfunktion 161
Arbeitsintensität 176
Ausgewogenheitsannahme 122, 127, 134, 141
Ausschlussprinzip *siehe* Nichtausschließbarkeit

B

Bertrand-Duopol 319
Betriebsminimum 192
Betriebsoptimum 191, 321
Bogenelastizität 87
Budgetrestriktion 125

C

Ceteris-paribus-Bedingung 34, 36, 39
Cobb-Douglas-Produktionsfunktion 176
Cournot-Oligopol 314
Cournotscher Punkt 287

D

Deckungsbeitrag 237
Doppelmaximierung 40
Drei-Viertel-Lösung 318
Durchschnittskosten 190
Durchschnittsprodukt 174

E

Effekt, externer *siehe* Externer Effekt
Einkommenseffekt 145
Einkommenselastizität 88, 144
Einkommens-Konsum-Kurve 144
Einkommensnachfragefunktion 143
Einkommen, volles 158
Elastizität 85
Engel-Kurve 144
Erlös *siehe* Umsatz
Erstes Gossensches Gesetz 110, 131
Ertragsgesetz, klassisches 174, 191
Erwartung, sich selbst erfüllende 81
Expansionspfad 194
Externer Effekt 66, 238, 265

F

Faktorintensität 179
Faktorvariation 179
Fixkostendegression 199
Freizeitnachfrage 157
full income 158

G

Garantiepreis 239, 246
Gesetz der Nachfrage 147
Gesetz des Angebots 216
Gesetz des erwerbswirtschaftlichen Angebots 286
Gesetz vom abnehmenden Grenzertrag 175
Gesetz vom einheitlichen Preis 43
Gesetz von der abnehmenden Grenzrate der Substitution 124
Gewinnmaximierung
  Duopol 314
  Inputregel 218
  Konkurrenz 213
  Monopol 286
  Outputregel 214
Giffen-Gut 88, 146
Gleichgewicht 65
Gleichgewichtsmenge 65
Gleichgewichtspreis 65

Gossensches Gesetz
  erstes 110, 131
  zweites 113, 127
Grenzerlös *siehe* Grenzumsatz
Grenzertrag *siehe* Grenzprodukt
Grenzkosten 190, 214–215
Grenzrate der Substitution 124, 131
Grenzprodukt 175
Grenzrate der technischen Substitution 178
Grenzumsatz 284
  negativer 286
Grenzumsatz-Grenzkosten-Regel 287
Grundbedarfsgut 88
Gut
  demeritorisches 252
  freies 32
  inferiores 88
  knappes 32
  komplementäres 148
  kostenloses 36, 40
  substitutives 148
  superiores 88
  unabhängiges 89, 148

H

Haushaltsgleichgewicht 126
Hicks-Zerlegung 147
Höchstpreis 68, 240
  Monopol 289
Homo oeconomicus 34
Humankapital 162

I

Importzoll 240
Indifferenzkurve 123
Information
  asymmetrisch verteilte 264
Input 173
Inputkoeffizient 39
Inputregel 217
Isoelastisch 87, 300
Isokostengerade 192
Isonutzenkurve *siehe* Indifferenzkurve
Isoquante 177

J

Jevons' Gesetz 43

K

Kapitalintensität 176, 192
Knappheit 32
Komparative Statik 67
Komplement 89
  perfektes 125
Konkurrenz
  atomistische 45
  unvollkommene 320
Konkurrenzmarkt 213
Konkurrenzprinzip *siehe* Rivalität im Konsum
Konsumentenrente 235, 242
  Monopolfall 288
Kontingentierung 246
Konvexitätsannahme 128
Kosten
  externe 269
  fixe 190
  variable 190
  versunkene 198
Kostenfunktion 189
  langfristige 194
  neoklassische 214
Kreuznachfragefunktion 148
Kreuzpreiselastizität 89, 124

L

Laffer-Kurve 244
Leontief-Produktionsfunktion 178
Lohndifferenzial, kompensierendes 166
Lohn-Zins-Relation 194
Luxusgut 88, 144

M

Markt
  Definition 32
  vollkommener 43, 261
Marktangebot 216
Marktaustritt 46
Marktdiagramm 51
Markteintritt 46, 50
Markteintrittskosten 204
Marktfolger, -führer 317
Marktgleichgewicht 56, 65
Marktkonform, -inkonform 68
Marktungleichgewicht 65, 262
Marktversagen 261
Marktwirtschaft 37

Massenproduktion 180
Mautgut 267
Maximalprinzip 40
Mengenanpasser 283
Mengenwettbewerb 314
Mindesteinkommen 164
Mindestpreis 68, 238, 244–245
Minimalkostenkombination 192
Minimalprinzip 40
Mittelwertmethode 106
Monopol 45, 283
  natürliches 267, 269
  räumlich begrenztes 46, 59
Monopolgrad 289
Monopolistische Konkurrenz 320

N

Nachfrage
  abgeleitete 218
  Determinanten 53
  Einkommenselastizität der 88
  Gesetz der 147
  Kreuzpreiselastizität der 89
  Preiselastizität der 87, 89
Nachfragefunktion 54, 144
  allgemeine 53
  indirekte 148
  inverse 54, 284
Nash-Gleichgewicht 317
Nichtarbeitseinkommen 159
Nichtausschließbarkeit 265
Nichtrivalität im Konsum 265
Nichtsättigungsannahme 121, 131, 141
Niveauproduktionsfunktion 179
Nominallohn 159
Nutzen, externer 269
Nutzenfunktion
  kardinale 109
  ordinale 122

O

Öffentliches Gut 265
Ökonomisches Prinzip 34
Oligopol 45, 313
Opportunitätskosten 32, 37, 41
Output 173
Outputregel 213

P

Paretooptimum 65
Pigou-Steuer 271
Polypol 45
Präferenz 121
Präferenzänderung 140
Präferenzaxiome 121
Preis-Absatz-Funktion 284
Preisanpassungshypothese, walrasianische 262
Preisdifferenzierung 322
  vollständige 323
Preiselastizität der Nachfrage
  direkte 87
  indirekte 89
Preiselastizität des Angebots 89
Preis-Grenzkosten-Regel 112, 214, 287
Preis-Konsum-Kurve 145
Preismechanismus 32
Preisnehmer 52, 59, 283
Preissetzer 59, 283
Preiswettbewerb 319
Prestigeeffekt 148
Produktdifferenzierung 320
Produktionselastizität, partielle 177
Produktionsfaktor
  fixer 174
  variabler 173
Produktionsfunktion 173
  limitationale 176
  neoklassische 175, 189
  substitutionale 176
Produktivität, durchschnittliche 39
Produzentenrente 237
  Monopolfall 288
Prohibitivpreis 56
Punktelastizität 87
Punktwirtschaft 44

Q

Quote *siehe* Kontingentierung

R

Rationalprinzip 40
Reaktionsfunktion 316
Reaktionsgeschwindigkeit 44
Reaktionsparameter 263
Reallohn 159
Ressource 31
  gesellschaftliche 40, 267
Rivalität im Konsum 265

S

Sättigungsmenge 56
Schock, exogener 67
Schweinezyklus 264
Selektion, adverse 264
self fulfilling prophecy 81
Skalenelastizität 179
Skalenertrag 180, 269
Slutsky-Zerlegung 145
Soziale Kosten 269
Stackelberg-Duopol 317
Statik, komparative 67, 143
Steuer 68, 244
Steueraufkommensfunktion 244
Steuerinzidenz 253
Stückkosten 190
Substitut 89
   perfektes 100, 124

Substitutionseffekt 145
Subvention 68, 241
Suchkosten 41
sunk costs 198

T

Tangentenlösung 321
Teilbarkeitsannahme 50
Transitivitätsannahme 121
Trittbrettfahrer 265, 267

U

Überschusskapazität 322
Umsatz 74, 285
Ungleichgewicht 65
Unteilbarkeit 268

V

Veblen-Effekt 148

Verdrängungswettbewerb 269
Verzichtskosten 32
Vollständigkeitsannahme 121

W

Wertgrenzprodukt 217
Wertgrenzproduktregel 218
Wohlfahrt 235, 238
   maximale 261

Z

Zahlungsbereitschaft 235
Zwei-Drittel-Lösung 316
Zweites Gossensches Gesetz 113, 127

www.ingramcontent.com/pod-product-compliance
Ingram Content Group UK Ltd.
Pitfield, Milton Keynes, MK11 3LW, UK
UKHW051249180426
11947UKWH00020B/1610